༄༅། །འཛམ་ཐང་གི་ལོ་རགས།

壤塘年鉴

RANGTANG YEARBOOK

2011

壤 塘 县 人 民 政 府　主办
壤塘县地方志编纂委员会　编

中央民族大学出版社

图书在版编目(CIP)数据

壤塘年鉴. 2011 / 壤塘县地方志编纂委员会编. —北京：中央民族大学出版社，2012.10

ISBN 978-7-5660-0280-8

Ⅰ. ①壤… Ⅱ. ①壤… Ⅲ. ①壤塘县 - 2011 - 年鉴 Ⅳ. ①Z527.14

中国版本图书馆 CIP 数据核字(2012)第 223420 号

壤塘年鉴(2011)

(壤塘县人民政府主办)

编　　者	壤塘县地方志编纂委员会
责任编辑	宝　乐
封面设计	符　蓉
出 版 者	中央民族大学出版社
	北京市海淀区中关村南大街 27 号　邮编:100081
	电　话:68472815(发行部)　传真:68932751(发行部)
	68932218(总编室)　68932447(办公室)
发 行 者	全国各地新华书店
装帧设计	成都市标点制版印务有限责任公司
印 刷 厂	四川经纬印务有限公司
开　　本	889×1194(毫米)　1/16　插页:32 页　印张:17.75 印
字　　数	772 千字
印　　数	1000 册
版　　次	2012 年 9 月第 1 版　2012 年 9 月第 1 次印刷
书　　号	ISBN 978-7-5660-0280-8
定　　价	140.00 元

·亲切关怀·

2010年10月，州委书记侍俊（前），州委副书记、州长吴泽刚（右三）视察南木达牧民定居工程

2010年10月，州政协主席杨海青（前中）视察“三百”示范工程

·亲切关怀·

2010年10月，州委常委、州委宣传部长陈钢（左二）视察宗科乡加斯满村“三百”示范工程

2010年10月，副州长严春风（前排左一）视察吾依乡吾依村“三百”示范工程

2010年11月，州委副秘书长、农工办主任秦开全（前中）视察壤塘县“三百”示范工程

2010年5月，国家发改委领导（中）视察“G317线”国道建设

·领导视察·

2010年7月5日，县委书记王生（中）在尕多乡检查牧民定居施工情况

2010年9月，县人大主任孙建成（中）在依里中小学调研

2010年3月11日，县委副书记、县长克克（左一）在茸木达乡调研

2010年8月2日，县政协主席龙凌（右二）在石里乡调研

·领导视察·

2010年9月11日，县委副书记陈继东（右五）在中壤塘乡检查特色魅力乡镇建设

2010年9月15日，县委副书记文强（左三）在岗木达乡检查牧民定居工程

2010年5月16日，县委常委、常务副县长何志富（前排左二）在南木达乡检查指导牧民定居工程

2010年5月21日，县委常委、政法委书记赵拥军（中）在上壤塘乡检查综治维稳工作

·领导视察·

2010年6月，县委常委、人武部政委张楫（中）在岗木达检查维护稳定工作

2010年7月6日，县委常委、副县长阿达（左三）在宗科乡检查指导防洪防汛

2010年6月29日，县委常委、纪委书记陈宇生（前左一）陪同省州领导视察上寨幸福美丽家园建设

2010年2月，县委常委、工会主席王维新（二排右二）在壤柯镇看望贫困居民

·领导视察·

2010年6月6日，县委常委、组织部长陈尧（右一）和援藏干部学习交流藏文

2010年11月27日，县委常委、副县长古熙（右二）陪同州委常委、常务副州长白理成（中）到蒲西乡检查指导精品旅游村寨建设

2010年7月2日，县委常委、副县长李洪（右三）在中壤塘乡检查牧民定居工程

2010年7月，县委常委、宣传部部长朱钰（右一）在岗木达乡章光村检查工作

·领导视察·

2010年7月，县委常委、统战部部长达尔吉（左二）在南木达乡阿斯玛调研

2010年5月，县人大常委会副主任张定发（中）在岗木达乡调研牧民定居工程

2010年9月，县人大常委会副主任张志贵调研岗木达中心校食堂

2010年9月，县人大常委会副主任何晓刚（右二）在伊里中小学调研

·领导视察·

2010年4月，县人大常委会副主任文成才（右一）在尕多乡参与义务植树

2010年8月，县人大常委会副主任贾格（右二）在尕多乡调研牧民定居

2010年3月22日，副县长江兴学（中）在岗木达乡检查护林防火

2010年6月17日，副县长邹德跃（右一）在南木达乡检查牧民定居工程

·领导视察·

2010年6月29日，副县长马秀珍（左一）在尕多乡慰问三老干部

2010年3月5日，副县长史志刚（左一）陪同州安监局领导在蒲西乡督查安全生产

2010年9月14日，副县长张万贵（左二）陪同州工商局领导检查工作

2010年9月，副县长代杰（二排中）陪同领导到中壤塘乡检查指导精品旅游村寨建设

2010年7月1日，县政协副主席扎泽（右一）在雪尔盖村慰问贫困户

·领导视察·

2010年5月10日，县政协副主席俄旺旦真（左三）在三郎寺开展爱国主义教育

2010年8月10日，县政协副主席穹洛（右四）陪同州政协副主席苏友生（中）在中壤塘乡调研

2010年9月20日，县政协副主席杨军（右二）在康复村调研

2010年8月25日，县政协副主席张力生（左一）在上杜柯乡调研

2010年10月，县法院院长王久洪（右一）在上壤塘乡帮扶村调研

2010年8月，县检察院检察长周莲（左二）在帮扶村阿斯玛调研

·『三百』示范工程·

精品旅游村寨——南木达乡南木达村

精品旅游村寨——中壤塘乡壤塘村、依根门多村

精品旅游村寨——蒲西乡大伊里村

精品旅游村寨——吾依乡克久

精品旅游村寨——茸木达乡巴生村

·扶贫开发和综合防治大骨节病·

壤塘县政府大骨节病口粮供应发放仪式

壤塘县政府为昂柯村大骨结病患者发放牦牛

新修建储水罐

易地搬迁（中壤塘）

医务人员对大骨节病患者进行检查

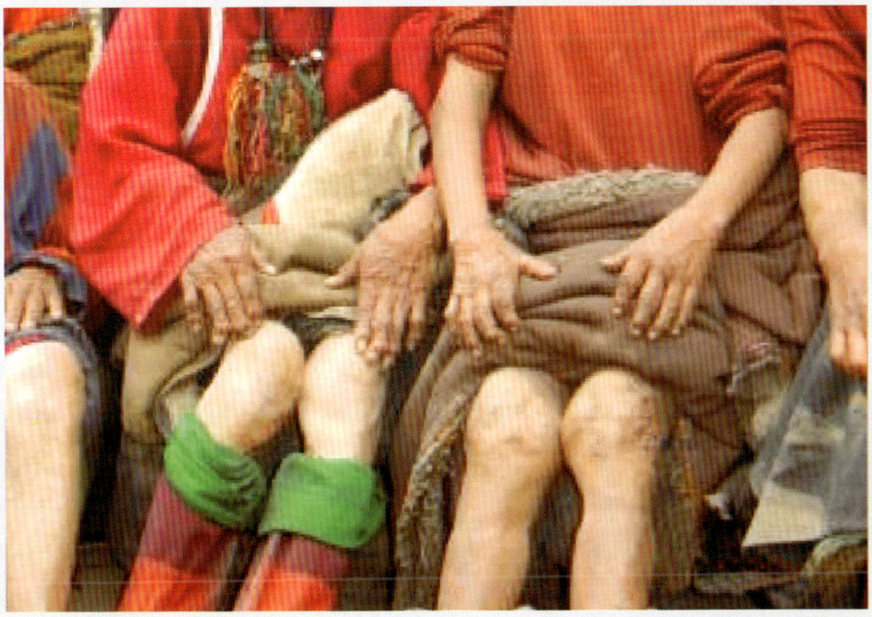

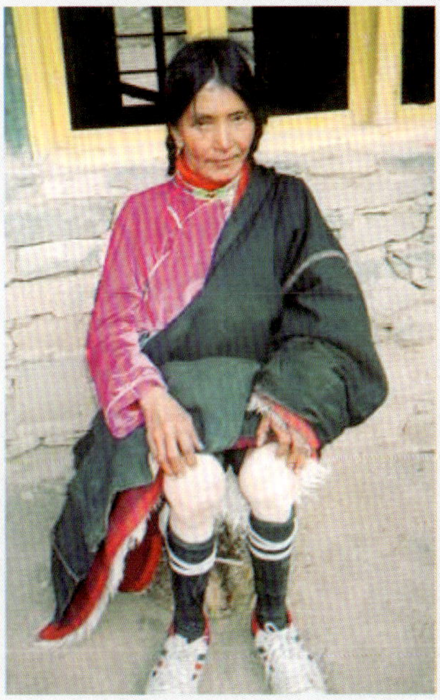

大骨节病患者

·牧民定居·

吾依乡卡龙村建成的通村路（基础实施建设）

吾依乡卡龙村健身广场及配套健身器材（基础实施建设）

牧民定居——茸木达巴生村

吾依乡让古村克久牧民定居点

牧民定居——依根门多村室内装饰

牧民定居——宗科乡加斯满村室内装饰

·壤塘风景·

壤塘县南木达山顶——九道拐

香拉东吉圣山

香拉东吉圣山——海子

石头沟之上游——位于壤塘县上杜柯乡

野人大峡谷——位于蒲西乡

南木达山顶夕阳

·壤塘风景·

海子山圣境— —位于上壤塘乡

尕多乡民居

编辑说明

一、壤塘县年鉴是由壤塘县人民政府主办，壤塘县地方志编纂委员会办公室组织编纂的地方历史文献，旨在全面反映全县政治、经济和社会发展变化情况，保存重要县情的基础信息。

二、《壤塘年鉴(2011)》主体记述时间为2010年1月1日至2010年12月31日。

三、本年鉴采用分类条目体，原则上不超过三级分类，以条目为记事单位。全书设用综述、特载、大事记、政治、群众团体、法制、军事、综合管理行政监督、农林牧、财税金融、贸易、城乡规划建设与环保、交通邮政通信、教育、科技技术、文化教育新闻旅游、卫生、人事劳动民政老龄计生、先进集体及人物等为一级篇目，采用述、记、志、传、图和表的形式编纂相关内容。

四、本年鉴所用的文字材料，均由县级各部门以及相关企事业单位负责人审核后提供，图片均由相关单位提供未署名。

五、本年鉴所用的数据，以政府专业统计部门提供为准。所涉非专业统计数据，均由各供稿单位核定负责。

六、本年鉴的检索方法有目录和索引两种，目录编排到条目，索引采用主题分析法，按主题词首字汉语拼音字母顺序排列。

七、本年鉴在编纂过程中，许多撰稿和编审人员付出了辛勤劳动，全县各级领导和社会各界人士给予了鼎力支持，在此表示衷心感谢。由于编辑出版时间紧，虽然多次审核和校对，但仍不敢保证没有疏漏或差错，因此，诚请各级领导和广大读者批评指正，共同推动地方志事业的发展。

壤塘县地方志编纂委员会办公室

领导名录(2010)

1. 中共壤塘县委

书　记　　王　生
副书记　　克　克
副书记　　陈继东
副书记　　文　强(挂职,5 月起)
常　委　　何志富
常　委　　赵拥军
常　委　　张　楫
常　委　　阿　达
常　委　　陈宇生
常　委　　王维新
常　委　　魏志敏(6 月止)
常　委　　陈　尧
常　委　　古　熙(挂职,5 月起)
常　委　　李　洪(挂职,5 月起)
常　委　　朱　钰(6 月起)
常　委　　达尔吉(6 月起)

2. 壤塘县人大常委会

主　任　　孙建成(3 月起)
副主任　　张定发
副主任　　张志贵
副主任　　何晓刚
副主任　　文成才
副主任　　贾　格
副主任　　班玛登(12 月起)
正县级调研员　　达尔基

3. 壤塘县人民政府

县　长　　克　克
副县长　　何志富
副县长　　阿　达
副县长　　古　熙(挂职,5 月起)
副县长　　李　洪(挂职,5 月起)
副县长　　朱　钰(6 月止)

副县长　江兴学

副县长　邹德跃

副县长　马秀珍

副县长　史志刚

副县长　张万贵(6月起)

副县长　代　杰(10月起)

县长助理　周军海(挂职,5月起)

4. 政协壤塘县委员会

主　席　龙　凌

副主席　扎　泽

副主席　俄旺旦真

副主席　穹　洛

副主席　杨　军

副主席　张力生

副主席　甲央洛州

5. 壤塘县人民武装部

部　长　李怀金

政　委　张　楫

副部长　罗志刚

副部长　泽拉木(4月起)

6. 壤塘县人民法院

院　长　王久洪

7. 壤塘县人民检察院

检察长　周　莲

《壤塘年鉴》编纂人员

总　　编　魏　忠

副 总 编　罗　黎　袁熙虔

责任编辑　袁熙虔

校对及编务人员　魏　忠　罗　黎　袁熙虔　胡成英　唐　琼　余　娟　李青隆

壤塘县地方志办公室人员名单

主　　任　魏　忠

副 主 任　罗　黎　袁熙虔

工作人员　程春林　倪春蓉　胡成英　唐　琼　余　娟　李青隆

目 录

群众团体

法 制

军　事

综合管理行政监督

农林牧

财税金融

贸　易

城乡规划建设与环保

交通邮政通信

教　育

科学技术

文化体育新闻旅游

卫　生

人事劳动民政老龄

附　录

特载

TE ZAI

在十一届中共壤塘县委第十一次全会上的讲话

2010年12月16日

王　生

各位委员，同志们：

正值年末岁尾，我们又再聚首，共商壤塘大计，共描美好未来。这对于集全县之智、举全县之力，奋力推动我县加快发展具有十分重要的意义。即将过去的2010年极不平凡，是我县攻坚克难、抢抓机遇、加快发展的重要一年，也是壤塘建设任务最重、破解难题最多、发展速度最快、惠民绩效最好的一年。一年来，我们在崛起中勃发的力量更加强大，在困境中砥砺的意志更加坚韧，在磨难中自强奋进的能量更加激荡，在攻坚中创新的智慧更加充盈。

在这"十一五"收官和"十二五"开局的关键时刻，州委召开了九届十二次全体会议，科学谋划和部署了今后一段时期的工作。会议号召全州上下务必紧盯目标、真抓实干，锐意进取、超常奋斗，坚决打好"十二五"攻坚战，坚定不移地走绿色发展、集约发展、集中发展、和谐发展道路，全面夺取跨越发展和长治久安的决定性胜利。为迅速贯彻落实会议精神，快速把行动落实到工作之中，县委决定召开第11次全委会议，主要任务就是要把全县上下的思想统一到州委提出的新目标、新任务上，不断深化对县情和经济社会发展阶段性特征的再认识，进一步完善发展思路，拓宽发展空间，创新发展举措，提升发展质量，绘制新的宏图，加快富民强县进程。

一、精心谋划、真抓实干，全县经济社会发展开创新局面

县委在认真总结全县发展实践、准确把握发展规律的基础上，紧紧围绕年初工作目标，坚持"30字"工作思路，按照"保增长、保民生、保稳定"的总体要求，积极抢抓机遇，主动应对挑战，经济建设保持了平稳较快发展，政治建设、文化建设、社会建设和党的建设取得了新成效。

（一）在攻坚克难中集中突破，经济建设成效明显。

坚持把保增长作为工作的首要任务，突出重点，下大气力破解资金、项目等发展难题，较好地完成了各项目标任务，一些领域的工作取得了新的突破，主要经济指标继续保持增长。2010年，预计实现地区生产总值39058万元，同比增长10.2%；完成全社会固定资产投资5.2亿元，同比增长79.3%；规模以下工业增加值预计完成450万元，同比增长11.7%；财政一般预算收入预计达到850万元，同比增长69.7%；实现社会消费品零售总额9266万元，同比增长15.1%；实现城镇居民人均可支配收入1.7万元，同比增长14.8%。农牧民人均纯收入达到2898元，同比增长20.9%。

（二）在政策措施上务求实效，民生工程富民惠民。

加快推进以改善民生为重点的社会建设，办好群众急需、群众受益的实事，在改善民生中促

进和谐壤塘建设。一是投资3.3亿元，完成了11个乡、22个村27个定居点及配套设施建设任务，惠及1961户、9805人，初步实现了“家家有固定房、户户有新帐篷、村村有活动中心”的目标；二是投资1.51亿元，全力实施“三百”示范工程建设，完成5个精品旅游村寨、6个幸福美丽村寨、5个魅力乡镇打造，城乡面貌显著改观，农牧民群众的幸福指数不断提升；三是深入实施大骨节病综合防治试点工作，八大工程稳步推进，大骨节病区发病率明显降低，病区群众生产生活条件明显改善；四是十大民生工程全面实施，社会保障体系逐步完善。城镇新增就业181人，下岗失业人员再就业37人，城镇登记失业率控制在3.3%以内；新建、扩建敬老院和社会救助福利中心5个，五保供养人数达到530人；启动新型农村养老保险试点，参保农牧民2900人。

（三）在基础建设上真抓实干，发展条件显著改善。

全年累计申报项目223个，完成固定资产投资5.2亿元，实施重点工程项目31个，固定资产投资快速增长，对全县发展形成了强势拉动，基础条件显著改善，发展后劲不断增强。一是实施了阿两路县城至黑桥段改建工程，主干道通行能力大幅度提高；二是建成农村安全饮用水工程14处，解决了6000人的安全饮水问题，为上杜柯、吾依、南木达3乡无电群众解决太阳能光伏发电机400套，马尔康至壤塘110千伏输电线路工程全面启动；三是以县城为中心，精心打造了南木达、中壤塘、上寨、蒲西、尕多5个集镇，并完善了配套基础设施。四是启动廉租房二期工程建设，完成1.53万平方米廉租房二期工程建设任务；完成县城至黑桥干线光缆光纤改造，新建C网移动基站2个，移动通信基站4个，行政村基本实现通信全覆盖；五是加大招商引资力度，制作推介招商引资产业5个、在西博会上成功推荐招商引资项目7个，完成招商引资430万元。

（四）在科学发展中统筹兼顾，社会事业齐头并进。

坚持以人为本，注重统筹经济社会协调发展，让人民群众共享改革发展成果。一是“两基”成果持续巩固。教育“十年行动计划”成效明显，易地育人工作扎实推进，教育基础条件大幅改善，“9+3”免费职业教育和“6+3”基础教育工程深入人心，教育事业全面发展。二是人口和卫生工作扎实推进。认真贯彻落实计划生育基本国策，巩固“全省计划生育优质服务县”成果，全面推进卫生服务能力建设，努力提高新型农村合作医疗筹资水平，更多群众获得更大受益。三是生态环境有效整治。稳步实施“天保”工程，巩固退耕还林成果，完成集体林权制度改革任务；加大地质灾害治理，保障生态环境和人民群众生命财产安全；认真实施“五十百千示范工程”，加强城乡环境综合整治，“高原林海秀城”新貌初显。

（五）在扩大民主中凝聚人心，政治建设稳步推进。

把保障人民群众的民主权利作为政治建设的核心内容，坚持不懈地从各个层次稳步扩大公民有序的政治参与。不断加强和改进对人大、政府、政协和人民团体的领导，支持人大依法监督、政府依法行政、政协参政议政，支持人民团体在法律法规和章程规定的范围内独立自主地开展工作。坚持和完善基层民主和群众自治制度，推行“两推一选”和“公推直选”，扩大了党员群众的民主权利。高度重视民族宗教工作，深入开展民族团结进步创建活动，依法加强对宗教事务的管理，巩固发展了民族团结、宗教和顺的良好局面。

（六）在教育引导中提高素质，文化建设明显提升。

以提高干部群众思想道德水平和科学文化素质为根本，以社会主义核心价值体系建设为重点，着力加强和改进宣传思想工作。围绕学习贯彻党的十七大和十七届四中、五中全会精神强化舆论引导，广泛开展各种主题宣传教育活动，为加快发展提供了强有力的思想保证和精神动力。不断加强公民思想道德建设，大力开展精神文明创建活动，积极拓展外宣渠道，加强对外交流，壤塘的知名度和影响力进一步提升。

（七）在精诚团结中维护稳定，平安创建不断深化。

按照省委"三个维护、三个分离"的要求，在州委的坚强领导和统一部署下，总结完善了"防范是前提，打击是手段；群众是基础，干部是关键；情报是支撑，教育是根本；寺庙是重点，揭批是核心；督导是保证，经费是保障"的基本经验。整合维稳力量，完善经费保障、社会预警、信息收集、应急处突、矛盾纠纷"大调解"、社会治安问题管理等机制。深入开展反分裂维稳斗争和"严打"整治斗争，深化新一轮省级"平安县"创建工作，加强社会管理创新，不断提高处置突发事件的能力，有效维护了全县政治社会稳定。

（八）在解放思想中改进作风，党的建设不断加强。

以开展学习实践科学发展观和创先争优活动为统揽，注重用党的最新理论成果武装广大党员干部的头脑，提高推动科学发展的能力。牢牢抓住干部队伍建设这个根本，坚持德才兼备、以德为先的用人原则，树立注重品行、崇尚实干、重视基层、群众公认的用人导向，年内共调整交流科级领导干部 80 人，培训 243 人次，激发了工作活力，调动了积极性。切实开展机关作风整顿活动，大力践行"一线工作法"，大力弘扬"干"字精神，全县各级干部以"白加黑"、"5 + 2"等工作状态干事创业，展现了奋发有为、攻坚克难、逆势跨越的精神风貌。认真落实党风廉政建设责任制，严肃查处和纠正了群众反映强烈的典型案件和突出问题，促进了党风、政风和社会风气的明显好转。

回顾今年的工作，我们倍感成绩来之不易，遇到的困难比预想的要大，发展的步子比预想的要快，取得的成效比预想的要好。实践充分证明，我县贯彻落实上级决策部署是及时有效的，应对复杂形势的思路和策略是切合实际的，攻克工作难关的措施和方法是完全正确的。壤塘之所以有这样的好形势、好局面，既得益于州委、州政府的正确领导和大力支持，更得益于全县干部群众的精诚团结、扎实苦干和奋力拼搏。在此，我谨代表县委，向所有为推进我县经济社会发展、维护社会稳定辛勤工作、无私奉献的同志们和长期以来关心支持壤塘发展的社会各界人士致以崇高的敬意和诚挚的感谢！

面对科学发展的新要求，宏观环境的新变化，人民群众的新期待，我们必须清醒地认识到壤塘县正处在经济发展方式开始发生重大转变的关键时期，经济社会发展中还存在很多急需解决的矛盾和问题。尽管这几年我们纵向发展很快，但从全局、深层次和横向看，我们经济总量依然小、经济增速依然慢，综合实力在全州还处于末端，支柱产业短时间内难以形成等问题仍然没有得到有效破解。我们必须高度重视这些问题，正确分析和判断形势，增强加快发展的信心，抢抓机遇，乘势而上，不断加快发展步伐。

二、明确目标、坚定信心，确保经济社会快速和协调发展

2011 年是实施"十二五"规划的起步之年，也是实现壤塘快速崛起、跨越式发展的关键一

年，能否为“十二五”规划启动实施开好局、起好步至关重要。纵观全局，我们正赶上一个形势向好、活力渐增的机遇期。

（一）**正确认识新形势**。

从发展的大环境来看：就国际来讲，我国面临的经济环境已经和正在发生深刻变化。催生这些变化的主要原因是经济全球化的迅速发展和世界范围内的经济结构调整以及我国经济自身的崛起。新一轮产业结构调整和转移在加快进行，新的国际分工格局正在形成；跨国并购汹涌澎湃，全球企业市场和全球生产体系加速形成；区域经济一体化迅猛发展，区域内分工模式与竞争格局快速变化，可以说，国际经济环境的深刻变化，为我国进一步改革开放、实现现代化并提高在国际分工中的地位提供了千载难逢的历史机遇。就国内而言，国家实施新一轮西部大开发，强化对西部地区财政、投资、金融的政策支持，在基础设施、能源基地和生态环境建设等方面给予项目倾斜，特别是中央和省委藏区工作会议召开后，支持藏区发展的力度将会进一步加大、加快经济发展的政策更加有力，必将对增强藏区自身造血功能、实现经济更好更快更大发展提供强有力的政策支撑。放眼州内形势看：近年来，尽管全州历经了“5·12”大地震等艰难困苦和曲折坎坷，但也迎来了重大发展机遇最多、获得支持帮助投入力度最大、经济社会发展质量最好、基础设施改善最快、城乡面貌变化最大、群众实惠最多的时期。可以说，全州发展势头迅猛，县县充满新活力、处处展现新面貌，一个脱胎换骨的巨变正在发生。大手笔、大气魄、大迈进、大跨越的号角已经全面吹响，建设“民族地区新的增长极、四川经济西进的桥头堡、新型经济发展的示范区”的目标鼓舞人心、催人奋进，一个全新的阿坝正逐步展现在川西北高原，全州各族人民已从地震灾害的悲壮走向跨越发展的豪迈。从我县发展的趋势看：一是经过西部大开发10年特别是近几年来的快速发展，全县经济社会已经步入了科学发展的良性轨道。发展变化不仅表现为增长速度的加快，而且协调性也在增强；不仅表现为量的增长，而且反映在质的提升上；不仅表现为经济实力的增强，人民群众生活水平和质量也在同步提升。二是州委、州政府高度关注壤塘，侍俊书记多次到壤塘检查指导工作，对我们取得的成绩给予了充分肯定，对我县出色地完成牧民定居和“三百”示范工程建设给予了高度评价。这些都充分说明我们的汗水没有白流，努力没有白费，我们转变作风，自加压力，埋头苦干，干事创业环境明显转变，全县上下各级班子、各级干部想干事、会干事、干成事、奋勇争先的大好局面已经形成。三是面临新的发展机遇更多。随着新一轮国家西部大开发战略的实施，我们面临着环境、项目倾斜、战略纵深、宏观调控、特殊支持等众多机遇，特别是州委、州政府提出的“十大工程”建设，就涵盖了交通、通讯、能源、农业基础和旅游发展等内容。就壤塘而言，110千伏电力骨干通道的正式开工、川藏高速公路和铁路从我县通过等重大机遇，必将有力地推动我县水利、矿产、旅游等优势资源的开发；必将有力地推动我们实现建成全州“生态文明新家园”、“资源转化新高地”、“多元文化富集区”、“民族团结模范区”的宏伟目标。所以，我们既要看到面临的困难，增强忧患意识和责任意识，更要看到经济社会发展因素的积极变化和有利条件，进一步凝聚全县干部群众的智慧和力量，在统一思想中解放思想，在认清形势中坚定信心，在迎接挑战中寻找机遇，在抢抓机遇中掌握主动。只要我们团结实干，乘势而上，一步一个脚印，就一定会战胜前进道路上的一切艰难险阻，就一定能实现县域经济的新跨越。

（二）明确工作新任务。

当前和今后一个时期，全县经济社会发展的总体思路是：深入贯彻落实科学发展观，大力开展创先争优活动，认真贯彻党的十七大和十七届五中全会、省委九届八次全会精神，全面落实州委九届十二次全会的各项决策和部署，全面实施“民生、产业、素质、平安、环境、生态、健康、廉政、党建”九大工程，进一步完善思路，坚定信心，抢抓机遇，攻坚克难，全力推进县域经济快速协调发展。今后五年的奋斗目标是：到2015年，全县地区生产总值达到11亿元，年均增长22%，人均GDP达到2.44万元；工业增加值达到1亿元，年均增长70%；全社会固定资产投资累计确保达到83亿元以上，力争达到150亿元，年均增长45.5%以上；农牧民人均纯收入达到5940元以上，年均增长16%以上，比2010年翻一番；城镇居民人均可支配收入达到2.9万元以上，年均增长12%；财政一般预算收入达到3500万元，年均增长38%；社会消费品零售总额达到3亿元，年均增长27%左右；三次产业结构比调整为21∶31∶48。当然，美好的蓝图需要一步一个脚印去打拼，要实现未来五年的宏伟目标，打好首战迎得开门红显得尤为关键。作为“十二五”规划的第一年，明年经济发展的预期目标是：生产总值达到4.37亿元，增长10.3%；工业增加值达到460万元，增长0.5%；财政一般预算收入预计达到1200万元，增长41%；社会消费品零售总额1.07亿元，增长15.5%；城镇居民人均可支配收入1.83万元，增长8%。农牧民人均纯收入达到3398元，同比增长19.3%。

2011年的工作任务比较繁重，但概括起来讲就是：围绕一个目标，建设两块园区，突出三大重点，推进五项建设。

第一，围绕一个目标，确保快速增长，力求争先进位。经济落后、发展不够，是壤塘最根本的问题。保持较快增速，是推进科学发展的必须要求，是缩小发展差距的唯一途径。能不能在今年的基础上，保持经济快速增长，能不能在保持增速的基础上，扩大经济总量，实现争先进位，是对我们发展能力的重大考验。全县上下都要围绕这一目标，进一步提升发展标杆，加大工作力度，在速度上力求更快，在质量上力求更好，在总量上力求在全州位次前移。

第二，建设两块园区，抓好规划设计，逐步实现目标。抓住“十二五”契机，抓好前期规划设计，立足资源优势，大力招商引资，着力解决我县工业“短腿”问题，力争2011年在两块园区的建设上取得实际性的突破。一是建设上寨工业园区。在积极配合绰斯甲水电站开工的各项工作基础上，积极开展上寨水电工业园区建设的前期筹备工作，迈出工业园区建设的重大步伐，为打造“资源转化新高地”奠定基础。二是建设觉囊文化园区。依托中壤塘觉囊文化中心、旅游集镇、旅游精品村寨等优势，组织专业人才和精干力量，深入挖掘觉囊梵音、唐卡绘画、格萨尔王藏戏等民间文化。全面整合资源，丰富提炼内涵，积极开展中国第一、世界唯一的“觉囊文化”申遗工作，紧紧围绕“碉楼文化”、“石刻文化”、“藏戏文化”、“觉囊文化”等品牌优势，以市场为导向，推出一批独具壤塘特色的旅游精品，逐步建成觉囊文化产业园区，逐步实现“多元文化富集区”目标。

第三，突出三大重点，破解发展瓶颈，夯实跨越基础。一是突出农牧业发展。围绕增产增效和农牧民增收目标，以调整产业结构，改善基础设施、提高农产品商品率、扩大生产规模和商品流通、强化基地建设、推进农牧业产业化经营为重点，大力发展现代牧业和特色高附加值农业。

要以实施“669”惠民工程为依托，全面推广高原现代畜牧业发展模式，大力实施种草养畜、品种改良和越冬育肥，建设好一批特色牦牛奶、牦牛肉、优质藏绵羊肉生产基地。大力加强农业和农村基础设施建设，不断改善农牧民群众的生产生活条件。二是突出基础设施建设。多上项目，多上大项目、好项目，是我县保持较快发展、增强发展后劲、调整经济结构的结合点和突破点，也是我们全部工作的重中之重、关键所在。要以项目为抓手，加大投资力度。力争完成固定资产投资10个亿的规模，实现投资新突破，全面改善我县交通、水电、通讯等基础设施，破解瓶颈制约难题，夯实跨越发展基础。三是突出民生改善。重点抓好扶贫开发和综合防治大骨节病试点工作，完成牧民定居行动计划任务，切实抓好4个乡特色魅力乡镇、11个乡21个村的幸福美丽村寨建设。深入实施就业促进、扶贫解困、教育助学、社会保障、百姓安居等十大民生工程，不断提高全县干部群众的幸福指数。

第四，推进五项建设，强化组织保障，凝聚强大合力。一是推进生态文明建设，坚持可持续发展战略。全面提高全社会的生态文明意识和环境保护意识，营造尊重自然、热爱自然、善待自然的良好氛围。继续抓好天然林保护、退耕还林、退牧还湿、生态修复、小流域及干旱河谷治理、野生动植物保护和自然保护区建设等生态工程，强化森林资源管护，完善各类灾害防灾减灾体系建设。抓好城乡环境综合治理，重点治理污水、垃圾及卫生“死角”，努力把壤塘建设成为生态文明新家园。二是推进各项社会事业建设，不断夯实发展基础。坚持把教育放在优先发展的战略位置，巩固和扩大“两基”成果，实施好“易地育人”工程，加快普及高中阶段教育，促进义务教育均衡发展。大力发展职业教育、继续教育，培养更多有文化，懂技术的新型农牧民。继续深化推进医药卫生体制改革，完善新型农村合作医疗制度，逐步提高补助标准和医疗保障水平，健全公共卫生和基本医疗服务体系。进一步加快人口计生、文化体育、广播电视、档案、县志等社会事业建设步伐，让各族人民共享改革发展成果。三是推进政治文明建设，凝聚共谋发展强大合力。充分发挥广大党员干部的积极性、主动性和创造性，坚决维护党的集中统一，广泛充分调动一切积极因素，大力营造心系壤塘干事创业的浓厚氛围。要继续发扬我县“党委领导好、人大监督好、政府落实好、政协参政好、人武部跟进好”的优良传统，充分发挥县委统揽全局、协调各方的作用，切实加强和改进各级党委对同级人大、政府、政协、司法机关和工会、共青团、妇联等群众团体的领导，广泛开展军民、警民共建和“双拥”活动，妥善处理各方面的利益关系。加强精神文明建设，以“知恩、铭恩、感恩、报恩”为主题，在农村、牧区、学校大力开展“感恩祖国·唱响壤塘”、“牧民定居·幸福家园”、“村村同唱感恩歌”等教育活动，进一步催生和激发全县各族干部群众和广大青少年勤劳朴实、自强不息、感恩奋进、建设壤塘、共促跨越的豪情壮志。四是推进平安壤塘建设，力求和谐局面有新巩固。稳定是一切工作的基础，没有稳定，发展与建设就无从谈起。广大党员干部特别是各级领导干部，要时刻绷紧反分裂维稳这根弦，严格落实维稳工作责任制和责任追究制，坚决按照省委“一条主线、三个加强”总体工作要求，认真贯彻落实“一加强、二排查、三到位、四追究”的维稳工作机制，不断强化措施、夯实基础、创新方法，在重点地区、重点寺庙、重点人员的掌控上狠下功夫，始终保持对敌斗争的高压态势，确保壤塘政治稳定、社会稳定、寺庙稳定和边界稳定，努力为跨越发展营造一个和谐安宁和长治久安的良好环境。五是全面推进党的建设，为经济发展提供坚实保障。围绕工作大局，实施整体推进，全面加强党的思想建设、组织建设、作风建设、制度建设和反腐倡廉建设。认真总结和运用学习实践科学发展观活动成果，大力提高党的建设科学化水平。把严格遵守政治纪律、加强以反分裂斗争为核心内容的思想政治教育作为党的建设和政权建设的首要任务。强化党员干部特别是领导干部的思想理论武装，大力提高在科学发展、群众工作、社会管理、维护稳定等方面的本领。坚持把基层一线建成干部培养选拔的“大考场”，注重选拔长期在边远乡镇、条件艰苦地方工作的优秀干部。深入开展“领导挂点、部门包村、干部帮户”活动，为群众多办好事实事，进一步密切党群干群关系。大力加强基层组织建设，着力强化基层组织的凝聚力、战斗力，不断提高基层党员、干部的“双带能力”。

（三）打好年底收官战。

当前已近年末，我们还要立足实际，采取措施，着力抓好以下几项工作。一是抓好“十二五”规划编制工作。这次会上，继东同志就“十二五”规划的编制作了说明，我县的“十二五”规划框架已基本形成，要组织力量，认真修改完善，各位委员和同志们要多提建议意见，使我县的“十二五”规划具有高标准、高质量，更加符合壤塘实际。二是抓好村级组织换届。各级干部要进一步增强做好换届工作的责任感和使命感，把换届作为当前的重要工作，超前考虑，做细工作，进一步加强领导，落实责任，向广大群众讲清换届选举工作的政策程序、权利义务、纪律要求等，注意了解掌握新情况，及时研究解决新问题，确保换届工作积极稳妥、健康有序地进行。三是高度重视安全生产。前不久道孚县发生的草原火灾酿成的惨剧，我想大家都一定很清楚。血的教训提醒我们必须更加高度重视安全工作。目前，由于雨雪少，护林防火工作已进入高火险等级，各乡镇和有关部门务必高度重视，一点也麻痹不得，大意不得，必须采取强力措施全力抓好。同时，要切实抓好食品、危化品、烟花爆竹等安全监督检查，加强对文化娱乐活动场所的管理；交通、交警等部门要认真做好运力安排，加大巡查力度，严查超载、超速、超限车辆，确保安全有序；公安、消防、民政、电力、交通、工商、质检、卫生、安监等部门不得擅自离岗，保证信息畅通，一旦发生紧急、重大突发事件要立即请示报告并及时协调、妥善处理。四是抓好当前稳定工作。当前我县社会稳定总的形势是好的，但也存在一些不稳定因素。要坚决落实社会稳定“一把手”负责制和责任追究制。加强对节日期间信教群众宗教活动的引导和管理。统战、宗教等部门要深入寺庙了解情况，采取有力措施保证寺庙稳定；信访部门要加强工作力度，确保信访稳定；乡镇党委、政府和村两委会要加强对群众矛盾纠纷的排查和调处工作；要加强治安管理，严防发生打架斗殴，伤害盗窃等治安案件，切实预防和减少各种违法犯罪活动的发生，确保社会治安持续稳定。五是做好访贫问苦工作。要组织好“元旦”、“春节”等传统节日前夕的各项慰问工作。各乡镇党委、政府，县级各部门要对本乡的贫困户、对口帮扶村的贫困户进行慰问和资助。对家庭特别困难的，要给予特别关爱。要加强慰问物资和资金的使用和管理，杜绝吃、拿、卡、要等现象发生。切实将慰问物资和资金全部发放到贫困户手中，把党和政府的温暖送到每一户困难群众家中，确保贫困群众过一个欢乐祥和的节日。

三、锤炼作风、创先争优，确保跨越发展和长治久安

壤塘的跨越之路注定不平坦，壤塘的发展进程注定充满艰辛，这是对干部能力的检阅，也是

对干部作风的考验。为此，我们必须始终保持昂扬向上、奋发有为的精神面貌，锤炼一流干部作风，将广大干部的潜力充分挖掘出来，不断增强各级执行力，在推进壤塘跨越式发展和长治久安的伟大实践中建功立业。

（一）**要保持击鼓奋进的创业激情**。激情是干事创业的原动力。目前，我们正处于大跨越、大发展前夜，我们绝不能满足于今天取得的成绩，要立大志、创大业，始终保持蓬勃的朝气，自强不息，击鼓奋进，再创辉煌。一要以激情激发事业心。我们每个人为党和人民工作的时间是有限的，大家都要珍惜这个难得的机会，多为人民办好事，多为壤塘建功立业，努力干出一番无愧于党、无愧于人民的事业，这才是我们职业生涯中最引以为豪的事，是我们一生中最大的追求。二要以激情激发进取心。坚决破除“小进即满”、“小富即安”的小农意识，始终保持迎难而上的锐气、昂扬向上的斗志、坚忍不拔的品格、求真务实的作风，全身心投入到各项工作之中，把精气神鼓起来，把发展的强势造起来。三要以激情激发责任心。全县广大党员干部特别是各级领导干部都要肩负责任，在其位谋其政，在其职尽其责，工作要高标准、严要求，不求过得去、只求过得硬，真正在狭路中冲出一条生路，在困境中打开一片天地。

（二）**要保持奋力争先的事业追求**。当前，我们处于全州发展的追赶强势中，进一步就进位争先，退一步就将滑到谷底，必须鼓足干劲，奋力争先往前赶。一要在成绩面前不懈怠，打破循序渐进的传统观念，摒弃歇气养神思想，克服厌倦松劲情绪，戒骄戒躁，立足高起点，确定高标准，瞄准高水平，谋划新思路，创出新办法，在成绩中取得更大成绩，在进步中追求更快进步。二要在困难面前不止步。要紧扣“去尾争上”的目标要求，精细化目标管理，对上年目标完成情况认真梳理，认真总结，找准原因，对症下药。对完成情况不理想的工作，要进一步细化责任，明确季计划、月目标任务，一项一项地排进度，一件一件地抓落实。三要在竞争面前不退缩。面对激烈竞争，敢于亮剑，敢于领先，敢于拼搏，激流勇进。要坚决打破“恐高”、“怕比”的心理，增强“慢不得”的紧迫感，树立“等不起”的危机感，保持“坐不住”的责任感，敢与强的比，敢向高的攀，敢同勇的争，敢跟快的赛，营造一种你追我赶、积极进取、奋发向上的风气，努力追求更快的发展速度、更好的发展质量。

（三）**要保持务实高效的工作作风**。思路再好，不落实等于空中楼阁；政策再好，不落实等于形同虚设；水平再高，不落实等于纸上谈兵。要继续在抓落实上下真功夫、下细功夫、下实功夫，以实实在在的作风夺取实实在在的业绩。一要掌握实情。坚持到现场、到一线了解情况，准确掌握动态，准确研判形势，准确把握规律，做到对所有工作都情况明、底数清。二要坚持实干。对重点工作，要有科学谋划、有具体措施、有解决办法；有进度表、有路线图、有责任书；有检查、有督促、有问责、真正把大事办成，难事办妥。进一步完善领导牵头联系重大项目、重大工程，大力推行“一线工作法”、通过现场办公、现场交办、现场督办，不断推进民生工程和重点工作，确保工作干一件、成一件，件件落实。三要务求实效。继续深化效能建设，强力整治“不作为”、“慢作为”、“乱作为”的现象，破除中间梗阻，整治繁文缛节，促进机关工作全面提质、提速、提效。要强化时间观念，保持雷厉风行的工作作风，对重点工程、重大项目、重要工作要惜时如金、争分夺秒，倒排工期、挂图作战，真正形成紧张、快捷、高效的工作节奏，以实实在在的成效取信于民。决不能议而不决，决而不行，行而不果，坐失良机。

（四）**要保持清白干净的人格操守**。作为一名领导干部，最基本的要求就是要做遵纪守法的表率，这是做人的底线、从政的底线、为官的底线。当前，我们的干部队伍主流是好的，是一支堪当大任、值得信赖的干部队伍。但是仍然有干部热衷赌博，通宵达旦，乐此不疲；仍然有单位铺张浪费，超标接待，相互宴请；仍然有干部热衷吃喝，酗酒成性，丑态百出；仍然有干部公车私驾，私客公请，游山玩水；仍然有干部情趣低俗，道德沦丧，沉溺声色。此风不刹，必将阻碍发展，贻害无穷。一要克服特权心态，倍加珍惜手中的权力。我们手中的权力是党和人民赋予的，权力越大，责任越大，必须头脑清醒。要把《廉政准则》作为从政坐标，哪些事能做，哪些事不能做，时时对照"8个禁止、52条不准"自我检查、自我纠偏、自我净化，确保健康成长。二要克服侥幸心态，倍加珍惜个人的政治生命。要加强警示教育，剖析发生在我们身边的一些腐败分子用政治生命写成的警世教材，告诫任何人都不能低估党委、政府反腐败的决心和能力。每个党员干部特别是领导干部要吸取教训，深刻反思，引以为戒，决不能重蹈覆辙。县委将继续大力度对热衷赌博、热衷吃喝、公车私用的现象进行强力整治，发现一起，查处一起，决不手软。三要克服攀比心态，倍加珍惜组织的培养。组织上培养一个干部不容易，干部成长更是付出了艰辛的努力，大家一定要倍加珍惜干事创业平台，珍惜现有的工作条件和生活待遇，绝不可看到一部分人先富起来就心理不平衡，更不能看到个别人钻政策空子"暴富"了就手痒。四要克服抵触心态，倍加珍惜组织的爱护。监督是对干部的关心爱护，是干部清正廉洁的"防火墙"。领导干部要在思想上真心欢迎监督、行动上真诚接受监督，让组织和群众的监督成为拒腐防变的重要屏障。五要克服放纵心态，倍加珍惜良好形象。领导干部是社会风气的倡导者和引领者，要时刻自重、自省、自警、自励，保持良好的心态、健康的生活情趣，做遵守社会公德、职业道德、家庭美德的模范。要多想想自己对社会、对家庭的责任，要常存感恩之心，感恩家人、感恩同事、感恩组织、感恩社会，以感恩之心做好每件事，做一个让党组织满意、亲人放心的人。

（五）**要营造干事创业的浓厚氛围**。要通过专题督查、定期督导、挂牌督办、舆论督促等方式，扭住各项重点工作特别是重大项目建设、新农村建设及固定资产投资、民生工程等进行跟踪督促检查。要及时通报情况，全面督促整改，确保各项工作有进度、有形象、有效果。要继续坚持季考核、季挂牌，进一步加大问责力度，切实向过错问责、向低效问责、向无为问责、向违纪问责，督促各级出工、出心、出力、出成效。

同志们，宏图展现，曙光在前。壤塘已经进入了一个新的发展阶段，州委对我们提出了新的更高要求，群众对我们寄予了新的更多期望，发展的任务激励着我们，美好的前景召唤着我们。让我们紧密地团结在以胡锦涛为总书记的党中央周围，在州委、州政府的坚强领导下，团结和带领全县各族干部群众，立足新起点、开启新历程，为确保完成2011年既定目标任务，开创各项工作新局面而努力奋斗！

壤塘县第十二届人民代表大会第六次会议政府工作报告

2011年2月26日

克　克

各位代表：

现在，我代表县人民政府，向大会报告政府工作，请予审议，并请政协各位委员和列席会议的同志提出意见。

2010年政府工作

2010年，是我县快速发展、阔步前进的一年，是经济总量大幅增长、群众实惠最多的一年，也是全面完成“十一五”目标极为关键的一年。一年来，在州委、州政府和县委的坚强领导下，在县人大、县政协的监督支持下，高举中国特色社会主义伟大旗帜，以党的十七大和十七届四中、五中全会精神为指导，以科学发展观统揽全局，紧紧围绕县委“30字”总体工作思路，团结带领全县各族干部群众，以“保增长、保民生、保稳定”为工作主线，紧紧抓住中央扩大内需、中央第五次西藏工作座谈会、四川藏区工作座谈会和实施重大民生工程的机遇，奋力推进跨越式发展和长治久安进程，全面完成了壤塘县第十二届人大五次会议确定的各项目标任务。

一、矢志不渝抓发展，经济总量大幅增长

一年来，我们坚决贯彻落实中央关于扩大内需、刺激经济增长的一系列决策部署，把保增长、促跨越作为政府工作的第一要务，采取有力措施，变挑战为机遇，促进一、二、三产业协调互动，国民经济保持了较快的增长势头。全年实现地区生产总值38703万元，增长10.5%。其中，第一产业增加值16718万元，增长2.2%；第二产业增加值5247万元，增长41.3%；第三产业增加值16738万元，增长10.1%。三次产业结构比调整为43.2∶13.6∶43.2。实现社会消费品零售总额9528万元，增长18.1%。实现城镇居民人均可支配收入16418元，增长10.9%。农牧民人均纯收入达到2960元，增长23.4%。

——农村经济稳步增长。积极贯彻落实党中央、省、州各项支农惠农政策，以培育特色效益农业和现代畜牧业为方向，深入推进“669”工程，进一步优化农牧产业结构，拓宽群众增收渠道，农业和农村发展形势良好。全县农业总产值完成2.48亿元，增长2.3%。

完成农作物总播面积2.6万亩，同比增加112亩，粮食播种面积2.4万亩，同比增加1.19%。全县粮食总产量3317吨，增长1.6%。加大农业产业结构调整力度，推广优质青稞1.5万亩，种植高原特色马铃薯5002亩；种植青豌豆、莲花白、大白菜等无公害蔬菜2178.5亩、油菜新品种

600 亩。加快畜牧业发展步伐，购种畜 1200 头，建棚圈 1.2 万平方米；种植优良牧草 4000 亩，人工种草 1 万亩。全县牲畜存栏 28.89 万头（匹、只），增长 6%；牲畜出栏 5.86 万头（匹、只），出栏率 22%，商品率 12.5%；肉类总产量 5771 吨，增长 7.2%；奶产量 7532 吨，增长 8%。大力开展科学技术普及和实用技术推广，投入资金 35 万元，建中药材种植基地 4350 亩，科技示范带动能力增强。整治农田 1200 亩，完成土地复垦整理 150 亩，新增耕地 150 亩。完成高产栽培技术培训 6000 人次，组织培训新型骨干农民 100 人。兑现农机购置补贴资金 30 万元，补贴拖拉机 40 台（套），40 户农户受益。兑现粮食直补款 13.44 万元、综补款 99.11 万元。

——工业经济增势明显。坚持工业强县战略不动摇，积极扶持和培育工业企业，加快工业发展步伐，不断壮大工业经济总量。切实加大对明达电站、农村小水电的管理和扶持力度。全面掌握我县工业经济运行状况，增添有效措施，为企业发展营造良好的运行环境。进一步健全企业发展机制，企业发展活力明显增强。全年实现工业增加值 544 万元，同比增长 28.9%。

——第三产业提速增效。大力发展以旅游业为龙头的第三产业，第三产业增加值达 16738 万元，增长 10.1%，初步形成以旅游业带动第三产业快速发展的产业格局。以西部国际旅游博览会为平台，加大对外宣传力度，推介旅游招商引资项目，展示极具壤塘特色的石刻纪念品，赠送宣传画册 8000 余册、宣传光碟 3000 余碟。投资 100 余万元，在汶川水磨建成壤塘馆，建立了对外宣传的重要窗口，壤塘对外形象得到较大提升。规范旅游市场管理，重点加强对宾馆、超市、旅游沿线进行整治，旅游秩序良好。全年累计接待游客 15.4 万人次，实现旅游收入 9844 万元，增长 99.8%。切实加大对酒类、食盐、生猪屠宰、加工等食品卫生安全行业的监管力度，确保食品安全。加强市场监管，稳定市场物价。鼓励支持企业和个体工商户发展，登记注册各类企业 42 户，注册资金 4643 万元。个体工商户 696 户，注册资金 1300 万元。加大商贸流通，活跃农村消费市场，在上壤塘、中壤塘等 5 乡建乡级店 3 个，大力实施“家电下乡”工程，销售家电下乡产品 1213 台（件），销售金额 166 万元。

——财税金融运行良好。坚持依法治税，强化征收，完成本级财政一般预算收入 885 万元，增长 76.6%。在确保重要工作开展的前提下，更加注重财政支出管理，不断优化支出结构，确保了维稳、民生项目、城乡居民住房建设和工资性支出等重点支出。加大财政和审计监督力度，财政资金使用效益不断提高，实现财政一般预算支出 57513 万元，同比增支 4.5%。金融机构各项存款余额 57222 万元、贷款余额 11789 万元（其中，牧民定居贷款 4300 万元，农村小额贷款 3200 万元，城镇下岗失业贷款 30 万元）。

——科学谋划跨越发展蓝图。认真贯彻中央第五次西藏工作座谈会、四川藏区工作座谈会和全省深入实施西部大开发战略工作会议精神，结合壤塘实际，超前谋划，编制了《壤塘县推进跨越式发展和长治久安的总体方案》和《壤塘县国民经济和社会发展第十二个五年规划纲要（草案）》，为加快全县跨越式发展和长治久安进程确立了纲领、明确了方向。

二、坚持不懈强基础，发展支撑更加有力

一年来，我们始终抓住发展的关键环节，多渠道争取项目，多渠道筹措资金，切实加大固定资产投入。全年累计申报项目 223 个，申报投资总额达到 66.98 亿元。争取藏区项目 56 个，新开

工项目31个，完成全社会固定资产投资5.2亿元，增长79.3%，创历年新高。

——致力破除交通瓶颈。抓住国家交通运输部对口帮扶的机遇，大力改善交通基础条件。投资7412.6万元，完成阿两路县城至黑桥段改建主体工程，交通主干道通行能力大幅提高；投资90万元，启动实施岗木达昂柯桥建设项目；投资480万元，新改建农村公路85公里、硬化入户道路18公里。

——致力改造电力基础。投资4060万元实施农网完善和无电地区电力建设。其中，投资360万元，更换变电台区30台，改建10千伏线路17千米；投资3300万元，新建10千伏输电线路208.18千米、变电台区127台；投资400万元，为上杜柯、吾依、南木达3乡无电户群众解决太阳能光伏发电机400套（台）。启动马尔康至壤塘110千伏输电线工程，力争今年底全面完成建设任务。

——致力完善城镇功能。以县城为中心，集镇为重点，大力实施城镇基础设施项目，城镇功能日趋完善。投资4162.8万元，精心打造上寨、蒲西、南木达、尕多、中壤塘5个特色魅力乡镇，完善了水、电、路、通讯等市政基础设施；投资850万元，启动廉租房二期工程建设；投资2000万元，完成经济适用房140套15398平方米；启动县藏文中学教学楼、县政务中心综合楼建设。

——致力提升生产条件。以提高农业综合生产能力为目标，大力改善农业基础设施条件。投资120.86万元，在斯跃武村实施节水灌溉工程，灌溉面积达480亩；投资306.8万元，建农村安全饮水工程14处，解决1200户6000名群众的安全饮水困难；投资84万元，新改建乡兽医站6个；完成3乡130户暖棚、圈舍、饲草棚等建设。

——致力提高通讯能力。投资2200万元，实施通讯基础设施建设，完成蒲西至二嘎里的传输建设，县城至黑桥干线光缆光纤改造，新建C网移动基站2个、移动通信基站4个，县境内基站数达到47个，行政村基本实现通信全覆盖。

三、坚定不移促改革，发展活力明显增强

全面完成政府机构改革任务，调整规范政府机构，精简人员编制，理顺职能关系，构建“权责一致、分工合理、决策科学、执行顺畅、监督有力”的行政管理体制，撤销政府工作部门5个、新组建5个、调整6个，政府工作部门调整至23个。全面完成11个乡59个村129个村民小组275宗集体林地外业调查任务，集体林权制度改革任务圆满完成并获全州一等奖。深入推进卫生医疗体制改革，制定《壤塘县深化医药卫生体制改革的实施意见》，明确了医疗体制改革的目标和任务。加大住房改革力度，对符合房改条件的住房进行出售，351户城镇职工受益。

按照州委、州政府“开放合作年”工作要求，制定《壤塘县开放合作年活动实施方案》，精心编制完善《壤塘县投资指南》；加强招商项目储备，编制《壤塘县肉联厂整体转让项目》、《中壤塘觉囊文化中心景区开发项目》等招商项目11个，在第十届西博会上成功推介招商引资项目7个。切实加大水电资源开发力度，协助国电公司、华电公司完成上寨电站、蒲西电站项目预可研工作，开展宗科沟流域、蒲西野人大峡谷流域水电资源开发、斯跃武矿区普查工作。招商引资和对外开放合作年的各项工作有序推进，完成招商引资430万元，完成全年目标的107.5%。

四、多措并举促和谐，群众生活更加幸福

一年来，我们始终坚持以人为本的理念，注重社会建设，着力改善民生，维护公平正义，多措并举促和谐，人民群众享受到更多实惠，生活得更加美好，更加幸福。

（一）民生工程成效显著

——*实施牧民定居工程，更多群众过上了新生活*。投资3.3亿元，完成11个乡22个村27个定居点定居房及配套公共基础设施建设，惠及1961户、9805人。其中：新建和提升改造定居房1961套、39.6万平方米；建村民活动中心20个，文体广场21处，村内道路85公里，高位水池19口，供水管网62.5公里，公共厕所5个，排污管网38.6公里，垃圾回收箱42个，垃圾简易处理池19个，污水简易处理场21个，化粪池285个；安装太阳能热水器1200套，太阳能路灯260盏，广播电视接收器1961套，变压器8台；架设输电线路15公里。在定居房建设过程中，始终坚持“安全舒适、功能完善”的理念，高度重视定居房建设质量，新建的每一栋定居房都采用了钢筋混凝土构造柱和地圈梁，实现了牧区民房建设上的历史性突破，牧民群众欢天喜地搬进安全坚固、舒适美观、整洁明亮、功能配套的新居，过上了新生活。

——*深入实施扶贫开发和综合防治大骨节病试点工程，群众生产生活条件得到更大改善*。及时兑现易地育人生活补助，为5450名易地育人学生发放生活补助146万元；完成吾依、茸木达、尕多3乡8村613户易地搬迁任务；以农畜、旅游、中药材为重点，大力培育搬迁点后续产业，切实增加群众收入；深入开展科技攻关，投资30万元，对826名大骨节病患者进行了临床诊断；完成8个大骨节病监测点的病情监测任务，对10682名大骨节病人进行药物治疗；为大骨节病患者发放生活补助332.95万元，发放医疗救助300万元。

——*精心打造“三百”示范工程，乡村面貌展新颜*。着眼改善农村群众居住环境和乡村面貌，克服资金压力大、工作任务重、建设工期短等困难，倾力实施“三百”示范工程，全年共完成投资15126.3万元。其中，投入资金4162.8万元，完成上寨、南木达等5个特色魅力乡镇建设。完成1002幢民房和构筑物外观风貌改造，对428户民房进行内部提升改造，安装太阳能路灯519盏、太阳能热水器320台，更换主街路灯36盏，铺设排污管网7500米，铺设入户水管6200米，拆除危房偏棚3100平方米，硬化入户道路11.8公里，更换果屑箱40个、垃圾桶257个，增建垃圾堆放点72个，平整、绿化场地6万平方米，建休闲景观设施4处，安装街道护栏1.8公里。投资3792.5万元，完成克久、南木达村等5个精品旅游村寨建设任务。完成791户民居外墙、门窗风貌改造和“四改”任务；完成478户民房室内装修、新建了卫生间，安装太阳能热水器324台，建高位水池40口，铺设供水管网10.8公里、排污管网7.5公里；硬化道路5195米，设置旅游标识标牌42个。投资7171万元，按照“四改、两建、调结构”的要求，全面完成5乡6村707户幸福美丽村寨建设任务。完成707户改厨、改厕、改圈、改坝任务，改造面达100%。实现牲畜舍饲圈养，种草舍饲率达80%以上，人畜分居率100%，彻底改变了多年人畜混居的状况；建公共卫生厕所，实现人畜粪便、生活污水无害化处理；各村寨均安装了太阳能热水器、节能灯等新型能源家电，群众的生活更便捷；以基地建设为载体，发展规模养牛户134户，建种草基地545亩、割草基地2100亩，建优质青稞基地1862亩、特色马铃薯680亩；建村民活动中心6个，内设村两

委办公场所、会议室、卫生室、图书阅览室、农牧技术服务室和司法警务室，实现了“一中心多用途”。配套建设生态文体活动广场6个；安装广播电视设施707套。

通过大力实施“三百”示范工程，各示范点民族特色浓郁、功能配套完善、环境整洁优美，重点集镇功能全面提升，乡村面貌发生了翻天覆地的变化，受到州验收组的高度赞誉和好评，赢得了群众的衷心拥护。

——十大民生工程全面实施，群众实惠显著增多。城镇新增就业181人；下岗失业人员再就业37人；完成农村劳动力技能培训65人，品牌培训50人。扶持2421名农村贫困群众改善生产生活条件；新建社区慈善爱心超市1个；为受援人群提供法律援助195人次；城市年人均医疗救助标准达到72元，农村年人均医疗救助标准达到111元；为符合条件的171名困难职工每人每年提供300元生活和医疗救助。城镇基本养老保险参保人数达1990人，工伤保险参保人数达2360人，城镇职工基本医疗保险参保人数达4899人。启动新型农村社会养老保险试点，为1500名60岁以上的退休农牧民发放基础养老金49.5万元。资助农村特困高中生21人。把符合条件的1294户、1499名城镇居民和6431户、19474名农村群众纳入低保范围，发放城市低保金243.9万元、农村低保金1071万元；完成中壤塘敬老院扩建工程，新增床位50张，社会救助福利服务中心和4个农村敬老院入住五保供养人数达到530人。城镇医疗救助245人，发放救助金10.8万元；农村医疗救助7376人次，发放救助金237.2万元。新增解决低收入家庭住房困难房源12套，实施廉租房住房租赁补贴473户，完成棚户区改造120户；完成重大地质灾害治理1处；新建和改造农家店8个；完成吾依、上杜柯2乡农网改造任务；完成15个20户以上自然村通电话任务。新建7个乡文化站、29个村级农家书屋，配备各类书籍6万余册，配发音像制品49套。发放、安装、调试4500套直播卫星“村村通”工程设备，完成8个行政村广播室建设，放映电影500余场，覆盖全县60个行政村。

（二）生态环境不断改善

立足县域生态优势，在加快发展的同时，高度重视生态建设和改善环境质量。

——大力实施生态保护工程。编制《壤塘生态县建设规划（2009～2020）》，加强自然保护区、生态示范区、生态功能保护区建设，促进生态良性发展。巩固退耕还林建设成果，投入资金123万元，调运种苗242.3万株，完成全县3.05万亩退耕还林补植任务，顺利通过国家林业局的阶段性验收，补兑2009年度退耕还林补助资金793.75万元。大力实施天然林资源保护工程，森林资源常年管护168.7万亩，新增重点公益林12万亩，完成人工造林6000亩，实施封山育林3万亩。投资350万元启动实施中幼林抚育和沙化治理两个省级试点项目。加大林政管理力度，严厉打击破坏森林资源的违法犯罪活动，查处森林案件54起，行政罚款14.48万元，挽回经济损失7.94万元。加强防火队伍建设和基础设施建设，加强火源管理，强化督查，实现全县连续14年、地方连续35年无森林火灾的佳绩。投资50万元，完成阿诗玛流域治理工程，治理水土流失面积5平方公里；完成蒲西乡易地育人学校后山危岩防治工程和华龙路重大地质灾害应急治理。坚持建设与保护并重的原则，严把环评审批关，落实“三同时”制度。加大对阿两路、牧民定居点等重点建设项目的环境监督，有效遏制了项目建设对生态环境的破坏，生态环境质量明显好转。

——城乡环境整治成效明显。以“清洁化、秩序化、优美化、制度化”为目标，以“七进”

活动为载体、以“五乱”治理为重点，结合“三百”示范工程，持续深入开展城乡环境综合治理行动。共投入资金3095.27万元，实施街道维修、垃圾清运、路灯维护、公厕处理和垃圾堆放场等建设。完成1320户农房风貌改造；聘请环卫工人33人开展乡（镇）环境卫生工作；配备乡村垃圾清运车9辆、保洁人员22个；建垃圾焚烧点33个；新建排污管网20公里，维修排水管道（沟）400米；安装果皮箱145个；更换垃圾桶80个；新建乡（镇）公共厕所5个；新改建农村厕所719个；绿化乡村街道17650平方米；完成全县80个单位（个人）90幢房屋4.52万平方米风貌塑造；新安装路灯22柱，维修路灯14柱；清理规范全县店铺招牌100余家、规范街道路牌、门牌60余处。

（三）各项社会事业齐头并进

——教育事业稳步发展。深入落实“两免一补”政策，免去所有义务阶段学生学杂费和课本费，按照每人每月130元的标准兑现生活补助费；投资364万元完成茸木达、宗科、石里3乡中心校部分校舍建设，投资106万元启动实施尕多、岗木达小学教师周转房和吾依乡小学教学楼建设项目。开展农技培训3017人次，农村青壮年文化素质进一步提高。大力实施“9+3”免费职业教育和“6+3”基础教育工程，输送学生分别达373人、84人。

——卫生事业加速发展。加大卫生基础设施建设，投资864万元，完成尕多、茸木达等8个红十字博爱卫生院业务用房建设，建筑面积5050平方米。提高新型农村合作医疗筹资额，参合农牧民人均达140元。提高合作医疗补偿标准，乡镇定点医疗机构补偿比例由75%提高到80%，县级定点医疗机构补偿比例由55%提高到60%，住院补偿封顶线由2万元提高到3万元，3769人受益，补偿资金290.27万元。提高医疗服务质量，县、乡两级医疗机构收治病人30135人次。

——科技支撑能力增强。深入开展“三下乡”活动和“科普之春”活动，加大科学技术普及和实用技术推广力度，科技支撑能力逐步增强。充分发挥科技支农作用，投资38万元，推广种植中药材4350亩，科技示范带动能力增强。

——文体事业健康发展。觉囊梵音已成功申报为国家级非物质文化遗产保护名录；第三次全国文物普查取得重大成果，文物普查点123处，新发现99处，实地文物调查通过省、州验收；国家重点文物棒托寺、确尔基寺保护规划已通过评审。完成农民健身工程6个，全民健身路径3个；完成7个乡文化站和29个农家书屋建设，农家书屋实现了全覆盖。

——计生、广电等事业全面推进。巩固省级计划生育优质服务先进县成果，加大管理和人员培训力度，着力提高服务队伍的综合素质和技术服务水平；大力实施农村计划生育奖励扶助、少生快富和特别扶助三项制度，共兑现奖励资金297.4万元；免费开展计划生育手术638例；对全县116名农村住院分娩孕产妇进行补助，补助资金4.62万元。在《壤塘新闻》中开办4个专栏，制作专题片8组，播出新闻685条，其中州台采用115条，对外宣传力度加大。完成壤塘县志（1991年—2005年）续修和年鉴（2010卷）编撰工作。弘扬“一方有难、八方支援”的传统美德，积极支援特大自然灾害受灾群众抗击灾害，向舟曲特大泥石流、玉树地震等灾区群众捐款18.53万元。全面开展全国第六次人口普查工作。

外事台侨、粮食、档案、供销、防震减灾、气象、保密、残联、红十字会等工作再上新台阶。

五、全力以赴保稳定，社会秩序持续良好

始终把维护稳定作为第一责任，把反分裂斗争作为维稳工作的重点，按照“谋长久之策，行固本之举”的要求，健全工作机制，强化社会管理，保持了社会局势的持续稳定。全面贯彻中央对达赖集团斗争的基本方针，旗帜鲜明地揭批达赖，反分裂斗争深入开展。在春节、藏历新年等敏感时段，高度警惕、严密防范，切实掌握反分裂维稳工作的主动权。进一步健全社会防控体系，深入开展省级平安县创建活动，加大社会治安综合治理力度，严密防范和依法打击各类违法犯罪活动，各类刑事案件立案51起，破获39起。进一步加强和改进信访工作，接受初信初访77件，结案74件，成功化解信访积案13件，排查矛盾纠纷694起，化解667起，妥善处置“7·01”群体事件，一些涉及人民群众切身利益的热点、难点问题得到解决。始终坚持“共同团结奋斗、共同繁荣发展”主题，积极推进民族团结进步事业，党的民族政策和宗教信仰自由政策得到全面贯彻落实；认真贯彻国务院宗教事务条例，依法管理宗教事务，深入开展“爱国爱教、持戒守法、助民为乐”主题活动，加强寺庙管理，开展专项整治，教育僧人2546人；投入107万元，新建6个重点寺院的寺管会办公场所。狠抓安全生产，高度重视道路交通、食品药品、产品质量和特种设备、消防等重点领域的安全防范工作，确保人民群众的生命财产安全。全年共发生各类生产安全事故50件，死亡4人，其中道路交通48件，死亡2人。安全生产事故稳中有降。应急管理、人民防空、国防教育等各项工作取得新的成绩，征兵、双拥、退伍军人安置和军烈属、残疾军人优抚工作得到加强，军民关系更加融洽。

六、持之以恒树形象，履职能力明显提高

以提高行政效能、树立政府形象为目标，切实加强政府自身建设。深入推进政府法制建设，“五五”普法顺利通过省州验收。深入实施《行政许可法》和《依法行政实施纲要》，清理规范性文件30件，废止1件，失效9件，查处行政违法行为169件，受理行政审批2216件，公共服务事项28064件，群众满意率99.7%，公共服务能力和依法行政能力不断提高。主动接受人大的法律监督、工作监督和政协的民主监督，邀请人大、政协领导列席政府常务会议，主动向人大报告政府重点工作，向政协通报政府工作进展情况，认真办理人大代表的议案和政协委员的提案，共办理人大代表建议意见138件，政协委员提案47件。在抓好班子自身建设的同时，加大对政府各部门的监督管理，通过审计监督，对管理不规范的资金进行规范，对不合理工程款进行核减；完善《政府采购管理实施办法》，进一步规范政府采购行为，政府采购66项，涉及资金1388.52万元，节约资金185.5万元；继续推行和完善廉政谈话、述职述廉、经济责任审计和工作报告制度，加强政府廉政建设。

各位代表！过去的一年，是我县建设任务最为繁重、各种矛盾和困难最为集中的一年，也是全县经济发展较快、城乡面貌变化较大、群众得到实惠最多的一年。成绩来之不易，经验弥足珍贵。这些成绩的取得，得益于中央、省、州的亲切关怀；得益于县委的坚强领导；得益于县人大和县政协的有效监督和大力支持；得益于全县各族群众团结奋进、无私奉献。在此，我代表县人民政府，向全县各族人民和驻壤部队、武警官兵致以崇高的敬意！向始终理解、支持和信任政府

工作的各位代表、各位委员以及长期关心支持壤塘发展的社会各界人士表示衷心的感谢！

在充分肯定成绩的同时，我们也清醒地认识到，全县经济社会发展与全面建设小康社会的新要求和人民群众对美好生活的新期待，与内地或州内其他县的发展水平相比还有不小差距，前进道路上还面临不少困难和问题：一是经济总量仍然偏小，发展基础不够牢固；二是群众参与产业致富的程度较低，增收渠道狭窄，农牧民人均纯收入与省、州平均水平尚有较大差距；三是县级财政保障能力仍然不强，财源基础薄弱，收支矛盾较为突出；四是影响社会和谐稳定的因素仍然较多，维护社会稳定和谐的任务依然艰巨；五是少数部门在服务意识和执行能力等方面与工作要求和群众的期待还有较大的差距，一些机制体制尚需完善。对这些问题，我们将高度重视，认真对待，在今后的工作中逐步加以解决。

2011 年工作安排

2011 年是“十二五”的开局之年，也是全面推进跨越式发展和长治久安进程的关键之年，做好 2011 的政府工作意义重大，使命光荣，责无旁贷。

2011 年政府工作总体思路是：坚持以邓小平理论和“三个代表”重要思想为指导，深入学习实践科学发展观，全面贯彻十七届五中全会和省委九届八次全会、州委九届十二次全会和县委十一届十一次全会精神，按照州委“一场两园十大工程”和县委“围绕一个目标，建设两块园区，突出三大重点，推进五项建设”的总体要求，坚持以“强化投资拉动，着力改善民生、确保社会稳定、全力构建和谐”为工作主线，进一步解放思想，与时俱进，求真务实，开拓创新，全面实施“民生、产业、素质、平安、环境、生态、健康、廉政、党建”九大工程，加快壤塘跨越式发展和长治久安进程，努力建设团结、民主、富裕、文明、和谐的社会主义新壤塘。

2011 年全县经济社会发展的主要预期目标是：地区生产总值达到 43760 万元，增长 10.3%；工业增加值达到 600 万元，增长 9%；农业总产值达到 25500 万元，增长 2.3%；全社会固定资产投资达到 9 亿元，增长 73%；本级财政一般预算收入达到 1200 万元，增长 35.6%；社会消费品零售总额 10500 万元，增长 10.2%；农牧民人均纯收入 3500 元，增长 18%；城镇居民人均可支配收入 18300 元，增长 11.5%；城镇登记失业率控制在 4.4% 以内；人口自然增长率控制在 7‰以内。

为实现上述目标，县人民政府将重点抓好以下几方面的工作，确保实现“十二五”开门红。

一、坚持富民为先，夯实经济发展基础

坚持发展第一要务，把增加群众收入，富裕群众摆在更加突出位置，着力转变发展方式，优化经济结构，壮大经济总量。

（一）以农牧民增收为核心，加快农村经济发展

全面落实各项惠农政策，以农牧民增收为核心，大力推进农业产业结构调整。按照“市场引导、发挥优势、突出特色、因地制宜”的原则，以“669”工程为依托，着眼扩大规模、优化布局、调整结构、增加效益，积极推进特色效益农业。大力发展农村专合组织，培育种养大户上规模、上档次。推广良种青稞种植，扩大道地中药材基地规模，发展高原特色马铃薯、无公害蔬菜、

绿豌豆等产业基地5100亩。加强农业基础设施建设，重点抓好安全饮水、水利灌溉、种植业和养殖业基地配套设施建设，增强农村发展的基础。计划投资790.25万元，完成32处自流引水工程，解决15805人的饮水安全问题；计划投资150万元，完成中壤塘乡查托村牧区节水灌溉项目，解决1200亩草场的灌溉。新建牧道45公里，改建18公里；新建人工改良点20个；计划投资100万元，在上杜柯推广种植优良牧草4000亩。加大对农村劳动力转移力度，整合农村劳动力培训资源，强化对农民的实用技术培训和就业技能培训，提高农村劳动力素质，增强就业能力。认真落实种粮农民直补、综补和购置农机具补贴政策，计划兑现农机具补贴25万元。

（二）以项目投资为支撑，不断增强发展后劲

始终坚持抓投资就是抓发展、强后劲的理念，把投资作为加快发展最直接、最有效的关键举措，不遗余力加大投资，加快项目建设，力争完成固定资产投资9亿元，实现投资新突破。

——*大力改善交通基础*。抓住红原机场、成兰铁路、汶马高速、汶九高速、绵九高速等重点交通项目开工建设的契机，着力构建我县交通骨架网络，提高三条出县主干道的通达能力。计划投资2.69亿元，实施4个重大交通建设项目。其中，计划投资1亿元，启动国道317线马尔康至壤塘甘孜界壤塘段改建工程；计划投资7000万元，启动阿两路县城至团结桥公路升级改造工程；计划投资5000万元，启动壤（塘）班（玛）路改建工程；投资4887.4万元，全面完成阿两路县城至黑桥段改建任务。计划投资3554.35万元，在上杜柯、南木达、石里等7乡16村改建农村危桥15座，农村群众出行条件将得到极大改善。认真实施好农村公路建设。

——*大力改善产业基础*。大力扶持农牧产业，计划投资271万元，建绿豌豆基地1500亩、马铃薯基地2000亩，在岗木达乡建高半山蔬菜基地1000亩，在岗木达昂科村建昂科牦牛原种基地1个，在尕多、南木达建饲草基地1300亩。

——*大力改善电力和水利基础*。计划投资1亿元，完成马尔康至壤塘110KV输电线路建设工程，畅通电力输出通道，彻底解决城乡用电难问题；加快农村电网改造步伐，启动绰斯甲电站、蒲西电站、上寨电站前期工作。计划投资980万元，完成则曲河流域尕多热不卡段综合治理；计划投资796万元，启动杜柯河流域城关堤防工程的防洪堤建设；计划投资528万元，启动则曲河流域南木达的防洪堤建设；计划投资120万元，实施贡塘坝小流域治理工程。

——*不断完善城镇功能*。计划投资6267.98万元，完成壤柯镇集镇供水工程、上寨市政建设工程、壤柯镇梯步等重点市政工程。积极争取中壤塘集镇供水项目，力争早日解决中壤塘集镇供水问题。

——*大力改善社会事业基础条件*。计划投资7155.82万元，实施教育、卫生、文体等社会基础设施建设项目22个。

为确保2011年项目顺利实施，我们将继续实行县级领导联系重点项目制度，加大对项目建设的组织领导。进一步加大项目管理力度，严格按照项目招投标的相关规定，组织项目招投标。高度重视项目质量，加强项目资金监管，确保所有项目都建成优质工程、廉政工程。

（三）以发展旅游为抓手，激发第三产业发展活力

牢固树立“发展旅游就是发展经济，发展旅游就是改善民生，发展旅游就是提升形象”的理念，整合旅游资源，完善旅游要素，将旅游业作为全县优势产业来培育，作为重点产业来推进，作为富民产业来打造。立足现有的资源布局，依托中壤塘旅游集镇和精品旅游村寨、幸福美丽家园的优势，精心包装设计旅游线路，积极争取资金对已经完成的幸福美丽家园、精品旅游村寨和特色魅力乡镇进行提升改造，进一步完善旅游要素，增强旅游接待能力，着力培育幸福美丽家园和特色魅力乡镇示范点观光旅游，倾力打造以县城、中壤塘为重点旅游景点，形成旅游观光、民俗体验、对外展示的新亮点和新看点。全力备战“中国四川国际旅游文化节”，加大旅游促销力度，全力推介我县精品旅游村寨、幸福美丽家园和特色魅力乡镇，实现旅游发展新突破。力争2011年全年接待游客17.5万人次，实现旅游收入1.1亿元。

（四）以壮工强县为目标，加快工业发展步伐

始终坚持工业强县目标不动摇，着力解决工业“短腿”问题。立足未来5年乃至10年的经济发展目标，按照县委“围绕一个目标，建设两块园区，突出三大重点，推进五项建设”工作思路，着眼上寨水电工业园区和觉囊文化产业园区建设规划，加快推进园区建设的前期工作。加大招商引资力度，立足上寨区位优势，依托绰斯甲电站、蒲西电站、上寨电站以及宗科河、枣科沟流域水电开发的有利条件，切实加快上寨水电工业园区建设步伐。编制完成《觉囊文化产业园区详细规划》，启动园区公共设施和基础设施建设项目。建立完善招商引资的体制机制，推行招商引资目标责任制，落实县级领导、县级相关部门和乡镇的招商引资任务，力争全年引进资金700万元。

二、坚持惠民为本，让发展成果普惠群众

始终坚持“以民为本，执政为民”的理念，深入贯彻落实中央和省、州惠民富民的各项政策措施，把更多的精力用在改善民生上，把有限的财力用在保障民生上，让群众充分享受改革成果。

——深入推进大骨节病试点工程。认真总结试点工作取得的经验，巩固试点工作成果，计划投资7000万元，完成宗科、上杜柯、茸木达等10乡27村1600户6891人易地搬迁任务，深入推进易地育人、更换粮食、结构调整等防治工程，着力加快搬迁群众后续产业发展，提高增收致富能力。

——深入推进牧民定居行动计划。计划投资3.2亿元，完成1790户定居房屋及配套设施建设，全面完成我县三年牧民定居行动计划目标任务。

——深入推进幸福美丽家园和特色魅力乡镇建设。按照州委、州政府3年幸福美丽家园全覆盖的要求，结合新农村建设规划，计划投资7000万元，在上壤塘、上杜柯、尕多等11乡16村实施幸福美丽家园建设，惠及群众1100户5585人，在茸木达、岗木达、吾依、尕多4乡实施特色魅力乡镇建设。

——深入推进十大民生工程。按照州政府下达我县的目标任务，继续实施就业促进、扶贫解困、民族地区帮扶、教育助学、社会保障、医疗卫生、百姓安居、基础设施、生态环境、文化体育十大民生工程，进一步解决边远村寨群众的行路、饮水、就医等方面的困难。实施地质灾害避险搬迁工程，计划完成30户地质灾害避险搬迁安置任务。

三、坚持统筹协调，全面发展各项事业

坚持统筹发展，进一步加大投入力度，推动各项社会事业快速发展，不断提高公共服务水平。

——优先发展教育事业。坚持教育优先的原则，以四川省民族地区第二个教育十年行动计划为契机，围绕创牧区教育强县目标，巩固“两基”成果。加大寄宿制学校管理力度，推进标准化建设。狠抓“9 +3”免费职业教育和“6 +3”基础教育，加快牧区职业教育发展步伐。加强师德师风建设，用社会主义核心价值体系牢牢占领教育阵地。切实做好“两基”迎国检的各项工作，全面提高教育教学质量。进一步改善教育基础设施条件，计划投资1029. 54万元，完成县藏文中学教学楼、尕多小学教师周转房、蒲西乡中心校教学楼等5个续建项目，计划投资850万元，实施尕多乡中心校、县机关幼儿园教学用房和幼儿宿舍建设项目。

——加快发展卫生、计生事业。抓住实施四川省民族地区卫生十年行动计划的契机，以“县级抓提升、乡级抓发展、村级抓规范”的思路，深入推进卫生医疗体制改革，加强县、乡、村三级卫生服务体系建设。实施基本药物制度改革，确保群众基本用药，减轻医疗费用负担。大力改善基层医疗卫生基础条件，计划投资1200万元，实施县藏医院门诊住院部和上杜柯、南木达2个乡医疗急救点建设项目，进一步改善医疗卫生基础设施条件。巩固省级计划生育优质服务县成果，大力落实农村奖励扶助、少生快富、特别扶助政策，逐步稳定低生育水平；加强流动人口计划生育服务与管理；切实做好妇幼保健、优生优育工作，落实好农牧民孕产妇住院分娩医药费补助政策，降低婴儿死亡率和孕产妇死亡率，提高出生人口素质。

——提升科技服务能力。围绕特色经济发展、经济结构调整，加强科技平台建设，建立健全科技推广服务体系，加大科技创新力度，引进、吸收和推广先进适用技术。深入实施科技入户工程，实现科技指导直接到户、良种良法直接到田、技术要领直接到人。加快中药材基地建设，力争完成中药材种植1000亩。

——繁荣发展文化事业。以乡村为重点，加大投入力度，加快文化基础设施和队伍建设，完善公共文化服务网络。计划投资1200万元，启动重点文物保护单位维修保护工程和壤塘县室内全民健身中心项目建设，完成茸木达、上杜柯等4个乡镇文化站建设任务。

同时，大力推进广电、档案、县志、防震减灾、气象等社会事业建设，夯实社会事业发展基础。

——加强生态环境保护与建设。大力实施生态保护项目，计划投资2896. 78万元，完成壤柯镇边坡重大地质灾害治理工程续建项目，深入实施封山育林、森林抚育、沙化治理和垃圾处理场等生态建设项目，加大护林防火工作力度，巩固退耕还林成果，切实加大生态保护力度。继续实施城乡环境综合整治工程，持续巩固城乡环境治理成果；进一步加大投入，改善城乡环境基础设施条件。

四、坚持安民为重，营造良好社会环境

始终坚持稳定压倒一切的思想不动摇，旗帜鲜明地反对分裂，立足强基固本，强化能力建设，维护安定和谐的社会局面。

——深入开展反分裂斗争。以维护社会稳定、维护社会主义法制、维护人民群众根本利益为根本，深入开展揭批达赖活动，旗帜鲜明地反对分裂，清理查处各类反动出版物及宣传制品，认真落实维护稳定的各项措施，切实加强重点时段和重点部位的管控，严厉打击各种分裂破坏活动。

——加强宗教事务管理。全面贯彻落实党的宗教工作基本方针，依法加强宗教事务管理，积极引导宗教与社会主义社会相适应。坚决打击利用宗教从事分裂破坏活动，建立和维护正常的宗教秩序。深化寺庙法制宣传教育，大力开展和谐寺庙创建活动，建立健全寺庙管理长效机制。加强寺庙管委会建设。加强宗教爱国力量建设，凝聚广大僧尼和信教群众共同致力于推进壤塘跨越式发展和长治久安。

——加大信访工作力度。始终把群众呼声作为第一信号、群众需要作为第一选择、群众利益放在第一位置、群众满意作为第一标准，积极化解各类社会矛盾，及时处理群众反映的各类问题，努力把矛盾化解在基层、解决在萌芽状态，防止群体性事件发生。

——深入开展平安创建活动。加强社会治安综合治理，依法严厉打击各种刑事犯罪活动，构建点、线、面结合的社会治安防控体系，切实增强人民群众的安全感。

——高度重视安全生产。认真落实安全生产责任制，抓好交通运输、食品药品、建筑矿山、危险化学品、爆炸品、消防等方面的安全整治和监管，严防重特大安全事故发生。加强市场监管，强化产品质量管理和监督，确保人民群众生命财产安全。

五、坚持爱民为要，建人民满意政府

按照“为民、务实、清廉”的要求，适应新的形势和任务，加快政府职能转变和体制机制创新，全面提高行政效能和服务水平，努力建设人民满意政府。

——加强法治政府建设。全面贯彻《行政许可法》和《国务院依法行政实施纲要》，全面启动“六五”普法工作，努力做到依法行政、程序正当、高效便民、诚实守信、权责统一。大力推进民主政治建设，坚持向人大及其常委会报告工作制度，加强与人民政协和社会各界的联系，及时办理人大代表建议和政协委员提案，自觉接受人大的法律监督、工作监督，人民政协和社会各界的民主监督。进一步改善行政执法工作，强化行政执法监督，健全行政执法人员责任追究制度，做到严格执法、公正执法、文明执法、高效执法。

——加强效能政府建设。以效能建设为重点，进一步理顺职责关系，强化责任，不断提高政府行政效能。创新服务方式，完善服务载体，加快推进政务中心建设，提供便捷、高效的服务。着力推进政务公开，发展电子政务，继续推行“首问负责制、限时办结制、责任追究制”三项制度，积极主动地为基层、企业和群众解决实际问题。

——加强廉洁政府建设。坚持“标本兼治、综合治理、惩防并举、注重预防”的方针，建立健全教育、制度、监督并重的惩治和预防腐败体系，扎实推进反腐倡廉工作。紧紧围绕规范事权、人权、财权和物权，建立廉政、勤政的岗责体系，限定权力行使的范围和条件，强化公共权力运行的刚性约束。认真贯彻《公务员法》，加强对广大公务员的思想道德、纪律和廉洁从政教育，引导树立清廉立身、奉献社会的价值观，全面提高公务员素质。充分发挥监督机关的作用，加强对行政机关运用权力、履行职责情况的监督检查，坚决纠正损害群众切身利益的不正之风。加大查处违法违纪案件力度，对腐败行为严惩不贷，决不姑息。

——加强政府作风建设。大兴求真务实之风。坚持深入基层、深入群众调查研究，狠抓工作落实。树立正确的政绩观，说实话、办实事、求实效，坚决防止和克服弄虚作假、虚报浮夸。牢固树立发展依靠人民、发展为了人民、发展成果人民共享的观念，把群众冷暖放在心上，认真解决关系群众切身利益的问题。坚持从严治政，严肃法纪，对履行职责不力的要严厉批评，对行为不端、侵犯群众利益的人和事要坚决处理。政府领导干部要率先垂范，切实做到对党的事业高度负责，让人民群众放心满意。

各位代表，时代赋予重任、使命催人奋进、发展凝聚民心。促一方经济，富一方百姓，保一方平安，是人民政府永不懈怠的责任。让我们在县委的坚强领导下，在县人大、县政协的监督支持下，在全县各族干部群众的齐心努力下，超常奋战，真抓实干，负重前行，为实现壤塘跨越式发展和长治久安目标不懈奋斗！

附：

《政府工作报告》名词解释

1. “一场、两园、十大工程”：州委九届十二次全会提出的工作目标，“一场”即阿坝·红原机场建设；“两园”即阿坝工业园、幸福美丽家园；“十大工程”即映汶高速公路、汶马高速公路、汶九高速公路、绵九高速公路、成兰铁路、50万亩人工草场建设工程、高半山渠系配套及江河治理工程、双江口和毛儿盖等大型水电建设工程、旅游二次创业工程、软实力提升工程。

2. 围绕一个目标，建设两块园区，突出三大重点，推进五项建设：十一届县委十二次全委会提出的工作目标，即围绕经济快速增长的目标，建设上寨工业园区和觉囊文化园区，突出农牧业发展、基础设施建设、民生改善三大重点，推进生态文明建设、各项社会事业建设、政治文明建设、平安壤塘建设和党的建设五项建设。

3. “三同时”制度：是建设项目环境管理的一项基本制度，即建设项目中环境保护设施必须与主体工程同步设计、同时施工、同时投产使用。

4. “6+3”基础教育：是州委为加快牧区教育发展的一项重要举措。即牧区贫困学生完成小学六年基础教育后，到汶川、茂县完成初中教育，共享地震灾区恢复成果，完成九年义务教育。

5. “9+3”免费职业教育：是省委为加快民族教育发展的一项重大举措。即民族地区贫困学生完成九年义务教育后，到内地职业学校免费接受3年职业教育。

6. “五乱”：是城乡环境综合整治提出的一项治理目标，即垃圾乱扔、广告乱贴、摊位乱摆、车辆乱停、工地乱象。

壤塘县人民代表大会常务委员会工作报告

2011 年 2 月 27 日

孙建成

各位代表：

我代表壤塘县第十二届人民代表大会常务委员会，向大会报告工作，请予审议。

2010 年的主要工作

2010 年是全面完成“十一五”规划，为“十二五”发展奠定坚实基础的攻坚之年，也是我县抓住中央、省藏区工作座谈会机遇，实现经济平稳较快发展，社会事业取得显著成效的一年。在中共壤塘县委的正确领导下，县人大常委会高举中国特色社会主义伟大旗帜，以邓小平理论和“三个代表”重要思想为指导，深入贯彻落实科学发展观，认真贯彻党的十七大和十七届三中、四中、五中全会精神和县委人大工作会议精神，全面落实县委十一届九次、十次全会的部署，坚持党的领导、人民当家做主和依法治国有机统一，紧扣中心，贴近民意，依法行使职权，积极开展工作。

2010 年，常委会共依法召开 7 次常委会议，15 次主任会议；听取和审议“一府两院”专项工作报告 6 个，组织省、州、县人大代表进行专题调研、视察 4 次，作出决议决定 8 项；依法任免国家机关工作人员 20 人（次）；受理群众来信 2 件，接待群众来访 29 人（次），办理人大代表建议意见 138 件，圆满完成县十二届人大五次会议确定的各项任务，为推进壤塘民主法制建设，促进社会和谐、经济实现平稳较快发展作出了积极的努力。

一、坚持党的领导，服务中心工作

牢固树立党的意识和大局意识，自觉把人大工作置于县委的领导之下，始终做到与县委政治同向、思想同心、行动同步。充分发挥人大党组领导保障作用和机关党员模范带头作用，把县委的决策部署贯彻落实到人大各项工作之中。坚持重大事项、重点工作和重要活动向县委请示、汇报制度，及时向县委报告人大工作开展情况，主动争取县委对人大工作的领导和支持。自觉服从县委的统一安排，在坚持搞好本职工作的同时，立足实际，积极投身全县发展、稳定大局，为推动我县经济发展、社会稳定贡献力量。

一是按照县委十一届九次全会提出的民生、产业、素质、平安、环境、生态、健康、廉政、党建“九大”工程目标任务，积极参与经济社会建设，不断促进经济社会的全面发展。在县委的安排下，常委会领导班子成员于今年 4 月到若尔盖、红原、松潘、茂县等七县对牧民定居行动计划、新农村建设进行了考察学习，借鉴经验，指导实践。在今年的“三百”示范工程、牧民定居行动计划、城乡环境综合治理等工作中，常委会领导经常深入联系乡、联系村、联系点进行现场指导、督促检查，协调解决工作中遇到的困难和问题，推动了重点项目的实施和重点工作目标任务的完成。切实把握人大工作特点，积极参与“十二五”规划编制，加强调研，广泛征求意见，建言献策，使“十二五”规划更加科学、合理。

二是坚持把维护社会和谐稳定工作放在重要、突出的位置，按照“一条主线、三个加强”总体工作思路要求，认真贯彻实施《阿坝藏族羌族自治州宗教事务条例》等自治法规，继续促进反分裂斗争，加强寺庙管理和社会治安综合治理，大力推进民族团结进步事业。充分发挥人大联系广泛、协调各方的重要作用，认真做好新时期群众工作，依法维护群众合法权益，促进社会公平正义，维护社会和谐稳定。

三是认真抓好包乡帮扶工作。认真开展领导挂点、部门包村、干部帮户活动。人大常委会机关干部职工经常深入帮扶点，走访群众，实地调研，选择帮扶项目、制定帮扶方案、做好帮扶规划，全面推进“挂包帮”帮扶工作。对帮扶的西西村开展了大量的政策法规教育和正面引导工作，在不断更新村民观念，找准发展路子、增强自身“造血”功能的同时，以项目为抓手，积极争取资金，着力加大涉及民生和发展的农村公路等基础设施建设力度，进一步夯实发展基础。2010年，西西村新修机耕道20余公里，提升改造村道17公里，极大地改善了该村的生产生活条件。

二、围绕经济建设中心，依法行使法定职权

县人大常委会认真贯彻实施《监督法》，坚持党的领导、人民当家做主和依法治国有机统一，依法开展法律监督和工作监督。始终把事关全县改革发展稳定大局的重大问题、社会普遍关注和涉及人民群众切身利益的热点、难点问题作为开展监督工作的重点，着力增强监督实效，有效地促进了“一府两院”依法行政、公正司法。

*围绕全县工作大局，依法决定重大事项。*坚持想大事、议大事、抓大事，审议和决定本行政区域内的重大事项。在重大事项决定权行使过程中，深入了解民情，广泛集中民智，充分反映民意，努力使作出的决议决定更加科学，更加符合壤塘实际。一年来，按照监督法的要求，依法作出了批准2009年县级财政决算、《壤塘县农田水利综合规划》等决议决定，督促“一府两院”进一步完善重大事项的决策程序，促进科学决策、民主决策，推动了计划的执行和重大项目的实施。

*提高监督质量，增强监督实效。*常委会听取和审议了县人民政府关于2010年上半年国民经济和社会发展计划执行情况的报告；关于我县2010年上半年财政预算执行情况的报告；关于我县2009年度县级预算执行和其他财政收支的审计工作报告；关于我县开展农村新型合作医疗工作情况的报告；关于我县道路交通管理等专项报告。在听取和审议专项工作报告中，做到了既充分肯定工作，又不回避问题，形成审议意见6项。认真做好审议意见的跟踪督办工作，对一些事关重大、涉及群众热点难点的意见建议的整改工作进行再听取。始终把加强民主法治建设作为重要任务，不断推进法律法规的贯彻实施，着力营造和谐的法治环境，切实维护人民群众根本利益。积极配合州人大常委会组织开展《四川省世界遗产保护条例》、《四川省旅游条例》、《阿坝藏族羌族自治州实施〈四川省世界遗产保护条例〉的条例》等8部法律法规的执法检查和有关调研，结合

壤塘实际，提出有针对性的意见建议。

同时，常委会着眼于维护群众合法权益和社会稳定，高度重视人民群众来信来访工作，不断完善信访接待制度、建立台账，加强信访件的转办、交办、督办。并积极与“一府两院”相关部门联系沟通，从而使一些关系群众切身利益的问题和人民群众关注的热点难点问题得到解决，化解了矛盾，促进了社会稳定。2010年，接待来信来访31人（次）。

*坚持党管干部原则，规范人事任免工作。*正确处理党管干部和人大依法行使任免权的关系，坚持党管干部和人大及其常委会依法选举、任免国家机关干部相结合的原则，依法行使好选举任免权。2010年，依法决定免职3人，决定任命4人，免职2人，任职9人，接受辞职2人。通过听取和审议专项工作报告、执法检查、代表视察等方式，加强对县人大常委会任命人员的监督，促使他们增强公仆意识、法制意识和勤政廉政的自觉性，真正做到权为民所用，利为民所谋。在县十二届人大五次会议上，选举了县人大常委会主任、补选了3名县人大常委会委员。

三、大力加强和改进代表工作，积极发挥代表作用

代表工作是常委会工作的重要基础。常委会始终把加强代表工作、发挥代表作用摆在突出位置，把支持和保证代表依法行使职权与积极发挥代表在推进人大工作、服务科学发展、促进社会稳定中的作用相结合，进一步倡导、鼓励人大代表践行“五带头、五模范”，不断提高代表工作实效。

*拓宽信息渠道，保障代表政务知情权。*坚持凡人大及其常委会的重要决议、决定，政府的重大政情要务，及时向代表通报。定期给代表寄送《常委会公报》等文件资料，为代表征订《中国人大》、《民主法制建设》、《人民权力报》等报纸杂志，拓宽代表知情知政的渠道。采取举办培训班、以会代训等多种形式，加强对代表的培训，着力提高代表履职能力。扩大公民有序政治参与，密切人大代表与人民群众的联系，保证人民依法行使当家做主的权利。

*丰富活动内容，扩大代表履职参与权。*继续深入开展“百、千、万”活动，利用走访代表、召开座谈会等形式，真心征求代表意见，真实了解代表诉求，进一步加强了常委会组成人员与代表的联系。将分批邀请代表列席常委会会议和参与常委会活动制度化、常态化，代表在参与中发表了许多有质量的意见建议，成为常委会履职的亮点和活力。组织省、州、县、乡人大代表对全县重点工程“牧民定居行动计划”、“三百”示范工程建设开展专题视察，切实调动代表在闭会期间参与管理地方国家事务的积极性、主动性，激发他们的干事创业热情。

*跟踪督办建议，落实代表议政话语权。*进一步完善代表议案、建议办理及督办机制，强化对闭会期间代表活动的服务和指导，做好代表议案、建议的办理工作。在审议办理情况报告前，常委会成立调查组，专门深入到各乡镇、各单位走访代表，了解办理情况。并在第29次常委会上进行了专题听取，要求县人民政府及有关部门要进一步加强对代表建议、批评和意见办理工作的认识，强化办理工作机制，提高办理工作质量和效率。

四、切实加强自身建设，提高依法履行职责的能力

常委会以贯彻落实县委人大工作会议精神为契机，切实加强自身建设，人大工作呈现出监督

手段进一步丰富，监督程序进一步完善，监督实效得到新提高；人员结构进一步优化，履职水平进一步提升，工作条件进一步改善，机关建设迈上新台阶的新局面，为做好新形势下人大各项工作奠定坚实基础。

围绕主题，扎实开展“创先争优”活动。根据县委的安排部署，结合人大工作特点，制定了《创先争优活动实施方案》，明确了机关创先争优活动指导思想，确保了活动有序开展。自“创先争优”活动开展以来，县人大常委会机关积极创建“五好四强”先进基层党组织，争当“五带五争”优秀共产党员，围绕“三学三比”主题实践活动，着力在创建学习型党组织、发挥党员先锋模范作用、提高监督实效等方面创先争优。通过活动的开展，发挥了人大机关党组织和党员在加强监督、推动发展、服务群众、凝聚人心、促进和谐等方面的积极作用。

加强政治理论和业务学习，提高履职能力。坚持和完善机关学习制度，采取自学和集中学习相结合，专题讲座与讨论交流相结合的方式，组织机关干部职工深入学习“三个代表”重要思想，党的十七大及十七届四中、五中全会，省委、州委、县委会议精神及有关法律法规和人大业务知识，进一步提高了常委会组成人员和机关干部的理论水平和业务素质，为做好人大工作打下了坚实基础。组织机关干部职工到外地进行了为期10天的考察学习，进一步开阔了眼界，拓展了思路。加强与上级人大常委会及兄弟县人大常委会的联系和交流，协同州人大常委会在壤塘圆满召开省州人大代表暨基层人大干部培训会。

改进工作作风，加强调查研究。常委会始终把调查研究作为依法履职的重要基础工作来抓，围绕常委会会议、主任会议议题和改革发展以及广大人民群众关注的重大问题，深入代表、深入群众、深入基层开展调研，掌握第一手材料，把调查研究的过程，变成研究新情况、发现新问题、总结新经验、提出新建议的过程。一年来共形成有较高质量的调查报告8篇，专题调研报告1篇，为常委会切实履行职权发挥了重要作用，为县委科学决策提供了参考和依据。认真开展机关效能建设活动，机关作风明显好转，服务质量和工作效率明显提高。

加强制度建设，促进工作规范高效开展。常委会坚持民主集中制原则，集体研究问题，集体作出决定，增强了各项决策的民主化、科学化。深入开展党风党纪教育，加强惩防体系建设、党风廉政建设，坚决执行党政领导干部廉洁从政若干规定和《廉政准则》。继续巩固常委会机关省级文明单位成果，切实加强精神文明建设、社会治安综合治理等工作。认真开展城乡环境综合治理专项活动，倡导文明生活方式，创建优美机关，强化安全管理，树立了人大权力机关的良好形象。

加强乡镇人大工作的监督和指导。常委会加强同乡镇人大的沟通和联系，指导乡镇人大开展工作。坚持乡镇人大主席、副主席列席县人大常委会会议制度，使他们了解常委会的工作程序，参与常委会活动，及时反映情况，提出建议。加大业务培训，于今年6月对全县12个乡镇的人大专职副主席进行了业务培训。通过培训，进一步促进了乡镇人大工作的制度化、规范化和工作水平的提高。各乡镇人大主席团主动接受县人大常委会的指导和监督，密切配合和大力支持常委会工作的开展，促进了乡镇人大作用的发挥，推动了基层民主法制建设和人大工作的统筹发展。

重视人大宣传，提升人大影响力。充分利用报刊、电视、广播等渠道，及时向社会公开公布常委会会议情况和常委会开展调研、检查、组织代表视察等情况，自觉接受人大代表和人民群众对人大工作的监督。通过人大监督与舆论监督相结合，不仅促进了常委会审议意见和代表建议的办理，也推动了“一府两院”各项工作目标的落实，提高了监督实效。2010年，先后在《人民权力报》、《阿坝日报》、《读者报》等报纸杂志上登载了信息，不断扩大了人大工作影响力，提高了人大工作的透明度。

一年来的工作实践，使我们深切体会到：必须始终坚持党的领导，在监督中支持，在监督中参与，这是人大工作的根本原则；必须围绕中心，服务大局，大力加强社会主义民主法制建设，推动科学发展，促进社会和谐，这是人大工作的根本任务；必须坚持以人为本，实现好维护好发展好最广大人民的根本利益，这是人大工作的根本目标；必须充分发扬民主，依法集体行使职权、集体决定问题，这是人大工作的基本方式；必须紧紧依靠人大代表开展工作，发挥人大代表的主体作用，这是做好人大工作的坚实基础；必须加强常委会自身建设，不断提高履行职责的能力，这是做好人大工作的重要前提。这些珍贵的实践经验，我们一定要切实坚持，并在实践中不断丰富发展。

各位代表，过去一年，县人大常委会工作所取得的成绩和进步，是在中共壤塘县委坚强领导下，全体县人大代表、常委会组成人员及县人大机关各委室干部职工辛勤工作的结果，是县人民政府、县人民法院、县人民检察院配合工作的结果，是县政协、全县各乡镇人大主席团和广大人民群众大力支持的结果。在此，我代表县人大常委会，向全体县人大代表，向所有关心、支持和帮助县人大工作的同志和社会各界人士表示衷心的感谢！

回顾过去一年，对照人大代表和人民群众的要求，对照“十二五”时期人大工作面临的新形势和新任务，常委会工作中还存在一定差距和不足：监督实效需要进一步增强；代表工作的服务水平还应提高，代表作用需要进一步发挥；常委会自身建设还应加强，人大工作方法需要进一步创新。我们将自觉接受人民群众监督，虚心听取代表意见，进一步研究新形势下人大工作面临的新情况新问题，不断加强和改进常委会工作，更好地履行宪法和法律赋予的职责。

2011年主要任务

各位代表，2011年是深入贯彻党的十七届五中全会精神，推进“十二五”规划实施的开局之年，也是县、乡（镇）人大代表集中换届选举、本届人大常委会履职的最后一年，认真做好2011年的人大工作，意义重大。

2011年县人大及其常委会指导思想是：在中共壤塘县委领导下，以中国特色社会主义理论体系为指导，以科学发展观为统领，全面贯彻党的十七大、十七届五中全会、省委九届八次、州委九届十二次、县委十一届十一次全委会议精神，紧紧围绕推进跨越式发展和长治久安这个工作主线，紧紧抓住民主法制建设这个根本任务，紧紧把握创新务实为民这个工作要求，关注民生、维护民权、发展民主，切实履行宪法和法律赋予的职责，充分发挥地方国家权力机关的职能作用，依法行权，努力做到在解决问题上有新进展，在创新机制上有新突破，在改善民生上有新成效，为加快建设富裕文明和谐新壤塘作出新的更大贡献。

——*监督工作要有新重点*。认真贯彻《监督法》和《四川省〈中华人民共和国各级人民代表大会常务委员会监督法〉实施办法》，以增强监督实效为核心，形成行之有效的监督工作机制和方法，推动事关全局和人民群众关心的重大问题的解决。加强法律监督，推进公正司法和平安壤塘、法治壤塘建设。巩固“五五”普法成果，进一步推动全民法制宣传教育活动的深入开展。根据“六五”普法要求，及时作出相关决议。加强工作监督，依法听取审议计划、决算、审计报告等专项工作报告。加强民生工程实施的监督，组织常委会组成人员和人大代表进行调研和视察。把坚持党的领导、充分发扬民主、严格依法办事有机结合起来，依法行使重大事项决定权，将县委的重大决策通过法定程序成为全县人民的共同意志。正确处理党管干部原则与人大依法行使任免权的关系，依法按程序任免国家机关工作人员。认真做好人大信访工作，切实维护人民群众合法权益。加强跟踪问效，发现问题及时督促“一府两院”抓紧整改，确保决议决定、审议意见落到实处、见到实效。

——*代表工作要有新亮点*。从完善机制上进一步加强和改进代表工作，引导代表依法行使职权；健全代表列席常委会会议制度、定期向代表寄送有关文件资料和定期通报工作等制度，认真组织代表参与集中视察和专题调研活动，不断拓宽代表知情知政渠道；改进代表培训的内容和方式，努力提高代表素质；科学规范代表闭会期间的活动，拓宽代表活动方式，丰富活动内容，为代表联系群众、依法履职创造有利条件；进一步提高代表议案和建议、批评、意见的督办质量，切实解决好人民群众最关心、最直接、最现实的利益问题。以换届选举为重点，加强宣传、认真学习贯彻实施新修订的《代表法》和《选举法》，严格依法操作。根据有关规定，从今年下半年开始，我县县、乡人大换届选举工作将陆续展开。本次换届选举是选举法和代表法修改后我县进行的第一次换届选举，面临许多新情况、新问题。常委会将在县委的统一领导下，按照宪法和法律的规定，充分发扬民主，严格依法办事，确保换届选举工作顺利进行。

——*自身建设要有新起点*。积极探索创新，不断完善常委会各项工作制度，促进人大工作的制度化、规范化和程序化。进一步强化常委会组成人员和人大机关干部对政治理论、经济知识和业务知识的学习，不断提高政治理论素养和业务水平。认真贯彻执行常委会各项工作制度，完善常委会议事程序，提高议决效率和水平。常委会组成人员要始终保持与人大代表和人民群众的密切联系，自觉接受监督，切实转变作风，坚持深入实际、深入群众，力求使常委会各项工作顺应民心、反映民意、服务民生。加强党风廉政建设和队伍建设，加强对常委会各工作机构工作的领导，发挥各工作机构的作用，协同配合，提高效率，保证常委会工作顺利实施。加强对机关工作的领导，严格工作制度，强化工作责任，增强服务意识，激发工作活力，更好地发挥集体参谋和服务保障作用。监督指导乡镇人大工作，深入推进基层民主政治建设。自觉接受州人大常委会的监督指导，加强与兄弟县人大的联系交流，不断开拓工作视野、创新工作思路。

各位代表，“十二五”规划的美好蓝图已经绘就。顺利实施“十二五”规划，需要充分发挥地方国家权力机关的职能作用。我们肩负的任务光荣而艰巨，承担的责任重大而神圣。让我们在中共壤塘县委的坚强领导下，紧密团结和依靠全县人民，以更加坚强的意志、更加坚定的行动、更加坚实的步伐，解放思想、开拓创新、扎实工作，为全面完成本次会议确定的各项任务，推动壤塘经济社会跨越式发展和长治久安而努力奋斗！

中国人民政治协商会议
第十一届壤塘县委员会常务委员会
工 作 报 告

2011年2月25日

龙　凌

各位委员，同志们：

我代表政协第十一届壤塘县委员会常务委员会，向大会作工作报告，请予审议，并请列席会议的同志提出意见和建议。

2010年工作情况

2010年，是实施“十一五”规划的收官之年。一年来，县政协在中共壤塘县委的坚强领导下，在政协阿坝州委员会的大力指导下，深入学习贯彻党的十七大及十七届四中、五中全会、中央第五次西藏工作座谈会、四川省委藏区工作座谈会及省委、州委、县委政协工作会议和县委十一届九次、十次全会精神，高举中国特色社会主义伟大旗帜，以邓小平理论和“三个代表”重要思想为指导，全面贯彻落实科学发展观，认真落实《中共壤塘县委关于进一步加强人民政协工作的实施意见》，紧紧围绕全县大骨节病综合防治、牧民定居行动计划、“三百”示范工程、“669”惠民工程、维护社会稳定、城乡环境综合整治等中心工作，突出团结民主两大主题，切实履行政治协商、民主监督、参政议政职能，为推动壤塘跨越发展和长治久安作出了积极贡献。

一、围绕中心，服务大局，在履行政协职能上有所建树

政治协商、民主监督、参政议政是政协工作的重要职能，促进发展是政协履行职能的第一要务。一年来，县政协紧紧围绕县委、县政府中心工作，坚持“跟进县委决策、服务政府工作、尽心履职为民”的工作定位，按照“督导不包办、参与不干预、建议不决策”的原则，参与发展、支持发展、服务发展。

*一是关注民生，民主监督更加稳步推进。*民主监督是人民政协的工作职责，也是人民政协履职尽责的有力武器。为此，县政协切实加大民主监督力度，努力推进全县各项工作有序开展。一是切实履行人民政协的民主监督职能，按照县委要求，参与全县牧民定居行动计划、“三百”示范工程、“669”惠民工程、城乡环境综合整治等检查验收，在参与中支持，在参与中监督。二是听取并协商讨论了法院、检察院2010年工作开展情况，切实督促检、法更好地依法履行职责，维护司法公平。三是组织相关界别政协委员对推进法律“五进”活动、“五五”普法工作、维护藏区

稳定进行了督查，提出了加强和改进意见。四是通过选派政协委员受聘担任检察院、公安、教育、药监、卫生、金融等部门的特邀监督员和人民监督员，较好地履行了民主监督职能，促进了职能部门有效开展工作。

二是紧贴实际，协商议政更加积极活跃。一年来，县政协常委会本着“积极、稳步、活跃”和“少而精，专而深”的原则，重点运用调研视察、提案等形式议政建言、献计出力。一是根据2010年政协工作要点的要求，着力围绕大骨节病综合防治、牧民定居行动计划、三百”示范工程、“669”惠民工程、城乡环境综合整治、基础设施建设等关系民生的重点工程，展开了深入的调研。二是听取并协商讨论了人事劳动和社会保障、牧民定居行动计划和“三百”示范工程公建项目、民族宗教、林业、党风廉政建设工作开展情况，积极提出意见建议。三是及时交办政协十一届四次会议47件提案，做好提案督办和跟踪服务。在承办单位的共同努力下，全部提案均在规定办理时限内办复完毕，所提意见建议多数得到采纳或落实。政协委员提案办复率100%，委员满意度达90%，已落实和正在落实的达89.4%，收到了明显成效。

二、发挥优势，献智出力，在服务经济社会中有所作为

遵循“围绕中心、服务大局”的工作原则，以推动我县经济社会协调发展为切入点，积极支持和参与全县中心工作，发挥多方优势，调动各方面的积极性，实现了围绕中心献良策，配合中心出实力，服务中心求实效的目标。

积极承担中心工作任务。为了快速、高效、科学推进牧民定居行动计划、“三百”示范工程、“669”惠民工程，县政协常委会班子成员严格按照县委的要求，切实提高思想认识、明确工作职责、细化工作措施，不定期深入基层和相关职能部门，认真履行职能职责，深入开展检查指导，积极主动参与到全县重点工作之中，不折不扣地完成了县委交办的各项工作任务。特别是在牧民定居行动计划和“三百”示范工程建设中，政协班子成员以身作则，深入所联系的乡和定居点，在第一线参与、在第一线协调、在第一线督办、在第一线指导，付出了艰辛的劳动，做了大量卓有成效的工作，较好地完成了所联系的5乡5村新建225户、提升改造124户牧民定居建设任务，确保了全县牧民定居行动计划和“三百”示范工程建设的整体推进，为全县牧民定居和“三百”示范工程的顺利实施做出了积极贡献。

在发展社会事业上求实效。围绕扶贫开发和大骨节病综合防治试点，倡导广大政协委员和政协机关工作者，立足岗位实际，积极推进教育、卫生、文化等社会事业发展，为促进发展多做工作。组织科技社科、教育、卫生等界别委员，积极开展送科技、送文化、送卫生等“五下乡”活动。积极参与全县旅游资源的开发，为打造“中国第一、世界唯一”的觉囊文化中心做出了积极努力。

在修史编志上下功夫。坚持“存史、资政、团结、育人”的宗旨，突出“亲历、亲见、亲闻”的特色，组织有关力量撰写文史资料稿件，完成了《政协会志（8－10届）》的编撰和《政协大事记》编修工作。

三、营造氛围，凝心聚力，在构建和谐壤塘中发挥作用

高举爱国主义和社会主义两面旗帜，把握团结民主两大主题，坚持与党委、政府在政治上同

向、思想上同心、行动上同步，突出反分裂斗争和维稳工作重点，努力营造宽松和谐的氛围，始终保持生动活泼的局面，在加强团结、凝聚力量和构建和谐壤塘中扩大了社会影响。

发挥优势，全力维护社会稳定。县政协牢固树立稳定压倒一切的方针，落实“一手抓发展、一手保稳定”的工作要求，发挥爱国统一战线的优势，始终把反对民族分裂、维护祖国统一、维护民族团结、维护社会稳定作为头等的、首要的政治任务，切实把思想和行动统一到中央、省委、州委、县委关于反分裂斗争的一系列重要指示精神上来，积极引导广大政协委员、社会各界人士和机关干部职工自觉参与反分裂和维稳工作，为营造安定有序的社会环境尽心出力。一是进一步强化县处级领导干部联系点和机关帮扶工作，认真落实维稳责任制，督导乡镇开展反分裂维稳工作。二是进一步加大反分裂和维稳工作的调研视察力度，注重情报信息收集，提出了一些有针对性的建议意见。三是认真搞好群众来信来访，加大社情民意反映，加强同各方面代表人士的联系，积极协助党委、政府做好化解矛盾、理顺情绪、解惑释疑、增进团结的工作。四是积极引导广大政协委员、社会各界人士自觉参与反分裂斗争和维稳工作，深入开展揭批达赖集团分裂破坏活动。五是充分发挥宗教界委员的优势和作用，广泛深入开展国家、省、州《宗教事务管理条例》和藏传佛教戒规戒律等宣传学习活动，为维护全县政治稳定和民族团结作出了积极贡献。

搭建桥梁，营造和谐有序氛围。结合我县改革开放以来所取得的巨大变化，通过开展座谈、联谊活动等形式，为团结各界人士，增强政协组织的凝聚力和向心力搭建平台。继续在全体委员中广泛开展“五个一”活动，引导委员在本职岗位上为发展稳定作出积极的贡献。集中开展了主席、副主席走访、慰问委员活动，深入各乡镇和基层政协委员中进行走访，征求乡镇和委员对全县发展稳定和政协工作的意见建议，及时了解委员工作、学习和生活情况，帮助解决实际问题，增进了相互之间的感情，密切了与委员之间的沟通协调。重视和营造民主和谐、合作共事的政治氛围，为各族各界人士表达和主张意愿创造了条件。建立健全和完善委员列席常委会议、公民旁听常委会议制度，进一步扩大了委员知情参政渠道和人民群众有序的政治参与。

扶贫解困，切实搞好帮扶工作。深入开展捐资捐物解困、结对子扶贫帮困和送温暖、献爱心以及走访慰问活动。特别是青海玉树地震、甘肃舟曲特大泥石流和四川特大泥石流灾害发生后，竭力发动全县政协委员和机关党员干部职工为抗震救灾作贡献、送温暖、献爱心。据不完全统计，全县政协委员和宗教界人士踊跃向灾区捐款5.6万元，为特困“三老”干部和政协委员解决困难生活补助2万余元，为所联系的乡村和所帮扶的茸木达乡雪尔盖村争取已到位项目资金40余万元。

广泛联谊，不断扩大对外交流。参加了全州政协主席学习会议以及有关学习考察、工作经验交流等活动。组织机关干部职工到外地学习考察市政建设和旅游资源开发。热情接待省、州、县政协和各界友好人士来访工作。加强对内对外宣传，积极向《四川政协报》等报纸杂志投送稿件，宣传政协工作开展情况。通过参加形式多样的活动，加强了交流，开阔了视野，学习了经验，扩大了影响，更好地宣传了壤塘。

四、加强学习，提升素质，在夯实理论基础上有所突破

一是深入贯彻中央第五次西藏工作座谈会和四川省委藏区工作座谈会精神。中央第五次西藏工作座谈会和四川省委藏区工作座谈会在藏区发展史上具有里程碑的意义，会议开辟了党建设藏

区工作的新理论，深入研究了制约藏区发展、社会稳定的深层次问题，深化了藏区以后的跨越式发展和长治久安规律性的认识，就藏区工作的指导思想、发展战略、目标任务等，形成了一系列重要观念、重要认识、重要论断，是对我们党治藏方略的新概括、新阐释、新发展，构成了一个完整的治藏稳藏思想理论体系，吹响了藏区全面建设小康社会的新号角，明确了推动藏区稳定的新举措。为此，县政协常委会认真贯彻落实会议精神，围绕全县工作大局，充分利用政协督导、视察、调研的工作职能，深入基层，对全县急需解决的民生工程，促进壤塘发展的基础设施建设，维护社会和谐稳定等一系列问题进行了深入细致的调研，为县委政府制定“十二五”发展规划提供了决策依据。

二是精心组织开展创先争优活动。去年5月以来，根据《中共壤塘县委关于深入开展“创先争优”活动的实施意见》的安排，政协党组和常委会按照“班子创先进、党员争优秀”的要求，深入开展了“创先争优”活动。在县委的坚强领导下，县政协党组坚持两手抓、两不误、两促进的原则，充分发挥“示范党组织”和“党员先锋示范岗”的带动作用，扎实开展“创先争优”活动，使活动取得明显实效。

三是认真学习中国共产党第十七届五中全会精神。党的十七届五中全会是在我国即将完成“十一五”规划，进入全面建设小康社会的关键时期召开的一次重要会议。全会回顾了“十一五”时期取得的辉煌成就，确定了“十二五”时期我国经济社会发展的指导思想、总体思路、目标任务、重大举措。学习好、贯彻好、落实好全会精神，对于科学谋划“十二五”发展，推进经济社会跨越发展和长治久安，促进政协工作全面发展具有十分重大而深远的意义。全会召开后，政协及时召开党组会议、主席会议、常委会议，研究制订了学习方案，及时传达学习了全会精神，要求全体政协委员和机关干部职工充分认识全会的重大意义，通过采取集中学习、个人自学、专家授课、辅导讲话、党课教育、党性锻炼、深入基层宣传教育、撰写心得等多种形式，积极动员广大党员、干部、职工投入学习之中，准确把握全会精神实质和根本要求，迅速掀起了学习贯彻党的十七届五中全会精神的热潮。

五、内强素质，外树形象，在加强自身建设上不断推进

为适应不断发展的形势需要，我们从政协的性质和工作特点出发，强化党组核心领导，以发挥常委会作用为重点，以深入推进专题建设活动为抓手，以全面加强机关建设为目标，扎扎实实地抓好政协机关的自身建设。

强化党组核心领导作用。县政协党组积极发挥核心领导作用，统揽政协全局，协调各方，始终为更好地履职创造了良好的外部环境，奠定了坚实的思想政治基础。在工作中，政协党组始终坚持政协工作中的重大问题及时向县委请示汇报，自觉主动地接受县委领导，确保正确的政治方向。坚持县人大副主任、县政府副县长、县政协副主席相互参加重要会议、重大活动和重点工作安排的制度，相互配合，相互支持。与县人大机关开展经常性工作交流，增进沟通协调。积极争取县政府的大力支持，切实解决政协工作中存在的困难和问题，为政协开展调研视察、协商议政活动等各项工作提供了坚实的物质保障。

切实发挥常委会的作用。一年来，县政协严格按照《常委会议工作规则》的要求，组织召开

常委会议 4 次，主席会议 13 次，听取了人事劳动和社会保障、林业、党风廉政建设等工作开展情况。多次组织州、县政协委员深入乡村视察宗教、牧民定居和“三百”示范工程建设情况，形成专题调研视察报告，为县委政府科学决策提供了参考依据，为促进部门工作有效开展起到了积极作用。按照“三在前、三在先”的原则，认真开展专题人事协商活动。建立和完善常委学习考勤制度，对常委出席会议、发言、提出建议等制度进行规范，有效调动了常委参与政协活动的自觉性和协商议政的积极性。

加强机关队伍和作风建设。以创建学习型、服务型、和谐型政协机关和巩固州级最佳文明单位为抓手，充分发挥机关党支部、工会的重要作用，着力在机关精神面貌、工作方法、服务水平上加强和改进，使政协机关干部职工为委员服务和为群众服务的能力明显提高。在精神面貌上，主动抓好机关学习教育，努力加强机关干部思想、组织、作风建设，大力营造出开拓创新、真抓实干、清正廉洁的工作氛围。在工作环境上，加强机关硬件建设，改善了办公条件；加强与各新闻媒体的联系，及时宣传了政协开展的各项活动。在服务工作中，积极承办好各类会议、视察、调研等工作，主动做好与各部门协调配合，搭建好政协机关与委员联系的桥梁，努力为委员履职服务。认真贯彻《壤塘县建立健全惩治腐败体系 2008—2012 年实施意见》，严格执行党风廉政建设责任制和《党员领导干部廉政准则》的规定，自觉抵制和反对不正之风，增强拒腐防变的能力，努力造就一支“政治坚定、作风优良、学识丰富、业务熟练、勤政廉洁”的高素质政协干部队伍。

各位委员，同志们：过去的一年，是县政协履行政治协商、民主监督、参政议政职能取得新进展的一年，也是全体委员团结拼搏、不辱使命的一年。在这一年里，全县上下所形成的“县委重视、人大配合、政府支持、政协主动、各界联动、社会认可”的政协工作局面得到进一步强化和巩固。这些成绩的取得，是中共壤塘县委坚强领导的结果，是县人大、县政府及各有关部门、离退休老同志和社会各界大力支持、配合的结果，也是广大政协委员、政协机关干部职工团结协作、辛勤工作的结果。在此，我代表十一届县政协常委会，向所有重视、关心、支持政协工作的领导和同志们，向全体政协委员、社会各界人士致以崇高的敬意和衷心的感谢！

在总结成绩的同时，我们也清醒地看到，与新形势新任务的要求相比，我们的工作还存在着不足，主要是：政协委员的素质，协商议政的能力和服务大局的意识还有待增强；调动委员参政议政积极性，围绕中心工作发挥委员主体作用还有待提高；拓宽履职渠道，创新参政议政的形式还有待完善；加强机关协调服务和落实现有规章制度等还有待深化，这些都需要我们在今后的工作中继续努力。

2011 年工作安排

2011 年，是我们全面贯彻落实十七届五中全会精神的第一年，也是我县实施“十二五”规划的开局之年。我们面临新的形势和任务，肩负着艰巨而光荣的使命。2011 年县政协工作的指导思想是：深入学习贯彻十七大及十七届五中全会、省委九届八次会议、州委九届十二次会议和县委十一届十一次会议精神，高举中国特色社会主义伟大旗帜，以邓小平理论和“三个代表”重要思想为指导，全面贯彻落实科学发展观，在中共壤塘县委的领导下，切实按照本届政协工作思路、工作重点，紧紧围绕全县工作大局，“坚持科学发展，构建和谐壤塘”，把握团结民主两大主题，切实履行政协协商、民主监督、参政议政职能，为把壤塘建设成为全州“生态文明新家园、资源转化新高地、多元文化富集区、民族团结模范区”，为推动我县跨越发展和长治久安做出新的贡献。

一、深入学习，精心部署，为提高委员素质夯实基础

常委会要把思想政治建设摆在各项工作的首位，继承和发扬人民政协自我学习、自我教育、自我提高的优良传统，不断提高思想理论水平。在学习中要突出“三个结合”：要把深入学习党的十七大及十七届五中全会精神同邓小平理论、“三个代表”重要思想结合起来，牢固树立科学发展观、构建社会主义和谐社会、建设社会主义新农村等战略思想，牢牢把握我县发展主题，进一步认清形势，提高认识，明确责任，把广大委员的思想统一到实现“加快发展、科学发展、又好又快发展”的总体取向和富民强县的目标上来。要把学习党的三代领导集体关于统一战线、人民政协理论以及县委对政协工作的一系列指示精神，同新形势新任务的要求结合起来，增强做好新时期人民政协工作的责任感和使命感。要把学习与开展调研、视察、协商等活动相结合，检验学习效果，明确履职重点，使政协工作更好地融入到全县中心工作中，使人民政协工作更加体现时代性、把握规律性、富于创造性。

二、围绕中心，建言献策，为促进经济发展献计出力

坚持把促进科学发展作为政协履行职能的第一要务，着力提高履职水平，围绕中心，深入调研，要主动融入壤塘改革开放的大局，紧紧围绕扶贫开发和综合防治大骨节病、社会主义新农村建设、牧民定居行动计划、“三百”示范工程、“669”惠民工程、就业和再就业工作、促进文化事业建设、健全社会保障体系、维护社会和谐稳定等问题，组织政协委员和相关方面的专业人士，开展重点课题的协商。坚持以调查研究为主导，选准课题，找准角度，发挥优势，为协商提供高质量的调研成果。继续完善全体会议整体协商、常委会议专题协商、主席会议重点协商、专门委员会对口协商的议政格局，深化协商形式，为县委、县政府决策提供重要参考依据。

要围绕发展抓监督，抓好监督促发展，突出监督的重点。在监督的内容上，以优化发展环境为重点，围绕深化教育、医疗卫生体制改革、食品安全、环境保护等问题组织委员开展视察。在监督的形式上，把群众反映强烈的热点、难点问题，事关群众利益的问题作为重点，通过提案、视察、社情民意等渠道，及时反映群众的意愿和要求，实现好、发展好、维护好最广大人民群众的根本利益，为加快富民强县步伐献计献策。

要广泛开展参政议政，自觉、主动围绕全县发展战略，抓住发展中的重点问题，以促进全县经济社会全面协调可持续发展为着眼点，深入调研，通过调研报告、提案、建议案或其他形式，积极建言献策、参政议政，提出有深度的意见和建议，为推进我县经济发展和社会全面进步而努力。

三、发挥优势，维护稳定，为服务和谐壤塘凝聚力量

为构建社会主义和谐社会服务，是人民政协义不容辞的责任和重要任务，把实现好、维护好、

发展好最广大人民群众的根本利益作为政协工作的出发点和落脚点，要继续巩固和发展最广泛的爱国统一战线，加强同无党派人士、各人民团体、工商联和各族各界代表人士的联系和沟通，充分发挥好民族宗教界委员的作用，宣传党和国家的民族宗教政策，做好宗教界人士和信教群众的工作，不断促进民族团结和宗教和睦。团结一切可以团结的力量，努力为推动我县经济社会发展贡献力量和智慧，紧紧抓住我县处在“战略机遇期”和“矛盾凸显期”的特殊时期，密切注意和及时调研新形势下群众工作的特点和规律，顺民意、解民忧，协助好县委县政府做好宣传政策、沟通思想、理顺情绪、化解矛盾的工作，深化反分裂斗争，共同维护社会政治稳定，为经济社会发展营造一个更加和谐、更加顺畅的社会环境，为构建和谐新壤塘做贡献。

四、抓好队伍，搞好服务，为做好政协工作提供保障

在新的一年里，要着眼于人民政协事业的长远发展，围绕提高把握大局的能力、促进发展的能力、构建和谐社会的能力和创造性开展工作的能力，坚持在继承中发展，在发展中创新，全面加强自身建设。

进一步加强专委会和委员队伍建设，不断提高专委会组成人员的政治业务素质，使其更好地担负起组织委员开展工作的职责。注重各专委会之间的协调配合，使专委会工作和委员小组活动更加活跃、更具特色，在政协履行职能中发挥好基础性作用，形成履行职能的集群优势和整体合力。继续加强委员队伍建设，组织委员开展学习培训教育，全面提高委员自身素质；深入开展走访委员活动，加强与委员的联系沟通，对委员履职尽责情况进行考核；拓宽渠道，搭建委员参政议政平台，发挥好委员主体作用，推动政协工作再上新台阶。

进一步深化制度建设，根据新形势新任务的要求，完善与政协章程相配套的各项具体规章制度，健全参政议政机制，落实好县政协已经修订和完善的各项工作制度，推进政协工作的制度化、规范化和程序化建设，为履行职责、服务大局提供制度保障。

进一步加强机关建设，继续巩固专题建设活动成果，要通过组织常委、机关干部职工外出学习考察，借鉴好的经验与做法，提高工作积极性，更好地推动工作。按照构建和谐政协的要求，坚持“学有所思、思有所悟、悟有所行、行有所果”的原则，全面加强政协机关的思想、学习、工作和领导作风建设，继续深化党风廉政建设和反腐败工作，不断增进对人民群众的感情、努力工作的激情和服务委员的热情，努力造就一支“政治坚定、作风优良、学识丰富、业务熟练、勤政廉洁”的高素质政协干部队伍。

认真搞好换届工作，严格按照《政协章程》的规定和州委、县委的要求，协商决定县政协第十二届一次会议的有关事项，依照相关程序搞好换届工作。

各位委员、同志们：新世纪、新阶段为人民政协履行职能提供了广阔舞台，新形势、新任务为人民政协发挥作用提出了更高要求。让我们更加紧密地团结在以胡锦涛同志为总书记的党中央周围，高举中国特色社会主义伟大旗帜，全面贯彻落实科学发展观，在中共壤塘县委的坚强领导下，深入贯彻党的十七大及十七届五中全会精神，团结一致，奋发合作，务实开拓，真抓实干，在新的起点上不断开创人民政协工作新局面，为推动壤塘跨越发展和长治久安、实现全面建设小康社会目标做出新的更大的贡献！

壤塘年鉴 2011

大事记

DA SHI JI

1 月

17 日，壤塘县迎来由阿坝州州委、州政府组织，州委宣传部牵头，州文化、司法、科技、卫生、计生、科协、文联、农业、畜牧等十余个部门组成的“牧民定居、幸福家园”文化科技卫生“三下乡”活动慰问演出团。

18 日，壤塘县召开第十二届人民政府第七次全体会议。

13 日、1 月 25 日、5 月 31 日分别在上壤塘、南木达和宗科乡召开公处大会，在三次公处大会上对 53 名违法人员予以公开处罚，有效震慑了违法犯罪，彰显了法律权威。

16—17 日，县妇联协助开展好州“科技、文化、卫生、”三下乡活动。

是月，人事劳动保障局将社保经办业务（养老、工伤、生育）全部纳入金保大厅、全面实现了网上办公。

2 月

2 月电信股份有限公司壤塘分公司完成县城内 EPNO 设备的调测工作。截至 10 月底割接 268 户。

3 月

9 日，四川省林业厅副厅长、省森林防火指挥部副指挥长刘书贵、省森林防火指挥部办公室主任朱涛、省林业厅天然林保护管理中心主任聂平一行到壤塘县检查指导林业工作。

10 日，壤塘县确定 2010 年度牧民定居行动计划目标，计划总投资 24894 万元。

14 日，刘建军副部长和州委金吉昌秘书长来壤塘县开展督查调研工作。

17 日，县科技局积极配合县委宣传部组织开展“科技服务三农，加快灾后社会主义新农村建设”为主题壤塘县 2010 年度“科技之春”科普活动月活动。

20 日，壤塘地税局借”综治宣传月”契机联同财政、国税、审计三个部门，开展“维护社会稳定依法理财依法治税”的税收法律法规宣传活动。

25 日，壤塘县组织召开牧民定居暨“三百”示范工程建设推进会。

26 日，壤塘县 2010 年度经济工作会议在县新综合楼会议室召开。

27 日，壤塘县倡议在全县党政机关、事业单位、社会团体和有条件的企业职工中开展以“共建幸福美丽家园，我为定居行动出力”为主题的募捐活动，此次募捐活动共筹集善款 27.2 万元。

27 日，县总工会、团县委、县妇联号召全县职工开展以“共建幸福美丽家园、我为定居行动出力”为主题的捐款活动，现场共收到捐款 202700 元。

4 月

2 日，首次启动实施幸福美丽家园建设项目。

5 日，城关小学“红领巾广播站”成立，每周三、五播放，播出贴近学生生活、寓学于乐、道德教育等内容，广播稿均来自校园采集和中队推荐。

9 日，阿坝州委副书记、州长吴泽刚来县就牧民定居行动计划、“三百”示范工程、扶贫开发和综合防治大骨节病试点工作及产业调整情况进行调研。

14 日，青海玉树发生 7.1 级强烈地震，壤塘县卫生局组织县人民医院医疗救援队 4 人，奔赴玉树灾区开展紧急医疗救援。

28日，县中学开展“迈入青春门、走好成人路”18岁成人宣誓仪式。

是月，结合县“三百”示范工程旅游精品村寨建设要求，县旅游局聘请四川旅游规划设计研究院和四川城镇规划设计研究院有限公司分别编制：中壤塘乡、南木达乡旅游集镇《总体规划》、《修建性详细规划》，壤塘村、伊根门多村、南木达村、大伊里村、壤古村（克久）精品旅游村寨《修建性详细规划》，《壤塘县精品旅游村寨单体风貌图集》以及《壤塘县精品旅游村寨整体风貌改造图集》等共11本规划。

5月

12日，启动援藏干部人才工作

12日，“5·12”汶川特大地震2周年纪念日，县中学开展地震逃生演练等活动。

13日，壤塘县召开“千名干部人才援助藏区行动”欢迎会，热烈欢迎37名挂职干部的到来。

14日，壤塘县人民政府印发《壤塘县全面推进依法行政第十二个五年规划》。

14日，州委副书记陈贵华率农业、水务、畜牧、林业、财政等州级部门负责人到壤塘县，就牧民定居行动计划、扶贫开发和综合防治大骨节病试点工作、农牧业产业化发展等工作进行调研。

20日，州人民检察院刘志武副检察长一行列席旁听检察院公诉科提请检委会讨论的向特故意杀人一案，并就规范检委会讨论程序、检委会纪要等问题提出指导意见。

26日，州人民政府副州长杨长清率州交通局领导一行到壤塘县调研。

27日，壤塘县“海子山圣景”和“壤巴拉”获得国家工商行政管理总局注册的商标证明，实现壤塘县注册商标零的突破。

26—27日，州人民政府副州长杨长清率州交通局副局长朱天猛一行到壤塘县调研交通工作。

31—6月1日，州交通局总工程师詹永康一行四人到壤塘县检查指导交通运输部扶贫项目阿两路县城至黑桥段改建工程质量及进展情况。

5月，壤塘县成立各“乡镇就业和社会保障服务中心”（不再保留乡镇劳动保障所牌子）。

6月

5日，壤塘县林业局启动实施中幼龄抚育和沙化治理两个省级试点项。

6日，阿坝州委书记侍俊深入壤塘县调研牧民定居、“三百”示范工程推进情况。

9日，国家退耕还林工程阶段验收组对全县2002年完成的3万亩退耕还林工程实施情况进行了全面核查，并顺利通过国家阶段性验收。

11日，壤塘县召开新型农村社会养老保险试点工作动员大会，印发《壤塘县新型农村社会养老保险试点实施办法》。

13日，县委组织部启动“创先争优”活动

13日，壤塘县举行科级干部党风廉政建设知识考试，198名科级干部参加考试。

18日，完成壤塘县“十二五”农业和农村经济发展规划的编制工作。

21日，县道岗上路K23+100~K23+300段受强降雨影响，路基路面全毁，交通临时中断。

是月，签定州内外11家定点结算医疗机

构，特别是将都江堰市人民医院等纳入定点结算单位切实解决了该地区退休人员的一些具体困难。

7 月

2 日，壤塘县组织召开感恩教育十年行动计划文艺汇演暨第三届中小学艺术节。

2—3 日，县教育局、县文体局、团县委联合举办“壤塘县感恩十年行动计划文艺汇演暨第三届中小学艺术节”。

4 日，壤塘县城突降特大暴雨，县城入城街道路基沉陷垮塌，交通临时中断。

7—9 日，州妇联来壤检查指导工作。

9 日，州政府白理成副州长来壤塘县检查上半年重点工作开展情况；

13—15 日，壤塘县“五五”普法依法治理工作通过州“五五”普法依法治理工作组检查验收。

19 日，壤塘县摔跤运动员班玛勒乌，在自贡市举行的省第十一届运动会上获得 62 公斤级国际古典式摔跤金牌。

22 日，县人民政府编制《壤塘县推进跨越式发展和长治久安的总体方案》。

22—23 日，省人口计生委到壤塘县检查验收避孕药具标准化建设。

26 日，壤塘县伊里敬老院建设工程通过竣工验收。

30 日，壤塘县人大常委会组织辖区内部分省州县人大代表 30 余人和县人民政府副县长邹德跃及相关部门负责人，到 5 个牧民定居点进行视察。

30 日，由四川新东盛公司承建，建成 10 个派出所音视频会议系统。

是月，新型农村社会养老保险试点工作在全县正式全面启动，成立“壤塘县新型农村养老保险管理局”。

是月，德阳广汉市与壤塘县人民政府签订《德阳广汉市、阿坝州壤塘县提高孕产妇住院分娩率区域协作协议书》。

是月，壤塘县启动实施深化医药卫生体制改革工作，成立《壤塘县深化医药卫生体制改革领导小组》，制定《中共壤塘县委壤塘县人民政府关于深化医药卫生体制改革的实施意见》。

8 月

10 日，法院三级网络初步验收。开始投入使用。

10 日，为省民运会输送 7 名优秀表演项目运动员；

12 日，完成《四川农村年鉴·壤塘篇》的编制工作。

25 日，州人大副主任温玉祥来壤塘县检查学校、医院公共设施设备管理使用情况。

25 日，完成以勘界确权和登记发证为主要内容的集体林权制度主体改革。

31 日，统计局完成 8 个乡镇统计联网工作。

31 日，医药企业扶贫献爱心向壤塘县红十字会捐款仪式在成都隆重举行。省卫生厅机关党委书记杜波、省卫生厅厅长沈骥、22 位爱心医药企业负责人、壤塘县四套班子主要领导及县红十字会、卫生局等部门负责人参加仪式。

9 月

1—5 日，参加第三届四川省优质特色农产品展示展销会。

7 日，州民政局副局长孟健，救灾救济科科长泽木根一行到壤塘县，就救灾仓库、灾害应急救灾指挥平台建设以及敬老院、康复村管理等情况进行检查指导。

8日，州委政法委书记杨克宁到壤塘县检查指导维稳和综治等工作。

9日，壤塘县招聘敬老院工作人员16名。

14日，州教委郝世昌局长来城关中小学校视察工作。

12日，州志办尕让他副主任莅临壤塘县，检查指导第二轮续修县志工作。

16日，在省卫生厅的大力帮助下，县科技局在蒲西乡大伊里村开展中药材示范户的集中培训。

26日，壤塘县召开派驻片区纪工委大会，成立上寨、杜柯、南木达三个片区纪律检查工作委员会。

10月

3日，广安市委余仪副书记到壤塘县看望广安33名援藏干部，并听取33名援藏干部在壤塘县半年来的工作情况；

14—15日，成都市锦江区妇幼保健院医疗组专家到壤塘对14对不孕不育患者进行免费检查，举办生育健康知识讲座。

20日，壤塘县人大常委会组织辖区内的州县人大代表20余人到吾依乡吾依村、壤古村克久，蒲西乡大伊里村、尤日村四个“三百”示范工程建设点进行视察。

20日，壤塘县启动村（社区）党支部、村（社区）委员会换届工作。

21日，壤塘县综合楼召开壤塘县县志、档案工作会。

是月，参加在成都举办的“第十一届中国西部国际旅游博览会”和“首届中国国际自驾游交易博览会”。

24日，由四川维德公司承建，通过租用移动、电信基站线路和自建的方式，建成上壤塘、中壤塘、南木达—尕多、茸木达、石里、上寨、宗科派出所350兆有线集群通信基站。

是月，壤塘县成立“壤塘县第一次全国水利普查领导小组办公室”。

是月，州医保中心对壤塘县24个参保单位涉及有关医疗保险情况进行实地稽核。

是月，成都市第三人民医院（重庆医科大学成都第二临床学院）对口辅导医院”挂牌仪式在壤塘县人民医院举行。

是月，完成对尕多乡、岗木达乡等8个乡卫生院的业务用房建设，建筑面积5050平方米，总投资864万元。为县乡村三级医疗服务机构配备了300余万元设施设备。

11月

6日，《壤塘县志》（1991—2005）编辑室赴成都对续修县志初次排版；

11月，启动实施壤塘县第八届村（居）民委员会换届选举工作。

13日，省统计局局长郝康理到壤塘县检查指导统计工作；

16日，军分区后勤部杨林部长带领工作组到县人武部进行年终军事考核和年度工作检查验收。

12月

3日，军分区政治部王主任到县人武部就干部工作进行调研。

3日，州政府严春风副州长、州政协昌荣河副主席到壤塘县检查指导城乡环境综合整治工作和“五十百千示范工程”建设；

9日，完成《壤塘县志》（1991—2005）复审稿定稿工作。

20日，编制完成《壤塘县国民经济和社会发展第十二个五年规划纲要（草案)》。

27日，将《壤塘县志》（1991—2005）送审稿报州志办审稿领导小组终审。

全年对纳入农村客运公司的车辆，逐步统一道路运输证、从业资格证、车辆行驶证名称，共兑现燃油补贴21.02万元。

是月，全县事业单位通过考试招聘113名事业工作人员。

截至2010年底，全县符合开行条件的乡镇通车率为100%。

2010年新建成壤塘货运站。

截至2010年底，全县共有货运经营业户35户。

截至2010年底，全县有汽车维修业户23户，其中三类维修业户12户，摩托车维修业户11户。

4月动工修建迎宾大道1公里市政道路建设，同年10月完工；6月动工修建罗吾塘中街150米排污下水道，同年7月完工；投资1390万元对壤柯镇进行特色风貌改造组织各单位粉刷建筑物立面共计185800平方米，修补街道50余平方米、青石板人行道100平方米，青石板栏杆35余米，校正路灯灯杆20柱，检修线路180余米，更换节能路灯186处；完成2008年开工修建的188套廉租房一期工程建设，于2010年9月验收交付使用；

2010年，全县共整治12个乡镇挂牌的治安乱点，有效解决3类突出治安问题，治安面貌改变率达100%。共立各类刑事案件55件，集中侦破隐积和现行案件51件，破案率为92.7%，治安案件66件，查处率达100%，依法处理违法人员13人，提起公诉21件31人，受理刑事案件18件，结案18件，受理民商事案件44件，结案44件，受理执行案件5件，执行5个，案外调解31件，城关地区召开1次全县性的公捕公处大会。

县情概述

XIAN QING GAI SHU

【行政区划】　壤塘县所辖乡镇数12个，分别是蒲西乡、宗科乡、石里乡、吾伊乡、岗木达乡、上杜柯乡、茸木达乡、南木达乡、尕多乡、中壤塘乡、上壤塘乡、壤柯镇，居委会1个、行政村60个，村民小组131个。

【人口与民族】　总人口40854人，同比增长13.4%。其中：非农业人口6445人，占全县人口数的15.78%；藏族37496人，占91.78%，汉族3027，占7.41%，羌族230人，占0.56%，回族72人，占0.18%。人口出生率10.96‰，人口自然增长率6.47‰。

【地理位置】　壤塘县位于青藏高原东南边缘，大渡河上游，四川省阿坝藏族羌族自治州西部，北纬31°28′~32°41′，东经100°28′~101°34′，辖区面积为6835.59平方千米。东西宽约89.6千米，南北长约134.4千米。壤塘县东及东北与马尔康、阿坝县接壤，南与金川县毗连，西和西南与甘孜州色达县、炉霍县、道孚县相望，北邻青海省班玛县。距离省会成都550公里，距州府马尔康200公里。

【地质地貌】　壤塘大地构造跨越三个地质构造单元。属于中生代褶皱带，多为三叠系的泥灰岩夹砂砾岩，偶夹火山岩及灰岩海相地层，处于鲜水河地震带东北侧，地形以丘状高原为主，相间河谷平地和高山，山峦重叠。地层属于青藏—滇西地区马尔康分区，为陆相大、中型山间沉积盆地类型。地壳出露厚度5000~6000米。地貌可分为是中山、高山、高平原、丘状高原和冰川地貌。整个地势西北高、东南低，由西北向东南倾斜，最低点海拔2650米，最高点海拔5178米，相对高差2528米，境内一般山峰海拔4200~4500米，杜荀拉甲格则峰海拔5178米，是县境内第一高峰。县境内玉青喀至西穹主山脊线为界，把全县划分为东北和西南两部分。西南部属杜柯河流域控制，东北部属则曲河流域控制，两大流域控制的地貌截然不同。

【气候特点】　县境内气候垂直分带明显，南湿北干，复杂多样的高原山地气候。高原季风气候十分显著，四季无明显之分，气温年较差小，日较差大，无霜期短，冬天阳光充足，夏季雨量集中，干湿季节明显。大部分地区属干旱河谷气候类型，季风气候特点明显。气温和降水垂直方向上的分布也存在明显差异。春季春温骤升，风大沙多，雨雪稀少，干旱。夏季雨水集中，空气凉爽。秋季气温速降，雨水骤减，昼夜温差大，普遍降雨。冬季气候寒冷，晴朗少云，阳光充足，降水稀少，干燥多风，绝大部分地区气温降至-10°C以下。年平均气温5.2°C，最低气温-22.3°C，最高气温27.4℃，日照时数1978.2小时，降水量661毫米。

【水资源】　壤塘地处青藏高原东南部——横断山系北段，属川西高山高原区。杜荀拉甲格则峰海拔5178米，是县境内第一高峰，境内的山共有39座。境内河流、溪沟纵横密布，约有450余条，常年流水的有382条。杜柯河和则曲河是大渡河的主要支流，对长江源头的水源涵养起着重要作用。杜柯河境内流程180千米，流域面积4400.15平方千米。则曲河县境流程100千米，流域面积1683.69平方千米。湖泊21个，分布于海拔4000~4500米以上，湖泊四周普遍遭到古冰川的严重浸融。最大的湖泊是容纳错湖，湖呈长方形，湖长0.5千米、宽0.2千米、面积0.1平方千米。

【土地资源】　全县分8个土类、13个亚类、

24个土属、32个土种。分为冲积土、山地褐色土、山地棕壤土、暗棕壤土、亚高山草甸土、高山草甸土、沼泽土、高山寒漠土。壤塘土壤以垂直分布为主，分布带谱为：山地褐色土分布于海拔2700～3600米，山地棕壤土分布于海拔3000～3650米，暗棕壤土分布于海拔3700～3900米，亚高山草甸土分布于海拔3600～4100米，高山草甸土分布于海拔4100～4600米，高山寒漠土分布于海拔4500～5000米。

【国土资源】 全县土地共68.36万公顷，其中：耕地1891.27公顷、园地12.33公顷、林地21.92万公顷、牧草地41.22万公顷、城镇村工矿用地730.75公顷、交通用地815.08公顷、水域用地2515.15公顷、未利用土地4.61万公顷。水能理论蕴藏量179.2万千瓦，可开发量67.9万千瓦，已开发3015千瓦，水域占地面2058.19公顷，矿产资源有金属矿和非金属矿。金属矿主要矿产有岩金、砂金、铌钽、砂石矿。岩金矿有矿床3处、矿点5处、矿化点2处。砂金矿主要位于南木达乡、中壤塘乡一带则曲河与宗科乡的河谷中。铌钽矿、锂辉矿和锡矿分布于蒲西乡斯跃武村附近。辉锑矿分布于南木达乡三郎沟与金伴生。多金属金银矿分布于蒲西乡所辖的斯果尔琼沟和斯果尔目沟间分水岭一带。建筑砂石矿主要分布在杜柯河与则曲河中的河漫滩。非金属矿分布在壤柯镇附近及上杜柯乡吉拉以南地带。

【生物资源】 境内野生动植物资源丰富，有脊椎动物200余种，其中列为国家重点保护的各类珍稀动物有白唇鹿、黑颈鹤、白尾海雕、玉带海雕、胡兀鹫、金雕、斑尾榛鸡、水獭、藏原羚等26种；一、二类野生动物有豹、藏羚羊、豺、黑熊、林麝、水鹿、黑颈鹤、金雕、绿头鸭、高山兀、蓝马鸡、白马鸡等；属国家级一类濒危野生动物的兽类有4科5种，鸟类有5科10种；二类保护动物兽类有12科31种，鸟类有9科45种。全县共有木本植物35科、109属、207种，中草药122科、218属、245种；属国家一级保护植物有1科1种，二级有2科3种，三级有1科4种；一、二级野生植物有秃杉、岷江柏、白皮云杉、康定云杉、长苞冷杉、麦吊云杉、铁杉、紫果云杉等。植被覆盖率较高，野生植物种类繁多，境内还分布有红豆杉、紫果云杉等珍稀树种，以及冰川茶藨子等古生物，紫茎小芹、细穗玄参和掌叶大黄是中国特有濒危植物。

【风景名胜与文物保护】 壤塘县旅游景区由香拉东吉圣山（苟拉山）、海子山、野人大峡谷、南莫且湿地自然保护区、觉囊派三大寺院、棒托寺塔群及石刻大藏经等40多处景点组成，面积1400平方千米，集自然景观、人文景观、宗教文化和湿地自然保护区于一体。以中壤塘乡错尔基寺、泽布基寺和藏洼寺藏传佛教觉囊派为代表的宗教文化，其中：错尔基寺为省级文物保护单位，建于公元1146年，是全国最大的藏传佛教觉囊派寺院，珍藏有元、明、清、民国时期的珍贵文物近千余种，该寺建筑气势壮观，构造精巧，享誉藏区。茸木达乡棒托寺塔群及石刻大藏经为国家级文物保护单位，总面积达1万多平方米。有32座佛塔群，一号塔建于明万历四十六年（公元1618年），内壁存明代壁画。二号塔建于清康熙十七年（公元1678年），内壁保存部分清初壁画。三号塔建于清宣统二年（公元1910年），塔内保存大量佛经故事壁画。棒托寺塔群与西藏降扎寺、甘孜色达寺塔群齐名，并称藏区三大塔群。保存较完好的明清藏文石经，以较规则片石正反两面刻成，共计约10万片。按经文顺序堆放在长16.6米，宽8米，高5.8米范围内。其中部为〈嘎木绒〉经，系明正统三年（公元1438年）刻制。余为《甘珠尔》经文，系该寺僧人仁青达尔基刻制，从清宣统二年（公元1910年）开始，至民国9年（公元1920年）完成。藏族民居建筑以宗科乡日斯满巴碉房民居为主，为省级文物保护单位，始建于明代初期，为石木结构，九层平顶式建筑，高约25米，占地198.4平方米，传13代，保存完好。上杜柯乡西穷寺建于清顺治十一年，为石木结构，三层平顶式，占地2.14万平方米，寺内柱雕刻精美，匠心独具，保存完好，有较高的艺术价值，为州级文物保护单位。

国民经济与社会发展

实现国内生产总值38703万元，同比增长10.5%，其中：第一产业增加值16718万元，同比增长2.2%；第二产业增加值5247万元，同比增长41.3%；第三产业增加值16738万元，同比增长10.1%；三产业比重43.2∶13.6∶43.2。社会消费品零售总额9528万元，同比增长18.1%。

【农业】 全年实有耕地面积1882.47公顷，完成农作物总播面1743.93公顷，较上年增加7.47公顷。粮食作物播种面积1629.17公顷，较上年增加19.17公顷。粮食总产量3317吨，较上年增加52吨，其中：小麦19.33公顷，较上年增加2.67公顷；青稞1000.9公顷（其中高产创建示范区66.67公顷，高产创建核心攻关区6.67公顷，“阿青6号”新品种繁育基地1.33公顷），较上年增加48.1公顷；胡豆89.07公顷，较上年减少3.93公顷；玉米1.6公顷，较上年减少3.67公顷；马铃薯333.47（其中以“陇薯6号”为主推品种的高原特色马铃薯基地222.13公顷），较上年减少9.07公顷；绿豌豆184.8公顷，较上年减少14.93公顷。经济作物播种面积45.87公顷（建高原优质油菜基地40公顷），较上年减少14.53公顷。其他作物播种面积68.9公顷，较上年增加2.83公顷。

实施农田整治80公顷。完成土地开发复垦整理项目，新增耕地10公顷。农牧民人均纯收入2829元，比上年增加430元，增长17.92%。兑现粮食直补款13.44万元和综补款99.11万元。

【工业】 全县有规模以下工业企业27个，其中：国有企业1个。工业总产值1293万元，同比增长42.2%。工业增加值544万元，同比增长28.9%。工业产品产量1527万千瓦时，同比增长4.2%。

【固定资产投资】 固定资产项目开工建设项目31个，新增23个，完成固定资产投资52071万元，同比增长77.4%。其中市政基础设施建设项目开工5个，完成投资1187万元；乡镇基础建设项目开工4个，完成投资742万元；交通开工项目3个，完成投资7555.6万元；商贸开工项目1个，完成投资140万元；卫生开工项目4个，完成投资314万元；大骨节病易地搬迁613户，完成投资1927万元；建设牧民定居点27个，完成投资35052万元；农、林、牧、水开工项目4个，完成投资588.63万元；农村电网改造，完成投资3875万元；教育开工项目6个，完成投资226万元；机关办公设备采购，完成投资260万元。

【贸易】 登记注册各类企业42户，其中：内资企业23户（企业法人10户），注册资本2094万元；国有企业14户（法人5户）；集体企业7户（法人3户）；股份合作企业1户；公司1户；私营企业19户，注册资金2549万元。农民专业合作社7户，出资额99.68万元。注册登记个体工商户696户，从业人员1052人，注册资金1300万元，新增个体工商户158户。

【交通、邮电和旅游】 完成阿两路县城至黑桥段续建工程水泥稳定层和13千米油路路面铺设；安装5千米危险路段波形护栏。投资90万元完成昂柯桥续建工程；投资63.2万元完成入城通道路基修复工程；投资29万元完成岗木达至上杜柯K23+100~K23+300段修复工程；投资130万元完成日柯桥、阳培桥部分桥基浇筑工程。农村客运车辆69辆、班线客运车辆13辆、出租车辆28辆和货车车辆35辆。

邮政全年完成收入84.53万元，完成年计划91.03%。邮政业务总量92.84万元，完成年计划110.68%。

全年共接待境内外游客15.5万人次，实现旅游收入9844.7万元人民币。参加“第十一届中国西部国际旅游博览会”和“首届中国国际自驾游交易博览会”。完成3个乡的广告牌设计、制作及安装工作。完成5个旅游精品村寨示范工程。

【财税金融】 完成一般预算收入885万元，完成调整预算的126.07%，同比增收384万元，增长76.6%，其中税收收入完成601万元，完成调整预算的134.75%，同比增收195万元，增长48.03%；非税收入完成284万元，同比增收189万元，增长198.95%。累计实现一般预算支出57513万元，完成调整预算的98.64%，同比增支2493万元，增长4.53%，其中：一般公共服务支出5751万元、国防支出245万元、公共安全支出3514万元、教育支出6864万元、科学技术支出82万元、文化体育与传媒支出874万元、社会保障和就业支出3620万元、医疗卫生支出4156万元、环境保护支出2214万元、城乡社区事务支出3007万元、农林水事务支出5718万元、交通运输支出4793万元、资源勘探电力信息等事务支出66万元、商业服务业等事务支出431万元、地震灾后恢复重建支出-768万元、国土资源气象等事务支出489万元、住房保障支出7405万元、粮油物资储备管理事务支出79万元、其他支出8973万元。

【科学技术和教育】 全县共有12个乡镇科协，22个县级学（协）会。全县11个乡镇完成人工种植示范基地192.66公顷，野生抚育97.33公顷，补种34.13公顷。推广中药材种植示范，建立秦艽示范基地283.33公顷，大黄种苗示范基地6.66公顷。科学技术培训1000余人。

全县有中小学14所，其中高中1所、九年一贯制学校2所、城镇小学1所、寄宿制中心完小10所在校学生5747人，其中小学生4080人（含学前班学生）、初中生1474人、高中生69人。幼儿园1所，儿童124人。全县现有教职工510人，专任教师461人，其中取得高级教师职称的39人、中级教师职称的109人、初级教师职称的314人。幼儿教师37人，小学教师299人，中学教师100人。全县12个乡镇都建立农牧民文化技术学校，配备专兼教师，全县非文盲率达98.85%。

【卫生、文化和体育】 有县级医疗卫生单位6个（县人民医院、县妇幼保健站、县疾病预防控制中心、县卫生执法监督所、县新合办、县藏医院）乡（中心）卫生院12个，有村卫生室60个。各类卫生机构床位数114张，其中县医院64张、两个中心卫生院各15张、10个乡卫生院各2张。卫生技术人员186人（副高8人、中级50人、初级128人）；具有村医资格证书60人。全县献血人数共130人，其中有9人献血分别达到400毫升，共采血2.99万毫升。

开展壤塘县第三届中小学生艺术节和感恩歌曲大家唱活动。参加十一届中国西部国际博览会。建立29个村的农家书屋，完成7个乡文化站建设，投资21万元为7个村购置音箱设备。

选派人员参加四川省第十三届民族运动会观摩和裁判工作，周林获“体育道德裁判员”称号。5月，壤塘县组队参加阿坝州三人篮球赛，并获得第四名。

【计划生育】　全年共出生婴儿425人，同比增加107人。符合政策出生人口410人，符合政策生育率96.47%，比去年同期增加2.9%。一孩率、二孩率、多孩率分别为：37.40%、33.66%、28.94%。人口出生率为10.96‰，同比增加2.06‰，出生婴儿男女性别比为96：100，婴儿性别比正常。人口自然增长率6.47‰，同比增加2.06‰。全县帮扶244户，其中新增户44户，联系户70户，帮带户130户，帮扶基地22个。投资120万元开展“三结合”。

【社会生活】　农牧民人均纯收入2960元，比上年增加562元，增长23.4%。完成农机购置补贴资金30万元，补贴拖拉机40台（套），受益农户40户。城镇在岗职工年平均人数2548人，城镇在岗职工年人均工资总额3.81万元。把1294户1499人纳入低保范围，发放保障资金272.3万元，月人均补差达到153元；全县享受农村低保6431户19474人，发放保障资金1300.40万元，月人均补差达到68.60元。救助城镇医疗救助对象955人，发放救助金24.50万元，月人均医疗救助163元；救助农村医疗救助对象19945人，发放救助金440.20万元，月人均医疗救助225.9元。

【劳动和社会保障】　完成就业型企业新开发就业岗位吸纳安置50人、城镇新增就业181人和下岗失业人员再就业37人。发放个人小额担保贷款30万元。

城镇职工基本医疗保险参保职工4856人，其中在职职工2398人、退休职工2458人。征收基本医疗保险统筹基金733.93万元，支出488.37万元。征收个人账户基金203.54万元，支出102.93万元。征收大病补充医疗保险基金22.67万元，支出25.47万元。离休干部和二乙伤残军人基金全年征收10万元，支出医疗费8.60万元。公务员医疗补助基金征收51.07万元，支付医疗费用补助18.62万元。

全县城镇基本养老保险参保1990人，其中：企业参保905人、机保517人、退休568人。生育保险参保504人。工伤保险参保2360人。

失业保险参保人数1650人，失业保险新增扩面86人，完成54万元失业保险的征缴。发放234人的社保补贴77.54万元，发放43人的岗位补贴2.58万元。发放21名困难人员的社保补贴8.4万元，发放11名解除劳动关系人员的失业保险金5.70万元，落实91人的税费减免政策。

壤塘年鉴 2011

政治

ZHENG ZHI

中国共产党壤塘县委员会

【领导名录】

县委书记	王　生
县委副书记	克　克
	陈继东
	文　强（挂职，5月起）
县委常委	何志富
	赵拥军
	张　楫
	阿　达
	陈宇生
	王维新
	魏志敏（6月止）
	陈　尧
	古　熙（挂职，5月起）
	李　洪（挂职，5月起）
	朱　钰（6月起）
	达尔吉（6月起）

【概述】 2010年，中共壤塘县委在州委的坚强领导下，高举中国特色社会主义伟大旗帜，以邓小平理论和“三个代表”重要思想为指导，深入贯彻落实科学发展观和党的十七大、十七届四中、五中全会以及中央第五次藏区工作座谈会、四川省藏区工作座谈会精神，坚持发展至上、速效并重的理念，积极抢抓机遇、与时俱进、真抓实干，实现经济建设、政治建设、文化建设、社会建设和党的建设全面协调发展。继续坚持“抓机遇、强基础、调结构、立支柱、促发展；抓扶贫、重民生、兴教育、保稳定、树新风”总体工作思路，着力落实“综合防治、资源开发、招商引资、文教旅游、稳定和谐、壤塘精神”六项举措，全面推进“民生、产业、素质、平安、环境、生态、健康、廉政、党建”九大工程，确保各项经济、社会事业顺利推进。将民主政治建设和社会稳定工作作为重大社会问题和重大的政治问题纳入重要议事日程，为推进跨越式发展和长治久安奠定基础。坚定不移地贯彻执行党的路线、方针、政策，努力改善党的领导，全面加强党的建设。党的战斗力、凝聚力、号召力和党的领导水平、执政水平进一步增强。

【重要党务会议】 2010年1月15日上午，召开中共壤塘县委第十一届九次全会。一是县委书记、县人大常委会主任王生作工作报告并讲话；二是分组讨论《县委工作报告》和《县委2010年工作要点》。

2010年7月25日下午，十一届中共壤塘县委召开第十次全体（扩大）会议。分别听取《壤塘县推进跨越式发展和长治久安的总体方案》、《壤塘县国民经济和社会发展第十二个五年规划的基本思路》的说明，对《壤塘县推进跨越式发展和长治久安的总体方案》、《壤塘县国民经济和社会发展第十二个五年规划基本思路》进行讨论，修改完善。同时表决通过《关于〈壤塘县推进跨越式发展和长治久安的总体方案〉的决议（草案）》、《关于〈壤塘县国民经济和社会发展第十二个五年规划基本思路〉的决议（草案）》。县委副书记陈继东作重要讲话。

2010年12月16日下午，召开十一届中共壤塘县委第十一次全体会议。会议通过《中共壤塘县委2011年工作要点（讨论稿）》；通过《十一届中共壤塘县委第十一次全体会议决议》。县委书记王生和县委常委、政府常务副县长何志富分别作重要讲话。

【中共壤塘县常委会会议】

会议届次	会议时间	研究事项
十一届第六十九次	2010. 1. 13	一、学习（一）学习中共中央办公厅《印发〈关于加强县委书记队伍建设的若干规定〉的通知》；（二）学习中共四川省委《关于进一步加强政法队伍建设的意见》；二、传达相关会议精神；（一）州委九届十次全体会议；（二）全州投资工作会议；（三）全州维护社会稳定培训工作会议；（四）州委人大工作会议；（五）全州工业工作暨园区建设座谈会议；三、审议并原则同意召开十一届中共壤塘县委第九次全体会议的有关事宜；四、审议并原则同意召开县委人大、政协工作会议的有关事宜；五、审议并原则同意《中共壤塘县委2010年工作要点》六、审议并原则同意中共壤塘县委《关于进一步加强人大工作的实施意见（讨论稿）》；七、审议并原则同意中共壤塘县委《关于进一步加强人民政协工作的实施意见（讨论稿）》；八、审议并原则同意中共壤塘县人大常委会党组《关于壤塘县向阿坝州十届五次人代会提交的议案》；九、听取并原则同意壤塘县惩防体系建设领导小组办公室《关于对州委检查组反馈意见整改落实情况的报告》；十、听取并原则同意壤塘牧民定居和灾后重建考察团《关于赴红原等五县八个点考察牧民定居行动计划及灾后恢复重建的考察报告》；十一、听取并原则同意2007－2009年扩大内需及灾后恢复重建工程建设项目监督检查情况；十二、审议并原则同意州文化“三下乡”活动相关事宜；十三、审议并原则同意中共壤塘县委组织部《关于开展2010年春节离退休干慰问有关事宜的请示》；十四、研究了干部工作
十一届第七十次	2010. 1. 17	一、传达州维稳应急指挥部全体成员会议精神；二、安排部署春节、“3·10”期间全县维稳工作；三、安排部署春节慰问工作
十一届第七十一次	2010. 2. 8	一、传达中共阿坝州纪委、阿坝州监察局《转发〈中共四川省纪委四川省监察厅关于坚决制止收送现金和有价证券严格执行领导干部廉洁自律规定的通知〉的通知》；二、传达会议精神（一）中央第五次西藏工作座谈会精神；（二）侍俊书记在州“两会”代表委员大会的讲话精神；（三）州人代会精神；（四）州政协会精神；（五）全州政法工作会议和防邪工作会议精神；（六）全州组工会议精神；三、审议并原则同意壤塘县2009年目标考核评定；四、审议并原则同意中共壤塘县委维护社会稳定领导小组办公室《关于请求表彰2009年度维稳工作先进乡镇和先进成员单位的请示》；五、审议并原则同意中共壤塘县委政法委《关于表彰2009年度基层政法先进集体及优秀政法干警的请示》；六、审议并原则同意壤塘县社会治安综合治理委员会《关于表彰2009年度综治先进乡镇、先进单位和先进个人的请示》；七、审议并原则同意中共壤塘县纪委《关于审定〈壤塘县科级干部作风和行政效能问廉问责书制度〉的请示》；八、听取并原则同意县委宣传部《关于2010年“祖国在我心中、感恩报国”三下乡活动情况的报告》；九、听取并原则同意县人民政府《关于2010年牧民定居和“三百”示范工程建设的报告》；十、审议并原则同意中共壤塘县委组织部《关于2009年度科级领导干部考核工作的情况报告》
十一届第七十二次	2010. 3. 2	一、审议并原则同意召开县人代会、县政协会筹备工作有关事宜；二、审议并原则同意中共壤塘县人大常委会党组《关于审定〈壤塘县人民代表大会常务委员会工作报告（草案）〉的请示》；三、审议并原则同意中共壤塘县人民政府党组《关于审定〈壤塘县人民政府工作报告（草案）》；四、审议并原则同意中共政协壤塘县委员会党组《关于审定〈县政协常委会工作报告〉的请示》；五、审议并原则同意中共政协壤塘委员会党组《关于审定〈政协壤塘县委员会2010年工作要点〉的请示》；六、审议并原则同意中共壤塘县人民法院党组《关于审定〈壤塘县人民法院工作报告〉的请示》；七、审议并原则同意中共壤塘县人民检察院《关于审定〈壤塘县人民检察院工作报告〉的请示》
十一届第七十三次	2010. 3. 4	一、传达学习省委藏区工作座谈会精神；二、学习《中国共产党党员领导干部廉洁从政若干准则》；三、审议并原则同意中共壤塘县人大常委会党组《关于审定〈壤塘县人大常委会2010年工作要点〉的请示》；四、审议并原则同意中共壤塘县委组织部《关于成立政协第十一届壤塘县委员会第四次会议临时党组织的请示》；五、审议并原则同意中共壤塘县委组织部《关于县级干部2009年度考核结果认定的请示》
十一届第七十四次	2010. 3. 24	一、传达会议精神（一）传达全州扩大内需灾后重建监督检查工作会议精神；（二）传达州纪委九届六次全会精神；（三）传达州总工会七届二次全委（扩大）会议精神及我县的贯彻意见；二、审议并原则同意召开全县经济工作会议的有关事宜；三、审议并原则同意中共壤塘县人民政府党组《关于审定〈壤塘县县级干部周转房和烟草专卖局综合楼修建方案〉的请示》；四、审议并原则同意中共壤塘县人民政府党组《关于设立壤塘县水电开发移民搬迁工作领导小组办公室的请示》；五、审议并原则同意中共壤塘县委政法委《关于推进新一轮省级平安县有关创建工作的请示》；六、审议并原则同意中共壤塘县委政法委《关于召开全县政法工作会议的请示》；七、审议并原则同意中共壤塘县纪委《关于召开县纪委十一届五次全会的请示》；八、审议并原则同意中共壤塘县纪委《关于审定〈壤塘县纪委十一届五次全会工作报告〉的请示》；九、审议并原则同意中共壤塘县委壤塘县人民政府党风廉政建设责任领导小组办公室《关于评选2009年度执行党风廉政建设责任制先进单位的请示》；十、审议并原则同意壤塘县残疾人联合会《关于请求召开县残联第四次代表大会的请示》

续　表

会议届次	会议时间	研究事项
十一届第七十五次	2010. 4. 15	一、传达会议精神（一）传达全州教转攻坚与巩固整体仗工作会议精神；（二）传达全州统战部长会议精神；（三）传达全州宣传思想工作会议精神；二、审议并原则同意召开全县经济工作会议的有关事宜；三、审议并原则同意中共壤塘县人民政府党组《关于审定〈壤塘县县级干部周转房和烟草专卖局综合楼修建方案〉的请示》；四、审议并原则同意中共壤塘县人民政府党组《关于设立壤塘县水电开发移民搬迁工作领导小组办公室的请示》；五、审议并原则同意中共壤塘县委政法委《关于推进新一轮省级平安县有关创建工作的请示》；六、审议并原则同意中共壤塘县委政法委《关于召开全县政法工作会议的请示》；七、审议并原则同意中共壤塘县纪委《关于召开县纪委十一届五次全会的请示》；八、审议并原则同意中共壤塘县纪委《关于审定〈壤塘县纪委十一届五次全会工作报告〉的请示》；九、审议并原则同意中共壤塘县委壤塘县人民政府党风廉政建设责任领导小组办公室《关于评选2009年度执行党风廉政建设责任制先进单位的请示》；十、审议并原则同意壤塘县残疾人联合会《关于请求召开县残联第四次代表大会的请示》
十一届第七十六次	2010. 5. 16	一、学习中共四川省委办公厅《关于印发〈关于进一步从严管理干部的十条措施〉的通知》（川委办〔2010〕11号）；二、宣布县委常委分工；三、审议并原则同意中共壤塘县人民政府党组《关于兑现2009年牧民定居建设奖励金的请示》；四、审议并原则同意中共壤塘县人民政府党组《关于选聘茸木达、伊里敬老院工勤人员的请示》；五、审议并原则同意中共壤塘县人民政府党组《关于审定〈壤塘县促进残疾人事业发展的实施意见〉的请示》；六、审议并原则同意中共壤塘县人民政府党组《关于审定〈2010年行政效能建设工作方案〉的请示》；七、审议并原则同意中共壤塘县纪委《关于审定〈2010年党风廉政建设和反腐败工作的意见〉的请示》；八、传达全省藏区宣传思想工作会议精神；九、审议并原则同意中共壤塘县委宣传部《关于审定〈壤塘县千里“文明走廊”活动方案〉的请示》；十、审议并原则同意中共壤塘县委宣传部《关于实施〈壤塘县新闻宣传奖惩办法〉的请示》
十一届第七十八次	2010. 6. 8	一、传达会议精神（一）传达学习州政协第17次常委会议精神；（二）传达学习全州信访工作会议精神；（三）传达学习全州新型农村社会养老保险试点工作会议精神；（四）传达学习全省藏区州、县统战部长培训会议精神；（五）传达学习全州创先争优动员暨基层党员工作会议精神；二、审议并原则同意中共壤塘县委督查室《关于审定〈壤塘县督查工作实施办法〉的请示》；三、审议并原则同意中共壤塘县人民政府党组《关于审定〈壤塘县新型农村社会养老保险试点实施意见〉的请示》；四、审议并原则同意中共壤塘县人民武装部委员会《关于审定〈壤塘县乡级民兵应急队伍组建方案〉的请示》；五、审议并原则同意中共壤塘县委组织部《关于审定〈壤塘县科级领导干部监督管理办法〉的请示》；六、审议并原则同意中共壤塘县委组织部《关于审定〈壤塘县选拔任用领导干部征求纪委意见办法〉的请示》；七、审议并原则同意中共壤塘县委组织部《关于审定〈壤塘县干部考察（核）员资格认证制度〉的请示》；八、审议并原则同意中共壤塘县人民政府党组《关于审定〈壤塘县科技局关于请求将应用技术研究与开发资金新标准纳入财政预算的请示〉的请示
十一届第七十九次	2010. 6. 27	一、传达州委九届十一次全委会议精神；二、听取并原则同意中共壤塘县委政法委《关于上半年综治维稳和政法有关工作开展情况的报告》；三、审议并原则同意中共壤塘县委组织部《关于庆祝中国共产党成立89周年活动方案的请示》
十一届第八十次	2010. 7. 4	一、审议并原则同意县委组织部《关于在“创先争优”活动中发挥农村基层党组织作用的意见》；二、听取并原则同意县人民政府关于开展工程建设领域突出问题专项治理工作的情况汇报；三、听取并原则同意县人民政府关于开展交通领域在建工程突出问题专项治理工作的情况汇报；四、审议并原则同意县公安局《关于进一步加强公安队伍建设和集中整顿工作，严肃纪律，严格执法，严格管理工作方案的请示》；五、审议并原则同意壤塘县法建办《关于在全县农牧民中进一步开展法制宣传教育实施方案的请示》
十一届第八十二次	2010. 7. 22	一、汇报到宜宾学习考察纪检监察工作的考察情况；二、审议并原则同意召开十一届中共壤塘县委第十次全体（扩大）会议的有关事宜；三、听取并原则同意县人大常委会党组《关于2010年上半年工作开展情况的报告》；四、听取并原则同意县政协党组《关于2010年上半年工作开展情况的报告》；五、审议并原则同意县人民政府党组《关于审定〈壤塘县国民经济和社会发展第十二个五年规划基本思路〉的请示》；六、审议并原则同意县人民政府党组《关于审定〈壤塘县推进跨越式发展和长治久安的总体方案〉的请示》；七、审议并原则同意中共壤塘县委宣传部《关于成立壤塘县新闻中心的请示》；八、审议并原则同意县人民政府党组《关于审定〈壤塘县2010年牧民定居行动计划奖励办法〉的请示》；九、审议并原则同意县人民政府党组《关于审定〈壤塘县参加2010中国四川国际文化旅游节工作方案〉的请示》；十、审议并原则同意中共壤塘县委组织部《关于对上达石沟村委会主任严木甲的处理建议意见》；十一、审议并原则同意中共壤塘县委组织部《关于在全县开展村（居）党支部书记、村（居）委会主任集中培训的工作方案》

续　表

会议届次	会议时间	研究事项
十一届第八十三次	2010. 8. 5	一、学习（一）中共四川省委办公厅、四川省人民政府办公厅《关于印发〈关于加强藏区稳定工作的实施意见〉的通知》；（二）中共四川省委办公厅、四川省人民政府办公厅《关于印发〈关于加强藏区组织和政权建设的实施意见〉的通知》；（三）中共四川省委办公厅、四川省人民政府办公厅《关于印发〈关于加强藏区宣传思想文化建设的实施意见〉的通知》；二、传达会议精神；（一）传达全州农村工作推进会议精神和贯彻落实意见建议；（二）传达全省部分县委书记、组织部长提高选人用人公信度座谈会和阿坝州援藏干部人才代表座谈会议精神；三、审议并原则同意县纪委《关于取消得热报考伊里、茸木达敬老院工勤人员资格的请示》；四、审议并原则同意县纪委《关于上杜柯乡牧民定居工程民房建设质量问题的有关建议》；五、听取并原则同意县委宣传部关于旅游节筹备工作情况
十一届第八十四次	2010. 9. 14	一、学习（一）学习中共中央《关于印发〈中国共产党党和国家机关基层组织工作条例〉的通知》；（二）学习中共中央办公厅、国务院办公厅《转发〈中央纪委、监察部、财政部关于进一步落实党政机关厉行节约要求的通知〉的通知》；（三）学习中共中央办公厅、国务院办公厅《转发〈中央纪委、监察部、财政部关于进一步落实党政机关厉行节约要求的通知〉的通知》；二、审议并原则同意中共壤塘县人民政府党组《关于审定〈林产品公司天保事业待遇方案〉的请示》；三、审议并原则同意壤塘县群众和信访工作局《关于请求解决特殊疑难信访问题专项配套资金的请示》；四、审议并原则同意中共壤塘县人民政府党组《关于审定〈壤塘县关于深化医药卫生体制改革的实施意见〉的请示》；五、审议并原则同意中共壤塘县人民政府党组《关于审定〈壤塘县关于深化医药卫生体制改革 2010 年工作重点〉的请示》；六、审议并原则同意中共壤塘县防范和处理邪教问题领导小组《关于表彰防范和处理邪教工作先进单位和先进个人的请示》；七、审议并原则同意中共壤塘县委政法委《关于请求召开“壤塘县创建新一轮省级平安县工作推进会”暨“壤塘县见义勇为表彰会”的请示》；八、审议并原则同意中共壤塘县纪委、壤塘县监察局《关于审定〈关于进一步加强案件查办和改革乡镇监督工作的实施意见〉的请示》；九、中共壤塘县纪委《关于审定〈壤塘县派驻片区纪工委工作方案〉的请示》；十、审议并原则同意中共壤塘县纪委《关于增加人员编制的请示》；十一、审议并原则同意壤塘县关心下一代工作委员会办公室《关于调整县关心下一代工作委员会成员的请示》；十二、审议并原则同意中共壤塘县公安局党委《关于化解“7·01”案件后续矛盾有关事项的请示》
十一届第八十五次	2010. 10. 13	一、宣读中共阿坝州委办公室、阿坝州人民政府办公室《关于印发〈壤塘县人民政府机构改革方案〉的通知》；二、审议并原则同意壤塘县机构编制委员会《关于壤塘县人民政府机构改革方案的实施意见的请示》
十一届第八十六次	2010. 10. 13	一、学习（一）学习中共阿坝州委《关于认真学习贯彻朱维群同志来州调研重要讲话精神的通知》；（二）学习中共四川省委组织部《关于转发中央纪委、中央组织部〈坚决刹住用人上的不正之风—关于 12 起违规违纪用人典型案件的通报〉的通知》；（三）学习中共阿坝州委组织部《关于印发〈阿坝州 2010 年机构改革干部提前退休有关待遇的规定〉的通知》；二、传达相关会议精神（一）汇报省关工委干部培训情况；（二）传达全省援藏干部人才管理服务暨藏区基层组织建设工作座谈会精神；（三）传达全州宣传工作会议精神；（四）传达全省藏传佛教规范管理现场会精神；三、审议并原则同意中共壤塘县人大常委会党组《关于组织机关干部职工外出考察学习的请示》；四、审议并原则同意中共政协壤塘县委员会党组《关于组织机关干部职工外出考察学习的请示》；五、审议并原则同意壤塘县人民武装部《关于解决我县民兵应急分队参加“天府使命 2010—阿坝反恐维稳演习”经费请示》；六、审议并原则同意中共壤塘县纪委《关于解决片区纪工委购置车辆经费的请示》；七、审议并原则同意中共壤塘县纪委《关于给予约潭罗尔吾严重警告处分的请示》；八、审议并原则同意中共壤塘县纪委《关于给予韩明德严重警告处分的请示》；九、审议并原则同意评选全省“人民满意的公务员”、“人民满意的公务集体”的有关事宜；十、审议并原则同意中共壤塘县委宣传部《关于成立“壤塘县思想政治工作研究会”的请示》；十一、审议并原则同意中共壤塘县委宣传部《关于开展 2010 年通讯员培训的请示》；十二、审议并原则同意中共壤塘县委统战部《关于壤塘县建立健全藏传佛教寺庙管理长效机制的实施意见的请示》

续　表

会议届次	会议时间	研究事项
十一届第八十七次	2010. 11. 14	一、审议并原则同意贯彻落实州委侍俊书记来壤调研视察时的重要指示精神的意见；二、学习中共阿坝州委第92次常委会议纪要；三、审议并原则同意中共阿坝州纪委关于征求对杨成斌同志处理建议意见
十一届第八十九次	2010. 12. 13	一、传达州委九届十二次全体会议精神；二、安排部署三项动员工作相关事宜；三、审议并原则同意召开十一届中共壤塘县委第十一次全体会议的有关事宜；四、审议并原则同意《中共壤塘县委2011年工作要点（草案）》；五、审议并原则同意中共壤塘县委农工办《关于提交2011年幸福美丽村寨及魅力乡镇实施计划的请示》；六、审议并原则同意中共壤塘县人民政府党组《关于政府工作报告的请示》；七、审议并原则同意中共壤塘县人民政府党组《关于壤塘县国民经济和社会发展第十二个五年规划纲要的请示》；八、审议并原则同意中共壤塘县人民政府党组《壤塘县2011年固定资产投资项目计划的请示》；九、审议并原则同意中共壤塘县人民政府党组《关于2010年国民经济和社会发展计划执行情况与2011年国民经济和社会发展计划（草案）的请示》；十、审议并原则同意中共壤塘县人民政府党组《壤塘县2010年财政预算执行情况和2011年财政预算（草案）的报告》；十一、审议并原则同意《中共壤塘县委壤塘县人民政府2010年度推进惩治和预防腐败体系建设及执行党风廉政建设责任制情况的自查报告》；十二、审议并原则同意中共壤塘县委机构编制委员会办公室《关于机改后政府各工作部门行政编制及领导职数的请示》；十三、审议并原则同意中共壤塘县人大常委会党组《关于召开壤塘县第十二届人民代表大会第六次会议有关事项的请示》；十四、审议并原则同意中共壤塘县人大常委会党组《壤塘县人民代表大会常务委员会工作报告（草案）的请示》；十五、审议并原则同意中共壤塘县人大常委会党组《关于呈报州十届人大六次会议壤塘代表团有关议案的请示》；十六、审议并原则同意中共政协壤塘县委员会党组《关于政协常委会工作报告的请示》；十七、审议并原则同意中共壤塘县检察院党组《关于检察院工作报告的请示》；十八、审议并原则同意中共壤塘县法院党组《关于法院工作报告的请示》
十一届第九十次	2010. 12. 16	一、审议并原则同意中共壤塘县人民政府党组《关于审定元旦春节慰问活动方案的请示》；二、审议并原则同意中共壤塘县人民政府党组《关于安置退伍军人的请示》；三、县纪委作检讨；四、县委组织部作检讨；五、审议并原则同意中共壤塘县委宣传部《关于开展“千村同唱感恩歌”活动的请示》；六、审议并原则同意中共壤塘县委宣传部《关于在全县集中开展形势宣传教育活动的请示》；七、审议并原则同意中共壤塘县委组织部《关于开展2011年春节慰问离退休干部的请示》；八、审议并原则同意中共壤塘县委组织部《关于副县级后备干部差额人选建议名单》；九、研究了干部工作
十一届第九十一次	2010. 12. 28	一、审议并原则同意召开全县“三百”示范工程建设表彰暨幸福美丽家园建设推进工作会议的有关事宜；二、审议并原则同意中共壤塘县委农工办《关于表彰“三百”示范工程先进单位及先进个人的建议方案》；三、审议并原则同意中共壤塘县委农工办《关于设置“幸福美丽村寨及特色魅力乡镇”办公室及人员配备的请示》；四、审议并原则同意中共壤塘县委政法委《关于调整充实上杜柯砂石开发协调领导小组的请示》；五、人事事项
十一届第九十三次	2010. 12. 30	一、传达州委侍俊书记重要指示精神；二、传达州委宣传部《致县委书记的一封信》；三、审议并原则同意《中共阿坝州纪委、阿坝州监察局关于督促整改县级纪检监察机关自身建设工作存在问题的通知》；四、审议并原则同意表彰“三百”示范工程建设先进单位和先进个人名单；五、审议并原则同意2011年拟实施的“幸福美丽家园”建设的村名单；六、安排部署相关工作

（负责人　黄勇　撰稿人　陈芳）

县委办公室

【领导名录】

主　任　　　闵　胜

副主任、群众工作局局长　　周志斌（12月止）

副主任　　　黄　勇

副主任　　　曾　勇（12月起）

【文秘工作】　注重加强对干部职工“三办”能力的培养与提高，努力实现提笔能写、开口能讲、有事能办的目标。认真办文。严把政策关、格式关、文字关和速度关，提高文稿、文件质量和文件电报传输速度，确保下发、上报的所有文件切合实际，准确无误。全年共起草各类文稿350余份，印发文件2万余份；精心办会。在严、精、细、实上下功夫，办会质量和规范化程度有新的提高，确保120余次会议顺利进行；周到办事。要求全办职工学会换位思考，以站在大局的高度、领导的角度，积极协助领导处理一些急事、难事、琐事，协调处理好各部门之间的关系，始终做到忙而不乱，有条不紊。做到办文经得起推敲，办事经得起检验，办会让与会者满意。

严格文件档案管理工作。认真落实文件档案管理工作有关规定，理顺文件资料管理体制，进一步提升文档管理水平，增强文档服务功能。购置文件档案柜32组，保险柜1个，电脑5台。

【信息工作】 紧紧围绕县委中心工作和改革、发展、稳定大局，严格从“精、严、强、活、新、实”等六方面入手，准确、及时搜集和报送反映全县改革与发展的新成果、新情况、新问题，及时报送紧急重要信息，做到信息工作思路能超前，创造性地开展信息工作，为各级领导了解下情，科学决策，发挥桥梁和参谋、助手作用。全年向州办上报信息450余条，信息工作挤进全州中等水平。紧急信息报送工作受到州、县领导高度评价。

【调研工作】 坚持正确把握调查研究工作的方向和重点，围绕全县工作大局，抓住事关全局的重要问题，领导和群众关注的热点、难点问题以及带有普遍性、倾向性、苗头性的问题，经常深入基层调查研究，及时发现和总结基层群众在实践中创造的新经验，为领导指导实践、推动工作提供借鉴。围绕农村经济发展、反分裂维护社会稳定工作、群众关心的热点难点问题，中央、省委藏区工作座谈会议，省委九届七次全会、八次全会，州委九届十次、十一次全会和县委十一届九次、十次全会精神等重大会议的贯彻落实情况进行深入细致的调研，全年完成各类调研报告15篇，完成理论文章8篇，并在《四川日报》、《调查与决策》、《阿坝研究》等刊物上进行发表。

【行政后勤】 后勤保障和接待工作是办公室工作的重要组成部分。一年来，坚持从实际出发，本着节俭、实效，服务好领导、服务好群众的要求出发，实行规范化、制度化、科学化管理，积极探索新形势下的后勤保障管理和接待工作方法。不断优化细化接待工作流程，不断健全完善接待制度体系，突出精细服务抓接待，整体联动抓接待，服务中心抓接待，勤俭节约抓接待，为县委工作高效运转提供有力的后勤保障，圆满完成581批18380人次的接待任务。

（负责人　黄勇　撰稿人　陈芳）

保密工作

【领导名录】

负责人　余　川

【概况】 以推进保密管理规范化、保密技术现代化为手段，加强对涉密信息系统、涉密计算机及通信、办公自动化设备保密管理，确保党和国家秘密的安全。认真做好机要文件的收发、登记、分发、传阅工作，特别是加强对密码电报和内部明电的管理，保证电报的及时性、准确性、快速性。全年共收发明电2028份、密电753份。

（负责人　余川　撰稿人　邓秀华、郭荣）

督查及目标管理

【领导名录】

主　任　　余　斌

【督查】　充分发挥综合协调职能，把督查的精力和重点放在抓大事、抓要事上。采取专项督查、重点督查、不定期抽查以及定点督查等灵活多样的督查方式，深入到决策实施的第一线，寻找督查工作的着力点，摸实情、查实情、知实情、报实情，促进县委决策和部署的有效落实。一年来对大骨节病综合防治试点工作、“八大民生工程”、平安创建、牧民定居、“三百”示范工程、城乡环境综合整治、基本建设项目、十七届五中全会落实情况等重点工作开展了28次专项督查，形成《督查专报》10期，撰写各类督查事项的汇报材料8篇，提出有针对性的建议18条。

【目标】　根据州委下达的目标任务，结合实际，认真研究制定壤塘县目标管理考核办法及细则，并分解到各相关部门，负责督促实施。全面加强对各部门及乡镇的目标管理考核工作，为县委了解和掌握各部门、各乡镇的全面工作提供依据，为完成各项目标任务提供有力保障。

（负责人　余斌　撰稿人　陈芳）

组织建设

【领导名录】

县委常委、组织部部长　　陈　尧

县委组织部副部长、老干部局局长　　曾玉军

县委组织部副部长、县直机关工委书记　　布　果

县委老干部局副局长　　闵玉华

县直机关工委副书记　　杨　兵

【基层组织建设】　准确把握农村党建工作和村级组织的特点和规律，认真落实“四议两公开一监督”等制度机制，进一步完善村民自治制度，切实抓好党务公开、村务公开、党员评议、社会评价等制度的落实，增强村务工作的社会透明度。大力推行“承诺、述职、评价、问责”四位一体的基层党建工作责任体系。全面落实各级党组织书记抓基层党建工作“第一责任人”职责。坚持和完善谈心谈话制度，切实把深入细致的思想政治工作贯穿到党员干部日常教育管理中。完善基层党建工作考评办法，健全和落实乡镇党委向县委报告基层组织建设情况作书面述职制度、乡镇党委书记向县委报告党建责任制的履职述职评议制度、县级部门党组（党委、支部）向县委党建领导小组述职制度。认真抓好党员权利保障的落实，深化“挂、帮、包”制度，为党代表、党员干部服务群众搭建工作平台。

以扩大党组织覆盖面和推进“四有一化”建设为抓手，加强机关党建工作。探索“两新”组织、社区党组织与农村基层组织在就业服务、流动党员管理等方面互动共振的工作措施和办法，促进城乡党组织资源共享、优势互补、协调推进。

坚持不懈地抓好理想信念教育，深入开展以“学党章、学法律、学技能”和“带头反分裂、带头抓发展、带头促和谐”为主要内容的“三学三带”主题教育活动，扎实开展党员党性定期分析试点工作，不断深化“三满意”、党员承诺、党员示范岗等活动。加强流动党员管理，积极探索服务与管理相结合的有效模式。全县有省州命名的示范乡镇1个，示范村

3个，“五个好”乡镇党委1个，“五个好”村党支部3个，示范单位、窗口、岗位、农村党员示范户共13个；有县级命名的示范乡镇3个，示范村19个，“五个好”乡镇党委3个，“五个好”村党支部24个，示范党支部22个，示范窗口60个，示范岗位93个，农村党员示范户219户。

坚持发展党员“十六字”方针，落实发展党员责任制，推进“党建带团建”、“党建带妇建”活动，做好“双向培养”工作，注重吸收老党员、老干部、老积极分子的下一代加入党组织。新发展党员80人，其中农村党员46人。

加大对基层党员干部的教育培训力度。做好大学生村（社区）干部的选聘、教育和管理。抓好村“两委”后备干部培养工作。

整合“牧民定居行动计划”、“特殊党费”等经费来源，按照“八有”标准，制发《关于加强村级组织活动场所管理和使用工作意见》，切实加大村级组织阵地基础设施建设力度，完成15个村级活动室建设。

加大现代远程教育工作力度，积极拓展远程教育站点在提高党员素质、服务加快发展、促进基层民主、改进群众工作方式方法等方面的服务功能，积极探索远程教育与党员电化教育实现相融互动的有效途径，切实发挥活动场所服务群众、凝聚人心、展示形象的作用。完成73个站点终端接收设备安装、调试、自查、业务培训等工作。完成33个站点投影仪的安装和调试工作。

在全县13个党委，22个党组和143个党支部、2212名党员中深入开展“创先争优”活动，设立党员示范岗42个、示范党组织139个，表彰50名优秀共产党员和32个先进党组织。各级党组织和广大党员干部，结合“创先争优”活动，掀起学先进、当先锋的高潮，此活动累计为群众办好事实事513件。

实施“党内关爱行动”，推动建立党内帮扶资金，完善对老党员、老干部、老模范和困难党员的帮扶制度，健全党内激励、关怀、帮扶机制，及时兑现在任村干部和“三老”干部补助，形成对农村基层干部政治上信任、工作上支持、生活上关心的良好氛围。按标准、要求及时将上级下拨的213.5万元“特殊党费”，补助给238户灾后重建户。

从积极应对新形势，认真解决新问题，确保如期高质量完成换届任务的高度，准确把握村（居）党组织换届工作的总体要求，理清思路、精心谋划、抓住关键、有序推进。在县委的领导下，认真把握村级班子前期分析排摸环节，细致制定换届选举工作方案；认真把握村级班子候选人情况，优化村级班子结构；认真把握候选人资格审核环节，悉心指导各村制定好选举办法；认真把握工作程序环节，确保换届选举按章有序进行。同时，加强对村（居）委会换届选举工作的指导，做到组织领导到位、宣传教育到位、方法步骤到位。年底，圆满完成村“两委”换届选举工作任务。

【后备干部培养】　抓关键，规范“初始”提名。制定《壤塘县选拔任用党政领导干部民主推荐试行办法》，把干部选拔任用的初始提名权交给群众，体现让多数人在多数人中选优秀人的要求，扩大提名环节的民主；抓环节，规范考察测评。紧紧围绕德、能、勤、绩、廉和推荐使用建议等方面，完善考察预告制度、差额考察制度，确定13项具体评价要素，进行量化考察，增强考察真实性、准确性；抓重点，规范酝酿决定。制定实施《壤塘县县委常委会讨论任免干部投票表决制》、《壤塘县任用乡镇党政正职实行全委会投票表决制》，实现集体决策、民主决策和科学决策；抓竞争，规范公开选拔。严格按照县委要求制订方案、发布公告、推荐报名、资格审查、笔试、面试、组织考察、组织任命和依法推荐提名等程序，先后对县志办等6个副科级职位进行公开选拔。

【干部培训教育】 制发学习贯彻落实“四项监督”制度实施方案，及时将“四项监督制度”编印成册，印发全县宣传学习贯彻；把“四项监督制度”作为县委中心组学习和干部教育培训的重要内容，组织312人集中参加四项监督制度测试。在广播电视局开办专栏的同时，利用标语、横幅、座谈会、走村入户等形式大张旗鼓地宣传“四项监督制度”。

以党校为平台，举办乡镇干部、村组干部、农村致富带头人、专业技术人员、入党积极分子、干部“双语”等培训班；以“流动党校”、“五下乡”活动为载体，深入乡镇加强形势宣传教育；以省委党校等高端培训教育为主，加强在职干部的学历教育，提升干部知识水平。积极响应、配合上级调训、赴外培训、挂职锻炼等强化干部教育培训。2010年，壤塘县赴外挂职12人，其中：赴省、内地挂职4人，赴州挂职8人。抽派县级、科级干部参加省、州培训18期、123人（次）。举办村干部培训班4期，参训达700人（次）。入党积极分子培训班1期，共培训入党积极分子165人。

【干部选拔任用】 紧紧抓住培养、吸引、用好人才三个环节，大力宣传人才培养纲要，加强党政人才、专业技术人才、产业化农村人才“三支人才”队伍建设，积极探索市场经济条件下人才工作的新途径、新方法，为全县经济和社会事业发展提供智力支持和人才保证。2010年，县委组织部先后制定实施《壤塘县选拔任用领导干部征求纪委意见的办法（试行）》、《中共壤塘县委关于干部提拔任用实行党风廉政建设“一票否决制”的规定》（试行）、《壤塘县科级领导干部监督管理办法》（试行）等一系列配套制度。同时，成立县委组织部干部监督室，加强干部选任监督工作，增强干部选任工作自检自查力度，提高县委选人用人公信度。全年，壤塘县调整科级干部4次，共计80人，其中提拔39人，交流36人，改任非领导职务3人，免职2人。在选拔任用全过程中，无涉及选人用人举报件，无选人用人违纪违法现象，选人用人公信度较高。同时，强化考核监督，对不胜任现职的2名科级领导干部及时进行调整，畅通干部“能下”渠道。

全年招录事业专业技术人才112名，大学生村官18名。选派3名副县级后备干部参与“9+3”职业教育管理工作。结合实际制定《壤塘县“百名干部下基层”工作方案》，选派34名干部到村任职。

根据省委组织部《关于实施“千名干部人才援助藏区行动”的通知》精神，按照县委要求高度重视援藏干部人才服务、管理、考核等工作，专门成立援藏干部人才管理工作办公室，为援藏干部人才提供便利生活条件，营造良好工作环境。使37名援藏干部安心、倾心壤塘各项建设事业。

【队伍建设】 全体组工干部按照“讲党性、重品行、作表率，树组工干部新形象”的总体要求，以“做人民满意组工干部，建人民满意组织”为目标，认真落实“三从严”和“十严禁”要求，探索建立组织部门人民满意度社会评价制度和建立组工干部联系基层服务群众制度和帮扶机制。坚持严格的制度，严谨的作风，严肃的纪律，不断提升组织部门公道正派形象，提升服务科学发展水平，切实解决组工干部党性党风方面存在的突出问题。教育引导组工干部带头践行“四个特别”，进一步增强政治意识、奉献意识、落实意识、自律意识，树立组工干部“可信、可靠、可亲、可敬”的形象。

以“万名组织部长下基层”活动为载体，组织部职工下基层调研、服务基层党员干部群众、与党员干部交心谈心，切实了解和帮助解决他们的思想动态、生活困难。在组织部门掀起“争先创优”的热潮，把维护和发展最广大人民群众的根本利益作为组织工作的根本出发点和落脚点，始终围绕县委中心任务开展工作，严格要求，严格管理，调动广大党员干部工作积极性，充分发挥动员、表率和促进作用。建立与新闻媒体定期沟通制度，在壤塘电视台开办《共产党人》专栏，开通《壤塘组工网》，开办《壤塘党建》信息专刊。

【老干部工作】　认真贯彻中组部《关于进一步加强新形势下离退休干部工作的意见》，切实落实好离退休干部政治、生活待遇。健全完善离休干部离休费保障机制、医药费保障机制和财政支持机制。加强和改进离退休干部党支部建设和思想政治工作，充分发挥老干部的作用。进一步加强老干部活动和学习阵地建设，及时为老干部征订《晚霞》、《阿坝日报》等报纸杂志。抓好离退休干部党支部建设，确保工作人员落实、经费落实、工作落实。离退休党支部结合实际情况多形式开展组织活动，为壤塘精神文明建设、经济社会发展建言献策发挥积极作用。

（负责人　陈尧　撰稿人　阿智刚）

宣传思想道德建设

【领导名录】

县委常委、宣传部长　魏志敏（6月止）
　　　　　　　　　　朱　钰（6月起）
副部长、县文明办主任
　　　　　　　　　　王　东
副部长、县广电局长　建　设
副部长　　　　　　　黄　雷

【思想政治教育】　抓好县委中心组理论学习，全年中心组学习6次12天。2010年3月，由宣传部牵头，12家单位参与组成“流动党校”宣传服务队深入全县11个乡开展送政策、科技、法律、文化和卫生活动。“流动党校”服务队从各乡实际出发，从群众最关心的热点难点入手，在全县农村牧区开展深刻的宣传教育和农牧实用技术现场培训活动，受益群众7000余人。

【新闻宣传】　拓展媒体宣传。加强与《阿坝日报》、《四川日报》、《读者报》等省、州媒体的联系，实施对外宣传“请进来”工程。强化全县各级各部门宣传的大局意识、责任意识、服务意识和外宣意识，积极为各部门写稿、投稿服好务，在写稿、投稿上提供力所能及的方便。主动为赴壤塘县采访的媒体记者提供服务，并积极沟通，建立联系，引导外来媒体记者积极正面宣传壤塘。

抓好外宣品制作。组织相关部门编写印制反映壤塘旅游特色、经济社会发展、文化风情民俗的宣传画册。制作壤塘自然、人文风光明信片、彩铃制作。通过对外宣品的制作、发送，提高壤塘知名度。

完善对外宣传考核激励机制和重要信息、重大情况通报会等制度，成立壤塘县新闻中心，出台壤塘县新闻宣传奖励办法，落实新闻宣传任务。全县各级各部门密切配合、主动参与对外宣传，及时报送新闻线索，增强全县对外宣传活力和影响力。

加强对外宣传力量，巩固和壮大新闻通讯

员队伍，协调、引导各单位、各部门将写作能力强、责任心强、热爱新闻事业的干部确定为信息员（新闻通讯员）并举办新闻骨干培训班。

明确新闻单位（宣传部宣教股、广电局宣传股）责任，全年派出5人到省委党校培训，有效整合全县新闻宣传力量，建立完善科学的对外宣传奖惩机制，充分调动通讯员工作积极性，促进全县对外宣传用稿总量和稿件质量。全年在省州报刊上稿204篇，其中《四川日报》3篇、《读者报》专版10期、《阿坝日报》201篇。县有线电视台共采写各类新闻稿件645条，制作专题报道45组，专题片7个，其中：州电视台采用75条新闻，省电视台采用6条，四川康巴卫视1条。在全县范围营造顾全大局、珍惜团结、维护稳定、谋求发展的和谐舆论氛围。

【主题宣传教育】 坚持民本核心，认真策划构建和谐壤塘宣传。做好党的方针政策宣传，抓好全国第五次西藏工作座谈会和四川藏区工作座谈会精神的宣传，着力宣传壤塘县各族干部群众对中央、省、州、县实施的改善民生政策措施的反映。做好各级领导干部关心支持壤塘发展，关心群众疾苦的宣传报道，凝聚人心，快速将全县上下的思想行动统一到党委的重大安排部署上来。做好改善民生宣传。认真宣传好在中央省州关怀下，全县各级各部门充分发挥工作职能，深入实施扶贫开发和大骨节病综合防治、牧民定居行动、“三百”示范工程、社会保障、医疗卫生、就业促进等各项民生工程，大力改善民生工作的有力举措。大力宣传实施民生工程的经验、阶段性成效，先后在阿坝日报刊载反映壤塘县大骨节病综合防治、牧民定居行动、“三百”示范工程的稿件。做好城乡环境综合治理宣传，宣传成功做法、典型经验。做好社会治安综合治理宣传。宣传壤塘县扎实推进社会治安综合治理，建设“平安壤塘”，增强群众安全感的新举措、新成效。做好安全生产宣传。宣传抓好安全生产工作的特色做法、显著成效，为提高全县安全生产工作水平营造良好氛围。

突出发展要务，精心组织全县经济、社会发展宣传。组织力量，集中抓好全县调整产业结构、发展壮大县域经济、推进社会事业发展的举措和成效。围绕富民增收，做好农村调整产业结构、推进“669”工程、抓好春耕生产的宣传。大力宣传深入实施科技兴农强牧战略，强力推进越冬育肥、大棚蔬菜、高效经济作物、特色产业培育等。宣传大力推进农村基础设施建设，兴水修路，夯实农村发展基础，全力推进社会主义新农村建设的工作举措和工作成效。加大旅游开发力度、提升旅游发展质量的宣传。

强化发展保障，紧扣党委各个时段工作侧重点，深入开展重大主题教育活动宣传。抓好全县践行科学发展观教育活动宣传。抓好年初全县群众欢乐祥和过新春、藏历年的宣传。

（负责人　朱钰　撰稿人　卓英）

统一战线

【领导名录】

县委常委、统战部长	王维新（6月止）
	达尔吉（6月起）
统战部副部长	班玛灯（12月止）
	黄　涛
	孙福体（12月起）

【寺庙法制宣传和规范管理】 坚持以反分裂保稳定为抓手，以开展“爱国爱教、持戒守法、助民为乐”主题活动为载体，牢固树立

“三个离不开”的思想，全面贯彻落实全省藏传佛教寺庙规范管理现场会精神及党的民族宗教工作基本方针和国家宗教事务管理的法律法规，切实加强对宗教事务工作的组织领导，依法加强对宗教活动场所、宗教人士和宗教活动的规范管理，使各宗教活动场所在法律、法规和政策范围内正常、有序地开展活动，实现社会和谐稳定。

县委、县政府召开6次县委常委会和政府常务会议，专题研究统战工作。建立由县委书记任组长、14个副县级领导为副组长、42个相关部门负责人为成员的藏传佛教工作领导小组；调整充实反分裂斗争领导小组和对国外藏胞工作领导小组。解决统战干部的人头办公经费23750元，积极支持县佛协争取资金11.7万元维修堡坎及卫生间。全面加强寺管会班子建设，进一步完善各寺管会佛事活动台账制度，新建5座寺庙的寺管会办公场所，充分发挥寺管会在民主管理中的作用；依法加强宗教活动场所的管理。由统战部牵头，国土资源局、民宗局、规划建设局等部门密切配合，划定寺庙用地范围，明确寺庙四至界限，核定宗教活动场所，全面完成全县寺庙打桩定界工作。健全和完善党政领导干部联系重点寺庙、藏传佛教界代表人士制度，全面落实县级干部联系1座寺庙、1名宗教界代表人士，科级干部联系1名重点僧尼的责任制。每位县级干部联系1座寺庙、1位寺管会成员。贯彻执行《阿坝州宗教事务条例》、《阿坝州藏传佛教事务管理暂行办法》，完善寺庙管理的“九项制度”、“一个职责”、“两个守则”和“一个公约”等规章制度。并组织寺庙僧尼认真学习，做到人人知晓、人人遵守。建立对全县“三职干部”工作述职的考评办法，充分发挥基层维稳宗教力量的职能作用，切实解决对宗教工作“不愿管、不敢管、不善管”的问题，有效维护寺庙稳定。积极引导寺庙多从事有益于社会发展的公益、慈善活动。组织寺管会和僧人对青海玉树地震灾区、云南旱区捐款30余万元、捐物40多吨。按照县委的统一安排部署，统战部派员赴青海玉树开展僧人劝返工作，通过正面宣传、积极引导，成功劝返僧人27人，农牧民群众4人。加大对非法出境回流人员和拉萨三大寺清退僧人的监管力度。

抽调副县级领导及相关人员组成3个片区宣传队，以“爱国爱教、持戒守法、助民为乐”主题活动为载体，结合藏区“9+3”职业教育、“6+3”义务教育、牧民定居行动计划、“三百工程”、扶贫开发和大骨节病综合防治等党和国家一系列的富民惠民政策，深入到各乡(镇)、各村寨、各寺庙，认真开展宣传。贯彻落实中央第五次西藏工作座谈会、四川藏区工作会议和全省藏传佛教寺庙规范管理现场会精神及国务院《宗教事务条例》、《阿坝藏族羌族自治州宗教事务条例》、《阿坝藏族羌族自治州藏传佛教事务管理暂行办法》等法律法规和方针政策。不断创新统战工作机制。建立由统战部门牵头，公安、国安、民宗等部门参与的寺庙情报信息搜集、会商、研判机制。建立统战、民宗、维稳、综治、国安等部门情报信息会商研判制度。重点加大搜集敏感时段的情报信息，及时掌握重点人员跨区域流动及其活动情况，真正做到敌动我知，牢牢把握对敌斗争的主动权。建立政法、宣传、统战、公安、民宗、文化、工商等职能部门的联席会议制度，加大对藏传佛教网站、音像制品、书籍等的管理和清理整顿，做到协调配合、互通信息。建立统战部牵头，公安、教育、民宗、文体、国保、佛协等部门配合的工作组，逐乡、逐寺、逐校对涉及藏语言、藏文化、戒杀生等稳定隐患进行排查，形成专题报告，并以县委名义上报州委统战部。

进一步建立健全宗教活动场所民主管理组织机构和各项规章制度。严格执行宗教活动场所新建、改建和维修审批制度。加强佛事活动管理，严格审批各寺庙申报的佛事活动，杜绝跨地区的大型宗教佛事活动。严肃教规戒律，切实提高广大僧尼素质，规范寺庙日常教务活动秩序，严格执行僧人新增或外来僧人履行申请、备案手续，外出僧人严格履行请销假制度。完成南木达乡康旭寺和阿诗玛寺、茸木达乡啄坤寺、蒲西乡果尔莫寺和俄巴寺的戒律教育。

采取“三带三帮”，突出抓好对活佛、铁棒喇嘛、堪布、寺管会成员等重点对象的政治思想教育。稳妥开展藏传佛教寺庙活佛转世工作，严格按照《藏传佛教活佛转世管理办法》规范活佛转世工作，依法加强活佛的管理。切实把寺庙公共服务和社会保障体系建设纳入全县“八大民生工程”加以推进，确保党和国家的各级政府行政管理、有关部门行业服务、农牧民享受的各项利民惠民政策、农牧民享受的各种公共服务社会保障等覆盖到寺庙、僧人。

组织召开由各乡（镇）党委书记、维稳副书记、分管宗教副乡长、宗教专干和各寺庙寺管会主任、副主任等参加的以“爱国爱教、持戒守法、助民为乐”主题活动推进会和宣传贯彻《阿坝州宗教事务条例》培训会。全面准确掌握全县寺庙的实有僧尼数，全力推进僧尼颁证前期信息采集录入工作，建立健全僧尼档案。以“树立公共意识、规范公共行为、践行公共道德、营造清洁整齐优美的寺庙环境”为要求，加大全县宗教活动场所环境整治力度，进一步树立广大僧尼维护寺庙周边环境卫生的良好习惯。

【党外干部队伍】　加强党外领导干部、宗教工作干部和宗教界代表人士“三支队伍”建设，及时掌握重点寺庙、重点僧人的宗教活动安排，严密防范和坚决打击利用宗教进行分裂的犯罪活动。全面掌握非法转世活佛、未开放的民改前宗教场所等基本情况。进一步健全党外后备干部人才库，完善宗教界代表人士后备人员名单和宗教场所、教职人员数据库，充实和调整全县党外后备干部人员。加大培训力度，积极培养新一代党外代表人士。全年，选派3名僧人参加省委统战部在成都举办的藏传佛教重点寺庙寺管会主任研修培训班；选派1名副县长参加由省委统战部在北京清华大学举办的“省委统战部第十期党外中青年干部培训班”；选派3名经师赴成都参加经师培训班；选派3名党外科级干部参加州社会主义学院举办的党外干部培训班，圆满完成省委、州委统战部下达的各项培训任务。2010年7月，组织召开了党外代表人士座谈会，进一步加强和完善党外知识分子联系点，及时了解和掌握党外代表人士的思想动态，真实反映他们的意见和建议，鼓励支持他们为实现壤塘跨越发展和长治久安建言献策。

【非公有制经济代表】　针对非公有制经济的不断发展壮大，非公有制经济人士的整体素质不断提高的实际，进一步加大非公有制经济人士统战工作。

加大对非公有制经济代表人士的教育引导力度，增强履行社会责任的自觉性和主动性。通过宣传、教育等多种渠道，逐步使非公有制经济人士全面、系统、深刻地认识自身在构建社会主义和谐社会中的责任，引导他们“爱国、敬业、诚信、守法、贡献”，促进我县非公有制经济快速发展。

加大指导力度，加强与工商联的工作联系。充分发挥工商联在引导和服务广大非公有制经济人士参与和谐社会建设中的独特作用，发挥工商联在非公有制经济人士参与政治和社会事务中的主渠道作用，发挥工商联联系非公有制经济人士的桥梁和纽带作用，发挥工商联在做非公有制经济人士思想政治工作方面的作用，积极引导非公有制经济人士做合格的社会主义事业建设者。对全县非公有制经济发展情况进行走访调查，全年共调查150余户300余人次，召开非公有制经济代表人士座谈会1次。指导县建筑安装装饰工程公司换届工作，顺利实现领导班子的新老交替。

动员非公有制经济人士投资扶贫、捐资助学，鼓励民营企业家积极投身光彩事业，力争在光彩事业工作中取得进展。青海玉树地震、云南旱灾，组织非公有制经济人士为灾区群众捐款4185元。会员企业拓宽就业渠道，积极创造就业岗位，吸纳困难就业人员23人，帮助政府排忧解难，为社会减轻负担。

【统战调研与信息】　统一战线政策理论研究和宣传、信息工作是统战工作的重要组成部分。围绕县委、政府中心工作，结合当前统战工作形势，牢牢把握统战宣传工作原则，坚持正确的舆论导向，进一步增强统一战线的凝聚力和影响力。充分调动统战干部研究问题的积极性和主动性，紧紧围绕新阶段统一战线的发展目标、主要任务以及影响统一战线长远发展的重点、难点问题，广泛深入地开展调查研究，形成《在新形势下如何在意识形态方面抵御达赖集团的渗透》、《关于建立藏区维护稳定工作长效机制的对策思考》、《探索寺庙社会化管理切实推进公共服务进程》、《以戒为师以人为本发挥戒律教育在寺庙管理中的基础作用》等调研文章。及时发现、纠正宗教事务管理中的薄弱环节，形成统战办公会议纪要2期，并专呈县委、政府主要领导，为县委、政府科学决策提供依据。进一步加大党的统一战线方针政策和统战工作的宣传力度。加强与宣传部门、新闻媒体的联系，利用召开县人代会、县政协会之际，宣传统一战线成员为社会稳定和经济发展服务的成绩和经验，扩大统一战线的影响，塑造统战部门新形象。进一步抓好信息员队伍建设，完善统战信息工作制度，及时掌握内幕性、动态性、可操作性的信息。全年形成统战信息28期，准确反映全县的统战工作，为县委提供参考依据。

【国外藏胞工作】　认真做好对国外藏胞回国探亲的审批、接待、管理等工作，积极做好国外藏胞回国朝佛、旅游、投资、捐助等活动的引导、协调工作。通过国外藏胞与国内亲属的书信往来，掌握国外藏胞的基本信息。向非法出境回流人员了解国外藏胞的有关情况。

与各乡党委、政府、辖区派出所及所在地村两委会、寺管会层层签订壤塘县私自出境回流人员监管目标责任书》，采取一对一帮教，落实监管责任。做好非法出入境人员情况的登记、备案工作。加强对非政府组织的清理和管理，加强对国外藏胞重点对象的争取联络工作，为深入开展反分裂斗争打下基础。

【效能作风建设】　自创先争优活动开展以来，县统战部领导班子以“工作争先、服务争先、业绩争先”为目标，以培养“学习优、作风优、素质优”干部队伍为重点，以“树统战干部形象，建党外人士之家”活动为载体，教育引导干部职工牢固树立强烈的机遇意识、责任意识和发展意识，以饱满的热情和昂扬的精神状态，紧紧围绕新阶段统一战线的发展战略，以求真务实的精神，学先进、赶先进，凝神聚力、拼搏创新，大力加强统战部门自身建设，提高统战干部思想政治素质和业务素质，改进作风，解决突出问题，推动各项工作有序开展。

加强机关党建工作。坚持从实际出发，改革创新，务求实效，统筹推进党的建设，丰富“创先争优活动”内容，充分发挥基层党组织的战斗堡垒作用和共产党员的先锋模范作用，带动统战干部认真学习贯彻党的十七届四中、五中全会、州委九届十次全会精神、中央和省、州统战工作会议精神、中国特色社会主义理论体系、社会主义核心价值体系等重要内容，严格执行党风廉政建设责任制，不断提高党员干部遵纪守法的自觉性，不断提高统战干部的思想政治素质。

加强机关作风建设。深入开展“创先争优”活动，以“领导挂点、部门包村、干部帮户”活动为载体，扎实开展部门帮村及扶贫帮困工作，为帮扶点中壤塘乡壤塘村打造精品旅游村寨作出积极贡献。深化“树统战干部形象，建党外人士之家”活动，促进统战干部创新理念，培养统战思维、把握统战风格、讲究统战艺术，树立“学习型、思考型、民主型、创新型、实干型”的统战干部新形象，广交深交党外朋友，为统战工作对象多办实事，使统战部门真正成为深受党外人士欢迎的团结之家、民主之家、交友之家、建言之家和温暖之家。

加强机关内部管理。建立健全各项规章制度，规范工作程序，推进办公自动化进程。新购置电脑、传真机及一辆霸道越野车，进一步改善了办公、交通条件，充分调动机关干部职工的工作积极性。同时强化服务意识，提高办事效率，切实加强机关的档案、保密和信访工作，落实目标管理责任制，不断推进统战工作制度化、规范化、程序化。

（负责人　尕让他　撰稿人　黄涛）

政法工作

【领导名录】

县委常委、政法委书记	赵拥军
政法委副书记、维稳办主任	胡　林
政法委副书记、综治办主任	边学斌
综治办专职副主任	袁国权
防邪办主任	周冬梅

【维护社会稳定】　始终坚持把反分裂维稳斗争作为政法工作首要任务，全县政法干警适应新的维稳形势需要，积极主动担当起反分裂维稳主力军职责，深入贯彻落实中央、省、州、县关于反分裂维稳工作的决策部署，充分结合壤塘工作实际，创造性地开展反分裂维稳工作。

进一步加大对敌斗争的工作力度，在重点地区、重点寺庙、重点人员的掌控上下功夫，始终保持对敌斗争的高压态势，严密防范民族分裂势力、宗教极端势力、暴力恐怖势力捣乱破坏，强化寺庙爱国主义教育，加强民族团结和国家安全人民防线建设。成功消除青海玉树地震在全县农牧民群众中造成的恐慌，有效打击五明佛学院个别僧人以赈灾为名对群众的摊派行为，成功劝返部分自发组织前往灾区的僧尼和群众。

整合维稳、群工、公安、国保、综治、防邪、民宗力量，加大情报收集报送力度，做到资源共享。乡镇成立维稳办，落实专职领导和工作人员，村（居）、组分别设立情报信息站和情报信息点。在重大节日、敏感时期（段）乡镇、部门坚持日报制度，县维稳办及时将收集的涉稳信息汇总研判并上报给县级领导。报送维稳信息20篇，被州维稳办采用一篇。

针对2010年全国学校发生的多起极端个

人暴力犯罪行为，及时组织公安、教育等部门，加强学校监管，落实安保措施，制定处突方案，及时开展应急疏散演练；公安部门对学生上学、放学的重点路段和重要路口加强巡查管控和校园周边环境的整治，维护正常教学秩序。共出动警力400余人次，警车30余台，落实整改措施10余条。全年无一例涉校暴力犯罪案件发生。

加强寺庙管理。加强寺管会班子管理，严格审批制度，严格控制重大佛事活动，严格外出僧人请销假制度。加强宣传教育。在全县范围内开展“爱国爱教、持戒守法、助民为乐”主题活动，认真组织寺庙、宗教界人士学习《阿坝州民族宗教事务条例》，宣讲党和国家的民族宗教政策。

快速妥善处置稳定隐患。多渠道多领域收集报送研判涉稳信息。分管行业和联系乡镇的县级领导和部门对稳定隐患苗头高度重视，及时赶往事发地，迅速控制事态，做好应急处置工作。调解组快速介入，充分调动一切力量参与协调化解。加强后续工作，所在地党委政府落实专门领导和工作人员切实抓好事件苗头的善后处理工作，坚决防止反弹。妥善处置“7.01”案件带来的负面影响。案件发生后，州、县领导高度重视，采取有力措施，消除影响。迅速组成三个工作组，由县委、县政府领导带队，及时赶往事发地，开展案侦、群众稳控等工作；组织石里乡帮村部门干部、原石里籍干部、在石里乡工作过的干部赶往事发地开展群众思想疏导及稳控工作；迅速成立法制宣传和群众教育、基层组织教育整顿、交通建设等工程领域专项整治、政法队伍建设教育整顿、政策宣传讲解等工作组，研究制订工作方案，在全县范围内开展针对性强的教育整治工作。在政法系统内深入开展为期一个月的政法队伍建设和教育整顿活动，进一步加强政法队伍教育和管理。全年，妥善处置稳定隐患苗头14件。

突出各敏感时期、重大活动、重大节假日期间的安全保卫工作，严格按照精心组织、周密部署、提前介入的原则，制定专门的安保方案，全力做好建党90周年大庆等重大政治活动、“3·10”、“3·14”、“3·16”、“6·4”、“7·5”等敏感时期的安全保卫工作。

【重点整治和专项斗争】　针对全县治安实际，相继开展复杂场所清理整治、流动人口清理整顿、收枪治爆、“三电”设施保护、扫黄打非、道路交通安全、案件侦破、林政执法以及音像制品和非法卫星接收器等专项行动，组织专门力量深入吾依、上壤塘、南木达等治安乱点和突出治安问题的乡村，集中力量、集中时间开展有针对性的重点整治，形成城乡治安整治协同联动、全面覆盖的良好局面。社会治安明显好转，人民群众和社会反映良好。

2010年，全县共整治12个乡镇挂牌的治安乱点，有效解决3类突出治安问题，治安面貌改变率达100%。共立各类刑事案件55件，集中侦破隐积和现行案件51件，破案率为92.7%，治安案件66件，查处率达100%，依法处理违法人员13人。提起公诉21件31人，受理刑事案件18件，结案18件，受理民事案件44件，结案44件，受理执行案件5件，执行5个，案外调解31件，城关地区召开1次全县性的公捕公处大会。

【社会治安综合治理】　按照“三项重点”工作的总体部署和要求，切实把社会管理作为构建和谐社会的重要抓手，不断探索和创新社会管理的有效途径和方法，立足实际，切实把“人、事、地、物、网、组织”六要素纳入严密的社会管理之中，做到不留死角、不留盲点，努力实现社会管理全覆盖，强化源头治理，确保管理有序，着力增强服务与管理功能，预防和减少社会矛盾，避免滋生新的社会问题。加强流动人口管理与服务。坚持以乡镇为单位，由当地派出所具体负责，乡镇综治办协作配合，充分发挥乡镇流动人口协管员队伍的作用，集中对全县752名外来和138名外出人员逐人进行登记建档，实行动态双向管理。同时，各派出所还与用工单位、业主和房屋出租户签订治安责任书，坚持定期清理检查，预防和减少流动人员违法犯罪。

加强重点稳控对象的教育与管理。为切实增强对全县127名重点管控对象的教育与管理。始终坚持以人为本，积极采取措施，扎实做好工作，以乡镇为单位，建立重点对象管理档案，密切掌握重点人员的思想动态和行为表现。严格落实管控责任，明确帮教人员和帮教措施；加大青少年教育管理力度。以实施“为了明天——预防青少年违法犯罪工程”为统览，深入开展青少年零犯罪单位、村（居）创建活动，广泛深入各中小学校开展多种形式的法制、消防、地震、治安等安全防范知识教育，并在中心学校建立了留守儿童之家，有效预防青少年违法犯罪，增强青少年自防意识。

加强治安安全管理，着力消除安全隐患。切实把消防、交通、生产、食品安全等工作纳入综合治理，作为平安建设、维护人民利益的具体实践活动。重点加强民爆物品的管理，强化源头治理，着力预防和减少安全生产事故和治安灾害事故，全力保障人民群众生命财产安全。

强化寺庙管理。始终把对寺庙的教育管理作为反对分裂、维护稳定的核心工作。按照寺庙联系制度，层层落实联系责任人，切实加强对重点寺庙、重点僧尼的管理，大力推进平安寺庙建设。

加强国家安全人民防线建设，强化情报信息管理。充分发挥基层人民防线建设的优势，整合专群力量，构建以乡、村综治维稳信息员、国安信息员和公安、国保大队、武警、统战、宗教等专群结合的情报信息搜集网络，不断强化人民防线建设，建立完善情报信息搜集、会商、研判制度和“零报告”制度，全面搜集影响社会稳定的倾向性、内幕性、苗头性、预警性情报信息，开展形势研判，增强工作主动性和针对性，提高预测预警能力。

加强群众管理。在全面抓好法制教育的同时，始终把“富民惠民、改善民生”作为引导群众的重要抓手，结合牧民定居工程的实施，采取乡镇与村（居）“两委”、寺管会签订《反对民族分裂、维护社会稳定工作目标责任书》，并把反分裂维稳工作纳入《村规民约》，逐级落实责任，即使群众切身体会到党和国家的温暖，又使群众从思想上、行为上筑牢第一道防线。

【执法监督】　以加强政法部门涉法涉诉工作为重点，深入开展积案化解活动，把侦查、起诉、审理等纳入执法监督的全过程，确保执法活动有序进行。

【矛盾纠纷排查调处】　按照“两排查”的总体部署，以乡镇矛盾纠纷排查调处中心为主，把排查的重点放在草场边际地区、隐患复杂场所和重点人群、重要时段上，着力调处影响群众切身利益、易被敌对势力插手利用的矛盾纠纷上。坚持定期和经常排查调处相结合，采取“三定一包”的办法、对排查出的重大矛盾纠纷和不稳定隐患实行领导包案，运用多种调解手段，切实增强调处实效。全年共排查矛盾纠纷766件，成功化解736件，同时成功妥善处置可能发生的群体性事件。有力防止矛盾激化，预防和和减少民转刑案件的发生，切实维护群众的利益。

【政法队伍建设】　全县共有政法干警232人，其中县委政法委有干警9人，县法院有干警39人，县检察院有干警27人，县公安局有干警130人，县司法局有干警27人。按照素质强警和中央、省、州、县关于开展各种学习、练兵活动的要求，政法各部门先后开展社会主义法制理念教育活动、“三大主题活动”、“大学习、大讨论”活动、爱岗敬业专项活动、学习实践科学发展观活动等。活动中，政法各部门从政法干警的思想建设、业务能力、作风建设以及加强反分裂维稳工作和服务全县经济建设等方面入手，广泛开展不同形式的学习培训活动，提高全县政法干警思想素质，工作水平、工作效率。

【调研信息】　坚持在重要决定、决策、部署前开展调研工作，先后形成《完善长效机制，促进和谐稳定》、《健全调解体系全力化解纠纷着力维护社会和谐稳定》、《立足稳定工作大局着力构建平安和谐边界》、《促进和谐稳定，实现长治久安的对策研究》、《把握主动积极预防群体性事件》、《充分发挥基层综治组织作用全力确保全县社会长治久安》、《壤塘县政法宣传工作的现状及对策思考》等调研文章，为工作推进和领导决策提供依据和参考。

【信访工作】　通过县委书记、县长接访、领导干部下访和政法部门“四长接访”活动的开展，有效化解涉法涉诉重信重访案件，实现息诉罢访。

【平安创建】　坚持复查与新创相结合，全面深化平安建设。着力构建以乡镇党委为核心，以村“两委”为支撑，以司法所、派出所为骨干，以综治联系点部门、综治成员单位为合力，以治安巡逻队为基础的“12221”农村平安建设工作体系，广泛开展“月月创平安”活动，着力打造“十五大板块”，进一步扩大平安建设覆盖面，因地制宜地开展“平安边界”、“平安寺庙”、“平安大道”、“平安医院”、“平安市场”、“平安林区”等基层平安“细胞”工程建设。

（负责人　胡林　撰稿人　蹇纪元）

纪检监察

【领导名录】

县委常委、纪委书记	陈宇生
纪委副书记、监察局局长	赵春平
纪委副书记	杨劲超
纪委常委、监察局副局长	刘成楠
纪委常委、办公室主任	张玉清
监察局副局长	牟玉兰

【概况】　全县各级党委、政府和纪检监察机关认真贯彻中央、省委和州委关于反腐倡廉建设的一系列重大决策部署，深入贯彻落实科学发展观，坚持反腐倡廉战略方针，自觉服务和服从全县工作大局，紧紧推进“两个加快”、开展城乡环境综合治理、实施“八大民生工程”、牧民定居行动计划和帐篷新生活等工程的督促检查，解决群众反映的突出问题；紧紧围绕加强干部队伍作风建设，继续抓好领导干部的教育、监督和廉洁自律，坚决纠正损害群众利益的不正之风，坚决查处违反党纪政纪案件，按照党章的要求，全面履行职责，结合实际，突出重点，加强监督，党风廉政建设和反腐败工作取得了新进展。

全年，纪委干部参与干部考核52人次，

县委组织部征求拟提拔领导干部党风廉政情况意见49人次，有关单位征求拟表彰人员党风廉政情况意见67人次，其他征求党风廉政意见111人次，县纪委主要负责人同下级党政主要负责人廉政谈话7人（次）、科级干部任前廉政谈话49人（次）、日常廉政谈话4人（次）、诫勉谈话8人（次）、述职述廉256人（次），执行个人事项报告62人（次）。共受理群众来访来信17件（次），重复信访3件，实际受理14件，其中州纪委信访室转办3件、来信6件、来访2件、电话举报3件，全部办结，信访办结率100%。查办违规违纪案件3件，给予党纪处分2人，给予政纪处分1人，结案3件，办结率100%。

【党风廉政建设】 县纪委会同相关部门，认真履行职责，切实维护党的纪律。

2月11—12日，按照县委、政府的要求，对全县各乡镇、县级各部门工作人员在岗情况进行监督。

3月1—25日，县纪委监察局结合深入学习实践科学发展观活动，以“六查六看”督查工作为重点，多次会同有关部门对全县维护稳定工作进行监督，确保政治稳定。

3月10日至4月15日，县纪委制定并印发《壤塘县科级干部作风和行政效能问廉问责书制度》；县纪委、县委组织部联合制定并印发《壤塘县领导干部外出请销假报告制度》。切实加强机关效能建设，规范对科级干部的日常教育和监督管理，改进科级干部作风，提高行政效能。

3月25—31日，县扩建监办领导小组组成六个检查组到各项目实施单位，依照《阿坝州工程项目建设流程》进行监督检查。迎接州人民政府扩大内需、灾后重建项目资金清理第四检查组对壤塘县工程项目的检查。从4月1日起，成立由纪委监察牵头、财政、审计、发改、交通、规划建设等部门组成的壤塘县工程建设领域突出问题专项工作督促检查指导小组，配合州检查组对重点项目，集中开展监督检查5次；对牧民定居行动等重点工程，开展督促检查3次，发现问题，及时督促相关项目实施单位进行整改。加大对项目建设管理的督促检查力度

4月20日至5月10日，结合壤塘实际情况，制定并印发《壤塘县2010年党风廉政建设和反腐败工作实施意见》和《壤塘县党风廉政建设责任制考评细则》，进一步实施责任分解、将各项工作具体落实到人头上，强化责任考核，严格责任追究。班子成员根据党风廉政建设责任制工作分工情况认真抓好各自职责范围内的工作，由县纪委编制《党风廉政建设和反腐败工作任务分工提示卡》分发给班子成员，提醒每一位领导随时督促检查各项工作开展情况，对存在的问题及时提出整改意见。成立壤塘县委反腐败协调领导小组，县纪委紧紧围绕县委的决策部署，加强组织协调，认真开展监督检查，保障各项任务的落实，确保政令畅通。

严格执行《县纪委负责人同乡（镇）和县级部门主要负责人谈话交换党风廉政建设情况暂行办法》，加大对领导干部的教育、管理和监督力度。

2010年初，对2009年度执行党风廉政建设责任制的30个先进单位进行表彰。年底，对全县各乡镇、各部门执行党风廉政责任制情况进行考核，评选出34个执行党风廉政建设责任制的先进单位。

【反腐倡廉宣传教育】 在2010年县“两会”期间，组织人大代表和政协委员认真学习《廉政准则》。通过县广播电视有线频道滚动播出

《廉政准则》的有关条款和《阿坝州民生工程工作行政过错责任追究暂行办法》、《阿坝州城乡环境综合治理工作行政过错责任追究暂行办法》、《阿坝州灾后重建项目使用管理行政过错责任追究暂行办法》，并将《廉政准则》520册和《三项责任追究暂行办法》500册，分发到全县副科级以上领导干部，做到人手一册。

利用县委常委会和县委中心学习组组织学习《廉政准则》和中央纪委、省州纪委的相关文件，观看警示教育片《蜕变》、《远山的红叶》、《真水无香》等教育片，重申领导干部廉洁从政的规定，按规定报告个人重大事项，要求领导干部做廉洁自律表率。

6月13日，率先在全州举行科级干部党风廉政建设及工程项目建设基本流程知识考试，县级各部门副科级以上领导干部共198人参加考试；按照州委、州纪委的统一安排，10月25日，组织全县县级党员领导干部共25人，参加全州《中国共产党党员领导干部廉洁从政若干准则》、《阿坝州工程项目建设基本流程操作手册》等法律法规知识的测试。

积极开展廉政文化建设，选定三个县级部门、一所学校和两个村作为廉政文化建设示范点，张贴感恩报国及党风廉政建设宣传标语30余幅，制作、悬挂大型户外廉政广告牌5副。选送7件廉政文化作品参加州纪委组织的廉政文化作品征集活动，其中1件石刻藏文廉政文化作品被推荐到省纪委。

【纠风专项治理】　完善《壤塘县纪委监察局领导和室主任参与接待群众来访工作方案》，县纪委监察局领导、室主任参与接待群众来访工作。及时开通信访绿色邮政。2010年，县纪委、县监察局共受理群众来访来信17件（次），重复信访3件（次），实际受理14件（次），其中州纪委信访室转办3件、来信6件、来访2件、电话举报3件，办结率100%。查办违规违纪案件3件，给予党纪处分2人，给予行政处分1人，已结案，办结率100%。

【执纪执法监察】　围绕牧民定居行动和帐篷新生活、“三百“示范工程建设、扶贫开发和综合防治大骨节试点工作，认真开展纠风和执法监察工作。

加强对中央、省、州扩大内需促进经济增长加快灾后恢复重建政策落实情况的监督检查，配合省州检查组对重点项目，集中开展监督检查5次。成立由纪委、监察牵头，相关部门组成的工程项目监督检查组，对牧民定居行动等重点项目，开展督促检查3次，自查96个项目，查出问题116个，发出整改通知书35份，督促相关项目实施单位进行整改。

加强扩大内需灾后重建及“三百”工程、扶贫开发和综合防治大骨节病工程等民生工程项目资金监管的监督检查。实行物资统一采购，评估机构进行评审，落实灾后恢复重建资金使用管理的责任单位。执行信息反馈和公示机制，对项目资金向社会公众公告，按“3+1”模式，要求各乡镇人民政府在公共场所张榜公布、公示，确保人民群众的知情权，继续推行县级部门和乡镇“一把手”电视报账制，广泛接受社会监督，确保规定的资金投向，严格扩大内需和灾后恢复重建资金管理，构建全方位监管体系。

继续加大对工程招投标和政府采购的监督检查力度。为进一步规范招投标工作，保证全县招投标活动的公开、公平、公正，防止招投标过程中违法违纪行为发生，县纪委派员参加牧民定居行动计划公共基础设施工程、阿两路及施工监理的比选、壤塘县建馨苑等30个工程的招标、56次政府性采购招标的监督工作，现场由各责任人员填写《监察机关在招标投标工作中具体监督事项》、《建设单位（招标人）廉政自律承诺书》和《评标专家公正评标承诺书》，做到部门各司其职，问责有据。

深入开展民主评议政风行风工作。健全食品药品安全监管制度，进一步规范和落实教育收费管理制度，认真治理医药购销和医疗服务中的不正之风，加强对社保基金、住房公积金和扶贫救灾专项资金使用管理情况的监管。

强化行政效能监察。按照中央、省、州、县纪委全会的要求，以转变干部作风为契机，草拟并印发《壤塘县科级干部作风和行政效能问廉问责书制度》、《关于开展2010年行政效能监察工作的安排意见》。为加强领导干部的管理、监督规范科级领导干部请销假和外出考察、学习、出差等活动，县纪委、县组织部联合制定并印发《壤塘县领导干部外出请销假报告制度》，进一步规范领导干部外出必须履行的审批手续。同时进一步规范岗位纪律。全年4次会同组织、宣传、政法等部门对工作人员上班时间到宾馆茶楼喝茶、打牌赌博情况进行督查，对相关人员给予通报和曝光。配合相关部门按照规定，加强对行政机关和工作人员施政情况进行监督检查。

3月25—31日，协同相关部门对重大建设工程项目的效能监察。督查组先后对我县56个项目进行督查，维护了县委、县政府决策的贯彻执行，促进全县重大项目建设顺利实施。

继续加强对《行政许可法》执行情况的监督检查。重点检查县发展改革委员会、工商局、环保局、质监局、公安局、交通局、安监局、卫生局、国土局等部门，强化对行政审批项目的动态监管，确保全县的行政审批工作依法进行。同时，高度重视效能投诉中心的建设工作，安排专门工作人员主抓效能投诉工作，公开效能投诉电话。建立行政效能投诉登记卡，进一步规范行政效能的投诉、受理、办理程序。认真落实州纪委相关文件精神，对中心工作人员进行专门培训，促进投诉中心工作不断完善。

【队伍建设】　结合创先争优活动，把加强学习、创建“学习型机关”活动作为队伍建设的基础性工作来抓，切实抓好纪检监察干部的政治理论和业务学习。全年，纪检监察干部参加省、州组织的“推进藏区跨越式发展和长治久安政策培训和业务培训56人（次）。坚持《县纪委监察局工作规则》，努力强化班子建设。按照“积极、主动、配合、忠诚、坚持”的要求，对党风廉政状况以及群众来信来访、案件分析定性、案件处理等重大事项进行研究，坚持集体讨论，民主决策。

根据中央纪委、中央组织部、中央编办、监察部、财政部《关于加强地方县级纪检监察机关建设的若干意见》，省纪委、省委组织部、省编办、省监察厅、省财政厅《关于加强县（市、区）纪检监察机关建设的实施意见》和州委、州纪委的有关要求，县委高度重视，10月，壤塘县上寨片区、南木达片区和杜柯片区成立三个片区纪工委，落实各片区纪工委办公地点、办公设备、人员，制定了各项制度。各片区纪工委在办公区内悬挂廉政格言警句，制作和发放“便民连心卡”及宣传资料4000余份，固定标语7幅。

（负责人　杨劲超　撰稿人　匡海珍）

党史研究

【领导名录】

主　任　　魏　忠

【概况】　2010年，县党史研究室在县委、县人民政府领导下，在州委党史研究室指导下，以党的十七届四中、五中全会精神为指引，以邓小平理论和“三个代表”重要思想为指导，以深入贯彻落实科学发展为主题，按照“推动科学发展、维护社会稳定、促进民生改善、加强基础组织”四个方面的总体要求，教育引导干部职工牢固树立强烈的机遇意识、责任意识和发展意识，以更加饱满热情的精神状况，学先进、赶先进，坚持从实际出发，改革创新，务求实效，统筹推进党的建设，充分发挥基层组织的战斗堡垒作用和共产党员的先锋模范作用，在推动科学发展、促进社会和谐、服务人民群众、加强基层实践中建功立业。稳步推进党史研究工作。

【革命遗址遗迹普查】　贯彻省委党史研究室《中共四川省委党史研究室关于开展全省遗址遗迹普查工作的通知》文件精神，再次对全州的革命遗址遗迹进行普查，以配合中央党史研究室出版，《全国革命遗址遗迹普查成果丛书》作为向建党90周年的献礼。根据州委党史研究室的要求和安排，5月18日，参加全州党史工作暨革命遗址遗迹普查工作会议，为更好地开展“革命遗址遗迹”普查工作，按州委的安排到有关县进行实地考察。会后及时拟定《壤塘县单命遗址遗迹普查》实施方案、并成立普查领导小组。集中组织人力，完成对革命遗址遗迹的调查工作。根据中共阿坝州委党史研究室《关于全州革命遗址遗迹普查工作的通知》精神，要求各县党史工作部门对革命遗址遗迹进行普查。8月16日，党史办一行3人再次深入中壤塘乡错尔基恻寺院侧红军住过的房屋认真查看、仔细了解，对该房屋进行实地拍摄图片、认真收集梳理相关资料，使普查工作更全面、更彻底、做到普查项目无遗漏。及时汇总整理，按时上报州委党史研究室。

（负责人　魏忠　撰稿人　胡成英）

群众工作

【领导名录】

局　长　周志斌（12月止）
　　　　刘　勇（12月起）
副局长　付长清
中心主任　泽仁王邓（4月止）

【概况】　2010年，壤塘县群众和信访工作在县委、县政府的正确领导和州委群众工作局的具体指导下，以邓小平理论和“三个代表”重要思想为指导，深入贯彻落实科学发展观，全面贯彻落实党的十七大和《关于进一步加强新时期信访工作意见》精神。随着改革开放的深化，人民群众的生存条件、生活方式、思想观念发生了很大变化，针对出现的新问题、新情况，坚持与时俱进，依靠党的群众组织把群众工作做到实处，认真解决相关矛盾和问题，坚持以群众工作统揽信访工作，发挥群众和信访工作局“为党和政府分忧、为人民群众解难”的作用。

【来信来访】　2010年，全县共接待人民群众来信来访96件，解决88件，结案率为91%，全县未发生任何30人以上集体上访和上州、到省、进京非正常上访事件；化解信访积案4件，息诉息访4件，化解率100%，息诉息访率100%。

【制度建设】　完善工作职责，不断提高信访工作人员的业务水平。进一步健全县委县人民政府群众工作中心，完善各项制度。

（负责人　刘勇　撰稿人　刘泽东）

县委农工办工作

【领导名录】

主 任 李祥凯

副主任 余 斌

【概况】 2010年，县农工办在县委、县政府的领导和州农工办的指导下，紧紧围绕县委、县政府的总体工作部署，坚持整体工作抓推进，重点工作求突破，特色工作上台阶的原则，围绕发展现代农业，推进社会主义新农村建设，认真履行“参谋、协调、服务”职能，狠抓各项农业农村政策的贯彻落实。

结合县具体实际，采取灵活多样的形式，向广大群众宣传中央关于推进农村改革发展的重大决策和目标任务，大力宣讲中央第五次西藏工作座谈会和省委藏区工作座谈会精神。以农村稳定发展、农民持续增收为核心，悬挂横幅标语等形式开展宣传党在农村的各项方针政策，做到家喻户晓、人人皆知。认真贯彻落实党的各项惠农政策。严格落实退耕还林、粮食直补、大型农机具补贴、农资补贴等各项补贴政策，精心组织，扎实实施，把党的各项惠农政策落到实处，让广大群众享受公共财政阳光的温暖，促进全县农村经济社会协调发展。

按照“生产发展、生活宽裕、乡风文明、村容整洁，管理民主”的社会主义新农村建设要求，认真贯彻执行各项支农、惠农政策，坚持“多予少取放活”的方针，继续实施“山上向山下靠，小村向大村靠，农村向城镇靠”的“三靠”战略，坚持工业反哺农业、城市支持乡村的原则，从实际出发，扎实稳步推进社会主义新农村建设，全面提高群众幸福指数。

【牧民定居】 按照“统筹兼顾、科学选址、整合资源、先易后难”的要求，坚持“政府组织、群众自愿、就地从优、生活便捷、突出特色”的原则，以定居点为核心，培育和发展特色产业，逐步实现“家家有固定住房、户户有新帐篷、村村有活动中心，牧民居住条件、基础设施和生态环境有明显改善，公共服务水平有较大提升，畜牧业经济有新发展”的目标。2010年，全县完成11个乡、22个村，1961户、9805人的定居房建设，完成27个定居点公共和基础设施配套建设任务。实现项目区域内牧民“家家有定居房、村村有活动中心”，牧民居住条件和牧区基础设施有明显提高，公共服务水平有较大提升，现代畜牧业等特色产业的新发展，富民安康工程有新成就，生态环境得到有效保护。

完成11个乡22个村27个定居点定居房及配套公共基础设施建设，投资3.3亿元，惠及1961户、9805人。其中新建和提升改造定居房1961套、39.6万平方米；建村民活动中心20个，文体广场21处，村内道路85公里，高位水池19口，供水管网62.5公里，公共厕所5个，排污管网38.6公里，垃圾回收箱42个，垃圾简易处理池19个，污水简易处理场21个，化粪池285个；安装太阳能热水器1200套，太阳能路灯260盏，广播电视接收器1961套，变压器8台；架设输电线路15公里。在定居房建设过程中，坚持以“安全舒适、功能完善”的理念，高度重视定居房建设质量，新建的每一栋定居房都采用钢筋混凝土构造柱和地圈梁，实现牧区民房建设历史性突破。

【“三百”示范工程】 按照州委、州政府在全州建设“一百个特色魅力乡镇、一百个幸福美丽家园、一百个旅游精品村寨”的要求，壤塘县拟建5个特色魅力乡镇，6个幸福美丽家园，5个精品旅游村寨，大力实施“四改、两建、五通”。“四改”即要求“改厨、改圈、改厕、改水”。实施“两建”，实施新型生态能源建设，村内道路硬化、美化及村容村貌建设。实现“五通”即“道路通达、供水通、供电通、通讯通、广电通”。以此为示范统筹城乡发展，全面改善农村生产生活条件，居住环境和城乡面貌，努力提高农牧民群众收入和幸福指数，推动全县农村可持续发展。

着眼改善农村群众居住环境和乡村面貌，克服资金压力大、工作任务重、建设工期短等困难，倾力实施“三百”示范工程，全年共完成投资15126.3万元。其中，投入资金4162.8万元，完成上寨、南木达等5个特色魅力乡镇建设。完成1002幢民房和构筑物外观风貌改造，对428户民房进行内部提升改造，安装太阳能路灯519盏、太阳能热水器320台，更换主街路灯36盏，铺设排污管网7500米，铺设入户水管6200米，拆除危房偏棚3100平方米，硬化入户道路11.8公里，更换果屑箱40个、垃圾桶257个，增建垃圾堆放点72个，平整、绿化场地6万平方米，建休闲景观设施4处，安装街道护栏1.8公里。投资3792.5万元，完成克久、南木达村等5个精品旅游村寨建设任务。完成791户民居外墙、门窗风貌改造和“四改”任务；完成478户民房室内装修、安装太阳能热水器324台，建高位水池40口，铺设供水管网10.8公里、排污管网7.5公里；硬化道路5195米，设置旅游标识标牌42个。投资7171万元，按照“四改、两建、调结构”的要求，全面完成5乡6村707户幸福美丽村寨建设任务。完成707户改厨、改厕、改圈、改坝任务，改造面达100%。实现牲畜舍饲圈养，种草舍饲率达80%以上，人畜分居率100%，彻底改变多年人畜混居的状况；建立公共卫生厕所，实现人畜粪便、生活污水无害化处理；各村寨均安装太阳能热水器、节能灯等新型能源家电，群众的生活更便捷；硬化美化入户道路，完成率达90%以上；以基地建设为载体，发展规模养牛户134户，建种草基地545亩、割草基地2100亩，建优质青稞基地1862亩、特色马铃薯680亩；建村民活动中心6个，内设村两委办公场所、会议、卫生室、图书阅览室、农牧技术服务室和司法警务室，实现“一中心多用途”。配套建设生态文体活动广场6个；安装707套广播电视设施。

（负责人　李祥凯　撰稿人　赵明清）

党校教育

【领导名录】

校　长　　陈继东

副校长　　李永红

【干部短期培训班】　举办援藏干部藏语培训班，通过此次培训，参训干部达到“三会一懂”的标准，即会简单的读写、会日常交流、会唱一首藏语歌，懂得当地的民风民俗。此次共有33名援藏干部参训。

举办第十五期入党积极分子培训班，共有112名积极分子参加培训。由组织部、纪委、党校派出人员授课，对积极分子进行党的历史、党的性质、党的纪律等内容的培训。

举办两期推进藏区跨越式发展和长治久安培训会，共122名村两委干部参加此次培训。民宗局、司法局、检察院、法院、公安局等相关部门向村干部们宣讲宪法、刑法、民法、宗教条例。重点宣讲民间谈判的效率、自首的法律效果、偷牛盗马、盗伐林木的社会危害、党的富民惠民政策等与老百姓生活密切相关的法律法规，要求村干部在村民中宣传法律法规和党的方针政策，提高村民学法、守法的自觉性，能自觉维护民族团结，学法守法、勤劳致富，为推进藏区跨越式发展作出自己的贡献。

举办全县村支部书记培训、村委会主任培训各一期。

举办四期（12月1—7日、12月8—14日、12月15—21日、12月22—28日）农村劳动力转移职业技能培训。

【成人学历教育】 做好函授教学管理工作。完成2008级大专班、本科班的面试、论文答辩、考试等后勤管理工作。

【党建工作】 做好党风廉政建设工作，领导干部、职工无违法乱纪的行为发生；培养两名入党积极分子。

（负责人　李永红　撰稿人　纳加姐）

精神文明建设

【领导名录】

办公室主任　　王　东

【公民道德建设】 深入开展“讲文明，树新风”活动。结合牧民定居行动计划，帐篷新生活，营造健康整洁的人居环境，围绕普及文明风尚、维护公共秩序、提高服务水平、改善城乡环境四个方面，认真开展“除陋习、讲文明、树新风”活动。持续推进“文明礼仪进万家”，深入开展礼仪知识宣传、礼仪广告刊播等宣传教育，举办中小学校学生文明礼仪知识竞赛，引导人们学礼仪、知礼节、讲文明。抓好实施“文明交通行动计划”，增强人们交通出行的法制意识、安全意识、文明意识。进一步规范窗口行业文明服务，引导企业正确处理义利关系，增强诚信意识和社会责任意识。

开展环境整治专项行动。认真贯彻全州环境整治专项行动工作会议精神，县精神文明办配合相关部门联合开展环境整治专项行动，并充分利用舆论优势，动员和引导全社会共同关注环境，让专项整治行动的目的、意义、深入人心，形成“环境整治、人人有责”的良好社会舆论氛围，全年检查指导环境卫生工作23次。

文明办制作精神文明温馨提示牌，摆放于干部职工办公桌面，县级机关64个单位、12个乡镇积极踊跃订购精神文明温馨提示牌560个，从自己做起，从现在做起，从家庭成员做起，从亲朋好友做起，带动身边每一个人，自觉维护秀城秩序和环境卫生，除陋习、树新风，争做文明壤塘人。

规范制作标语标牌，创建千里文明走廊。7月23日至8月10日，文明办对全县境内的所有宣传标语标牌进行全面规范清理，清理出不合格标语标牌1000余个，针对存在的问题，及时规范，确定各乡镇宣传标语内容，统一字体和规格。同时，文明办配合县工商局对全县工商户店堂招牌、灯箱广告、标语等进行更换、规范，营造出清洁、整齐、优美、规范的环境，突出展现高原秀城特色。

7月至8月，文明办组织县级机关摄影爱好者参加“电信杯”感恩援建摄影比赛，展示全县各族人民面对灾难不屈不挠的奋斗精神和知恩图进的良好风貌及牧民定居、帐篷新生活等一系列富民惠民建设成果。按照参赛作品的要求，上报参赛作品46幅，共有7人参赛，3副作品获得优秀奖。

玉树灾情发生后，壤塘县立即号召全县各级干部群众迅速行动起来为灾区人民捐款捐物，发扬“一方有难，八方支援”的传统美德和阿坝人民感恩的精神，奉献爱心，支援玉树人民抗震救灾。全县红十字会募集救灾资金3.4万元，社会群众、僧人募捐35.92万元，粮食12.45万千克。

甘肃省舟曲特大山洪泥石流发生后，积极组织全县干部职工捐款捐物、献爱心。并于8月15日上午10点，1千余人在政府广场举行哀悼活动。

开展“美环境、讲文明、树新风”主题活动。联合县机关工委开展“美环境、讲文明、树新风”主题活动。

把唱响感恩歌曲作为青少年爱国主义教育的重要内容。15所中小学校师生传唱感恩歌曲，各乡镇、各单位积极组织干部职工传唱，将其作为构建和谐社会的一项内容；在壤塘电视台滚动播出四首感恩歌曲。11月17日，宣传部、文明办举行感恩歌曲大家唱活动，79个单位、12个乡镇，共组建31个演唱组。参加这次活动的还有县城中小学校1千多名学生。各单位、各乡镇领导带头参加感恩歌曲大家唱活动，共产党员、入党积极分子、预备党员、共青团员等积极参与，各级文明单位充分发挥模范带头作用，活动达到预期效果。评选出一等奖1个、二等奖2个、三等奖3个、组织奖25个。

【未成年人教育】　着力完善未成年人工作长效机制。制定未成年人思想道德建设工作规划，把未成年人思想道德建设作为精神文明建设重中之重的任务来谋划。定期召开未成年人思想道德建设联席会，充分发挥各成员单位的职能作用、学校的龙头作用、社区的平台作用和社会教育的基础作用。加强对未成年人思想道德建设工作任务的测评，把工作成效作为评选先进的先决条件。强化文明单位的责任，各级文明单位为未成年人办一件以上实事、好事。

着力深化道德教育和道德实践活动。推进未成年人校外活动场所、社会实践基地和德育基地建设。在中小学开展爱国主义读书教育活动和“移动杯”感恩征文比赛活动，县城中小学校、伊里中学学生30人参加征文比赛。组织开展未成年人思想道德建设创新案例评选和关爱农村留守儿童活动，全面加强未成年人思想道德建设。继续认真做好“西部开发助学工程”受助学生的工作，加强对受助学生的思想政治教育，做好就业跟踪及资助经费发放。

着力实施社会文化环境净化工程。认真贯彻落实中办、国办《关于进一步净化社会文化环境促进未成年人健康的若干意见》，以净化互联网、手机为重点，综合运用教育、法律、行政和技术等手段，继续保持整治互联网低俗之风、取缔“黑网吧”、净化荧屏声频、清理非法出版物、整治校园周边环境等专项行动的高压态势，严厉打击各类违法违规行为。加大网吧整治监管力度，严厉整治网吧违规接纳未成年人行为。着力净化荧屏声频，认真落实把关责任，有效遏制低俗之风。加强网络、网吧监管平台建设，打击淫秽色情文化传播行为。扎实推进文明办网、文明上网活动，大力发展校园网络文化，积极推广使用绿色上网过滤软件。

7月，壤塘县举办“壤塘县感恩十年行动计划文艺汇演暨第三届中小学艺术节”。本届艺术节设置书法、美术、手工、摄影、舞蹈、声乐等比赛项目，各学校共演出43个精彩节目，演职人员1200人次，15个代表队参加这次艺术节的各项比赛。师生、学生家长和群众观众近5000余人。本届艺术节充分展示了壤塘县全面推进素质教育的成果。

【群众性精神文明创建】　扎实推进文明行业创建活动。突出改进服务的核心要求，突显便民利民惠民的务实作风，以信息化、规范化、精细化为方向，解决人民群众最直接、最现实的问题为重点，带动行业服务创新和服务提升。继续深化“共铸诚信”、“百城万店无假货”活动，推进政务诚信、商务诚信和社会诚信，形成诚信为本，守信光荣，失信可耻的社会氛围。

扎实推进“文明村”创建活动。重点围绕牧民定居行动计划、帐篷新生活行动和“三百”活动，进一步加大农村精神文明建设力度。围绕“生产发展、生活宽裕、乡风文明、村容整洁、管理民主”的发展目标，从改善村容面貌，改善社会风气入手，着力培育新农民、倡导新风尚、发展新文化，推动社会主义新农村建设。

扎实推进文明单位创建活动。继续组织各级各类文明单位创建工作，把社会志愿服务、未成年人教育纳入评选内容。加强文明单位动态管理，建立完善日常监督机制，组织开展文明单位复查活动。加大文明单位创建工作宣传力度，促进文明单位更好地发挥表率推动作用。

全年新创建州级最佳文明单位1个，州级文明单位2个，州级文明村1个，县级文明单位2个。复查合格州级文明单位（村）25个，县级文明单位43个，1个州级文明单位复查不合格。

（负责人　王东　撰稿人　罗恩香）

壤塘县人民代表大会常务委员会

【领导名录】

主　任	孙建成
副主任	张定发
	张志贵
	何晓刚
	文成才
	贾　格

【概况】 2010年，常委会共依法召开7次常委会议，18次主任会议；听取和审议“一府两院”专项工作报告6个，组织省、州、县人大代表进行专题调研、视察4次，作出决议决定8项；依法任免国家机关工作人员20人（次）；受理群众来信2件，接待群众来访29人（次），办理人大代表建议意见138件。

【常委会会议】 2010年1月12日，在县人大常委会议室召开县十二届人大常委会第二十六次会议，会议议程共二项。会期1天。

会议审议通过《壤塘县人大常委会二〇一〇年工作要点》。

会议结束时，县人大常委会副主任孙建成从维护要点的法定性和权威性、努力提高常委会会议质量、认真做好县十二届人大五次会议的组织筹备等方面作重要讲话。

2010年3月3日在县人大常委会议室召开县十二届人大常委会第二十七次会议，会议议程共九项。会期1天。

会议审议通过《壤塘县人大常委会二〇〇九年工作报告（草案）》；《壤塘县人民代表大会常务委员会关于召开壤塘县第十二届人民代表大会第五次会议的决定》（草案）；《壤塘县第十二届人民代表大会第五次会议议程》（草案）；《壤塘县第十二届人民代表大会第五次会议主席团和秘书长名单》（草案）；《壤塘县第十二届人民代表大会第五次会议有关建议名单》（草案）；《壤塘县第十二届人民代表大会第五次会议列席人员名单》（草案）；审查通过壤塘县第十二届人民代表大会常务委员会代表资格审查委员会关于补选县十二届人大代表的代表资格审查报告；进行人事任免事项。

2010年5月28日在县人大常委会议室召开县十二届人大常委会第二十八次会议，会议议程共三项。会期1天。

会议听取和审议县人民政府关于开展新型农村合作医疗工作情况的报告；进行人事任免事项。

2009年7月29日在县人大常委会议室召开县十二届人大常委会第二十九次会议，会议议程共六项。会期一天。

会议听取和审议《县人民政府关于2010年上半年国民经济和社会发展计划执行情况的报告》、《县人民政府关于2009年财政决算和2010年上半年财政预算执行情况的报告》、《县人民政府关于2009年财政预算执行情况及其他财政收支情况的审计工作报告》。通过《壤塘县人大常委会关于批准2009年财政决算的决议》和《壤塘县人大常委会关于批准壤塘县农田水利综合规划的决定》；进行人事任免事项。

会议结束时，县人大常委会主任孙建成从“一府两院”要进一步提高认识，真诚地自觉接受人大监督；“一府两院”要认真履职，依法行政、公正司法等方面作重要讲话。

2010年9月21日在县人大常委会议室召开县十二届人大常委会第三十次会议，会议议程共三项。会期1天。

会议听取和审议《壤塘县人民政府关于办理县第十二届人大五次会议代表建议意见情况的报告》；通过壤塘县人民代表大会常务委员会关于接受严木甲辞去县人大代表职务的决定。进行人事任免事项。

县人大常委会主任孙建成在会议结束时就办理代表建议、意见工作作重要讲话。

2010年11月30日在县人大常委会议室召开县十二届人大常委会第三十一次会议，会议议程共三项。会期1天。

会议听取和审议《壤塘县人民政府关于道路交通管理工作情况的报告》，进行人事任免事项。

2010年12月14日在县人大常委会议室召开县十二届人大常委会第三十二次会议，会议议程共三项。会期一天。

会议审议通过《壤塘县人大常委会二〇一〇年工作报告（草案）》；《壤塘县人民代表大会常务委员会关于召开壤塘县第十二届人民代表大会第六次会议的决定》（草案）；《壤塘县第十二届人民代表大会第六次会议议程》（草案）；《壤塘县第十二届人民代表大会第六次会议主席团和秘书长名单》（草案）；《壤塘县第十二届人民代表大会第六次会议有关建议名单》（草案）；《壤塘县第十二届人民代表大会第六次会议列席人员名单》（草案）；《壤塘县第十二届人大常委会代表资格审查委员会名单》（草案）。

【主任会议】　2010年3月1日，县十二届人大常委会召开第五十五次主任会议，会议讨论修改县人大常委会2009年工作报告和县十二届人大五次会议有关人员名单（草案）。

2010年3月25日，县十二届人大常委会召开第五十六次主任会议，会议研究决定调整县十二届人大常委会主任、副主任分工。

2010年5月6日，县十二届人大常委会召开第五十七次主任会议，会议研究决定县十二届人大常委会27次会议有关事宜。

2010年5月26日，县十二届人大常委会召开第五十八次主任会议。会议听取并审定关于县人民政府开展新型农村合作医疗工作情况的调查报告。研究决定县十二届人大常委会第二十八次会议有关事宜。

2010年6月11日，壤塘县第十二届人大常委会召开第五十九次主任会议，县人大常委会主任孙建成为新任县政府副县长颁发任命书。

2010年6月30日，县十二届人大常委会召开第六十次主任会议，会议研究决定县十二届人大常委会第二十九次会议有关事宜。

2010年7月16日，县十二届人大常委会召开第六十一次主任会议，会议研究决定组织省、州、县人大代表开展专题调研和视察方案。

2010年7月26日，县十二届人大常委会召开第六十二次主任会议，会议听取和审定关于壤塘县2010年上半年国民经济和社会发展计划执行情况的调查报告；关于县人民政府关于2009年财政决算和2010年上半年财政预算执行情况的调查报告；关于县人民政府关于2009年财政预算执行情况及其他财政收支情况的审计工作调查报告；初步通过《壤塘县农田水利建设规划》，决定提交第二十九次常委会议通过。研究讨论石里乡人大代表严木牙参与“7·01”事件的处理；县人大常委会主任孙建成传达”一报一刊”和基层政权建设座谈会精神。

2010年8月11日，县十二届人大常委会召开第六十三次主任会议，会议听取并审定壤塘县人大常委会关于组织省、州、县人大代表视察牧民定居行动计划建设情况的报告。

2010年8月31日，县十二届人大常委会召开第六十四次主任会议，会议研究决定县十二届人大常委会第三十次会议有关事宜。

2010年9月17日，县十二届人大常委会召开第六十五次主任会议，会议听取并审定关于县人民政府办理县十二届人大五次代表建议、意见情况的调查报告。

2010年10月12日，县十二届人大常委会召开第六十六次主任会议，会议研究决定机关外出考察事宜。

2010年10月14日，县十二届人大常委会召开第六十七次主任会议，会议研究决定组织省、州、县人大代表视察“三百”工程建设事宜。

2010年11月15日，县十二届人大常委会召开第六十八次主任会议，会议研究决定县十二届人大常委会第三十一次会议事宜。

2010年11月25日，县十二届人大常委会召开第六十九次主任会议，会议听取并审定关于道路交通管理工作情况的调查报告。

2010年12月13日，县十二届人大常委会召开第七十次主任会议，会议听取审定县人大常委会2010年工作报告。研究确定三十二次常委会有关事宜。

2010年12月20日，县十二届人大常委会召开第七十一次主任会议，会议初步通过关于延期召开县十二届人大六次会议的决定。并提交县十二届人大第33次常委会议表决通过。

2010年12月31日，县十二届人大常委会召开第七十二次主任会议，会议研究决定县十二届人大常委会第三十四次会议事宜。

【视察工作】　牧民定居行动计划。根据壤塘县人大常委会2010年工作要点和61次主任会议安排，7月30日，壤塘县人大常委会组织辖区内的部分省、州、县人大代表30余人在县人民政府副县长邹德跃及相关部门负责人陪同下，以观看施工现场、走访农牧民、询问了解相关问题、听取工作汇报、召开座谈会等形式，到上壤塘乡仁棚村，中壤塘乡查托村、布康木达村，尕多乡热布卡村、型木达村5个牧民定居点进行视察。建议县人民政府进一步抓好宣传动员，调动全局，切实营造工程建设的良好氛围；进一步抓好推动落实，严格把握工作节奏和时间节点，做好任务分解，加大责任落实。牢牢抓住项目建设的黄金季节，争时间、抢进度、保质量，确保工程建设优质、高效推进；进一步抓好质量安全。严格按照工程建设技术规程和质量标准，精心施工，科学建设。加强施工现场技术指导，完善质量监管机制，加大项目监督检查力度，认真开展质量安全隐患排查整治，从根本上切实维护广大农牧民群众切身利益。

“三百”工程建设。根据壤塘县人大常委会2010年工作要点和67次主任会议安排，10月20日，壤塘县人大常委会组织辖区内的州县人大代表20余人在县人民政府副县长邹德跃及相关部门负责人陪同下，以查看工程建设现场、走访农牧民、询问相关负责人、听取工作汇报、召开座谈会等形式，到吾依乡吾依村、壤古村克久，蒲西乡大伊里村、尤日村四个“三百”示范工程建设点进行视察。视察组对“三百”工程建设工作予以肯定，指出存在的一些问题，并提出建议：要加快工程建设进度；要加大工程建设的舆论宣传；要抓好环境卫生整治工作。

【重大事项决定】 常委会围绕县委工作中心、政府工作难点、重要法律法规实施情况，服从、服务于发展大局，抓住事关发展、改革、稳定、经济建设、社会发展的重点工作和重大事项，全年作出决议、决定8项。

【人事任免】 正确处理党管干部和人大依法行使任免权的关系，坚持党管干部和人大及其常委会依法选举、任免国家机关干部相结合的原则，依法行使好选举任免权。2010年，依法决定免职3人，决定任命4人，免职2人，任职9人，接受辞职2人。

【来信来访办理】 按照全国人大常委会提出的“四个百分之百”的工作目标，严格实行信访工作责任制，认真受理群众来信，热情接待群众来访。全年共受理人民群众来信2件；接待来访群众29人次。全部按照“分别受理、综合分析、统一交办、定期反馈、严格督办”的原则，认真进行办理答复，维护人民群众的合法权益和社会和谐稳定。

（负责人　孙建成　撰稿人　丁韬）

县人大常委会办公室

【领导名录】

主　任　　王运敏

副主任　　丁　韬

【概况】 发挥办公室综合协调和参谋助手作用，完成7次常委会议，18次主任会议，县第十二届人民代表大会第五次会议的会前、会中、会后服务。与各委、室协调配合，落实常委会及主任会议议定事项，按时上报各类文字材料，开展机关报刊、杂志征订分发等。

【文秘工作】 按照人大公文行文要求，做到内容充实，语言精练、文体规范。认真编辑常委会、人代会公报，党组会议、主任会议纪要及大事记等。起草党组文件10件，常委会文件24件，办公室文件32件，办公室函2件，起草会议主持词、议程、日程28份；起草各类讲话稿、研讨文章等16篇；编写工作简报、信息及其他文字材料60余份。

文书处理工作严格按公文处理程序和要求，对各类文件材料进行认真登记、分发、处理、传阅，做到文件处理及时、准确、规范、安全。同时按照有关规定做好材料的清理、清退、登记、立卷、归档工作。文书档案管理按照有关制度和规定认真执行，指导机关各委、室办公室的文书档案立卷归档工作，完成2010年度机关各类文件材料的清理归档，严格执行借还登记制度，使档案管理工作步入科学化、规范化，随时为机关工作提供服务，充分发挥档案的查考利用价值。严格执行文印登记制度，做到文印制度规范化，确保文印效率和质量，厉行节约，努力降低文印成本。加强印章管理，严格执行印章使用制度。

【调研工作】 围绕常委会工作要点配合有关委、室开展综合调研。参加常委会组织的视察活动，起草视察、调查报告，向常委会领导积极提出建议和意见。注意与“一府两院”和县级各部门、各乡镇人大主席团的工作联系，为领导决策当好参谋助手。

【督查督办】 开展公文的督查、督办和催办；配合有关委、室落实常委会作出的决议、决定，向“一府两院”转送会议决议、决定和审议意见；配合有关委、室督促“一府两院”办理落实审议意见。

【人事工作】 完成机关职工和离退休人员的工资变动；办理机关干部考核考察和干部推荐；完成机关领导干部任期工作目标和委室年度工作目标等的督办；加强离退休人员管理和服务，向领导和有关部门反映离退休老干部提出的意见和建议，为老干部排忧解难。

【后勤工作】 贯彻《财政违法行为处罚处分条例》，严格经费开支审批制度，做到一支笔审签。开展机关安全、消防和社会治安综合治理，落实社会治安综合治理责任制，完善各项管理措施。

【扶贫工作】 认真开展“挂包帮”活动，深入基层，调查了解基本情况，帮助吾依乡西西村争取资金、修建村道、搞好扶贫规划。

（负责人　王运敏　撰稿人　丁韬）

壤塘县人民政府

【领导名录】

县　长　克　克

副县长　何志富

阿　达

古　熙（挂职，5月起）

李　洪（挂职，5月起）

朱　钰（6月止）

江兴学

邹德跃

马秀珍

史志刚

张万贵（12月起）

代　杰（12月起）

【经济总量增长】 全县地区生产总值38703万元，增长10.5%。其中第一产业增加值16718万元，增长2.2%；第二产业增加值5247万元，增长41.3%；第三产业增加值16738万元，增长10.1%。三次产业结构比调整为43.2：13.6：43.2。完成本级财政一般预算收入885万元，增长76.6%。实现社会消费品零售总额9528万元，增长18.1%。实现城镇居民人均可支配收入16418元，增长10.9%。农牧民人均纯收入达到2960元，增长23.4%。全县农业总产值完成2.48亿元，增长2.3%。实现工业增加值544万元，同比增长28.9%。累计接待游客15.4万人次，实现旅游收入9844万元，增长99.8%。

【招商引资】 按照州委、州政府“开放合作年”工作要求，有序推进招商引资和对外开放合作年各项工作，编制招商项目11个，第十届西博会上成功推介招商引资项目7个，完成招商引资430万元，完成全年目标的107.5%。

【基础设施建设】　累计申报项目223个，申报投资总额66.98亿元。争取藏区项目56个，新开工项目31个，完成全社会固定资产投资5.2亿元，增长79.3%，创历年新高。投资7412.6万元，完成阿两路县城至黑桥段改建主体工程，交通主干道通行能力大幅提高；投资90万元，启动实施岗木达昂柯桥建设项目；投资480万元，新改建农村公路85公里、硬化入户道路18公里。投资4060万元实施农网完善和无电地区电力建设。投资4162.8万元，打造上寨、蒲西、南木达、尕多、中壤塘5个特色魅力乡镇，完善水、电、路、通讯等市政基础设施；投资850万元，启动廉租房二期工程建设；投资2000万元，完成经济适用房140套15398平方米；启动县藏文中学教学楼、县政务中心综合楼建设。投资120.86万元，在斯跃武村实施节水灌溉工程，灌溉面积达32公顷；投资306.8万元，建农村安全饮水工程14处，解决1200户6000名群众安全饮水困难；投资84万元，新改建乡兽医站6个；完成3乡130户暖棚、圈舍、饲草棚等建设。投资2200万元，实施通讯基础设施建设，完成蒲西至二嘎里的传输建设，县城至黑桥干线光缆光纤改造，新建C网移动基站2个、移动通信基站4个，县境内基站数达到47个，行政村基本实现通信全覆盖。

【民生工程】　实施牧民定居工程，投资3.3亿元，完成11个乡22个村27个定居点定居房及配套公共基础设施建设，惠及1961户、9805人。

实施扶贫开发和综合防治大骨节病试点工程，兑现易地育人生活补助，为5450名易地育人学生发放生活补助146万元；完成吾依、茸木达、尕多3乡8村613户易地搬迁任务；以农畜、旅游、中药材为重点，大力培育搬迁点后续产业，切实增加群众收入；深入开展科技攻关，投资30万元，对826名大骨节病患者进行了临床诊断，完成8个大骨节病监测点病情监测任务，对10682名大骨节病人进行药物治疗，为大骨节病患者发放生活补助332.95万元，发放医疗救助300万元。

实施“三百”示范工程，全年共完成投资15126.3万元。其中投入资金4162.8万元，完成上寨、南木达等5个特色魅力乡镇建设；完成1002幢民房和构筑物外观风貌改造，对428户民房进行内部提升改造，安装太阳能路灯519盏、太阳能热水器320台，更换主街路灯36盏，铺设排污管网7500米，铺设入户水管6200米，拆除危房偏棚3100平方米，硬化入户道路11.8公里，更换果屑箱40个、垃圾桶257个，增建垃圾堆放点72个，平整、绿化场地6万平方米，建休闲景观设施4处，安装街道护栏1.8公里。投资3792.5万元，完成克久、南木达村等5个精品旅游村寨建设任务。完成791户民居外墙、门窗风貌改造和“四改”任务；完成478户民房室内装修、新建卫生间，安装太阳能热水器324台，建高位水池40口，铺设供水管网10.8公里、排污管网7.5公里；硬化道路5195米，设置旅游标识标牌42个。投资7171万元，按照“四改、两建、调结构”要求，全面完成5乡6村707户幸福美丽村寨建设任务。完成707户改厨、改厕、改圈、改坝任务，改造面达100%。实现牲畜舍饲圈养，种草舍饲率达80%以上，人畜分居率100%，彻底改变多年人畜混居状况；以基地建设为载体，发展规模养牛户134户，建种草基地36.33公顷、割草基地140公顷，建优质青稞基地124.13公顷、特色马铃薯45.33公顷；建村民活动中心6个，内设村两委办公场所、会议室、卫生室、图书阅览室、农牧技术服务室和司法警务室，实现“一中心多用途”；配套建设生态文体活动广场6个；安装广播电视设施707套。

全面实施十大民生工程，城镇新增就业181人；下岗失业人员再就业37人；完成农村劳动力技能培训65人，品牌培训50人。扶持2421名农村贫困群众改善生产生活条件；新建社区慈善爱心超市1个；为受援人群提供法律援助195人次；城市年人均医疗救助标准达到72元，农村年人均医疗救助标准达到111元；为符合条件的171名困难职工每人每年提供300元生活和医疗救助。城镇基本养老保险参保人数达1990人，工伤保险参保人数达2360人，城镇职工基本医疗保险参保人数达4899人。启动新型农村社会养老保险试点，为1500名60岁以上退休农牧民发放基础养老金49.5万元。资助农村特困高中生21人。把符合条件的1294户、1499名城镇居民和6431户、19474名农村群众纳入低保范围，发放城市低保金243.9万元、农村低保金1071万元；完成中壤塘敬老院扩建工程，新增床位50张，社会救助福利服务中心和4个农村敬老院入住五保供养人数达到530人。城镇医疗救助245人，发放救助金10.8万元；农村医疗救助7376人次，发放救助金237.2万元。新增解决低收入家庭住房困难房源12套，实施廉租房住房租赁补贴473户，完成棚户区改造120户；完成重大地质灾害治理1处；新建和改造农家店8个；完成吾依、上杜柯2乡农网改造任务；完成15个20户以上自然村通电话任务。新建7个乡文化站、29个村级农家书屋，配备各类书籍6万余册，配发音像制品49套。发放、安装、调试4500套直播卫星“村村通”工程设备，完成8个行政村广播室建设，放映电影500余场，覆盖全县60个行政村。

【生态环境】　编制《壤塘生态县建设规划（2009—2020）》，加强自然保护区、生态示范区、生态功能保护区建设，促进生态良性发展。巩固退耕还林建设成果，投入资金123万元，调运种苗242.3万株，完成全县2033.33公顷退耕还林补植任务，顺利通过国家林业局阶段性验收，补兑2009年度退耕还林补助资金793.75万元。实施天然林资源保护工程，森林资源常年管护11.25万公顷，新增重点公益林8000公顷，完成人工造林400公顷，实施封山育林2000公顷。投资350万元启动实施中幼林抚育和沙化治理两个省级试点项目。加强防火队伍建设和基础设施建设，加强火源管理，强化督查，全县连续14年、地方连续35年无森林火灾。在城乡环境整治中，以“清洁化、秩序化、优美化、制度化”为目标，以“七进”活动为载体、以“五乱”治理为重点，共投入资金3095.27万元，实施街道维修、垃圾清运、路灯维护、公厕处理和垃圾堆放场等建设。退耕还林工程阶段验收组对壤塘县2002年完成2000公顷退耕还林工程实施情况进行全面核查。壤塘县退耕还林工程顺利通过国家阶段性验收。

【改革开放】　全面完成政府机构改革任务，撤销政府工作部门5个、新组建5个、调整6个，政府工作部门调整至23个。全面完成11个乡59个村129个村民小组275宗集体林地外业调查任务，集体林权制度改革任务圆满完成并获全州一等奖。深入推进卫生医疗体制改革，制定《壤塘县深化医药卫生体制改革的实施意见》，明确医疗体制改革的目标和任务。加快住房改革，对符合房改条件的住房进行出售，351户城镇职工受益。切实加大水电资源开发力度，协助国电公司、华电公司完成上寨电站、蒲西电站项目预研工作，开展宗科沟流域、蒲西野人大峡谷流域水电资源开发、斯跃武矿区普查工作。

【教育事业】　落实“两免一补”政策，免去所有义务阶段学生学杂费和课本费，按照每人每月130元的标准兑现生活补助费。投资364万元完成茸木达、宗科、石里3乡中心校部分校舍建设，投资106万元启动实施尕多、岗木达小学教师周转房和吾依乡小学教学楼建设项目。开展农技培训3017人次，提高农村青壮年文化素质。实施“9＋3”免费职业教育和“6＋3”基础教育工程，输送学生分别达373人、84人。

【卫生事业】　加大卫生基础设施建设，投资864万元，完成尕多、茸木达等8个红十字博爱卫生院业务用房建设，建筑面积5050平方米。提高新型农村合作医疗筹资额，参合农牧民人均达140元。提高合作医疗补偿标准，乡镇定点医疗机构补偿比例由75%提高到80%，县级定点医疗机构补偿比例由55%提高到60%，住院补偿封顶线由2万元提高到3万元，3769人受益，补偿资金290.27万元。提高医疗服务质量，县、乡两级医疗机构收治病人30135人次。

【文体事业】　觉囊梵音已成功申报为国家级非物质文化遗产保护名录；第三次全国文物普查取得重大成果，文物普查点123处，新发现99处，实地文物调查通过省、州验收。完成农民健身工程6个，全民健身路径3个；完成7个乡文化站和29个农家书屋建设，农家书屋实现全覆盖。7月2日，举办以“感恩十年行动计划”为主题第三届中小学艺术节。

（负责人　李文勇　　撰稿人　杨国军）

县政府办公室

【领导名录】

主　任	马继明
副主任	张其林
	周玉贵
政务中心主任	王鸣涛

【目标管理】　完善《壤塘县县级部门目标管理工作暂行办法》、《壤塘县农村工作目标管理考核办法》等制度，对州政府下达政务目标、十大民生工程目标，综合、单项目标进行分解落实，对重大项目目标任务分解落实到具体单位和人头，使目标管理考核更加科学合理。

【办文办会】　全年制发政府文件277件、办公室文件241件，形成各种会议材料248件、会议纪要15件、上传下达各类文件中未出现失误，各类文件和文字材料逻辑严谨，语言流畅，保证政府决策正确执行。在办公经费紧张情况下，办公室本着一切从俭原则，组织好每一次会议，圆满完成重大会议筹备、服务和有关材料制发等工作，全年筹办各类会议278次

【政务信息和信息化建设】　实行信息工作目标责任制，并定期检查、总结。围绕县政府重大决策和制约全县经济发展重点、难点问题，组织撰写政务信息630余条，其中州政府网采用526条，及时将领导活动和全县重大工作事项和成果进行信息反馈。

【政务调研】　围绕县委、政府总体工作部署和重点工作，充分发挥自身职能作用，对事关全县经济社会发展重大课题和关系人民群众切

身利益的实际问题进行调查研究，形成专题调研报告23篇。

【政务督办】　跟踪督促“十大民生工程”、大骨节病综合防治、牧民定居行动计划、三百示范工程。对项目推进过程中问题进行分析研究，为解决问题提供建议，保证目标和重大项目顺利推进。共发出书面督查文件11份，现场督办77人次，电话督办131次，跟踪督促完成县领导批示和交办事项144件；跟踪督促落实政府常务会、县长办公会决定事项69件。

【信访】　解决疑难信访案件13件（其中县排查的9件），结案13件，签定息诉息访承诺书13份，结案率和息诉息访率均达到100%。规范办理各类信访事项，1—10月共接待来信来访77件、341人次，有效办结74件，办结率96.1%。

（负责人　李文勇　　撰稿人　杨国军）

应急管理

【领导名录】

主　任　　马继明

副主任　　李文勇

　　　　　苴　准（11月起）

【概况】　构建“反应灵敏、运转高效、规范运作”突发公共事件应急体系，开展基础性工作。利用电视、横幅、标语等媒介切实加大对《突发公共事件应对法》宣传力度，提高公众对《突发事件应对法》知晓率，全年开展各类宣传活动22余次，制作宣传横幅标语102余条。

【预案体系】　坚持“操作性强、简便管用”原则，完善《壤塘县突发事件总体应急预案》，制定完善乡镇、部门专项应急预案28个，并针对敏感期和重点工作制定专项预案。强化队伍建设和物质储备，完善应急保障体系。形成以公安、消防、林业、医疗救护为核心的专业应急救援队伍体系。坚持“预防为主”原则，高度重视救灾物资储备工作，每月对民政局、粮食局、供销社、防汛办、护防办等部门物资储备情况进行清理统计，准确掌握全县应急物资储备情况，为抗灾救灾奠定坚实物质基础。强化应急宣教演练，全年开展防震、医疗救护等专项演练8次，提高公众的防灾减灾意识和能力。

【预警工作】　坚持预防与处置相结合，迅速处置各类突发公共事件，加强风险隐患排查整治。主动协调相关部门，组织开展各类风险隐患、事故隐患排查，在“2010年春节、五一、国庆”等重大节日集中组织开展4次专项风险隐患排查整治活动。针对不同时期、不同气候特点，及时向全县乡镇发布天气预报，做到早预防，早准备，确保在暴雪、冰冻、旱涝等恶劣天气状况下群众正常的生产生活秩序。建立应急管理长效机制。

【健全机制】　建立基层信息员网络，拓宽信息报送渠道。加强政务值守，坚持24小时应急值守制度，全面履行县政府办总值班职能。加强应急信息报送工作，全年编印《应急信息快报》20期，除及时报告各类突发公共事件处置情况外，重点对各类信息进行综合分析研判，整理带苗头性、倾向性问题，提出解决问题建议，供领导决策参考。全年没有发生迟报、谎报、瞒报、漏报紧急重大情况或传达领导及上级机关批示指示不及时、跟踪协调落实不到位问题。

（负责人　李文勇　　撰稿人　胡启桃）

民族宗教

【领导名录】

局　长　　孙福体（12 月止）

　　　　　更　单（12 月起）

副局长　　尕　则

　　　　　张建军（8 月起）

【概况】　贯彻党的十七大和十七届四中全会精神，围绕县委“30 字”工作思路，以维护祖国统一、民族团结进步、寺庙和谐稳定为出发点，搞好民族宗教事务各项工作，为全县经济发展、社会政治稳定和谐做出积极努力。

【民族团结】　按照中央、省委和州民委《关于深入开展民族团结宣传教育活动的意见》要求，推动民族团结教育进村寨、进寺庙、进课堂、进社区，使“三个离不开”、“两个共同”和“团结是福，分裂是祸”理念深入人心，让广大农牧民群众筑牢反分裂、反渗透、自觉维护各民族大团结思想防线，促进各民族交流、交往、交融，巩固和发展平等、团结、互助、和谐社会主义民族关系，维护祖国统一和社会稳定。开展民族团结进步模范乡镇建设。确定岗木达乡为民族团结进步模范试点乡，并拨付 5 万元专项经费用于民族团结进步专题宣传、软件建设等工作。

【服务地方经济】　做好民委渠道项目资金争取、上报等工作。向州民委上报项目 10 个（少数民族发展资金项目 6 个、少数民族机动金项目 4 个）。坚持“重在项目、重在基层、重在效益、重在监管”原则，做好少数民族发展资金和少数民族工作机动金项目安排和资金使用监管，少数民族发展资金和少数民族工作机动金充分发挥更大社会使用效益，改善农牧民群众基本生产生活条件。州下达少数民族发展资金 60 万元、少数民族工作机动项目资金 30 万元。配合相关部门贯彻执行好国家民族贸易和民族特需用品生产企业各项优惠政策，加强对民族特需用品生产企业服务。

【民族文化】　做好少数民族语言文字规范使用和少数民族古籍收集、整理、抢救、保护和开发利用等工作。抓好少数民族文化工作，丰富全县各民族群众精神文化生活。8 月，选拔 2 名参赛歌手参加“唱响阿坝、祝福祖国”民族团结歌手大奖赛。

【民族教育】　完成藏区“9 + 3”职业教育、“6 + 3”义务异地教育、相关民族院校附属中学和其他民族班在全县的招生等工作。

【民族体育】　7 月，为四川省民族运动会输送 7 名优秀表演项目运动员。

【调研工作】　强化宗教干部队伍建设，加大全县宗教工作力度，加强社会化管理体系建设，逐步实现寺庙“五化”目标，加快中壤塘觉囊文化建设进程。

【信访工作】　接收县政协委员提案 2 件，办理和答复好县政协委员提案 2 件，解决县政协委员提出的实际问题和困难。重视宗教人士和农牧民群众来信来访工作，热情接待、认真倾听，积极帮助解决问题。

【依法管理宗教事务】　与各乡、村、寺庙签订《2010 年壤塘县宗教目标管理和社会稳定责任书》、《宗教事务管理目标责任书》，层层落实责任，把责任划分到乡、到村，做到监管得当、无管理空隙。完善县、乡、村三级管理网络、宗教活动场所民主管理组织机构和各项规章制度，按照寺庙属地及僧尼户籍所在地进行依法管理。搞好新一轮僧尼颁证前期信息采集录入工作，完成1625人、占63.8%，未完成946人、占36.2%。执行宗教活动场所新建、改建和维修审批制度，坚决杜绝乱搭乱建、无序扩张，10月底，全面完成全县37座开放寺庙四至界限划定及打桩定界、相关资料存档。

按照《藏传佛教活佛转世管理办法》规范活佛转世工作，加强对寺庙现有活佛进行逐一核实、登记。决不允许任何寺庙接受境外认定的转世活佛，决不允许任何寺庙自行认定转世活佛。

村、乡、县逐级对各寺庙申报佛事活动计划进行认真审批；坚持佛事活动审批和维稳风险评估报告制度。控制大型佛事活动和跨地区佛事活动，对大型佛事活动和跨地区佛事活动坚决做到按程序从严审批。坚决禁止寺庙自行举办跨行政区域辩经活动。

【寺庙公共服务建设】　州县补助投资102万元，完成确尔基寺、棒托寺等5座寺庙寺管会办公场所建设。拟定为8座寺庙购置办公和会议桌椅、文件柜、沙发等；实行政府采购，投资2.65万元，为重点寺庙5个民族和宗教重点乡各配备电脑、打印机等设备1套。州宗教局为棒托寺等13座寺庙各配备电视1台。把全县37座开放寺庙“五通一建设”（通水、通电、通路、通通讯、通广播电视及办公场所建设）纳入全县“十二五”经济社会发展总体规划。及时、足额兑现全县156名寺管会主任、副主任及成员补助，兑现资金28.74万元。把934名僧尼纳入五保供养和低保范畴（其中五保232人、低保702人），全县2546名僧尼全部纳入农村基本医疗卫生服务范畴，符合条件的年满60周岁及以上的僧尼纳入农村基本养老保险范畴，使寺庙老、弱、病、残僧尼实现老有所养、病有所医、老有所得、老有所居。

【扶贫工作】　深入到乡、村、户开展调研，与乡、村干部和群众想办法、添措施，结合实际，制定详细帮扶计划，全力协助乡、村抓好牧民定居建设工程，补助3万元，完成25户农户新房修建和旧房风貌改造31户。为贫困农牧民发放慰问物资，价值约2000余元。

【宗教年度检查审验工作】　对全县37座开放寺庙进行考评，并按照考评检查验收结果对全县37座开放寺庙评定优秀、合格、不合格三个等次。

【自身建设】　解决人头业务经费、民族专项经费和维稳专项工作经费，改善办公条件。培养“懂政策、会管理、有策略”民宗干部队伍，加强集中学习和自学，积极参加国家、省、州各级民宗干部培训，提高全局干部职工政治思想和业务水平，逐渐转变机关工作作风，加强全局干部职工自身建设，做到“内强素质，外树形象”。

（负责人　更单　　撰稿人　李文竹）

外事台侨

【领导名录】

主　任　　唐先辉

【外事工作】　依照相关法律法规，加强对入境人员登记和管理；强化对境外媒体和境外非政府组织管理，在全县范围内对境外非政府组织各类活动进行全面清理，掌控入境人员基本情况、活动情况，全年未发现有借投资之名，入境从事各类非法活动组织和个人。

【因公出国（境）人员管理】　按照《中国公民出入境管理办法》，坚持“统一领导、归口管理、分级负责、协调配合”原则，严格对全县境内因公出国（境）人员进行审核把关，先后印发《因公出国（境）审批程序》、《党政领导干部出国审批原则》和《因公出国（境）人员守则》等规范性文件，提高因公出访质量。认真做好每个团队、每位出访人员行前教育，强调外事纪律。全年未发生因审核把关不严，造成出访不归或违反外事纪律现象。

【对台调研】　全县共有台属20人，多数居住在壤柯镇，少数退休后散居在都江堰、岳池等地；有华侨1人，居住在比利时；有侨眷4人，均属国家机关工作人员。

（负责人　唐先辉　　撰稿人　赵述彬）

政协壤塘县委员会

【领导名录】

主　席	龙　凌
副主席	扎　泽
	俄旺旦真
	穹　洛
	杨　军
	张力生
	甲央洛州
调研员	头　丹

【全委会议】　政协十一届壤塘县委员会第四次全体会议于3月6—9日在壤塘县城召开，会期4天。政协全体委员出席会议，各乡（镇）分管政协的副书记、副乡镇长、各单位负责人员列席会议。

会议听取并审议通过《中国人民政治协商会议第十一届壤塘县委员会常务委员会工作报告》、《中国人民政治协商会议第十一届壤塘县委员会常务委员会关于十一届三次会议以来提案工作情况的报告》。列席壤塘县十二届人民代表大会第五次会议，听取并协商讨论政府工作报告、预算工作报告、法院和检察院工作报告。

会议共提交委员提案48件，立案47件。其中经济建设、社会事业发展类30件，教育、文化、卫生类11件，统战、宗教类6件。

【常委会议】　3月1日，政协十一届壤塘县委员会常务委员会第14次会议在政协常委会议室召开。县政协主席龙凌、副主席扎泽、俄旺旦真、张力生，秘书长朱州怀以及十一届政协常委出席会议。提案委主任毛承军、政协办公室副主任谭昌林列席会议。会议由县政协常务副主席扎泽主持。会议修改讨论并审议通过《中国人民政治协商会议第十一届壤塘县委员会常务委员会工作报告（审议稿）》；讨论修改并审议通过《中国人民政治协商会议第十一届壤塘县委员会常务委员会关于政协十一届三次会议以来提案工作情况的报告（审议稿）》；决定召开中国人民政治协商会议第十一届壤塘县委员会第四次会议时间。会议协商确定由政协主席龙凌代表政协十一届壤塘县委员会作中国人民政治协商会议第十一届壤塘县委员会常务委员会工作报告；协商确定由政协副主席张力生代表政协十一届壤塘县委员会作中国人民政治协商会议第十一届壤塘县委员会常务委员会关于政协十一届三次会议以来提案工作情况的报告。

6月21日，政协十一届壤塘县委员会常务委员会第15次会议在政协常委会议室召开。

县政协主席龙凌、副主席扎泽、俄旺旦真、穹洛、杨军，秘书长朱州怀以及十一届政协常委出席会议。县政协副主席扎泽主持会议，县人民政府副县长李洪应邀参加会议。州、县政协委员王守华、张福斌，县委统战部、县政协各委室、县委办、政府办、县民宗局、县人事劳动和社会保障局、县编办、县就业局、县社保局、县医保局主要负责人员列席会议。县人民政府副县长李洪通报人事劳动和社会保障工作开展情况。协商审议通过政协学习文史提案委员会《关于我县宗教工作开展情况视察报告》。龙凌主席传达州政协17次常委会议精神，并对常委会上半年的工作作简要总结，对如何开展下半年工作提出安排意见。

9月25日，政协十一届壤塘县委员会常务委员会第16次会议在政协常委会议室召开。县政协副主席扎泽、副主席俄旺旦真、穹洛、张力生，秘书长朱州怀以及十一届政协常委出席会议。县政协副主席扎泽主持会议，县人大副主任文成才，县人民政府副县长江兴学应邀参加会议。州、县政协委员王守华、张福斌、樊兴建、阿甲和县委办、政府办、县扶贫办、县林业局、县规划建设局、县旅游局、县定居办、县农工办、县监察局、县审计局、县发改委、县森林公安局主要负责人员列席会议，会议协商讨论林业工作，审议通过政协调研组《关于我县林业工作开展情况的调研报告》。通报县政协组织州县政协委员对全县牧民定居行动计划及“三百”示范工程公建项目建设进行视察情况。

12月23日，政协十一届壤塘县委员会常务委员会第17次会议在政协常委会议室召开。县政协主席龙凌、副主席扎泽、穹洛、张力生，秘书长朱州怀以及十一届政协常委出席会议。县委副书记陈继东，县委常委、县纪委书记陈宇生，县人大副主任文成才，县人民政府副县长江兴学，政协调研员头丹；州、县政协委员王守华、肖英、王仕权、卢豫祥，县委办、县政府办、县纪委、县监察局、县教育局、县农水局、县交通局、县规划建设局、县财政局、县民宗局、县民政局、县卫生局、县林业局、县广电局、县文化体育局、县人事劳动和社会保障局、县扶贫办、县物价局、县电力公司、蒲西乡、中壤塘乡党委副书记、各片区纪工委书记和政协各委室负责人列席会议。会议由县政协副主席扎泽主持。会议听取县人民政府《关于办理县政协十一届四次会议委员提案情况的通报》；听取并审议政协壤塘县委员会学习文史提案委员会《关于十一届四次会议以来提案工作情况的报告》；听取县纪检监察机关《关于我县党风廉政建设情况的通报》；会议讨论修改并原则通过《中国人民政治协商会议第十一届壤塘县委员会常务委员会工作报告（审议稿）》；讨论修改并原则通过《中国人民政治协商会议第十一届壤塘县委员会常务委员会关于政协十一届四次会议以来提案工作情况的报告（审议稿）》。

【主席会议】 4月1日，县政协主席龙凌主持召开政协十一届壤塘县委员会第31次主席会议。副主席穹洛、杨军、张力生，秘书长朱州怀出席会议，巴则、毛承军、郎穷、倪彩云列席会议。会议传达壤塘县经济工作会议、壤塘县政法工作会议、壤塘县纪律检查委员会第五次全体会议以及其他会议精神。会议审议通过《政协壤塘县委员会办公室2010年工作要点》、《政协壤塘县委员会法制群团和社会工作委员会2010年工作要点》、《政协壤塘县委员会民族宗教委员会2010年工作要点》、《政协壤塘县委员会学习文史提案委员会2010年工作要点》、《政协壤塘县委员会办公室关于机关2010年帮村工作计划》。

5月17日，县政协主席龙凌主持召开政协十一届壤塘县委员会第32次主席会议。副主席扎泽、俄旺旦真、穹洛、杨军、张力生，秘书长朱州怀出席会议，巴则、毛承军、郎穷列席会议。会议传达壤塘县贯彻全省灾后重建现场会议精神，通过常委会组织部分州、县政协委员视察宗教工作开展情况方案，研究决定召开政协第十一届壤塘县委员会第15次常委会相关事宜。会议决定，5月26日至28日组织部分州、县政协委员对我县宗教工作开展情况进行视察；6月21日召开政协第十一届壤塘县委员会常务委员会第十五次会议。

7月28日，县政协主席龙凌主持召开政协十一届壤塘县委员会第33次主席会议。副主席扎泽、俄旺旦真、穹洛、杨军、张力生，秘书长朱州怀出席会议，巴则、毛承军、郎穷列席会议。会议传达县委82次常委会议精神。通报政协办公室主任、副主任分工以及机关11个领导小组调整情况。会议要求，政协机关各委室要认真贯彻落实县委82次常委会议精神，要以高度政治责任感和使命感，搞好政协下半年各项工作，做到内强素质，外塑形象，加强学习，加强沟通，以确保年度目标任务圆满完成。

8月24日，县政协主席龙凌主持召开政协十一届壤塘县委员会第34次主席会议。副主席扎泽、穹洛、杨军，秘书长朱州怀出席会议。会议研究审定政协办公室《关于组织开展州、县政协委员对我县林业工作开展情况进行调研筹备方案》，审定《关于组织开展政协委员对我县牧民定居共建项目建设情况进行视察的筹备方案》。

9月15日，县政协主席龙凌主持召开政协十一届壤塘县委员会第35次主席会议。副主席扎泽、穹洛、杨军，秘书长朱州怀出席会议。会议协商赵春勇等5名同志提拔为正科级意见征求。

11月1日，县政协主席龙凌主持召开政协十一届壤塘县委员会第36次主席会议。副主席扎泽、俄旺旦真、穹洛、杨军、张力生，秘书长朱州怀出席会议。组织学习党的十七届五中全会精神；传达县委牧民定居和精品旅游村寨建设工作推进会精神；研究2010年第十七次常委会主要议题；研究政协机关创先争优活动中开展“谈心谈话”活动相关事宜。

12月19日，县政协主席龙凌主持召开政协十一届壤塘县委员会第37次主席会议。副主席扎泽、俄旺旦真、穹洛、杨军、张力生，秘书长朱州怀出席会议，巴则、毛承军、谭昌林、彭春玲列席会议。会议讨论修改常委会工作报告。

12月22日，县政协主席龙凌主持召开政协十一届壤塘县委员会第38次主席会议。副主席扎泽、俄旺旦真、穹洛、杨军、张力生，秘书长朱州怀出席会议，巴则、毛承军、谭昌林、彭春玲列席会议。会议协商决定召开中国人民政治协商会议第十一届壤塘县委员会第五次会议相关事宜，讨论修改中国人民政治协商会议壤塘县委员会2011年工作要点，通过任命法制群团社会工作委员会主任。

【协商】　十一届四次全会期间，协商讨论“一府两院”等报告和《壤塘县十二五规划（草案）》，委员们关注综合防治、牧民定居行动计划、“三百”示范工程、“669”惠民工程、维护社会稳定、城乡环境综合整治等方面工作提出意见和建议，得到县委、县政府重视和采纳。召开4次常委会，审议和专题协商《政协2010年工作要点》、《政协壤塘县委员会提案工作条例》、《关于我县林业工作开展情况的调研报告》、《关于我县2010年财政预算安排情况》的通报及人民法院《关于2010年工作开展情况》的通报及县人民检察院《关于2010年工作开展情况》的通报，提出修改意见建议。

【调研】　主席会议成员以及专委会到基层调研；聚集各界别、各部门力量，组织开展大骨节病综合防治、牧民定居行动计划、三百”示范工程、“669”惠民工程、城乡环境综合整治、基础设施建设等调研活动，形成2篇调研报告，2篇视察报告，提出30多条建议。

【民主监督】　民主评议县公安局行风建设，通过会议评议、自由发言、民主监督，在听取常委、部分县政协委员和公民代表意见基础上，形成专题评议报告报县委。派出政协委员担任民主监督员对法、检两院办案过程进行监督，促进司法系统更好开展工作。

【提案工作】　政协十一届三次全会期间，共收到提案48件，经提案委员会成员酝酿、审查后，立案47件。采取召开督办协调会、现场督办等形式跟踪督办，创新督办方法，办复率100%，委员反馈意见均为“满意”或“基本满意”。

【联谊工作】　组织部分州县政协委员和机关干部职工到州外进行学习考察，密切与外界联系和交往，增加委员间感情。

【文史资料】　完成《政协十一届2009年的大事记》组稿。

【扶贫工作】　开展捐资捐物解困、结对子扶贫帮困和送温暖、献爱心以及走访慰问活动。特别是青海玉树地震、甘肃舟曲特大泥石流和四川特大泥石流灾害发生后，竭力发动全县政协委员和机关党员干部职工为灾区送温暖、献爱心。全县政协委员和宗教界人士踊跃向灾区捐款5.6万元，为特困“三老”干部和政协委员解决困难生活补助2万余元，为所联系乡村和所帮扶茸木达乡雪尔盖村争取项目资金40余万元。

【宣传工作】　加强对内对外宣传，积极向《四川政协报》等报纸杂志投送稿件，宣传政协工作开展情况。

（负责人　扎泽　　撰稿人　毛承军　徐建平）

县政协办公室

【领导名录】

秘书长、主任　　朱州怀
副主任　　谭昌林（6月止）
　　倪彩云
　　徐建平（6月起）

【办文】　按照《中国共产党公文处理条例》有关规定，规范行文工作，做好政协各类会议材料和文件起草、审核、归档及销毁工作。全年完成政协委员会文件4件，党组文件16件，领导重要讲话7篇，调研报告4篇。

【办会】　完成第四次全体会议，十四次、十五次、十六次、十七次常委会议，30次至38次主席会议及各种临时会议组织工作。搞好会议材料准备、会场布置、后勤保障和安全保卫、会议记录、简报编写和新闻宣传，认真编写会议纪要，整理相关资料，向相关部门转发文件及相关材料。

【协调服务】　加强与县委办、人大办、政府办、接待办及县级各部门联系，互通情况，交流信息，密切合作，提高工作成效。组织州县政协委员，围绕政协委员提案、常委会纪要落实情况开展督促工作。统筹安排机关各委室共同开展调研，完成全县宗教工作开展情况、林业工作开展情况调研；完成牧民定居、“三百”示范工程公建项目视察。

【调研考察】　组织州县政协委员和机关干部职工到海南、桂林等地学习考察。到各乡（镇）进行市政建设、牧民定居、“三百”示范工程、党风廉政建设和反腐败工作、维稳工作等调研视察，提出合理建议，推进相关工作。

【联谊】　在政协十一届四次会议期间，组织全体政协委员进行有益的文体活动，组织政协委员外出学习考察，加强沟通、增进友谊、增长见识、促进工作。

【机关事务管理】　贯彻执行《会计法》和财政集中统一支付规定，合理安排预算，严格经费支出。加强机关干部职工管理，与职工签订社会治安管理责任书、安全生产管理责任书，及时排除不稳定因素、安全隐患，开展经常性安全警示教育，确保机关全年无治安事件、安全事故。

【自身建设】　认真开展创先争优活动。以班子创先进，党员创优秀为创建目标，全面开展创先争优活动，加强对外宣传，提高政协形象，全年完成工作简报35期，向《四川省政协报》投稿6期，有力宣传政协工作开展情况。加强机关“三化”建设，规范服务行为，规范公文办理、会议组织、后勤接待、车辆管理等规章制度。

（负责人　朱州怀　　撰稿人　徐建平）

群众团体

QUN ZHONG TUAN TI

总工会

【领导名录】

县委常委、主席　　王维新
常务副主席　　杨　毅
副主席　　毛德琼

【概况】 以邓小平理论和“三个代表”重要思想为指导，以开展创先争优活动为契机，围绕构建和谐劳动关系、维护职工合法权益这条主线和全县工作重点，突出开展维权机制建设、困难职工帮扶、基层工会建设、“工人先锋号”创建、工会创先争优及企业工资集体协商等重点工作，全面落实科学发展观，团结动员全县职工为建设和谐壤塘建功立业，为推动壤塘县经济社会发展做出贡献，全县工会工作引领带动有新起色、维护权益有新提高、扶贫帮困有新进展、组织体系有新突破、自身建设有新提升。

【开展创先争优】 深入开展创先争优活动，加强工会自身建设，提升工作实效。以党支部创先争优为龙头，健全创争的制度。定期召开支委会或党员大会，学习相关文件，部署阶段性工作、检查任务完成情况；抓全体党员的思想发动和教育引导，争当创争先进；正确履行支部工作职责。全年预备党员转正3人，培养积极分子1人。县委第二支部被县创争办列为创争工作示范支部；按照县委创争活动安排部署和省州党群共建创先争优电视电话会议要求，以建“五好四强”先进支部和争当“五带五争”优秀共产党员为目标，对照加强班子队伍建设、充实支部和业务工作内容，分阶段实施创争各项工作。主要是：增强工会工作主动性；组织体系建设、职工群众正当权益维护；企事业单位“工人先锋号”创建和劳动技能培训提高；督促各基层工会以活动为载体丰富业余文化生活；以“两公开”建设为核心，助推“职工之家”创建；扶贫济困的帮扶面、帮扶力度和“金秋助学”等方面都有新的拓展或起色，尤其是做大帮扶资金的“蛋糕”上着力用劲，推动全县工会工作的向前迈进，促进创争工作与工会业务的有机结合，并在推动工作再上台阶中得到体现：在各基层工会继续开展工会“创先争优”活动（始于2009年，走在全州工会系统“创先争优”活动前列），“工资集体协商”工作成效明显（合同签订率达85%，兑现率100%），“工人先锋号”创建命名9个，占企事业工会总数的53%；帮扶资金滚动壮大；整合资源，规范会籍管理和会费收缴；强化培训，创新形式，全面提升工会干部能力。领导干部“带”学。班子把《划清“四个重大界限”学习读本》、《七个怎么看》等指定学习书目作为重点学习内容。领导干部与党员撰写心得体会共7篇。改善条件“促”学。全年投资2万多元新配备传真机1台、摄像机1部、更换办公室防盗门。创新形式“活”学。按照“经常学、学经常”的要求，通过集中统一学习、个人自学与集中讨论相结合的方式认真开展创先争优学习活动。外出培训“创”学，全年共选派2人参加省总工会的调训；加强管理，完善制度，全力提升工会工作标准。领导班子坚持学习贯彻民主集中制，注重养成民主作风。坚持开展批评和自我批评。坚持重大问题集体讨论、民主决策，形成团结协作、务实高效的工作作风。全年召开主席办公会议6次。

【开展建功立业活动】 拓展“劳动竞赛”的广度和深度。紧紧围绕“牧民定居”、“三百”

示范工程、“帐篷新生活”等全县在建和新开工重点项目，继续开展“争创优质精品工程”、“我为节能减排献一计合理化建议”、企业技能业务比赛活动，提高劳动竞赛的实效性。在17个企事业单位52个班组（科室）开展“工人先锋号”创建，经考核命名9个基层工会班组（科室）为县级“工人先锋号”荣誉称号。

开展“安康杯”竞赛活动。根据安全生产工作的部署，针对季节性安全生产特点，深入开展“排隐患、保安全、我为安全生产献一计”活动，排查治理事故隐患；参与重特大事故调查及善后处置1件；组织开展“安全生产月”活动，营造“关注安全、关爱生命”的社会氛围；全面推行签订《劳动合同》工作。在4个企业176名员工中推行“安康杯”竞赛事宜。

以活动为载体，丰富职工业余文娱生活。组织“壤塘县庆‘五一’职工拔河赛”，县级54个基层工会组合成14支参赛队参加拔河赛，参赛面达98%，比赛决出6个优胜奖和2个组织奖。联合组织各机关企事业单位参加“感恩歌曲大家唱歌咏比赛”。评估开展活动的数量及效果，作为创争考核的重要指标，对先进予以经费补助。检查各基层工会创争活动中开展文体活动情况，督促不力单位整改。

【提高队伍素质】 加大法制宣传教育力度，开展综治工作和新一轮平安创建工作。以“综治宣传月”、“工会宣传月”、“安全生产月”活动为契机，开展法制宣传教育。全年共悬挂横幅5幅；设立咨询点5次，参与街头咨询5次，发放宣传材料3000余份；进企业及建筑工地宣传咨询2次；制作“五五”普法专版1个；在特殊时间做好维稳信息的日报工作；采取督促企业签订“共同约定行动”承诺书和劳动合同，女职工权益保护专项合同及其跟踪履行情况措施，推动企业的正常生产经营和企业职工的和谐生产，营造企业稳定的发展态势。

以“创建学习型、争做知识型职工”活动为载体，开展创建“工人先锋号”、岗位练兵、技术培训、技能比赛、“加快壤塘发展我能做什么”建言献策活动。17个企事业工会52个班组（科室）参与“工人先锋号”创建活动。熟练岗位技能，提升创争实效；组织粮油收储公司工会开展技能比武、岗位练兵活动，增进企业工会作用方式，激发员工“立足本职建功立业”热情，增强工会工作活力。

升化城乡环境综合整治“进企业”工作。履行牵头单位职责，不定期召开环境整治活动布置会和通报会，不定期到各企业开展检查督查；作为片区环境整治抓点单位，积极响应整治办要求开展卫生清扫、保洁、巡查；建立环境整治成效与企业工会创先争优考核挂钩办法，从机制上巩固整治成效。

有序推进厂务公开民主管理工作试点。根据州总工会要求，在县民贸公司等4家企业开展厂务公开民主管理工作的试点。试点工作基本做到方案明、内容清、进行有序、推进正常、促进生产、构建和谐的要求和目标，并通过州上组织的自查验收。

推进劳动关系和谐企业创建活动，维护社会的和谐稳定。推进“两个普遍”，开启工资集体协商“百日行动”。“推动企业依法普遍建立工会组织、依法普遍开展工资集体协商”，是全国总工会向县以上总工会提出的工作新要求，业务新职责。搞好企业基本情况的摸排，做到底数清；针对未建工会的企业做建会前期准备工作，做到摸好底；以点带面开展对县民贸公司、电力公司、粮油收储公司3家企业以“要约协商、工资共决”为主题的工资集体协商“百日攻坚”行动。从8月至10月中旬，督促3个企业签订工资集体协议、劳动合同和女职工专项合同，签订率达98%，其中电力公司、粮油收储公司坚持公开、公平、公正和协商一致的原则，通过协商过程中的民主程序，兼顾企业与职工双方的利益，制定增资方案，并从1月起实行。电力公司从1月起人均增调500元，一线职工在此基础上再上浮10%。同时，为激励职工爱岗安心，按工作满一年予10元标准发奖励工资；按此方案每月增资共计2.22万元，并将调资金额纳入“五险一金”的基数。县粮油收储公司从4月起人均增资300元，月增资5100元。使职工的最低工资标准得到保障，确保职工的工资收入随企业的劳动生产率和经济效益增长而同步提高。县民贸公司按增幅19.5%予以兑付。3个企业协商成功并予以兑现，维护企业职工的正当利益，促进企业与职工互利共赢、和谐稳定。

【推进“惠民帮扶”，解决职工困难】 开展春节“访贫济困、共迎佳节”，“暖冬大行动”、“送温暖”活动，走访慰问下岗工人40人、困难职工45人（包括环卫工人16人）和困难群众15人。送去价值8000元的大米、青油和砖茶（折价8000元），慰问金2.09万元，解决了困难职工的生活问题，促进全县社会稳定。在“关爱劳模周”看望罗建国、何卫青2名省部级劳模，发放慰问金3600元；在元旦春节期间，对2人发放慰问金800元。

关爱妇女儿童。在“六一”儿童节期间，为宗科乡中心校送去慰问金500元；参与“两纲”攻坚暨终期自查评估工作；发挥工会组织女职工委员会作用，开展妇女及儿童维权事宜。

“金秋助学”活动再上台阶。全年为33名贫困学生发放“金秋助学”资金1.98万元，超额完成州下达的任务。

规范“困难职工帮扶系统”。按照“确实困难的进（留），帮扶脱困的出（去）”的原则，开展为期3个月的困难职工信息审核建档工作。在调查了解和核实的基础上，将符合条件的人员录入“全国帮扶中心管理系统”，对困难职工档案实行动态管理。同时，按照户籍管理的原则，对一人多档和一户多档情况进行合并处理，做到一户一档，全县共建立173户困难职工（其中农民工52户）档案。

开展募捐活动，提升职工爱心奉献。6月12日，联合开展以“大火无情、人有情”为主题的募捐活动，为上壤塘乡康垄村受火灾户确四甲募捐8727.3元，其中总工会为受灾户捐款1000元。7月1日，县委常委、总工会主席王维新一行到宗科乡伊冬村与加斯满村看望慰问贫困党员、老干部和困难群众，发放衣服和慰问金共计7800元。为甘肃舟曲泥石流、青海玉树地震、云南旱灾和牧民定居捐款3600元。9月14日，联合开展“壤塘县向我省特大山洪泥石流灾区捐款”活动，收到捐款1.62万元。

加强女职工工作。建立健全各级女工组织，支持女工委推进“女职工建功立业工程”、“女职工素质提升工程”和“女职工爱心帮扶工程”，依法维护女职工特殊权益。发挥女职工组织的作用，深化女职工大病统筹工作，组织实施“311”工程，动员和组织女职工参加女职工大病互助保险，新增参保人员29人，共34份，参保3800元。

在调查摸底的基础上，督促企业签订劳动合同、“共同约定行动”承诺书和女职工权益保护专项合同，贯彻执行《劳动法》、《合同法》和《工会法》，纠正违反劳动法律、法规的行为，有力推进工会职工法律服务和法律援助工作。

【基层组织建设】 完善“党建带动工建、工建服务党建”工作机制，以“抓基层、打基础、强机制、增活力”为重点，继续推进组建工会和发展会员工作。

突出建会重点，夯实建会工作。结合基层工会法人资格工作，改选45个基层工会；指导新建工会组织1个，新增会员48名。全县建有68个基层工会，会员2181人。

推进基层工会规范化建设，规范基层工会各项工作。以工会“创先争优”活动为契机，将工会工作以细则形式量化推行。

细化责任狠抓基层工会法人资格登记工作，有52个基层工会完成基层工会法人资格登记申报事宜。

加强工会财务与工会经费收缴工作。加强工会财会制度建设，规范财务管理，夯实工作基础，管好用好工会经费。发挥经审组织作用，开展经费审查工作，落实《工会经费审查工作规范化建设标准》。开展经审干部的培训工作，提高经审监督实效。

整合资源，规范会籍管理和会费收缴。在充分调研的基础上，按照“属地管理、就近入会”原则，将乡镇学校、卫生院、“两所一庭”、农经站、畜牧兽医站双重管理单位的工会组织关系统一归乡镇工会管理，明确规定会费收缴的标准、使用与管理，增强基层工会向心力。

将推行“两个普遍”工作、社区文化阵地、“三中心”建设纳入壤塘县“十二五”规划，描绘未来5年工会工作发展蓝图。

【工会代表大会】 4月15日，在壤林局会议室召开壤塘县总工会七届三次全委扩大会议，应到委员17人，实到9人，出席会议的还有各基层工会主席66人。会上，听取县总工会第七届委员会常务副主席杨毅所作的《全委会工作报告》和副主席毛德琼所作的《经费审查报告》，补选部分委员，表彰26个基层工会在“创先争优”活动中荣获先进集体。最后县委常委、县总工会第七届委员会主席王维新作总结讲话。

【群众性经济技术活动】 以“创建学习型、争做知识型职工”活动为载体，开展岗位练兵、技术培训、技能比赛活动，组织职工围绕“加快壤塘发展我能做什么”建言献策，转变干部职工工作作风，增强干部职工的学习、创造、竞争能力，激发员工“立足本职建功立业”热情，增强工会工作活力。

【履行维护职能】 继续加强基层工会组织建设，把农民工组织到工会中来，实行双向维权机制建设，搞好依法维权，配合搞好农村民事纠纷调处，坚持每季度召开一次乡（镇）农民工维权联动联席会议。

【“再就业”工程】 联合对全县零就业家庭、下岗失业人员、破产企业的下岗失业人员和农村劳动力转移输出人员进行职业培训。

【维护职工合法权益】 开展“普法进建筑工地”及农民工合法权益保障情况调研，指导县内4家企业签订《集体合同》、《共同约定》和《企业工资集体协议》，占已建工会企业的100%，3家企业签订女职工专项合同。

【创建和谐劳动关系】 以工资兑现、养老及工伤保险为重点，联合检查用工单位集体合同、劳动合同的签订履约情况，履约情况好的达70%，现场指导800余名职工与用人单位签订《劳动合同》。调整劳动关系，加大源头参与和监督的检查力度，建立健全劳动关系三方协调会议制度，及时处理和解决职工劳动权益问题。

【工会经费审查】 严格坚持财务制度，实行“一支笔”签批。开展壤柯镇等5个基层工会的经费审查审计，指导基层工会规范工会财务工作。

【廉政建设】 贯彻《廉洁从政若干准则》规定，以执行制度为重点，建立健全《领导干部学习制度》、《廉洁自律制度》、《党组会议制度》、《主席办公会议制度》、《常委会议制度》、《考勤制度》、《学习制度》等22项规章制度，全年无违法违纪事件发生。

（负责人 杨毅 撰稿人 路茂涛）

妇女联合会

【领导名录】

主 席 周文花

副主席 邹静桦

【概况】 全县共有12个乡（镇）妇联组织，配备有专、兼职乡（镇）妇联主席和妇女干事；有60个村级妇女组织，均分别配备专、兼职妇代会主任；县级各机关、企事业共有46个妇代会组织，各妇代会在县妇联的组织领导下开展妇女儿童工作。开展创先争优活动，以“双学双比”、“五好文明家庭”、“巾帼建功”为三大主题，开展“三八”维权周、法制宣传日、“三八”妇女节与“六一”儿童节系列活动，促进妇儿工作健康发展。

【思想宣传教育】 以各类节日为契机，采取张贴宣传标语、设立咨询台的方式，广泛开展“两纲”、“综治宣传月”、“三八维权周”、“6·26”禁毒、“12·1”艾滋病防治、“12·4”法制、计生“三结合”宣传教育活动，妇女儿童工作得到广泛关注，逐步形成关爱妇女儿童的氛围。

【城乡妇女发展】 全县各级妇代小组参加各种技能培训，提高全县妇女同胞的素质，促进全县妇女事业的快速发展。

【维权工作】 推进“巾帼普法维权”行动和“法律援助行动”，为受侵害妇女儿童提供维权服务。开展“三八”维权周宣传咨询活动，提高妇女依法行使知情权、参与权、表达权、监督权的能力。组织开展法律知识竞赛，并设立法律咨询台，现场解答妇女群众关心的热点难点问题。加强群众来信来访工作，维护妇女儿童合法权益。全年有涉及婚姻家庭、文化教育以及劳动和社会保障方面的来访来电13件，结案率达100%，并开通“12338”妇女维权热线电话。

【妇女工作】 实施巾帼惠民关爱行动，为农村妇女办好事、解难事、做实事。与县计划生育指导站协同合作，对5000名妇女免费普查妇女病，增进妇女的身心健康，提高妇女的生命质量。10月14—15日，邀请省政府妇儿工委办正处级调研员甘华兰和成都市锦江区妇幼保健院医疗组的专家到壤塘为14对不孕不育患者免费检查，举办生育健康知识讲座。救助贫困母亲6位，发放救助资金及物资9000元。

【儿童工作】 做好“利乐”项目，发放资金3000元，救助壤塘县高中毕生生2名。救灾贫困儿童10名发放资金5000元。

【组织工作】 全县61个村（居）委员会皆配

备专兼职女性妇女主任，她们是来自各村的女能手、女强人，不同程度的带领各村妇女的发展。4 月，召开八届四次执委扩大会，集中培训妇干 70 人次。

【“双学双比”】 紧紧围绕科技兴农要求，在农村开展“双学双比”活动，引导广大农村妇女转变观念。联合举办 2 期蔬菜种植、中药材种植等实用技术培训班，培训妇女 60 余人。

【“五好文明家庭创建”】 制定《“五好文明家庭”创建活动的实施方案》，建立健全激励机制，加强规范管理，全县涌现出一批热心公益、爱岗敬业、尊老爱幼、少生优育、爱护环境的家庭，为净化社会风气，构建社会的和谐细胞奠定基础。

【女性人才建设】 加强女性人才库建设，向州妇联组织推荐女性高科技人才、副县级后备干部和女性经营人才这“三支队伍”的优秀女性人才 7 名。

【节日活动】 “三八”节期间，表彰县委等 5 个妇代小组“三八红旗集体”、魏银勋等 10 位“三八红旗手”、杨革等 10 名巾帼建功标兵、哈果等 8 个家庭“五好文明家庭”、王燕等 10 个家庭“环境卫生进家庭模范户”、机琼等 8 名“优秀妇联干部”、张世宏等 5 名“好媳妇”和余杰彪等 5 名“好丈夫”荣誉称号。

母亲节期间，在城关地区开展大型宣传活动，在县电视台开展“感恩母亲”点歌活动。

以“祖国伴我成长”为主题，在城关小学校组织 760 余名师生开展“向国旗敬礼、做一个有道德的人”的网上签名活动。同时，以“热爱祖国、净化环境、亲子携手、家庭行动”为主题的环境综合整治活动，教育儿童自觉抵制不良信息，动员社会各界力量共同为儿童健康成长营造良好的社会文化环境。

【妇儿工委工作】 开展“三下乡”、“三八维权周”、“科技月、”“三八”节、“母亲节”、“六一”、“六二六”综治宣传月、尊重生命尊重爱、廉政文化进家庭系列宣传教育活动，增强全社会维护妇女儿童权益的责任感和使命感，增强广大妇女的法律意识和依法维权的能力。确保“两纲”各项指标完成，组织 27 个成员单位召开“两纲”工作推进会，扎实做好“两纲”攻坚工作，推进妇女儿童事业健康持续发展。建立健全“两纲”监测数据评估机制，落实具体措施，促进“两纲”各项指标快速提升。

（负责人　周文花　　撰稿人　杨丽）

共青团壤塘县委

【领导名录】

书　记　　尕玛格拉

关心下一代工作委员会办公室副主任　　余　璐

【概况】 2010 年，全县青年 5273 人，团员 1468 人，团青比 28%；发展新团员 101 人，推优入党 6 人。

【思想建设】 学习贯彻中央第五次西藏工作座谈会、四川省藏区工作座谈会、州委第九届十次、十一次全委会精神，以“千里文明走廊. 青春与你同行”主题实践活动为主线，按照引导青年、服务青年、组织青年、维护青少年权益的总体要求，进一步解放思想，开拓创新，牢固树立“学习、服务、务实、创新”的工作理念，不断深化团的各项工作，落实具体工作。

【基础建设】 按照团州委《关于印发〈阿坝州乡镇团组织格局创新试点工作方案〉的通知》要求，3月中旬，制定《壤塘县组织实施乡镇团组织格局创新试点工作方案》，启动实施乡镇团组织格局创新试点工作，科学设计基层团委班子选配工作方案，详细规定岗位设置、选配原则、选配对象、选举办法和考核标准。将选调生纳入乡镇团委书记考察范围，发挥选调生年轻有活力、多创新思维的特点；推行“1 + X”新型组织模式，设团委书记一名，团委副书记三至五名（学校团干、大学生村官、基层派出所和卫生院团干）；采取编内与编外、专职与兼职相结合的方式，吸收对共青团和青年工作有热情、有一定代表性的青年团员充实到乡镇团委班子中来；各试点乡镇确定候选人后，及时予以公开、公示，确保选配工作的公正性；选举工作结束后，各乡镇均对当选人员进行任前公示，接受广大群众的监督，并将选举结果报县委组织部和团县委备案。此次选配的基层团干部平均年龄27岁，进一步改善团干部队伍的结构，提高团干部队伍的整体素质，增强基层团组织活力。

【“双争双创”活动】 明确“双争双创”活动主题和总体要求，以建设“五个好”先进基层团组织、争当“五个模范”优秀共青团为主要内容，推进争创活动各项工作有序开展。

【保护母亲河行动】 依托机关、企事业单位，以党员、团员、大学生志愿者为骨干，组建志愿服务队。志愿服务队开展城乡环境清洁、保护母亲河行动。

【学校青少年教育活动】 以青少年为宣传教育对象，开展《未成年人保护法》、《预防未成年人犯罪法》、《义务教育法》、《劳动法》法律法规宣传，营造青少年法制、安全教育的良好氛围，增强青少年法律意识和自我保护能力。3月17日，联合开展综治和平安建设宣传活动，共发放藏汉双文宣传资料200余份。6月13日，以“安全发展，预防为主”为宣传主题，向广大青少年宣传《安全法》、《安全条例》法律法规。

以活动为依托、教育为目的的原则，深化青年的思想教育工作。“五四”青年节，在县中开展“迈入青春门，走好成人路”主题活动，举行成人宣誓仪式，对学生们进行理想信念教育。10月22日，在县中学开展“十个好”学生行为习惯养成教育系列实践活动，引领学生“把衣穿好、把饭吃好、把路走好、把地扫好、把操做好、把歌唱好、把字写好、把课上好、把人待好、把人做好”是由小事入手，由表及里健全学生人。结合“千里文明走廊，青春与您同行”主题实践活动，6月3日，组织青年志愿者服务队到岗木达乡敬老院开展“走进敬老院、爱心献老人”主题实践活动，为老人送医、送药、清扫房屋。在第三个“全球洗手日”到来之际，在县城关幼儿园小朋友中组织开展以“正确洗手、‘手’筑健康”为主题的健康教育活动。

组织动员基层团员青年积极投身到“三百”示范工程建设点的环境整治工作中去，清理各处卫生死角和风貌改造工作。在暑期，组织10余名“9 + 3”免费职业教育学生到宗科乡和南木达乡参与风貌改造建设，践行“学以致用、感恩图报”。

【青年文化活动】 推进青年科技创新行动和农村青年实用技术培训。5月底，联合县就业局在全县12个乡集中开展农牧民技能就业培训，210名农牧民参加培训，掌握农技知识和创业知识。6月9日，联合县农行共同举办“送金融知识下乡”活动，采取设置联合宣讲台、发放宣传资料的方式宣传存贷款、结算、银行卡用卡安全、投资理财以及预防假币等金融知识，帮助农村群众增强金融知识，提高使用现代金融服务能力。促进农村青年就业创业，组织选送6名农村青年到茂县中职校进行为期30天的唐卡绘画。

培育青年文化。在“五四”青年节前夕，组织举办“弘扬五四精神，唱响青春之歌”青少年歌唱比赛。同时，表彰2009年度先进个人和先进集体。6月11—12日，举办“移动杯”青少年三人制篮球比赛，丰富青少年业余文化生活，展示青少年健康向上、奋勇拼搏、青春激昂的精神风貌。联合举办“感恩十年行动计划文艺汇演暨第三届中小学艺术节”，展现学校艺术教育改革和发展成果。

【校园内外治安隐患排查】 5月，联合成立校园内外治安隐患排查小组，排查全县15所中小学及幼儿园治安隐患，重点完善校园内部管理、安全隐患和安保措施，逐一排查校外治安环境和外来人口管理；落实学校安全工作，加强学生安全防范措施。制定校园安全巡逻计划，多次联合巡逻县城河边、山上和建筑工地等危险地段，确保学生在校期间人身安全。

【救助贫困学生】 “希望工程”是共青团工作的品牌工程，发放“广发行希望慈善基金”对壤塘40名贫困学生的资助款；到岗木达乡孤儿院和南木达乡中小学慰问贫困儿童，送去价值5000余元慰问物资；“六一”儿童节前后，协调开展“结队帮扶”行动，与50名贫困学生组成帮扶对子，进行一对一帮扶；为两名考取省外大学的贫困学生发放2000元助学金。

【弱势群体帮扶】 为贫困农牧民争取到公益组织捐赠的衣物棉被物资，均已足数发放到他们手中。为上壤塘乡康垄村村民俄热板救助1000的现金和衣物，并于6月10日，为其募得善款1万余元。

（负责人 尕玛格拉 撰稿人 许艳）

工商业联合会

【领导名录】

主 席 李祥凯（6月止）
丁 刚（6月起）

【概况】 以科学发展观理论为指导，贯彻中央、省、州有关民营经济的方针政策，牢固树立“以人为本，实现全面、可持续发展”科学观，围绕构建和谐社会主题，解放思想，与时俱进，求真务实，迎难而上，发挥“三性优势”，从政治引导提素质、调研参政促成效、组织建设增活力、经济服务助发展方面开展工作，及时发现和掌握民营经济发展中存在的新情况、新问题，开创工商联工作新局面。全年调查210余户500余人次，回答会员提问28个，调解矛盾纠纷1件。

【参政议政】 组织干部职工、民营经济代表人士学习贯彻中央、省、州关于民营经济发展的方针政策，坚持以公有制为主体、多种所有制经济共同发展方针，积极做好非公有制经济代表人士工作，鼓励个体工商户和民营企业将自身业务做大做强，引导民营经济快速健康发展。

【政治思想】　按照“团结、教育、引导、服务”方针，做好民营经济人士思想政治工作，引导其成为优秀的社会主义事业建设者是工商联长期工作任务。探索新时期做好民营经济人士思想政治工作新途径，努力培养一支坚决拥护党的领导、拥护社会主义制度，坚持走改革开放道路，具有广泛代表性和影响力，“爱国、敬业、守法”的积极分子队伍。坚持科学发展观，贯彻落实中央关于宏观调控有关政策。

组织干部职工到个体工商户和民营企业中走访了解情况，并做好他们的政治思想工作。在走访过程中，工商联要求广大民营经济人士，要提高警惕，擦亮眼睛，明辨是非，旗帜鲜明同极少数敌对分裂分子作斗争，并做到不参与、不信谣、不传谣；牢牢把握正确舆论导向，揭穿达赖集团分裂祖国图谋，服务于稳定大局，认真履行职责。各民营经济人士纷纷表示，要站稳立场，听从指挥，诚信经营，服从大局，旗帜鲜明，维护祖国统一。

【宣传工作】　开展各种形式法律法规和政策宣传教育活动，使个体工商户和民营企业业主更加自觉地为中国特色社会主义事业贡献力量和才智。

【促进非公有制经济发展】　以科学发展观和构建和谐社会两大战略思想为指导，充分认识发展非公有制经济是完善社会主义市场经济体制的重要内容，毫不动摇地鼓励、支持和引导非公有制经济健康发展：引导非公有制经济坚持正确政治方向，始终不渝地走中国特色社会主义道路；引导非公有制经济着力提高自主创新能力；引导非公有制经济做强做大企业，在促进经济又好又快发展中发挥积极作用；引导非公有制经济加强节约资源保护环境；引导非公有制经济提高自身素质，努力成为合格的中国特色社会主义事业建设者；引导非公有制经济注重促进社会和谐；加强领导，搞好协调配合。进一步改进对非公有制经济发展的指导，加强政策协调，改进对非公有制经济的监督，形成促进非公有制经济发展政策合力。加强与有关部门之间分工协作和密切合作，加强与企业沟通，经常听取非公有制经济意见和建议。

【调查研究】　深入群众调查、研究，虚心听取民营经济意见和建议，及时发现和掌握民营经济发展中存在的新情况、新问题，并按照现有政策、法律法规和规章制度，及时给予解决。根据社会反映、群众举报的情况，多次深入县城境内个体工商户、民营企业进行走访调查，了解经营状况，有无困难存在。全年调查210余户500余人次。调查过程中，坚持“会员”事情无大小，采取有问必答，有事必办方式，回答会员提问28个，调解矛盾纠纷1件。

【服务工作】　以“服务立会”为宗旨，发挥民间商会职能，增强工商联凝聚力和向心力，多层次多为会员服务。以服务经济、服务会员为己任，拓宽服务领域，以“三个转变”要求构筑良好服务平台，为全县民营经济发展铺路搭桥。强化服务意识，采取政策措施，鼓励和引导民营经济努力探索民间商会服务工作新路子，增强服务功能，不定期地为民营经济提供市场动态、信息、咨询服务，体现商会特点和拓展商会职能。看望住院会员个体工商户及会员企业职工13人次。

【光彩事业】　组织全县民营经济人士投身光彩事业活动，号召民营经济人士发扬“一方有难，八方支援”精神，给受灾群众献爱心、送温暖。全县民营经济人士为青海省玉树地震灾区受灾群众捐赠4185元，其中个体工商户捐赠1985元；壤塘建筑安装装饰有限责任公司职工捐款760元；壤塘县民族贸易医药有限责任公司职工捐款1440元。

【稳定工作】 按照“群众是基础、寺庙是重点、干部是关键、情报信息是支撑、教育引导是根本、经费是保障”维稳工作总体思路，采取措施，提前戒备，紧急动员，迅速行动，始终保持对分裂分子的高压态势，牢牢掌握反分裂斗争主动权。全县非公有制经济人士在反分裂斗争中万众一心、众志成城，旗帜鲜明、立场坚定，做到不参与、不围观、不信谣、不传谣，听从指挥，服从大局，维护祖国统一。

【组织建设】 贯彻落实“科学发展观”，以“三个代表”重要思想为指导，加强机关思想、组织、作风建设，完善落实机关工作制度和党风廉政建设责任制，加强机关内部党风廉政建设和两个文明建设，提高干部政治理论、业务素质。

【对外联络与交流】 以民营企业、个体工商户为服务对象，召开联席会议1次，为全县民营企业发展建言献策，促进全县经济发展。

（负责人　丁刚　　撰稿人　黄晓华）

残疾人联合会

【领导名录】

理事长　　更　单（5月止）

　　　　　阿文武（5月起）

副理事长　王天明

【康复工作】 免费发放残疾人用品用具，轮椅30辆，拐杖50个，为听力残疾人购买并发放5台助听器。

【就业工作】 开展《残疾人就业条例》宣传，发放宣传资料100份。全年征收残保金6万元，为1户残疾人发放种植业和养殖业扶持资金2000元。

【优惠政策】 为20户贫困残疾发放危房改造资金4万元。

【助残日活动】 在全国第二十次助残日期间，宣传《残疾人保障法》，悬挂横幅，发放资料200份。慰问贫困残疾家庭10户，每户现金200元，1袋大米，1桶清油。

【宣传教育】 加强《残疾人教育条例》宣传工作，发放宣传资料300份。

【信访维权】 做好残疾人信访接待工作，实行分类接访制，全年解决来信来访达15件（次），其中基本生活救助3件（次）、就业1件（次）、康复辅助器具康复治疗11件次，做到接待热情，做思想工作动情，矛盾不上交，问题不移交。

【学习培训】 12月，理事长阿文武到浙江培训11天。

【城乡抽样调查】 严格管理，核发残疾人证，全年办理残疾人证816本（新办二代证），并录入二代残疾人证管理系统。建立残疾人信息卡，准确掌握全县残疾人的基本情况。

【残疾人代表大会】 5月24日，在县委三会议室召开壤塘县残疾人联合会第四次代表大会，会期2天。会议选举产生残联理事长阿文武，副理事长王天明。

（负责人　阿文武　　撰稿人　　色西卓玛）

科学技术协会

【领导名录】

主　席　　格西彭措

副主席　　柯建华

二健夺杰（兼）

泽　果（兼）

谢　青（兼）

廖信勇（兼）

【社区农村科普】　全年开展社区农村科普两场，发放科普宣传资料500余份，宣传挂图80余份，受益群众6000余人。

【青少年科普活动】　在中小学校开展防灾减灾科普宣传2场，悬挂宣传挂图30余张，受益学生1000余人次。

【学术活动】　通过远程科普培训系统，开展两次学术交流活动："全州无公害大地蔬菜发展问题"与"远程科普培训系统的正确操作知识"；组织农业、林业、畜牧等专业技术人员开展项目申报培训工作。

【协会会议】　3月，召开1次全体会议，通过《2010年科协工作要点》。10月，举行第二次常务委员会会议。11月，举行1次县科协委员会全体会议，总结一年来科协开展工作情况，安排部署下一年工作。

【科普宣传】　3月15—25日，举办壤塘县第十五届"科技之春"科普活动月活动，组织科普宣传队分别到全县各乡镇，以"传播科技、保护环境、提升产业、助农增收"为主题，以生态保护、环境治理、心理咨询、中药材种植、种草养畜等农村实用技术为宣讲和培训重点，向村级六大组织、农村"三老"干部、农牧民群众和僧人宣传科技知识，推进科技成果向农村转移，促进农业增产、农牧民增收。同时，用藏汉双语详细宣讲党的惠农政策、《宪法》、《刑法》、《国家反分裂法》、《义务教育法》等法律法规。活动期间，向农牧民群众送去各类图书、挂历、藏汉两文的《阿坝科普》读物和农村实用技术资料2000余份，现场培训农牧民实用技术3000余人次，诊治病人900余名，接受群众法制咨询500余人次，接受心理咨询1000余人。

9月18—22日，邀请县级各学（协）会专业技术人员成立3个科普小分队到全县12个乡镇和3座重点寺庙开展全国科普日科普宣传活动。以播放科普录音、更新"站栏员"、张贴宣传挂图、发放藏汉双语宣传资料、设立咨询台、向过往群众宣传讲解科普知识等形式，宣传《中华人民共和国科学技术普及法》、《全民科学素质行动计划纲要》、为农牧民讲解高原中药材种植技术、病虫害防治、如何使农作物增产等知识。同时，现场为农牧民开展义诊行动。以秋季药物、秋季须防肠道疾病、秋季饮食为重点讲解季节变化保健常识。期间，在县电视台播放科普类节目，营造全民学科学、懂科学、用科学良好氛围，让科技知识传播千家万户，让科学发展观深入人心。

全年开展4次科普宣传，发放科普宣传资料5000余份，宣传挂图300余份，受益群众1.2万余人。

【学会协会团体】　有县级学协会22个。

【专业技术人员】 4月，统计全县专业技术人员，共有专业技术人员732人，其中副高职称35人、中级职称198人、初级职称410人、初级以下89人。

【科普经费】 以人均科普经费0.8元列入财政预算，确保经费按时到位。

【《全民科学素质纲要》迎检准备工作】 做好省、州联合抽查《全民科学素质纲要》实施5年来工作情况的迎检准备工作，召集19个部门和配合单位专题安排部署迎接检查相关工作。全面自查贯彻实施《全民科学素质纲要》情况，对自查中发现的问题及时整改。同时，就“四大素质行动”、“四项基础工程”、政策法规和队伍专题资料进行收集、整理归档，建档9卷。

【普惠农兴村计划项目预申报】 以申报、实施“科普惠农兴村计划”项目为科普工作核心，筛选出壤塘县养蜂协会作为示范作用好、带动能力强、助农增收贡献大项目，作为拟推荐项目申报，编写申报项目材料。

【科普热线】 6月，按照州科协《关于做好科普热线使用率调查工作的通知》要求，会同壤塘电信分公司调查全县科普热线建设及分布情况和农户拨打科普热线情况。自2005年开通“科普热线”以来，共建有“科普热线电话站”28个，函盖全县11乡53个村1768户，均能正常拨打“科普热线”，月均拨打科普热线达150次。

（负责人　柯建华　　撰稿人　冯雪红）

佛教协会

【领导名录】

主　席　　俄旺旦真

秘书长　　达　洛

【概况】 以“当好桥梁，抓好教务，搞好服务”的指导思想和工作思路为核心，围绕“爱国爱教、持戒守法、助民为乐”主题，履行职能，团结带领广大佛教界人士和信教群众，发挥宗教团体桥梁和纽带作用，贯彻党的民族宗教政策，依法管理宗教事务，引导佛教与社会主义社会相适应。开展寺院稳定和戒律教育工作，下乡56人次，协助完成新一轮僧人办证工作，完成1625名僧人、僧尼的藏、汉信息录入工作，加强佛协自身建设。

【稳定工作】 在“3·14”和“3·16”敏感期和国庆期间，开展维护社会稳定工作，到重点寺院向寺管会主任、活佛、堪布等重要人士宣传党的民族宗教政策，宣传爱国爱教、守法守戒、搞好民族团结、维护祖国统一、反对分裂，维护社会稳定，传达中央第五次西藏工作座谈会精神、四川藏区工作座谈会会议精神和壤塘县经济发展形势宣传教育。同时，调查了解僧人去向和存在的问题，与僧人和群众沟通思想，化解矛盾。

【教务管理】 根据州佛教协会安排，成立戒律教育领导小组，制定《关于壤塘县开展戒律教育工作实施方案》，6月19日至7月19日，在蒲西乡果莫寺与俄巴寺、茸木达乡啄坤寺、南木达乡阿斯玛寺与康旭寺开展戒律教育工作，向僧侣主讲“居士6戒”、“沙弥36戒”、

“比丘253戒”、“菩萨戒”、“密乘戒”藏传佛教戒律，要求僧侣爱国爱教、遵纪守法、守戒，维护祖国统一，维护民族团结，反对分裂，争做爱国爱教僧人。9月，检查验收3乡5座寺院戒律教育活动情况：5座寺院参加学习僧人191人，合格191人，合格率100%；信教群众参与本次活动学习3111人，批评教育36人。

协助完成新一轮僧尼颁证前期录入工作，完成1625名僧人藏、汉信息录入工作。

【宣传教育】 5月11日，举办宣传贯彻《阿坝州宗教事务条例》（藏文版）培训班会长讲座，宣传《阿坝州藏传佛教事务管理暂行办法》法律法规，有37座寺院寺管会主任和僧人参加。

戒律教育活动中，向寺院僧众宣讲《宪法》、《民族区域自治法》、《宗教事务条例》、传达中央第五次西藏工作座谈会和四川藏区工作座谈会会议精神，宣传国家、省、州有关宗教事务条例和《阿坝州藏佛教事务管理暂行办法》等法律、法规。

【社会公益活动】 组织寺院向青海玉树地震灾区和西南旱区捐款30余万元，捐物40余吨。

（负责人　俄旺旦真　　撰稿人　达洛）

红十字会

【领导名录】

名誉会长	王　生
	克　克
名誉副会长	王维新
	文成才
	张力生
会　长	马秀珍
常务副会长	杨德珍
秘书长	华瑜珍（12月起）

【灾后重建】 发挥红会职能作用，开展灾后重建工作。推进“5·12”汶川特大地震灾后恢复重建工作，争取总会和红基会援建壤塘县红十字博爱卫生院和博爱卫生站19个重建项目，援建资金1601万元。2010年是灾后重建的决战之年，19个项目全部开工，开工率100%，定期、不定期督查重建项目进度与质量，确保项目工程按质按量完成。竣工17个项目，竣工率达89%（尕多乡红十字博爱卫生院和上杜柯乡红十字博爱卫生院受地质影响及气候多种因素延误工程进度未竣工），并完成重建项目冠名、立碑工作。

【爱心企业扶贫献爱心活动】 开展“爱心企业扶贫献爱心”活动，实施民生建设项目。8月，成都19家医药爱心企业向县红十字会定向捐款535万元，定向用于蒲西乡大伊里村与尤日村民生建设；捐赠价值10万元的X摄影机定向用于县藏医院。按照捐赠资金使用管理规定，建立专账专人管理，做到专款专用。多次到工程实施点，监督项目进度和质量。

【抗灾赈灾】 弘扬“一方有难、八方支援”中华民族传统美德和“人道、博爱、奉献”红十字精神，积极参与自然灾害救助，为海地发生里氏7.0级地震、西南5省旱灾、青海省玉树地震和甘肃省舟曲县特大泥石流开展募捐活动，共募集救助资金18.53万元，全部用于灾区民众。

【博爱送万家活动】 弘扬红会精神，关爱弱势群体，组织自救互救，积极开展“博爱送万家”活动。春节前夕，为全县五保户、Ⅲ度大骨节病人、特困居民和贫困群众送去价值15万元春节生活慰问品：大米1200袋、食用油800桶，棉被20床，受益群众达4300余人。5月12日，为在汶川特大地震中致残的患者唐明清送去现金1000元慰问金，给南木达敬老院双腿残疾孤儿色尔娜发放治疗救助金1500元。11月28日，州红十字会在壤塘县举行“博爱送万家，温情暖民心”大骨节病贫困救助金发放仪式，为大骨节病重病区茸木达乡、尕多乡和上壤塘乡Ⅲ度大骨节病人391人发放贫困救助金7.82万元。

【救护培训】 开展普及卫生救护知识活动及泥石流灾害培训活动，举办培训班2期，培训1000名，掌握卫生救护、泥石流知识和救护技能，提高参训人员自救互救能力。

【宣传】 在“五五”普法日、“世界急救日”、“红十字博爱周”、“5·8”世界红十字日、“世界艾滋病日”、“世界献血日”和“红十字博爱送万家”纪念日和重大活动期间，采取电视新闻上有影像、网络上有信息的方式开展宣传活动，提高红十字会社会知名度，提升红十字会形象。参与海地、玉树地震、西南五省旱灾和舟曲特大泥石流自然灾害救助实时宣传，成功组织实施募捐活动。以信息公开网站和红十字简报为宣传阵地，全年编辑反映红十字会重要工作及重大活动信息简报30期。

【队伍建设】 为全县红十字会员单位15家会员50人和志愿工作者427人发放工作证。秉承“团结进取、高效务实”理念，加强干部职工队伍建设，派出3人共10次分别参加总会在重庆开展的“应急灾害救护能力培训”，在金川、黑水、若尔盖开展的灾后重建项目培训会，州红十字会红会能力提升培训，建设一支过硬的人道主义社会救助团体。

（负责人　杨德珍　　撰稿人　华瑜珍）

法制

FA ZHI

政府法制

【领导名录】

副主任　吴志勤(4月起,省统计局挂职)

【概述】　以贯彻落实《全面推进依法行政实施纲要》为工作主线，加强自身建设，开拓创新，踏实工作，全面履行职责，做好各项政府法制工作。

【行政执法责任制】　按照省、州部署，梳理执法依据，明确执法责任主体，开展清理行政执法主体、依据和执法事项工作，责任明确到岗到人。初步清理出行政执法主体45个，其中法定执法主体23个、其他类执法主体13个，实施行政处罚169件。

【审查与清理规范性文件】　贯彻落实《四川省人民政府办公厅关于做好规章清理工作有关问题的通知》和《阿坝州人民政府办公室关于做好规范性文件补充清理工作的通知》精神，制定《关于转发州人民政府办公室关于做好规范性文件补充清理工作的通知》，落实规范性文件清理工作。在2009年规范性文件清理基础上，再次逐项清理全县行政机关发布的现行有效规范性文件，规范文件的制定、上报和备案各项工作，维护法制统一，促进依法行政，保障政令畅通。全县补充清理规范性文件30件，其中建议继续有效20件、拟废止1件、拟失效9件。

【行政复议案件】　转变政府职能，创建法治、信用、服务型政府，加强行政复议和行政应诉工作，重点对行政许可、收费、处罚的实施监督检查，保证行政行为合法性。按照《纲要》要求，配备配齐行政复议专兼职人员，建立行政复议标准化办案制度，规范接案、受理、调查、论证、议决等程序，畅通行政复议渠道，提高办案质量。落实行政复议能力建设标准和行政复议工作责任制，发放行政复议和行政应诉宣传资料200余份，营造良好氛围。全年未发生行政复议和行政应诉案件。

【行政执法监督检查】　严格执行《壤塘县人民政府行政执法过错责任追究办法》和《壤塘县人民政府行政执法责任制考核办法》，依法加强对行政执法工作监督检查，强化行政执法监督推进依法行政进程。规范行政执法行为，严格检查不规范使用的行政执法证，加强行政执法证件管理。按照《阿坝州行政处罚案卷评查标准》规定，开展行政执法检查活动，约束机关随意执法、乱执法行为，减少执法扰民现象发生。

【法制宣传】　以创建法治政府为重点，采取设立法律宣传咨询点、播放法律法规音像资料、散发普法知识宣传资料、悬挂宣传标语、在县有线广播电视台开设固定法制宣传栏目等多种方式在“安全生产月”、“社会治安综合治理宣传月”、“税法宣传月”、“妇女法制宣传维权周”、“科技活动周”、“世界环境宣传日”和“12·4”法制宣传日开展主题活动、《纲要》和《决定》宣传活动。总结推广建设法治政府活动中典型经验，扩大创建活动影响，营造依法行政良好社会氛围。

（负责人　吴志勤　　撰稿人　杨国军）

公　安

【领导名录】

局　长　　杨成斌

政　委　　泽　茸
副局长　　王文富
　　　　　路建林
　　　　　李　涛
副政委　　赵政桥

【概况】 坚持以“三个代表”重要思想和科学发展观统领公安工作，围绕“创建平安壤塘”总目标，开展以维护全县社会政治稳定为核心，“三项建设”为抓手，“三项重点工作”为内容，“三项制度”为要求这一主线，汲取“7·01”案件教训，加强队伍管理，坚持严打整治，依法加强对治安、交通、消防行政管理，取得反分裂维护稳定的重大胜利，创造良好社会治安环境。

【大接访】 开展“大接访”活动，解决涉法信访案件。按照属地管理、分级负责和“谁主管、谁负责”原则，结合“大走访”、“两项工作”、“清积案、化新访”活动，完善和落实信访工作长效机制。坚持局长、政委接访制度，开展信访案件的接访、办理工作，落实信访责任追究制度，解决群众诉求。全年共受理来信来访案件3起，办结3起，办结率100%。局长、政委接待信访群众5件11人次，成功化解上访上诉事件发生，减少社会不安定因素。

【两抢一盗专项斗争】 在开展“两抢一盗”专项斗争行动中，以探索建立长效机制、提高侦查破案水平、加大打击处理力度为切入点，建立健全打击、防范、控制“两抢一盗”犯罪工作机制，取得显著成效。全年共立“两抢一盗”案23起，破获19件，抓获犯罪嫌疑人23名，追回牦牛70余头、马5匹、摩托车12辆，挽回经济损失共计10.7万元。实现“两抢一盗”案件发案总量下降，破案总量上升的目标。

【维护社会稳定】 把确保社会政治稳定作为第一要务，严密防范和严厉打击各类分裂破坏活动和“法轮功”邪教组织的非法活动，加强队伍建设，不断提高应对各种突发事件和恐怖事件的能力，维护全县的政治稳定和社会安定。按照“稳定压倒一切”工作目标，在防范和打击涉藏分裂势力的破坏活动中，对维护稳定工作做具体安排和部署。对辖区重点单位、重点地区、重点寺庙和重点人员进行重点监控和巡查，做到不漏管一人，不放任一事，在敏感期、重大活动期间未发生任何影响政治稳定的事件。

【打击刑事违法犯罪】 始终坚持“严打”不放松，时刻保持对严重暴力犯罪、有组织犯罪、流窜犯罪以及多发性侵财犯罪的高压态势，围绕“命案必破、黑恶必除、两抢必打、逃犯必抓”总体要求，不断完善快速反应、大案攻坚等长效机制，加强刑侦基础、刑事技术、阵地控制、刑嫌调控、刑事犯罪情报信息研判工作。全年刑事案件立案53件，破获40件，破案率75%；与2009年同期相比，立案数下降21%，破案率下降40%。其中重特大案件立案6件，破案3件，破案率50%。抓获犯罪嫌疑人共33人，其中刑事拘留31人，较2009年同期下降47.5%；取保候审14人，较2009年同期上升27.2%；逮捕15人，较2009年同期下降53.1%；移送起诉23人，较2009年同期下降20.6%，解除监视居住1人，解除取保候审3人，撤销案件3件，其他处理6人，追缴赃款赃物折合人民币13.7万元。

【命案侦破专项行动】 全年命案立案2起。在开展2010年严打整治专项行动中，共立各类刑事案件20件，破案14件，破案率70%。其中破获伤害案件4起，侵财案件5起，其他5件。打击处理（刑拘、逮捕、直诉）21人。

【禁毒缉毒】 加强禁毒宣传教育，增强群众防毒、拒毒意识。开展“无毒社区”、“无毒村”、“无毒学校”、“无毒单位”和“无毒家庭”创建活动，推动禁毒斗争深入开展整体推动，相互促进。以青少年和“高危人群”为重点，加强协调配合，采取有力措施，到中小学、街道、村寨、定居点和企事业单位，开展毒品预防教育，防止新吸毒人员滋生。全年组织开展集中禁毒宣传14次，展出禁毒宣传挂图500余份；发放毒品知识图片2000余份；受教育群众4000人次。

【行政管理】 以预防打击违法犯罪为目标，以信息化管理为手段，以人口户籍管理、重点部位管理、涉爆涉危物品管理、道路交通管理、消防安全管理为重点，改进和加强公安行政管理工作，加强公安机关社会行政管理科学化、信息化、规范化、制度化建设。

治安行政管理。按照“三项建设”和“三项重点工作”要求，结合全国第六次人口普查户口整顿工作，针对牧民举家放牧的突出特点，采取“以房找人”和“以篷找人”方式，全面点清人头。以抓基础建设，推进常住人口管理信息化；抓信息质量，推进户口整顿工作创新；抓制度建设，推进管理机制深化；抓应用，推进服务能力提升的“四抓四推进”方式深化管理，创新机制，夯实常住人口管理。全县开展户口整顿工作，入户核对10561人次，登记人数40628人次，计录入户口待定人员840人，户口漏登人员3245人，注销应销未销人员1002人（其中死亡应销未销995人），注销重户人员152人，变更项目差错757人，登记暂住人口1974人。开展换发二代证工作，提高基础信息质量，完成全县办理二代证业务5333人次，其中首次换发4074人、证件丢失补领392人次、临时身份证108人次、证件作废63人次、证件收缴49人次、重办17人次。

爆炸、危险物品和化学品管理。对辖区使用、存放、销售爆炸物品、危险化学品的单位逐个进行检查，督促建立管理档案，健全各项管理制度，规范行业场所管理。2010年，审批民爆物品购买115次，批准购买炸药2690公斤，普通毫秒导爆雷管1.89万枚，普通瞬发电雷管1.51万枚。清理销毁铵油炸药1977.4公斤，乳化炸药19公斤，散装炸药30公斤，电雷管508枚、爆破管1834枚，导爆索400米，导火线4915米，未发生因爆破作业而引发的安全事故。

道路交通安全管理。以“降事故、保安全、保畅通”为道路交通安全管理中心任务和工作目标，以“春运”、“百日安全生产专项行动”、“城乡环境综合整治”、“摩托车集中清理整治专项活动”为重点，推进道路交通管理工作，开展道路交通事故的预防工作，加强“五进”工作，提高科学管理和执法水平。到街道、乡镇开展道路交通安全宣传活动30余次，开办交通安全课10次，悬挂横幅36幅、张贴标语350余张、发放宣传单7000余份，组织客运驾驶员安全学习16次，开展安全大检查48次，检查过往车辆12300辆，查处交通违法784起、挡获被盗车辆3辆，全部返还失主；完成交通警卫开道任务32次，行程8300千米；出动警力3210人次、警车489台次，提高从业人员及农牧民群众交通安全意识。2010年，发生道路交通事故58起，其中轻微交通事故40起、一般交通事故17起、重大交通事故1起，共造成死亡1人，失踪1人，受伤9人，经济损失27.5万元。事故数与2009年同期相比上升3起，上升率5%，伤亡数与2009年同期相比增加2起，上升率6%。

消防安全监管。以践行“忠诚可靠、竭诚奉献、服务人民”为消防安全监管总要求，以“查隐患、降事故、保安全”为总目标，开展分层次、分类别的全民消防安全教育，制作藏汉双语宣传资料到村寨、牧场和寺庙开展消防宣传，形成群防群治氛围。开展消防宣传进牧区、进学校、进企业、进村寨、进家庭、进寺庙的“六进”活动，发动群众投入到“防火墙”工程建设中，提高广大群众消防安全意识。以整治火灾隐患为重点，创新监管模式，提升消防监督管理效能，围绕工作目标，以建筑消防设施、可燃有毒材料装修、安全出口、疏散通道为主要内容，深化人员密集场所、易燃易爆单位、高层和地下建筑、“六小”场所专项整治，以“12·6”消防安全“百日会战”动员会精神为指导，排查整治火灾隐患，及时督促整改。2010年，开展消防监督检查122次，发现火灾隐患71起，下发责令改正通知书3份，发现火灾隐患通过当场整改或限期改正方式全部整改完毕。全县发生火灾事故4起，死亡2人，受伤3人，直接财产损失85.7万元，与2009年同期相比，次数增加1起，死亡上升2人，受伤上升3人，直接财产损失上升664%，未发生群死群伤和恶性火灾事故。

监管工作。以确保监所安全为核心，以等级化管理为主导，以深挖犯罪和信息化建设为突破口，保证公安监管工作健康发展。监管工作全面利用视频监控系统提升监管工作规范化管理水平，严格各项监所管理制度，开展在押人员信息资料录入，强化法律知识教育。2010年，羁押违法犯罪嫌疑人115人，其中刑事拘留47人（去年羁押16人）、治安拘留68人。羁押13人，其中审查起诉5人、审判阶段2人、已决待送5人、留所服刑1人。

出入境管理。以加强管理和提高服务质量为重点，开展公安出入境文明窗口创建活动。全年受理公民因私出境申请87人次，受理因私赴港、澳申请20人次。

突出治安问题整治。坚持“什么问题突出就解决什么问题”原则，对季节性、区域性、局部性、行业性的突出治安问题，及时组织力量进行集中整治。以点带面全力整治社会治安乱点。在认真分析全县社会治安形势的基础上，把宗科乡伊冬村、南木达乡阿斯玛村和上壤塘乡作为2010年重点整治乡村，分别召开公处大会，对53名违法人员予以公开处罚，有效震慑违法犯罪，彰显法律权威。

【三项建设】　以信息化建设为基础，创新社会管理工作。加强公安信息化建设，推进社会管理创新，开展队伍建设，提高公安民警执法素质和实战能力，实现壤塘公安工作跨越式发展。2010年，筹措资金235万元为基层所队配备计算机47台、打印机8台、摄像机8台、照相机4台。接入公安信息网的计算机42台，民警计算机拥有率达63%，加强指挥体系建设，建成单兵无线图像传输系统和10个派出所（除上杜柯、吾伊）的音视频会议系统，并通过租用移动、电信基站线路和自建的方式，建成宗科、上寨、石里、茸木达、南木达、尕多、中壤塘和上壤塘8个派出所350兆有线集群通信基站，为每个部门、派出所配备对讲机、民警配备手机，提高指挥通信调度能力，保障指挥有力和快速反应，夯实信息化建设和人口、重点行业的社会管理工作基础。全年举办4次警务信息化培训班，注重实际运用和操作知识，提高民警对综合警务信息系统运用操作能力。为满足治安管理需要，策应公安信息化建设，科技强警，实现打、防、控、管高效化，推行网上巡控，及时整改“天网”工程中各点出现问题，落实专人值守，开展网上巡逻，24小时不“眨眼”，与街面巡控力量联动，形成“空中与地面”一体化防控格局，全年通过“天网”破获案件13件。

以执法规范化建设为要求，促进公正廉洁执法。以“规范执法，促进和谐”为总要求，以执法规范化建设为重点，以服务公安中心工作为核心，以执法信息化为载体，推进公安机关执法规范化建设，以全面提高公安机关执法能力和执法公信力为目标，公安机关执法能力、执法质量和执法水平有新的提高。层层落实，加强执法规范化建设。精心部署，强化措施，狠抓落实，推动执法规范化建设。成立执法规范化建设领导小组，发挥职能作用，基本形成主要领导负总责、分管领导抓落实、各部门齐抓共管的良好格局。精益求精，提升法制队伍素质。始终把加强执法队伍建设作为一项根本性、长期性任务来实施，加大民警法律教育培训力度，改进考评机制，增强监督实效，使队伍工作效率和整体战斗力得到有效提升。为提高队伍执法素质，更新培训理念、改进培训方式、加大培训力度，以基层实战、实用和实际需要为导向，分级分类开展培训，提高民警业务水平。举办2期培训，第一期主要培训各警种未取得执法资格民警32名，第二期专项培训30名法制员和部分新警“执法规范化”。强化措施，推进依法办案质量。整改各项工作机制，重新制定修改《壤塘县公安局执法质量考评办法》、《壤塘县公安局刑事（行政）案件个案质量评判标准》，收集、整理《壤塘县公安局常见刑事、行政法律文书制作规范》一书。改进和完善考评机制，把执法考评结果与正规化考评、评先树优、干部任用挂钩，提高执法质量，健全完善民警个人执法档案，规范执法案卷，严格执行“一案一表、一案一评”的案件审核登记制。2010年，审查卷宗45起。

以“大调解”工作为载体，深入排查矛盾纠纷，促进和谐警民关系建设。以打造“阳光公安”为重点，推进警务公开，对涉及当事人权益的行政审批、治安处罚、刑事执法等行为，及时告知相关权利、义务，增强警务活动透明度，保障人民群众知情权和监督权，广泛征求社会各界意见，提高社会回应能力。加强窗口单位建设。在交警、治安办证大厅、派出所等窗口单位设立便民利民提示专栏，及时告知群众办理各类手续的相关事宜，公布有关信息和注意事项，方便群众及时了解相关情况。推行便民“咨询岗”、民警上门服务、警民联系卡，密切警民关系。开展“大走访”爱民实践活动。通过上门服务、捐款捐物奉献爱心送温暖活动、约见群众代表方式，到辖区村寨了解社情民意，解决实际困难。走访困难家庭203户400余人，捐款捐物品等4000余元；召开座谈会15次、发放征求意见表400余份；为群众办好事113件。建立健全矛盾纠纷排查调处机制，健全人民调解机制，开展社会矛盾“大排查”，及时有效化解社会矛盾，努力实现案结事了。推进社会矛盾纠纷排查化解工作，排查化解矛盾纠纷263起，成功化解259起，化解率98%。

【队伍正规化建设】 开展集中教育和创先争优活动。组织全体民警开展多次队伍集中教育整训活动，参训民警270人次，使人人受教育。采取集中教育和平时教育的方式进行教育训练活动，促使民警转变工作态度，提高执法水平，树立壤塘公安新形象。在推进“创先争优”活动，围绕“藏区千村党建提升工程”，争当优秀共产党员，促进社会和谐，服务人民群众。深化党风廉政建设和贯彻落实三项“行政过错责任追究办法”，围绕《中国共产党党员领导干部廉洁从政若干准则》、《公安机关人民警察纪律条令》，与队伍集中教育整顿活动相结合，汲取“7·01”案件教训，举一反三，对照检查，边整边改，坚持“两手抓两手硬”，履行“一岗双责”，突出源头预防、制度建设、教育管理，素质养成、监督检查，落实主体责任。

加强公安党建，增强党组织凝聚力。落实党建工作责任制，成立党建工作领导小组，把基层党建活动列入局党委工作重要议事日程，纳入县局年度工作总体目标，确立“以党建带队建，以‘四好’促党建”党建工作目标。全年局党委召开党建工作专门会议5次，召开纪检工作相关会4次，新发展党员6名。重视党支部建设，各支部在加强自身建设的同时，组织党员学习党的十七届四中、五中全会精神，学习党章纪律规定，加强党员思想政治教育。加强公安基层党组织建设。为进步发挥基层党组织作用，8月，改选局机关党支部成员，发挥党支部的战斗堡垒作用。全年开展党务工作培训会议2次，培训基层党支部书记和党务工作者32人次，提高领导班子开展党务工作能力。局党委及所属支部共召开党委中心组学习会4次，各支部学习会21次，民主测评会1次。突出党风廉政建设这个重点。高度重视廉洁从政制度建设和党风廉政教育，构筑惩治和预防腐败牢固体制。建立《廉洁自律一岗双责制》，作出拒收现金及贵重物品等五条承诺，教育与监督制约机制健全，解决公安工作和队伍建设中的“老大难”问题、“突出”问题、“根本”问题，增强党员干部和民警拒腐防变的意识。编纂《壤塘公安志录》。组织精干人员收集整理1991－2005年壤塘公安发展变化的资料，全面、真实、详细的编写机构设置、打击犯罪、治安管理、服务群众和队伍建设方面的历史变革，完成编纂任务。

开展公安文化宣传工作。组织开展“感恩歌曲大家唱”、全民健身等活动，活跃警营文化，彰显队伍形象。制定《壤塘县公安宣传工作考核办法》，在阿坝日报、阿坝政法、阿坝公安、公安内网栏目刊载文章，加强与《阿坝金盾》栏目合作，全年在各类报纸杂志发表反映公安工作和队伍建设的宣传稿件116篇（条）。

坚持落实从优待警，增强队伍凝聚力。把“以人为本”和“爱心传导”理念贯穿到队伍建设全过程，做到政治上关心民警，精神上鼓励民警，工作上爱护民警，生活上体恤民警，把从优待警各项措施落到实处。在县委、政府和县委政法委的关心下，2010年，解决正科级待遇5名，选拔任用副科级干部4名，副科级侦查员1名，受到各级表彰的民警21名。

开展警用枪支、车辆专项治理。按照《人民警察使用武器警械管理规定》，加强枪支使用管理，给各部门、派出所购置枪柜16个，实行枪、弹入库管理，规范枪支使用管理行为。对不符合标准，已达报废标准的7台警车进行报废。4月15日，对查扣的报废、拼装、挡获的被盗无人认领的6辆小汽车和4辆摩托车依法、强制报废。6月，收回外借警号牌，并上缴州局纪委。制定警车使用管理“六项措施”，建立“一车一档”，由局纪委、政工、交警部门上路督察，严禁无证、无牌制式警车上路，严查酒后驾驶、违规驾驶，严格落实警车管理使用规定；把警车管理与年终目标考核挂钩，实行一票否决制，并对违反警车管理使用的责任人和当事人给予相应纪律处分，规范化管理警车使用情况。

【典型案例】　4月22日9时30分，衣品源老板达尔基报案称：4月21日晚位于壤塘县罗吾塘前街的衣品源服装店内的大量衣物被盗。接到情报线索后前往尕多乡进行抓捕，于5月14日晚8时，在尕多乡尕多村健身广场路边将犯罪嫌疑人泽让（男、藏族、17岁，尕多乡尕多村人）抓获，经反复的审讯工作，深挖出伙同他人员在城关其他地区入室数起，挽回经济损失2.8万元。

6月19日凌晨4时，上寨派出所接到班玛罗尔吾报警称："借同村村民柔石达五菱面包车停放在自家门口被盗"，请派出所调查。接到报警后派出所及时将此情况上报于刑警大队，第一时间联系周边县公安局协助排查，在甘孜州炉霍县公安局的协助下，于2010年6月19日晚22时在炉霍县的聚福茶楼下将其犯罪嫌疑人洛绒呷瓦（男、藏族、23岁，炉霍县新都二队人）抓获，挡获被盗五菱面包车。挽回经济损失4.8万元。

2010年城关系列盗窃案专案组以人查案的方式，通过大量的调查取证工作，对犯罪嫌疑人尕玛柔生在2008年至2010年期间分别作案10起犯罪事实进行审查立案，分别立案四起：2010年壤巴拉超市被盗案；2010年昌旺达小卖部被盗案。于8月5日成功移送审查起诉5起案件。挽回经济损失1.5万元。

（负责人　赵政桥　　撰稿人　施加忠）

人民检察

【领导名录】

检察长　　周　莲
副检察长　侯治刚
　　　　　余光敏

【"严打"整治斗争】　始终保持对严重刑事犯罪的高压态势，突出打击暴力犯罪、严重影响群众安全感的多发性犯罪。干警累计值班90天180人（次），院领导带领干警到南木达乡、帮村联系点、维稳执勤值班共计73天162人次，出动警车80余次，选派干警参加县民兵应急分队。参与打击"两抢一盗"犯罪、破坏社会主义市场经济秩序犯罪、盗伐滥伐林木等破坏环境资源犯罪的活动，开展维护农村社会稳定、维护农牧民合法权益的活动，为建设新农村创造良好法治环境。

【反贪污贿赂】　受理贪污贿赂案件线索3件，初查3件（2件作不立案处理，1件正在办理）；协助州人民检察院"7·01"专案组、江油市人民检察院对案件进行调查取证。

【反渎职侵权】　受理渎职侵权案件1件，初查1件，作不立案处理。对照专项活动的部署和工作要求，深入查办危害能源资源和生态环境渎职犯罪专项工作，到环保、城建等单位进行走访调查，对涉及危害土地资源、矿产资源等六类重点案件线索进行全面、彻底的清理、排查，加强同法院、纪检监察的联系，形成打击危害能源资源和生态环境渎职犯罪的合力。

【职务犯罪预防】　加强与行政管理、执法执纪等机关的沟通协作，建立健全情况通报、信息共享、联手预防等制度，构建共同惩治和预防职务犯罪的工作格局。针对案件查处中发现的问题，发出检察建议4件（次），督促发案单位建章立制，完善防范机制。加强对"大骨节病"综合防治、扶贫开发、牧民定居等领域的犯罪预防，增强国家工作人员的法制观念和廉政意识，促进依法行政和廉洁从政。

【刑事侦查监督】　受理公安机关提请批准逮捕的各类刑事案件15件20人。其中：聚众冲击国家机关、妨害公务1件3人，故意杀人2

件3人，抢劫1件1人，盗窃7件8人，盗伐林木1件2人，妨害公务1件1人，包庇1件1人，掩饰、隐瞒犯罪所得1件1人。经审查，批准逮捕12件17人，不批准逮捕3件3人。

【公诉和审判监督】　受理公安机关移送审查起诉的各类刑事案件16件27人（含上年积存4件9人）。其中：盗窃7件9人，故意杀人4件7人，故意伤害1件3人，盗伐林木2件4人，交通肇事1件1人，聚众冲击国家机关、妨害公务1件3人。经审查向法院提起公诉13件21人（含建议适用简易程序审理1件2人），法院开庭审理9件17人，均作有罪判决；2件5人正在审查中，1件1人退回公安机关作撤案处理。

【控告申诉】　排查检察环节的不稳定因素，实行电话接访、下访、巡访等便民措施，完善首办责任制和检察长接待日制度，畅通控告申诉渠道。受理群众来信来访4件（次），其中：州人民检察院转办3件，已归口分流到本院业务部门办理；1件初查后转县纪委处理。检察长接待群众来访（含下访）18件（次），均作直接回复。

【刑事审判监督】　全年，要求侦查机关说明不立案理由1件（次），发出《应当逮捕犯罪嫌疑人意见书》2件（次），追加逮捕1人。发出《提供法庭审判所需证据材料意见书》6件（次），发出《补充侦查决定书》7件（次），发出《检察建议书》2件（次），追诉2人。按照高检院的部署，做好刑事审判法律监督工作，提高刑事审判法律监督水平。

【民事审判监督】　履行民事检察职能，及时了解民事审判工作情况。加强与法院的联系，及时了解民事审判情况，畅通民事申诉、服务等渠道，耐心细致的做好群众的息诉、服判等工作，维护法律权威，取得较好的法律效果和社会效果。

【刑事执行监督】　落实“公安监管、检察监督”这一对监外执行罪犯的执行和考察监督原则，建立《罪犯监外执行情况检察台账》。开展保外就医的监督，防止和纠正超期羁押的情况发生，做好日常管教活动的检察监督工作。

【帮村工作】　参与牧民定居行动计划、“三百”示范工程、扶贫帮困和综合防治大骨节病试点工作、“9+3”职业教育计划行动等重大民生工程。先后30余次深入到联系乡帮扶村，开展指导、监督和帮扶工作，确保牧民定居等中心工作任务稳步有序推进，向上级争取项目补助资金20万元。

【培训】　对8名新进人员进行岗前培训，2名检察干警参加省院组织的初任检察官培训，4名检察员参加高检院举办的技能培训。全年选派干警参加各类培训29人（次）。

（负责人　周莲　　撰稿人　黄双辉）

人民审判

【领导名录】

党组书记、院长	王久洪
党组成员、副院长	周冬丽
	杨甫兵
党组成员、纪检组长	华　山

【刑事审判】 全年共受理各类刑事案件 11 件 17 人，审结 11 件 17 人，审结率为 100%。在审结的案件中，判处十年以上有期徒刑 1 人，判处三年以上十年以下有期徒刑 5 人，判处三年以下有期徒刑 9 人，拘役 2 人。在刑事案件的审理中，贯彻“宽严相济”的刑事审判政策，把维护社会稳定放在首位，对具有法定从轻、减轻情节的罪犯进行从宽处理，促使被告人认罪伏法，重新做人，最大限度减少社会不稳定因素。对于一些案情复杂、社会影响较大的刑事案件，坚持大局意识，向党委和人大以及上级法院报告案件情况，听取指导和监督意见，稳妥地审理。

【民商事审判】 在民商事审判中运用司法调节手段，化解矛盾纠纷。2010 年共受理民商事案件 32 件，审结 32 件，标的 123 万元，审结率为 100%。在民事案件审理中，按照“调解优先，调判结合、案结事了”原则，加大民商事案件的调解力度，做深入细致地说服教育工作。把调解贯穿于立案、审判、执行、申诉、信访等全过程。注重调解质量，提高调解效率，从根本上化解矛盾，在 2009 年所审结的民商事案件中，调解结案 31 件，占审结民商事案件的 97%。依法适用简易程序审理案件，提高民事审判工作效率。及时审理各类合同纠纷案件，平等保护各类市场主体的合法权益，制裁违约行为，保障交易安全，维护诚实守信、公平竞争的市场秩序。

【执行工作】 在执行工作中，发挥执行工作的权益保障职能，履行职责，以维护稳定，化解矛盾隐患，维护司法权威为工作目标。贯彻落实最高人民法院关于清理执行积案的要求和部署，运用各种破解“执行难”的手段与执行和解工作方法，将执行工作做细做实，最大限度地缓解“执行难”问题，保障债权人合法权益。如：受理余某申请强制执行的案件已执结，标的达 7.8 万元，及时兑现生效判决。依法对旧存两案发放司法救助金 6000 元，体现司法为民的人文关怀。

【信访、立案及审监】 随着诉讼案件增加和群体性涉诉纠纷增多，信访隐患较为突出。为解决群众告状难问题，发挥“立案大厅”、“院领导接待日”作用，广泛听取群众意见。在各种节日和重大活动前，对涉法涉诉案件及时排查，预防和减少涉法涉诉案件发生，保证节日和重大活动期间无涉法、涉诉、缠访现象发生，维护全县的和谐稳定。全年共接待群众来访 42 人 85 次，没有出现群访和到州赴省进京上访情况。

按照“全程监督、动态管理、全位运行、及时救济”工作思路，重构法院内部审判监督管理新模式。设立审判管理办公室，专门负责审判质量监督管理，开展案件质量评查活动。强化从立案巡查、庭审抽查、审限督查、重点评查、全案检查、质量讲评、责任追究等措施，把审判管理落到实处，增强干警办案责任心和紧迫感。完成县委交办评查 45 件案件的目标任务。

在外部监督上。坚持向人大及其常委会报告工作制度，自觉接受监督，落实人大决议和决定，改进各方面工作。落实人民陪审员制度，发挥人民陪审员参与审判案件、监督审判活动。坚持邀请人大代表和政协委员旁听案件庭审制度，将庭审活动置于人大和社会各界的监督之下。广泛征求群众意见，自觉接受群众监督，改进法院工作。

【基层基础工作】 将县委牧民定居暨“三百”示范工程作为服从大局、服务人民的重要政治任务来完成。作为尕多乡刑木达村的主要负责单位，深化思想认识，以彻底改善农牧民群众居住环境为目标，多措并举，完成党委任务：完成前期组织指导和宣传工作；加强对工程建设的组织领导，用心了解人民群众的实际困难和问题，做到有的放矢，将工作任务和解决人民群众困难逐步落实；调动农牧群众自筹资金积极性的同时，向建设点投入资金 11.2 万元，实现建设点工程凸显特色、风貌提升。

【队伍建设】　在开展“三项重点工作”中，以教育培训、技能练兵、作风建设“三项制度”为重点，以“三项制度”建设促进法院队伍建设。推进社会矛盾化解、社会管理创新、公正廉洁执法三项重点工作，全体法官牢固树立“三个至上”思想，增强对司法人民性的理论认同、感情认同和实践认同，坚定政治信仰和正确的政治方向。

（负责人　王久洪　　撰稿人　潘培森）

司　法

【领导名录】

局　长　　周春香

副局长　　蔡晓清

　　　　　陈　健(5 月起，广安挂职)

【概况】　围绕县委政府中心工作，推进社会矛盾化解、社会管理创新、公正廉洁执法三项重点工作，树立社会主义法治理念，以构建社会主义和谐社会为核心，发挥司法行政法律服务、法律保障、法律宣传、矛盾纠纷排查、两劳人员安置帮教及法律援助的职能作用，为壤塘发展营造和谐稳定的社会环境和公正高效的法治环境。

【普法依法治理】　以反分裂维稳工作与重点地区突出问题的专项整治活动为核心，巡回到各乡镇开展“三下乡”。以“三百示范工程”和“送法进乡村为重点，开展“法律五进”活动，开展法律进机关（单位）活动，提高其依法管理和服务社会水平。继续坚持和完善党委中心组学法、领导干部法制讲座、干部任前法律知识考试制度，学习“领导干部选拔任用四项监督制度”，按照《廉政准则要求，全年共举办 2 期普法专题讲座；开展法律进乡村（社区）活动，在南木达乡、中壤塘乡等 5 个魅力乡镇，中壤塘乡壤塘村、吾伊乡壤古村克久寨等 5 个精品旅游村寨，蒲西乡尤日村、岗木达乡明达村等 6 个幸福美丽村寨的乡村设立 20 个法律图书角和 20 个法制宣传栏。到茸木达乡和中壤塘乡宣传《村民委员会组织法》。实施“牧民定居”行动后，宣传涉及农村基层政权建设、土地承包、房屋拆迁、土地征用、社会治安、矛盾纠纷、道路交通方面的法律法规；开展法律进校园活动，3 月 17—20 日，给全县 14 所中小学赠送《阿坝州中小学法制教育读本》6192 本。5 月 8—15 日，在县中学和城关小学举办法律知识讲座；开展法律进寺庙活动，到各寺庙用藏汉双语向 2000 余名僧尼宣传法律法规，发放法制宣传资料 1300 余份、发放《壤塘县农村常用法律知识简明手册》书籍 1200 册，对上杜柯乡鱼托寺等重点寺庙新设立法制专栏 6 个；开展法律进企业活动，到阿两路施工地开展《工会法》、《合同法》、《劳动法》、《公司法》、《税法》、《消费者权益保护法》、《产品质量法》、《招标投标法》和《反不正当竞争法》宣传教育，发放法制宣传资料 2300 余份。

全年发放《农牧民常用法律知识问答》法律法规书籍 1500 余本，宣传资料 1.18 万余份，法律援助卡 70 余张，现场接受农牧民群众咨询达60余人次。开展24场次125名村普法员的法律法规培训。各基层司法所利用村民会议或群众重大节日开展120余次法制宣传教育活动，调解各类矛盾纠纷486件。开展各种法制宣传活动83次，发放法律法规书籍1200余本、各类宣传资料1.63万余份，接受法律咨询180人次，出动宣传车78台次，悬挂宣传横幅和挂图370幅，受教育群众达1.72万余人，全县增设图书角20个。

【基层基础工作】 开展走访调查工作。依托乡镇司法所，分片区走访并记录全县60个村（社区）、每个社区每户的基本情况，建立相应的基本情况信息台账。

统一为12个乡镇司法所制作标牌、吊牌和制度。3月底至4月初，采取集中培训、现场培训、个人指导和以会代训方式到12个乡镇举办人民调解员培训班，参训人员有各乡镇专兼职司法助理员和乡镇村人民调解员400余人。

【律师工作】 开展“主题实践”、“社会主义法治理念教育”、“律师警示教育”和“律师创先争优”活动，举办5次法制知识讲座和数次义务法律咨询活动，发放法律服务便民卡3000余张。全年担任刑事辩护案1件，民事代理1件，代写诉状30份，代写非诉讼法律文书5份，接待法律咨询90余人次，发放宣传资料4500份。安排律师、公证员到企业、工地帮助工人签订劳动合同、解答法律咨询100多人次。

【公证工作】 学习《公证法》、《公证程序规则》和《公证员执业管理办法》法律法规。在流动人群较多的县城街道中心以展板的形式通过图片和文字说明，介绍公证工作的业务范围、办事程序及公证工作的职能作用。9月7—8日，到县城所有施工工地提供法律服务，调解矛盾纠纷，推进工程建设。9月24日，到蒲西乡、石里乡和吾伊乡施工工地开展《劳动法》、《劳动合同法》和《公证法》宣传咨询活动。

全年办结各类公证36件，接待来人来访40人次。

【人民调解】 加强人民调解工作，完善矛盾纠纷排查调处机制，开展法律宣传和普法依法治理工作，推进基层民主法制建设，拓宽渠道，做好刑释解教人员的安置帮教工作。开展基层法律服务，统一为乡（镇）、村（社区）人民调解委员会刊刻调委会公章73枚。举办人民调解员培训班培训人民调解员共400余人。7月23—28日，在村支部书记与村委会主任参加的“藏区跨越式发展和长治久安培训”会上培训人民调解基本知识；开展走访调查工作，走访并记录全县60个村（社区）、每个社区每户的基本情况，建立相应的基本情况信息台账；与马尔康县、金川县签订三县边界联调协议，促进调解工作健康发展，全县共调处各类纠纷485件，调处成功477件，防止群体性上访1件。

【法律援助】 坚持“应援尽援、应援优援”目标，加强法律援助宣传，发挥法律援助在构建和谐壤塘与法治壤塘中的作用，扩大法律援助覆盖面，取得明显成效。

全年，接待来人来访180多人次，代写各类文书28封，办理法律援助案件8件，涉及金额达101.06万元，发放法律服务便民卡100张。

【法律服务】 开展内容丰富、形式多样的法律服务与法律援助工作，律师和公证员到企业、工地帮助工人签订劳动合同、解答法律咨询达100多人次。

【司法鉴定】　按照《关于司法鉴定管理问题的决定》和《四川省司法鉴定管理条例》规定，开展“三项重点”和“三项制度”活动，发挥司法鉴定的管理职能，为全县经济发展、民族团结和社会稳定提供优质高效的法律服务。

【安置帮教】　加强安置帮教工作，层层签订《目标管理责任书》，完善12个乡镇（街道）的刑释解教人员安置帮教工作领导小组和各村的帮教小组。落实刑释解教人员衔接管理，建立刑释解教人员档案，跟踪全县近三年来的刑释解教人员，掌握其动向，减少脱管失控，防止其重新犯罪。

推进社区矫正工作，对全县的14名社区矫正人员进行走访，建立档案，详细记载矫正方案、志愿者协议书、监护人协议书、公共劳动、谈话记录的材料。制定和建立村级社区矫正工作站每月1次例会制度和“一帮一”帮教制度、各乡镇司法所联合派出所开展每年2次以上“联系会”。

【学习培训】　加强队伍学习，参加各类培训，提高自身素质。3月，全体职工赴金川县考察学习。4月，王琪参加省司法厅在成都举办的“西部省份法律援助轮训班”培训。5月，周春香参加州司法局举办的“局长培训班”学习。

索郎东磋、彭梅参加州司法局在马尔康举办的“普法培训班”与“计财培训班”培训。6月，尕壤卓玛参加省党校在成都举办的“政务信息公开”培训，求尼卓玛、泽让娜姆参加州司法局在马尔康举办的“基层基础”、“法律援助”理论培训。

8月，周春香参加省委党校举办的“藏区跨越式发展”培训；

陈健、丹卓尔玛、邓治斌和杨小平参加州司法局举办的“法制宣讲”、“人民调解”、“社区矫正”技能比赛，安排8名司法助理员现场观摩学习；特金被州司法局抽调到州局调训4个月。10月，蔡晓清参加州党校举办的“政法系统副科级领导”培训。12月，全体职工赴云南考察学习。

（负责人　周春香　　撰稿人　王琪）

军事

JUN SHI

人民武装

【领导名录】

部　长　李怀金
政　委　张　楫
副部长　罗志刚
　　　　泽拉木（4月起）

【概况】　学习贯彻科学发展观和党的十七大精神，履行新世纪新阶段人民军队历史使命。按照“围绕目标抓关键，融合队伍强素质，健全制度严管理，反恐维稳保安全，稳中求进谋发展，双学双争创一流”工作思路，落实各项工作，推动壤塘县民兵预备役工作创新发展和整体推进。

【思想政治建设】　壤塘县人武部以学习贯彻科学发展观为主线，加强思想政治建设，用党的创新理论武装头脑，开展党委中心组及机关理论学习，坚持每个专题学习开始有动员、结束有讲评，人人撰写一篇心得体会、组织一次学习体会交流、针对问题搞一次专题研讨；集中开展专题教育整顿，以“学廉政法规、倡廉洁新风、树廉洁形象”、“增强党性、严守纪律”等专题教育为重点，集中开展倾向性问题整治，在提高作风建设中，净化人武部内部风气、维护人武部安全稳定；开展经常性教育，以开展“当代革命军人核心价值观”主题教育活动为主线，利用维稳、外训、重大节日等时机，开展民族宗教政策、法纪条规、形势战备和爱国奉献教育，认清当前复杂形势，树立居安思危的忧患意识，打牢“忠诚于党、热爱人民、报效国家、献身使命、崇尚荣誉”的思想基础；开展精神文明共育活动，开展新颁布的《国防动员法》学习宣传，为国动委成员单位发放《国防动员法释义》宣传手册40余本。组织县委“四大班子”领导和行政单位人员开展“军事日”活动，组织中小学生军训，利用征兵工作宣传之机，宣传武装工作和国防科技知识。配合县宗教局，在全县僧尼中开展持戒守法爱国教育，争做新世纪爱国爱教的好僧尼。

【班子队伍建设】　坚持把党性党风党纪教育作为加强党风廉政建设的根本来抓，坚持正确用钱、用权、用干部。严格落实制度，贯彻民主集中制“十六字”方针，坚持党委抓大事、议大事。对涉及建设项目、大项工作部署、群众利益等重大敏感问题，在认真调查摸底，开展可行性研究的基础上，听取群众意见，确保决策民主性、科学性。突出建设重点。制定党委支部集体理财、发票联审、热点问题决策程序，增强班子成员自律意识，筑牢拒腐防变的思想防线。保持23年无退兵的记录。打造成才平台。把提高干部、职工和民兵队伍的能力素质作为建设学习型军营的根本来开展。投入资金5万余元改善办公环境，做到人手1台电脑、各科1台打印机，上半年选送1名干部到南京陆军指挥学院培训学习。9月，参加“天府使命2010—阿坝”反恐维稳军事演习，在执行大项任务中锻炼培养人才，因成绩突出，副部长兼军事科科长泽拉木被分区通报表彰；军事科正营职参谋廖军荣立三等功；3名专武干部、12名参演民兵被分区表彰为先进个人。

【军事工作】　坚持以“十七大”精神为指导，贯彻落实科学发展观，领会胡主席、中央军委和上级关于国防和军队建设的一系列重要指示精神，以新时期军事战略方针为统揽，按照分区《军事工作要点》，把维护藏区稳定作为首要任务，按照“围绕‘一个基点’、打牢‘两个基础’、强化‘三种认识’、实现‘四个转变’、提高‘五种能力’、突出‘六个成效’”思路，贯彻落实新一代《军事训练大纲》，开展军事训练，依法从严治军，强化装备保障，锻造核心军事能力，推进国防动员工作创新发展，以常态民兵分队为核心，提高全县民兵分队遂行多样化军事任务的能力。

以维护藏区稳定为首要任务，完成民兵整组及各项军事工作。全年先后动用民兵共计350人次，在维护社会稳定，保卫国家和群众生命财产安全方面发挥不可替代作用。在“元旦、春节、3·10期间”、世博会召开期间、国庆节前后敏感节点时期，应急民兵分队均担负着明达电站、水厂、炸药库、加气站的警戒保卫和城区巡逻执勤任务，确保敏感时期壤塘县社会稳定。8月11日至9月12日参加代号为“天府使命2010—阿坝”军警民联合演习，在演习中充分体现壤塘县应急民兵分队的重要作用。

【正规化建设】　组织全体干部和职工学习两级军区和分区关于安全稳定工作的一系列重要指示和精神，树牢安全发展理念。按照“强化学习、打牢基础、落实制度、正规秩序”思路，精心组织，认真筹划，开展以“条令条例”学习月和“百日安全三无竞赛”活动为主线的安全隐患治理和整改活动。在确保安全稳定的基础上，把正规化建设作为依法从严治军的切入点，把加强武器装备“三化”建设和强化涉密信息管理作为依法从严治军的重要环节，重新修订《干部管理规定》，出台《职工岗位调整方案》，完善各项制度规定。注重干部和职工仪表形象、遵章守纪、履职尽责、社会交往，保持人武部的高度稳定和集中统一。

【参建参治】　维稳期间，发挥民兵信息网作用，先后向联合维稳指挥部提供情报信息10多条，为维稳工作开展提供参考。配合公安、武警担负联治联防任务，带头参加扶贫帮困和牧民定居行动。全县专武干部和基干民兵2010年面向社会开展法制宣传教育10余次；协助乡（镇）、派出所、村两委调解处理民事纠纷15余起，制止犯罪企图9起；向希望小学捐款6000余元，援助贫困户5户，协助牧民定居90余户。

【后勤建设】　坚持以军事斗争准备为龙头，强化预算管理，搞好供应保障，严格财经纪律，按制度、按规章、按程序、按预算办事，严格控制偏紧易超经费开支，发扬艰苦奋斗精神，制止奢侈浪费，为部党委当好参谋，为部机关建设服好务，全年经费达标，完成各项保障任务。在组织开展的《基层建设纲要》集训及“天府使命2010—阿坝”演习保障工作中，严格执行预算，杜绝超支现象。贯彻落实军地各级爱委会的文件精神，开展争先创优活动，开展以“加强综合治理，共创文明卫生军营”为主题，以净化、绿化、美化营区为目标，以讲文明、讲卫生、讲公德、树新风为主要内容的活动，搞好营区管理，多方筹措资金规范营区秩序。做好各类传染病的防控工作，维护干部、职工健康安全，增强全体人员的文明卫生素养，共建和谐社会。

（负责人　泽拉木　　撰写人　廖军）

武警壤塘县中队

【领导名录】

中队长　　吴必忠（4月止）

　　　　　谭　晨（4月起）

指导员　　袁雪峰

【概况】　贯彻党的十七届五中全会和总部、总队、支队党委全体（扩大）会议精神，全队官兵树立“地处偏僻，思想不保守；条件艰苦工作创一流”工作干劲，扎根高原，无私奉献。高举维护民族团结的旗帜，践行当代革命军人核心价值观。在武警支队党委、县委县政府的领导下，坚持全心全意为人民服务的宗旨，战胜和克服各种困难，以苦为乐，以苦为荣，在雪山草地奉献青春年华，从不计较个人得失。按照《军队基层建设纲要》和胡总书记提出的“听党指挥，服务人民，英勇善战”总要求，弘扬武警部队的“特别能吃苦，特别能忍耐，特别能奉献、特别能战斗”精神，开展部队政治教育、军事训练、战备执勤、管理教育、后勤保障等工作。中队全面建设有长足进步和发展，高标准、高质量实现“两个确保”。

【班子建设】　按照基层党支部工作条例，中队建立五人支委的党支部。按照“三个能力”建设的要求，落实民主集中制，在关系官兵切身利益的问题上能够坚持公开、公正、公平，在关系中队全面建设的问题上，能注重发挥团支部和武警委员会的作用，听取意见建议，在急难险重任务面前，主官带头做好表率，党员干部作风务实，战斗堡垒作用较强；班子团结心齐，一班人经常交心通气，遇事相互商量，坦诚相待，自觉做到“八个互相”（即有问题互相提醒，有经验互相借鉴，有教训互相汲取，有建议互相采纳，有功劳互相谦让，有责任互相承担，有新观点互相切磋，有新思路互相交流），做到变一人的智慧为大家的智慧，在“一班人”带领下，全体官兵完成各项任务圆满。

【政治教育】　围绕解决好打得赢、不变质两个历史性课题，培育有理想、有道德、有文化、有纪律的高素质新型军人开展历史使命教育、理想信念教育、战斗精神教育、社会主义荣辱观教育和“培育当代革命军人核心价值观，永远做党和人民的忠诚卫士”主题教育为重点内容，引导官兵树立坚定的理想信念和正确的世界观、人生观、价值观，保持政治上的坚定性和思想道德上的纯洁性，保持坚强革命意志和旺盛战斗精神。全年共转化重点工作对象15名，帮助后进的战士20名，为官兵解决实际困难17件。

【基础建设】　武警支队投入资金100余万元，帮助中队完善各项基础设施建设，重新修建营区坝子和围墙，中队配齐各项生活、执勤、训练设施，执勤设施上完善“四防一体化”建设。地方财政投资30余万元，帮助中队健全文化设施建设，为中队购买热水器、文化装备和反恐装备，确保中队基层建设发展。

【执勤处突】　完成以执勤处突反恐为中心的各项任务。年初，根据支队和地方党委政府的总体部署，中队30名官兵在吾伊乡担任藏区维稳驻训、设卡任务，全体官兵树立吃苦耐劳，不怕流血牺牲，敢于上一线打头阵，圆满完成任务。在备战“3·10”期间，担任壤塘县县城武装巡逻任务，全体官兵树牢居安思危意识，时刻保持高度警惕，妥善处置险情2起。

【正规化建设】　按照《条令条例》和《纲要》要求，筹划各项工作，狠抓落实。对照《纲要》要求，分析部队建设的形势，确立“全面建设、整体过硬、争创一流、争创先进”具体目标。按照支队制定的《基层中队“四项设施”责任制管理实施办法》、《公用物资使用管理细则》制度，按照完全责任、分管责任、直接责任和连带责任区分，实行“五定”（定人、定位、定价、定责任、定目标）、“五包”（包使用、包管理、包维修、包移交、包赔偿）管理模式，对营区绿化实行“中队分片、班排分段、个人包株”管理办法，大到一间库室，小到一块玻璃、一个开关、一棵树，都具体到班排、个人，实行对号管理，形成人人有责任、处处有分工、事事有要求长效管理机制。

【抢险救灾】　贯彻执行“预防为主，防重于抢”抢险救灾方针，及时制定完善《处置抢险救灾应急预案》。全年成功处置险情2起，及时消除隐患。

【军事训练】　根据支队《2010年度军事工作指示》规定，按照《军事训练与考核大纲》要求及支队系列军事训练指示，以任务为牵引，开展科技练兵，开展军事训练“四落实”。中队支部成立军事工作领导小组，定期进行支部议训，总结经验、查找不足，制定措施；每天坚持1.5小时体能训练，坚持每天一次5000米长跑或武装越野，完成大纲所规定的体能训练科目；开展“五小”练兵，保证执勤人员能及时完成训练内容，做到人员科目不漏训。根据当前藏区敌社情况，结合中队所担负任务，按照处突、反恐“快速到位、高效处置、制胜有把握”要求，加强反恐装备、力量的建设和反恐基础科目的训练。对班（组）战斗动作，处置暴乱、骚乱事件，处置群体性治安事件、及捕歼战斗进行系统训练，指挥员程序正确，内容完整，符合战术原则和实战要求，全队官兵行动迅速，动作准确，协同密切，战术意识强，为圆满完成各项任务打下坚实的基础。

【警卫任务】　3月，担负壤塘县县政府警卫任务，完成任务。6月，完成武警四川总队杨士武总队长少将到壤塘检查指导工作期间的警卫任务。

【后勤保障】　坚持“加强管理，深化改革，提高效益，保障中心”总体工作思路，把保中心、保生活作为保障重点，以抓好枪支弹药的管理为着力点，在深化、延伸、拓展上下功夫做到在重复中有所创新，在循环中有所提高，确保后勤保障任务的圆满完成，确保后勤建设再上新台阶。将爱装管装教育纳入经常性思想政治教育之中，发挥思想政治工作在装备管理中的“保航护航”作用。坚持把管装爱装教育纳入年度教育计划，渗透到部队战备、训练及日常各项保障任务中。激发官兵爱装管装的责任感和使命感。采取多种形式，强化依法管好枪弹的力度，把枪弹安全管理作为日常管理的基本内容，列入议事日程，有布置、有要求、有检查、有讲评，常抓不懈。坚持枪支弹药定人、定位、定责任。特别是在随行任务中严格按照处置突发事件中武器弹药使用规定，没有联指最高指挥员的命令不准使用杀伤性武器。实行枪弹分离，由干部携带子弹；在“3·10”备战担负的设卡、巡逻等任务重中，选定思想进步、军事过硬的士官携带枪支，确保执勤用枪的绝对安全。严格落实枪弹管理五项制度。坚持三人三锁，同出同进，出入库登记，每日检查，专哨警戒五项制度不放松。要求军械管理干部和军械员随身携带钥匙，防止丢失。每周对枪支进行擦拭保养，对训练使用中损坏的部件立足现有条件进行维修，保持良好的战备状态。

（负责人　袁雪峰　　撰稿人　耿小杰）

公安消防

【领导名录】

大队长　　王茂能

教导员　　马兴强

【概述】　按照“预防为主，防消结合”方针，履行职能职责，以维护稳定工作为中心，开展火灾隐患的排查整治和专项治理，确保全县火灾形势保持稳定，实现消防安全重点单位和“两类场所”零火灾目标，全县无重特大火灾和群死群伤火灾发生。强化社会消防宣传和培训，增强全民消防安全意识，加强对基层派出所的指导。强化执勤训练，参与抢险救援和社会救助。强化队伍管理和教育，确保部队高度稳定。

【消防监督管理】　围绕全县维护稳定中心工作，以重点单位、“两类”场所（人员密集场所、易燃易爆场所）、农村、寺庙为重点，到各机关、企业、学校、场所、寺庙进行消防安全检查。全年共开展消防监督检查110次，发现火灾隐患71起，下发责令改正通知书3份，发现的火灾隐患通过当场整改或限期改正的方式全部整改完毕。办理消防行政审批事项29起，其中：公众聚集场所开业前检查7起、建设工程消防设计审核2起、审核备案9起、建设工程消防竣工验收4起、验收备案7起。办理消防行政处罚案件5起，火灾原因调查案件3起。在执法办案过程中，坚持原则，以消除火灾隐患、提高民众消防安全意识、推进消防工作社会化为目的，真正做到“立警为公、执法为民”。

开展寺庙消防工作。寺庙消防是一项重要日常消防工作，采取消防监督检查和消防安全宣传的方式开展寺庙消防。大队干警与辖区派出所民警（懂当地语言的）一起进入寺庙开展消防监督检查，督促整改存在的火灾隐患；与寺庙的活佛和管事的喇嘛座谈，交流寺庙消防工作如何开展，以及如何整改火灾隐患和预防火灾的发生及初起火灾扑救、人员自救逃生等，通过与活佛和管事喇嘛的交流，再由其向寺庙内的其他僧人传达的形式，加强寺庙消防工作的宣传教育和推广普及；寺庙内消防器材的配置，以壤塘县重点文物单位的形式解决部分重点寺庙的消防器材，主要是配置灭火器；强调寺庙属地管理原则，根据壤塘县寺庙多、分布广的情况，要求以派出所按辖区属地管理原则，加强各自辖区内寺庙消防管理工作。

开展牧民定居行动消防工作。实施牧民定居行动计划，基本实现实施的乡、村“家家有固定房、户户有新帐篷、村村有活动中心”，牧民居住条件和基础设施、生态环境有明显改善、公共服务水平有较大提升、消防安全环境有明显改变。借助此工程平台，深入调研，撰写《壤塘县牧民定居行动计划消防工作调查情况报告》，得到地方党委政府的重视与支持，将消防工作纳入牧民定居行动计划工程中，并提前介入。在工程实施初期，将消防方面的内容纳入规划设计中，杜绝先天性火灾隐患，提高农村自防自救和抗御火灾的综合能力，改善牧区、农区消防安全环境。按照消防规划要求，全县已完工牧民定居点的建筑耐火等级、防火间距与消防车道基本得到保障。

【岗位练兵】　加强执法规范化建设、提升火灾扑救、抢险救援能力，本着“仗怎么打，兵就怎么练”要求，组织开展以提升能力为目标，以学习基本业务知识为基础，以练体能、技能为核心，以练作风、纪律为重点，以考核、竞赛为形式，全员、全岗位参与的岗位大练兵活动。活动中严格标准与要求，官兵一致，提高部队整体作战能力。

【专项治理】　开展建筑消防设施专项治理、中小学校舍消防安全专项治理、文物古建筑消防安全专项治理、火灾隐患排查整治“百日会战”、各类重大节日和重大活动期间消防安全专项治理行动，各项专项行动措施有力、效果明显。

【宣传教育】　以宣传贯彻《消防法》为契机，推进消防工作社会化进程。开展消防知识专项培训8次。采取为学校师生集中授课、消防安全疏散演练、“您好，我是消防员”角色互动和设消防咨询台方式，以“全民消防，生命至上”为主题的“11·9”消防日宣传活动，散发宣传资料2000余份，受教育群众近4000人。在县电视台作专题报道，有效延伸受教育群众范围。

【行政执法】　全年共发生火灾3起，死亡2人，受伤3人，直接财产损失85.7万元，与2009年同期相比，次数持平，死亡增加2人，受伤增加3人，直接财产损失上升664%，杜绝群死群伤和恶性火灾事故发生。共开展消防监督检查110次，发现火灾隐患71起，下发责令改正通知书3份，发现的火灾隐患通过当场整改或限期改正的方式全部整改完毕。办理消防行政审批事项29起，其中公众聚集场所开业前检查7起，建设工程消防设计审核2起，审核备案9起，建设工程消防竣工验收4起，验收备案7起。办理消防行政处罚案件5起，火灾原因调查案件3起。依法查处各类消防违章违法行为。

【灭火与抢险救援】　全年共接警20次，其中，参加灭火战斗6次，为民取钥匙等社会救助8次，参加冲洗街道等社会服务6次。

（负责人　马兴强　　撰稿人　陈元武）

综合管理 行政监督

ZONG HE GUAN LI XING ZHENG JIAN DU

发展和改革委员会

【领导名录】

主　任　　张东升

副主任　　樊兴建

钱　莉

【概况】　围绕县委“30 字”总体工作思路，以“保增长、保民生、保稳定”为工作主线，抓住扩大内需、中央第五次西藏工作座谈会、四川藏区工作座谈会和实施重大民生工程机遇加快发展。全县实现国内生产总值 38703 万元，完成年度目标 38000 万元的 101.9%，同比增长 10.5%；人均国内生产总值实现 10278 元，突破万元大关。其中第一产业实现增加值 16718 万元，同比增长 2.2%；第二产业实现增加值 5247 万元，同比增长 41.3%；第三产业实现增加值 16738 万元，增长 10.1%。三次产业结构从去年的 46.7∶10.4∶42.9 调整为 43.2∶13.6∶43.2。投资结构改善对经济增长贡献提高，经济近两年来低位运行势态有所改变，发展速度实现新突破。

【农牧业生产】　围绕“农牧业增效、农牧民增收”这一主题，着力实施一系列惠农政策，落实粮食直补，强力推进“669”特色高产、优质、高效、生态、安全农牧业工程，实施大骨节病综合防治、牧民定居、“三百”示范和农村基础设施建设工程，继续加大农业科研和科技推广投入。全年实现农业总产值 24839 万元，同比增长 2.3%，完成年度目标 24800 万元的 100.2%。农牧民人均纯收入 2960 元，同比增长 23.4%，完成年度目标 2828 元的 105%。

进一步优化农业产业结构，优化种植业布局，实现农业稳定增收。全县完成农作物总播面积 1743.93 公顷，较上年增加 7.47 公顷，增长 0.4%。其中建设马铃薯高产创建核心攻关区 6.67 公顷，马铃薯高产创建示范区 66.67 公顷，完成特色马铃薯推广 333.47 公顷；建设青稞高产创建核心攻关区 6.67 公顷，青稞高产创建示范区 66.67 公顷，推广种植 1000.9 公顷；建设无公害蔬菜生产基地 145.23 公顷；建设高原优质油菜基地 40 公顷；发放粮食直补款 13.44 万元、综补款 99.11 万元。全县粮食总产量 331.7 万公斤，较上年增加 5.2 万公斤，增长 1.6%。

进一步优化牧业产业结构，实施昂科牦牛提纯扶壮核心群建设；完成藏鸡藏猪养殖基地、南木达乡牲畜越冬育肥基地、优质牧草种植示范基地建设；着力南木达片区牦牛商品肉牛基地、南木达片区藏绵羊商品基地、上寨片区山羊商品基地、杜柯—南木达片区奶源基地建设；完成 6666.67 公顷天然草原鼠害灭治，巩固扫残治理危害草原 7333.33 公顷。年末，全县各类牲畜存栏 28.89 万头（匹只），各类牲畜出栏 5.86 万头（匹只），奶类产量 753.2 万公斤，羊毛产量 2.4 万公斤，肉类产量 577.1 万公斤。牲畜出栏率 22%、牲畜商品率 12.5%。

进一步增强农村发展基础，新建安全饮水工程 14 处，维修 11 处，解决 6000 人安全饮水问题；完成土地开发复垦整理项目，新增耕地 10 公顷；完成《杜柯河流域城关堤防工程》、《则曲河流域南木达堤防工程》以及《则曲河流域综合治理初步设计》等前期工作；完成阿诗玛流域治理工作，治理水土流失面积 5 平方公里；实施蒲西乡斯跃武村 32 公顷集雨节水灌溉工程；完成全县 11 个乡镇 60 个行政村 99 个村民小组土样采集。完成 3 个乡 130 户暖棚、圈舍、饲草棚建设。

【电力工业和骨干电站】 全县有电力生产企业1个，电力供应企业1个。有壤塘县明达电站1个骨干站，装机容量4800千瓦/小时，从业人员26人，工资总额84万元，年平均工资32307元。

【商品市场】 完善消费政策，优化消费环境，促进城乡居民增收。全年城乡居民收入稳定增长，消费市场所提供商品和服务日益丰富和完善，消费市场细化程度提高。全年实现社会消费品零售总额9528万元，比上年增长18.1%。

【工业经济】 贯彻落实全州工业经济工作会议精神，掌握全县工业经济运行情况，深入电力生产企业，找准困难和问题，抓好电力企业运行和管理工作，完成工业增加值任务，全年实现工业增加值544万元，完成全年目标任务的120.9%，同比增长28.9%。

【旅游业】 全年接待游客15.4万人次，实现旅游收入9844万元，分别增长92.5%和99.8%。

【调整投资结构】 抓住国家第五次藏区工作会议和四川加快藏区发展有利时机，以基础设施建设、游牧民定居、大骨节综合防治、牧民定居等民生工程为重点，集中开展藏区经济社会发展建设、扶贫开发、公共服务、优势产业、生态环境等项目专项申报工作，全年累计申报项目223个，计划投资66.98亿元。启动项目31个，其中新增开工23个，全年累计完成投资5.2亿元。项目监督管理节约投资2385.61万元，节约率13%。

【能源交通建设】 抓住国家交通运输部对口帮扶机遇，改善交通基础条件。投资7412.6万元，完成阿两路县城至黑桥段主体工程，提高交通主干道通行能力；投资90万元，启动实施岗木达昂柯桥建设项目；投资480万元，新改建设农村公路85公里、硬化入户道路18公里。

【生态建设】 围绕建设“资源节约型、环境友好型社会”目标，加大生态环境保护力度，统筹经济和环境协调发展。积极争取生态补偿政策，稳定退耕还林、退牧还草成果，调运云杉种苗242.3万株，采集穗条16万株，投资123万元，完成2035.27公顷退耕还林补植，退耕还林通过国家林业局阶段性验收；补兑2009年度退耕还林补助资金793.754万元，启动2010年度核兑工作；常年管护森林资源11.25万公顷、新增重点公益林8000公顷；完成人工造林400公顷，封山育林2000公顷；完成全县集体林权制度主体改革任务；启动中幼林抚育和沙化治理两个省级试点项目；继续加大野生动植物资源保护、森林防火、林政管理力度，打击破坏森林资源、乱砍滥伐、私拉盗运等违法犯罪活动，规范木材加工运输行为；着力开展地质灾害高发区治理工程，完成中壤塘乡政府泥石流治理、蒲西乡异地育人学校后山危岩防治工程，启动壤柯镇不稳定斜坡治理；形成生态县建设专项规划。

【城市基础设施建设】 以县城为中心，上寨、蒲西、南木达、尕多、中壤塘5个集镇为重点，实施城镇基础项目建设，完善城镇功能。投资4162.8万元，打造南木达、中壤塘等5个魅力乡镇，完善水、电、路、通讯等市政基础设施；投资850万元，启动廉租房二期工程建设；投资2000万元，完成经济适用房140套15398平方米；启动县藏文中学教学楼、县政务中心综合楼建设。

【农网改造】　农网完善主要是尕多乡10KV线路新建改造工程和中壤塘乡10KV线路新建改造工程，其中尕多乡10KV线路15千米，投资150万元；中壤塘乡10KV线路17千米，投资170万元。对无电地区进行农网新建，新建石里乡熊拉村、上达石沟村10KV农网，其中10KV线路25千米，投资250万元；配10KN变压器10台，容量为0.65KVA，投资50万元；低压线路长15千米，投资120万元；改造无电农户290户，累计供区内农户通电率达100%。新建上壤塘乡查卡村、雪木达村10KV农网，10KV线路14千米，投资140万元；配10KN变压器6台，容量为0.4KVA，投资30万元；低压线路长8千米，投资64万元；改造无电农户108户，累计供区内农户通电率达100%。

【援藏资金】　援藏资金3880万元主要用于觉囊医疗急救点建设、双语幼儿园教学用房和幼儿园宿舍、岗木达大桥、基层政权业务用房、则曲河流域南木达堤防工程等。

【以工代赈】　兑现易地育人生活补助，为5450名易地育人学生发放生活补助146万元；全面完成吾依、茸木达、尕多3乡8村613户易地搬迁任务，累计竣工56946平方米；以农畜、旅游、中药材为重点，培育搬迁点后续产业，增加群众收入；完成8个大骨节病监测点病情监测任务，对10682名大骨节病人进行药物治疗；为大骨节病患者发放生活补助332.95万元，发放医疗救助157.45万元。

【项目协调与管理】　强化对省、州、县重点项目监管和督察，实行月报制度，定期向州级主管部门和县人民政府上报工程进展状态，确保全县重点项目建设顺利完成。截止10月底，完成固定资产投资51867万元，完成州下达计划5.2亿的99.74%。加强与省、州发改部门对接，重点协调和争取在建项目建设资金和解决以往建设项目缺口资金。

【社会事业】　计划投资295.98万元完成藏文中学教学用房续建工程；计划投资1029.54万元，完成尕多乡小学教师周转房、吾依乡小学教学楼、蒲西乡教学楼建设；继续配套完善教育设备、设施。巩固提高“两基”攻坚成果。推进“9+3”免费义务教育。落实“两免一补”政策，改善寄宿制学生学习生活条件。

加大科技和科普投入，引进新技术、新品种，完善推广体系。结合牧民定居、移民搬迁工程、牧民新村工程建立科普“站、栏、园”，提升农牧业生产科技含量。以中药材育苗基地建设为基础，实施中药材种植推广，引导形成公司+基地+农户的产业链，提高农牧民收入水平。推动野生菌训化推广开发前期工作，实施农业、科技、林业、供销、经济实体多部门协作，争取项目、落实资金、技术支持，建立品牌和营销体系。加快先进实用技术推广和科技成果转化应用，提高科技对农村经济发展贡献率。

推进医疗卫生十年行动计划，计划投资1200万元，完成藏医院门诊住院部3600平方米主体工程和上杜柯、南木达医疗急救点建设。深化医药卫生体制改革，逐步建立医院财务收支两条线、药品归类管理制度，加快医药、设备采购规划管理体制建设。加强村卫生室基本医疗设备配置、强化村医培训；抓好扶贫开发综合防治大骨节病试点工作卫生项目实施；依法开展“四苗”计划免疫和传染病监督监测工作；完善新型农村合作医疗制度，强化基金管理；加强健康教育宣传、实施村容村貌和居民区卫生治理、改善人居卫生环境。

计划投资800万元，完成计生服务站业务用房1800平方米主体工程建设和设备购置；计划投资600万元，提升基层计生服务站服务设备、设施，按照省级优质服务县标准提高服务水平，加强计划生育政策、法律法规宣传，实施“少生快富”工程，控制人口数量，提高出生人口素质，确保人口自然增长率控制在8‰以内。

计划投资96万元，完成中壤塘、茸木达、岗木达、壤柯镇4个乡镇文化站建设；加快文物保护本体维修规划和设计方案编制；继续推进文化下乡和县乡信息共享建设。继续开展直播卫星“村村通”工程设备的发放、安装、调试工作，提高电视、广播电视覆盖面。开展群众性文体活动，丰富人民群众物质文化生活；加强文物保护与开发，构建和谐文化体系。开展全民健身活动和专项体育运动，提高全民健康素质。

【工业经济效益】 全县规模以下工业企业26个，年末拥有资产总额12460万元，比上年增长0.1%；实现利税总额-368万元。

【电力运行调控】 加强电力运行调控，全县年发电量为1557万度，销售电量为1541万度，全年发电平均利用小时数1000小时。

【贸易工作】 消费品市场稳定增长，全县消费品市场较为活跃，全年实现社会消费品零售总额9528万元，比上年增长18.1%。

鼓励、支持民族贸易流通企业发展，发挥民贸企业在拉动内需、扩大消费方面的作用，对壤塘县民族贸易商场扩建项目进行申报。执行阿坝州财政局、阿坝州商务局《关于下达2010年度民族贸易流通事业发展专项资金预算的通知》文件精神，壤塘县民族贸易商场扩建项目业主按照建设规模及相关内容进行改扩建，在规定时间内完成。10月25日，发改委会同县财政局组成联合验收工作组，对壤塘县民族贸易商场扩建项目进行验收，该项目总投资150万元，改扩建面积450平方米。

【民营企业】 全县民营企业发展到21户，注册资金2609万元，个体工商户发展到696户，注册资金1296.75万元。民营经济实现增加值16915万元，比上年增长12.9%。其中第一产业增加值11570万元，增长2.2%；第二产业增加值2149万元，增长41.3%；第三产业增加值3196万元，增长10.1%。民营经济对全县GDP增长贡献率为49%，占全县GDP的43.7%。

【招商引资】 全年完成招商引资430万元，完成全年目标的107.5%。

加大水电、矿产等资源开发招商引资力度。与国电公司、华电公司协作，完成蒲西电站预可研工作、电站设计前期，启动上寨电站预可研。与米易石峡等公司协作，启动宗科沟和野人大峡谷流域水电开发前期工作，宗科河流域开发规划通过省审定。全面开展绰斯甲电站移民登记造册工作。壤塘至马尔康110KV输电线路顺利开工。推进斯跃武铌钽多金属矿详查。

全面启动工业集中区建设规划工作，形成初步方案。加强与州开放合作部门联系，完成第十一届西部国际博览会项目推介，推出产业项目5个。组织项目、企业参与州水磨对外开发开放合作活动，加强对外宣传。

【食盐专营法律法规宣传】 开展“5·15”防治碘缺乏病日宣传活动，会同相关部门在城关地区开展以“坚持食用碘盐，预防出生缺陷”

为主题，以普及碘盐科学知识、提高人民群众自觉食用碘盐意识为重点的防治碘缺乏病宣传活动，以发放宣传资料、播放录音磁带、悬挂横幅、张贴标语等形式，面对面向群众宣传《食盐专营管理办法》、《四川省食盐管理条例》等相关政策法规及碘盐科学知识，发放宣传资料3000余份，接受群众咨询300余人，赠发小包装合格硒碘盐200袋。集中执法力量，到南木达片区、上寨片区、上杜柯片区开展盐政市场专项检查、防治碘缺乏病宣传工作。

【固定资产投资】　固定资产项目开工建设项目31个，新增23个，完成固定资产投资51867万元，同比增长79.3%。其中市政基础设施建设项目开工5个，完成投资1187万元；乡镇基础建设项目开工4个，完成投资742万元；交通开工项目3个，完成投资7555.6万元；商贸开工项目1个，完成投资140万元；卫生开工项目4个，完成投资314万元；大骨节病易地搬迁613户，完成投资1927万元；建设牧民定居点27个，完成投资35052万元；农、林、牧、水开工项目4个，完成投资588.63万元；改造农村电网，完成投资3875万元；教育开工项目6个，完成投资226万元；机关办公设备采购，完成投资260万元。

（负责人　泽仁郎加　樊兴建
撰稿人　张　举　谭　梅）

国土资源

【领导名录】

党组书记、局长　　华永东
党组成员、副局长　　胡成贵
党组成员、纪检组长　　陈　华
副局长　　王　凯

【国土资源】　全县土地面积664022.29公顷，耕地面积3147.97公顷，占0.47%；园地2.23公顷，占0.0003%；林地302906.97公顷，占45.62%；草地301053.89公顷，占45.34%；城镇村寨及工矿用地964.65公顷，占0.15%；交通用地757.12公顷，占0.11%；水域及水利设施用地4250.59公顷，占0.64%；其他土地50938.87公顷，占7.67%。

【地质地貌】　壤塘县地形以丘状高原为主，相间河谷平地和高山，境内山峦重叠，沟谷纵横。壤塘地区地质构造属巴颜喀拉褶皱带，松潘、甘孜褶皱系，本区内断裂不发育，以褶皱为主。影响全县构造有两个体系：一为“歹”字形构造体系；二是金汤弧构造。

【地籍管理】　按照《壤塘县全国土地第二次调查实施方案》，完成农村和城镇外业土地调查工作，内业部分待国家核查。

【土地利用管理】　确保重点建设项目工程建设，完成建设项目用地预审26件，总面积32.06公顷，划拨办公用地4宗，面积0.25公顷，保障性住房1宗，面积0.66公顷，收回国有土地使用权5宗，面积1公顷。

【耕地保护】　完成土地开发复垦整理10公顷，新增耕地10公顷，其中尕多乡、蒲西乡和石里乡各3.33公顷，县国土资源局与3乡分别签订耕地保护责任书。

【土地法制建设】　组织实施土地卫片执法，落实经费6万元，开展内外业核查，收集资料。查实全县涉及4个图斑（尕多乡1个、南木达乡1个和上壤塘乡2个），总面积6.99公顷（其中耕地1.04公顷），属牧民定居用地和大骨节病区易地搬迁用地。按《土地矿产卫片执法检查工作规范（试行）》要求，录入《土地卫片图斑核查情况登记卡》、《新增建设用地统计汇总表》、《实地伪变化统计汇总表》、《违法用地分类统计汇总表》。完成自查自纠和整改落实工作。

开展执法监察动态巡查，把基本农田保护和建设用地矿产勘察活动集中区域作为动态巡查重点，每月按时向省国土资源厅上报土地市场动态监测与监管系统统计数据。规范农村集体建设用地管理，制止“以租代征”等乱占滥用农用地。落实信访目标责任制和责任追究制，健全首问制度，建立健全信访督察，研究解决信访问题，解决各类矛盾纠纷，全年未发生信访案件。

【土地规划】 成立县长为组长、分管县长为副组长、相关单位为成员的工作领导小组，编制全县新一轮土地利用总体规划，完成规划文本编制。

【矿产资源管理】 宣传矿产资源管理法律法规和规定。开展拟新建水电站，改扩建省道、国道压覆矿产资源情况调查、审查工作。监督探矿权人按照开工报告施工，协调探矿权人与乡、村、农户间关系，改善探矿外围环境。编写第二次矿产资源总体规划。

【地质灾害防治】 汛期前对全县地质灾害隐患进行摸底排查，根据排查情况完善地质灾害防治机制。建立县、乡、村、组、户四级防灾责任制，明确责任人和监测人。完善防灾预案与应急预案，实行分级负责、层层落实。健全群测群防体系，及时发放“两卡”（防灾工作明白卡、避险工作明白卡）。执行汛期24小时值班制度与灾情速报制度，加强督查。编制《壤塘县地质灾害避险搬迁安置方案》。

组织实施地质灾害防治工程4处：中壤塘乡政府后山泥石流治理工程，已由州国土资源局组织完成初步验收，完成工程决算与审计工作，进行试运期效果监测。蒲西乡异地育人学校后山危岩防治工程，由四川省蜀通地质工程勘察院进行施工，完成治理工程任务。壤柯镇不稳定斜坡治理工程，5月完成施工图设计，6月初由省国土资源厅和州国土资源局组织完成施工图设计专家评审，完成招投标工作，计划2011年开工并完成治理任务。壤柯镇华龙路经济适用房后山重大地质灾害安全隐患排除工程，经过2个多月应急治理，消除危险，确保经济适用房建设安全与4户农牧民房屋及生命财产安全。

（负责人　华永东　　撰稿人　余羿）

工商行政管理

【领导名录】

局　长　　马德发
副局长　　阿旺（10月止）
副局长　　马文莉（5月任纪检组长，10月任副局长）
纪检组长　　吴文平（12月起）

【非公有制经济】 严格审查前置审批条件，推行政务公开，执行“一审一核”制度，落实服务承诺制、当场办结制等制度。对重大项目、农民工返乡创业、灾后恢复重建项目、牧民定居计划项目、下岗再就业、高校毕业生就业、退役军人创业开通绿色通道，提供“一站式”服务。

全县在册内资企业23户（企业法人10户），注册资本2094万元。有私营企业19户，投资者88人，注册资金2549万元，新增私营企业（有限责任公司）2户，注册资金120万元。有个体工商户696户，从业人员1052人，注册资金1300万，新增158户，注册资金459.75万元，从业人员241人。

【各类市场专项整治】 开展“红盾护农”执法行动和市场监管。成立“红盾护农”领导小组，开展农资市场监管工作，与供销合作联社及农机水电安装有限责任公司签订农资商品经营承诺书2份。建立健全台账，同时加大农资案件查处，查处超经营农资案1件，罚没款5000元。

开展食品安全专项整治。将食品安全有关法规（摘抄）、责任书、店主信息、联络员信息、监管人员信息、“QS”绿色食品、“无公害”、“原产地”等主要标志统一进行规划设计，制作展板，公开食品安全监管信息。帮助、督促全县4个“食品安全示范店”建立健全“食品安全”电子台账。与市场食品经营户签订《流通领域商品质量承诺书》485份，《食品安全责任书》129份；与农贸市场责任人签订《农贸市场“第一责任人”责任书》、《食品安全责任书》、《流通领域商品质量承诺书》；与2家超市责任人签订《食品安全责任书》、《流通领域商品质量承诺书》。使用食品快速检测仪对大米、蔬菜、水发产品等主要商品进行快速检测，制定“市场监管应急预案”，加强应急处置能力。

【企业注册登记】 解决企业融资难题，贯彻《股权出资登记管理办法》和阿坝州工商局《关于加强股权出资登记工作的指导意见》，登记人员严格按照规定程序依法登记。公开《股权出资登记管理办法》、股权出资登记程序、提交材料规范、服务咨询电话等。出动宣传人员8人次，散发宣传资料50份，接受咨询3次。继续贯彻《动产抵押登记实施办法》，为企业动产抵押登记服务。贯彻执行《四川省小额贷款公司管理暂行办法》、《担保法》，规范登记。

登记注册各类企业42户，有内资企业23户，注册资本2094万元，新登记个体工商户158户，注册资金459.75万元，从业人员241人，注销各类个体工商户92户，新登记私营企业2户，注册资金120万元，实行网上登记预审，实行名称预先核准登记企业3户。

围绕“三百”示范工程搞好服务，全年登记注册与“三百”示范工程有关各类个体工商户85户，注册资本160.8万元，从业人员118人。

【农村经济组织】 全县有农民专业合作社7户，出资额99.68万元，新增农民专业合作社5户，出资额97.34万元。

【广告监督】 按照全州城乡环境整治、市场整顿以及户外广告整治方案制定具体措施，围绕市场服务设施规范、市场及商品经营者行为规范、市场监督管理工作规范、市场监管制度规范、户外广告店名（店招店牌）管理规范开展工作，整改不规范店堂招牌200余个。

【猪肉、禽类产品市场管理】 与经营户签订《农贸市场活禽宰杀、销售责任书》2份、《上市肉类食品安全责任书》9份，查处销售不合格猪肉案件1起，罚款400元。

【查办经济违法案件】 整顿和规范市场秩序，全县办理经济违法案件12件，立案查处12件，罚没款2.41万元。

【治理无照经营】 草拟《关于开展查处取缔

无证无照经营联合检查的通知》，会同公安、城建、交通、质监、药监、环保、文体等部门召开查处取缔无证无照经营联席会议。查处无照经营案件2件，罚款4000元，设立分支机构擅自从事经营活动案件2件，罚款6000元。

【验照年检】 开展2009年度个体工商户验照和企业网上年检工作。全县应参加年检各类企业45户，其中内资企业24户（法人10户,），私营企业21户，实际参加年检企业41户，注销4户，年检率91.11%，全部为网上年检，未参加年检企业4户，经过清理2户为死户企业，1户为长期停业企业，准备予以吊销，1户正在办理注销手续。共登记注册个体工商户648户（已注销73户），应检户数630户，参检490户（含验照、换照），停业、歇业95户，验照率92%，全年新办营业执照158份，其中新增个体户138户。

【维护消费者合法权益】 全县建立消费联络站点16个，聘请12315维权联络员及食品安全义务监督员16名。各乡（镇）食品安全联络员基本由各乡分管食品安全和消费维权副乡（镇）长担任。全年受理处理消费投诉4件，解决率100%。为消费者挽回经济损失2100元。

【专项执法行动】 加强流通领域商品质量监管，开展定期或不定期市场专项检查，出动执法人员298人次，检查户次1031户次，查处办结案件12件。

【法制建设】 加强合同监管工作，宣传贯彻《合同法》，增强企业合同自律意识，了解掌握企业基本情况及合同签订履行基本情况。全县有州级“守合同，重信用”企业4户，通过复查。评选2户县级“守合同，重信用”企业。

制作《市场巡查信息表》、《市场巡查日志》、《市场巡查预警通知书》、《市场巡查限期整改通知书》、《市场巡查督察表》、《市场巡查案件移交登记表》等10余种文书。8月，开始对不同信用等级的企业、个体户实施分类、分频率市场巡查，做好书式记录，做到有安排、有实施、有督查、有总结，文书记录填写翔实规范。巡查过程中结合监管实际，制定《流动商贩备案登记制度》，对所有临时经营户进行登记备案（分别登记、复印、粘贴营业执照和身份证明）。

（负责人 马德发 撰稿人 曹健）

质量技术监督

【领导名录】

副局长（主持工作） 崔祖权

【质量管理和质量监督】 全面推行“质量兴县”工作。年初，由质量技术监督局拟定、政府办下发《关于印发〈壤塘县“质量兴县”活动实施方案〉的通知》文件。实行质量工作责任制度，形成政府推动、部门联动、企业主动“质量兴县”工作机制。

【安全监管】 落实食品安全监管责任制度，对食品质量安全实施重点监管。全年出动执法人员8人次，对2家食品生产加工小作坊进行安全巡查，签订食品质量安全责任书和承诺书2份。全年未发生食品安全事故。

【计量与认证管理】 打击缺斤短两、计量作弊等坑害消费者不法行为，规范集贸市场计量和交易秩序，抓好集贸市场计量监管工作，全年开展计量专项监督检查4次，检测各类计量器具36台（件）。

【行政执法】　行政执法工作围绕全省“保发展、保稳定、保民生”工作大局，推进质量兴县战略，查处产品质量、食品安全和特种设备安全违法案件，打击假冒伪劣产品，保障人民群众身体健康和生命安全，规范市场经济秩序。全年立案办结行政执法案件1起、现场处罚案件11起。

【打假治劣工作】　落实打假责任制，在执法活动中，转变观念，改变工作方式，采取警示提醒、指导整改、认真帮扶等方法，促使依法生产和依法经营，提高打假效率，增强打假效果。全年出动执法人员30人次，检查经销户132户，检查产（商）品10余个品种，开展建材、食品、农资、农机、地条钢、强制性认证产品、家电下乡等执法打假活动16次。

【质量专项检查】　全面开展重点产品专项整治。开展集中宣传活动4次，发放宣传资料300余份。对全县境内3家砖厂产品进行抽样送检，要求各施工单位必须使用具有检验合格证的建筑材料。

【特种设备整治安全工作】　开展特种设备安全监察工作，全年共出动执法人员10人次，检查特种设备使用单位4家，与4个特种设备使用单位签订安全目标责任书，检查特种设备19台，查处违法使用特种设备案件1起，遏制特种设备安全事故发生。

【法制建设】　以“创四好”活动、领导干部作风整顿建设活动、“富民惠民，改善民生”作风建设活动为载体，开展各种思想、政治、纪律等教育活动。加强《全面推行依法行政实施纲要》、《公务员法》、《质量法》、《计量法》、《标准化法》、《特种设备安全监察条例》、《国务院关于加强食品等产品安全监督管理的特别规定》等法律规章以及各种业务知识学习，增强和提高全局干部职工思想政治综合素质和业务能力及水平。

（负责人　崔祖权　　撰稿人　杨志艳）

食品药品监督管理

【领导名录】

局　长　　霍德胜

副局长　　伍志珍

【机构和职能】　10月，根据《中共壤塘县委壤塘县人民政府关于印发〈壤塘县人民政府机构改革方案〉的通知》，将四川省阿坝州壤塘食品药品监督管理局由省垂直管理调整为县政府管理，更名为壤塘县食品药品监督管理局，为县政府工作部门。根据《壤塘县人民政府办公室关于印发壤塘县食品药品监督管理局主要职责内设机构和人员编制规定的通知》，将原县卫生局承担的餐饮服务许可，餐饮业、食堂等消费环节的食品安全监管和保健食品、化妆品卫生监督管理等职责划入县食品药品监督管理局；将食品安全综合协调、组织查处食品安全重大事故等职责划给县卫生局。

【药品医疗器械监管】　开展药品市场监管工作，确保人民群众用药安全。把保障人民群众用药安全作为工作出发点与落脚点，强化药品市场准入制度，对全县19名医药特有工种从业人员进行资格初审。完成8家药品零售企业《药品经营许可证》换证与7家药品连锁门市

GSP认证现场检查，配合州局注销1家药品经营企业《药品经营许可证》。加大辖区内药品、保健食品、医疗器械广告监测力度，配合州局完成药品、医疗器械抽验工作，上报药品不良反应病例1例。按照“五不放过”原则，开展药品、医疗器械日常监督检查工作，开展江中牌“健胃消食片”、“虫草肾阳丸”等协查工作，开展七项专项检查：开展医疗机构在用分子筛制氧设备与医用氧专项检查；开展抗震救灾捐赠药械专项检查；继续开展非药品冒充药品专项检查；开展第二类精神药品、含麻黄碱复方制剂经营专项检查；继续开展通过寄递等渠道销售假药专项整治行动；继续开展疫苗专项检查；开展打击借世博会制售假劣药品等违法行为。全年出动监督检查人员165人次，其中药品检查85人次、医疗器械检查80人次；出动执法车辆38台次；累计检查涉药187家次，涉械161家次。立案1件，涉案金额2000元、没收物品货值金额2000元、罚款2000元。监督销毁各单位自查劣药220批次，122余件，累计货值13万余元。

【特殊药品监管】 制定特殊药品监管计划，严格按照“五专”要求对特殊药品进行检查。

【食品安全综合协调】 开展餐饮服务食品安全监管情况调查，掌握全县餐饮服务环节监管现状。开展食品安全整顿工作，下发食品安全整顿工作安排与督查方案，不定期对各单位整顿情况进行督查。组织开展乳制品、边销茶、地沟油和餐厨废弃物专项检查，继续组织开展为期2年的食品专项整治行动与“2+3”专项检查活动，对全县食品安全进行全面检查，并不定期地对检查情况进行复查。确保易地育人学校食品安全，预防传染病传播，组织人员对易地育人学校食品安全进行两次专项检查。确保城关地区猪肉食用安全，组织食安委相关单位对城关地区各餐饮服务单位（含学校食堂）猪肉采购、贮存、加工情况进行专项检查。全年出动综合监督检查人员82人次，车辆21台次，检查食品经营户212家次。配合县卫生执法所开展餐饮服务许可证发证，截止12月31日，共发放《餐饮服务许可证》56份。

【药监队伍培训】 继续以“提升三种能力”为目标，坚持“二五”学习为主，平时学习为辅的学习制度，组织职工学习《药品类易制毒化学品管理办法》、《食品安全法》及其实施条例、《餐饮服务许可管理办法》、《餐饮服务食品安全监督管理办法》等法律法规，组织职工参加“五五”普法考试。开展创建“五好四强”先进党支部，争当“五带五争”优秀共产党员创先争优活动。组织7名执法人员先后参加省局举办的食品药品监管能力与稽查人员业务培训、餐饮服务食品安全监管培训、保健品化妆品监管人员培训等。

【宣传】 组织开展ADR、合理用药与《药品类易制毒化学品管理办法》宣传，发放各类宣传资料450余份，出动宣传人员21人次，宣传车辆2台次。利用《食品安全法》实施一周年之际，组织食安委成员单位开展以“深入贯彻实施《食品安全法》，保障人民群众食品安全”为主题的宣传周活动，宣传活动采用开设讲座、设立食品安全咨询台、公布举报投诉电话、送资料上门等方式进行，将食品安全宣传教育资料送到学校、企业、建筑工地等社会各层面，出动食品安全宣传人员20人次，设立宣传咨询点1个，开设讲座1次，散发食品安全宣传资料350余份，悬挂标语1幅，接受群众咨询50余人次。

（负责人　杨学忠　　撰稿人　伍志珍）

价格管理

【领导名录】

局　长　尕让塔

副局长　扎西郎吉（6月起）

【概况】　壤塘县物价局内设股室有：办公室、收费管理股、价格认证中心、价格监督检查分局、价格监测中心。现有编制10人，在职职工9人。

【市场物价监测】　全年开展市场物价监测140期次，上报信息140期次。

【涉农价格管理】　公示涉农价格，开展价格专项检查，落实涉农价格。检查农村教育收费，对全县各类中小学执行"两免一补"政策情况进行检查。对电信公司、移动公司、联通公司农话月租费、区间通话费执行国家、省、州标准情况进行检查。检查农民进城务工收费情况。重点检查灾后重建各项优惠政策落实情况，查处对农牧民建房过程中违规收费行为。检查对农牧民流动、就业歧视、限制性收费政策和《关于公布取消和停止征收100项行政事业性收费项目的通知》执行情况。规范农民建房、用地收费。开展对畜禽、畜禽产品检验以及农产品出入境重复检验、重复收费情况检查。检查农机监理部门执行国家对农用机动车免征或减征费用情况。检查民政部门农村殡葬服务收费情况。检查化肥经营者执行储备供应政策情况，按照国家相关扶农、惠农方针政策执行规定的进销差率、批零差率或最高限价政策情况，查处掺杂使假、以次充好、短缺数量等变相涨价或价格欺诈行为。

【收费整顿规范】　执行国家价格调控文件，转发价格调整文件，督促收费单位遵照执行。走访城关、乡镇近百家个体工商户，检查工商部门按政策规定停止征收个体工商管理费和集贸市场管理费情况。检查国土、建设、公安、民政、环保、工商、质量检验等涉企部门收费现象。用近4个月时间，清理和规范面向农民、农村各项行政事业性收费。对60个行政事业单位收费进行年审，年审资金总额为247.53万元。

【成品油价格专项检查】　开展成品油价格调整后市场价格监管工作，保障市场成品油价格基本稳定，对全县加油站成品油价格执行情况开展价格监管，重点监导经营单位按时调价，打击推迟调价时间、不明码标价等违法违规行为。

【价格监督检查】　继续深入实施明码标价工作，加大市场三化建设力度，对集贸市场各类蔬菜和商品价格进行明码标价，免费发放价格标价签250余张。开展建筑材料市场价格专项检查20次，检查全县建筑材料市场价格、货源以及市场秩序。

开展节假日市场价格专项检查工作。加强节日期间价格监管，保障元旦、春节、清明、五一、端午、中秋、国庆、羌历年等节日期间市场价格稳定。

【价格认证】　全年开展涉案物品价格鉴定18起，完成对20余种涉案物品价格鉴定工作，涉案物品总价值34.7万元。

【电力价格管理】　做好水电企业电价报批工作，核准上网电价为0.25元/千瓦时（含税），销售电价按照阿坝州物价局阿州价调〔2008〕72号文件精神执行。

【国家药品价格】 对县人民医院、县妇幼保健站、乡卫生院执行药品降价政策情况进行检查，加强挂网药品集中招标采购和药品顺加率政策执行管理工作。

【价格法制建设】 3月25日、5月7日、12月4日开展价格法律、法规宣传活动，宣传《价格法》、《价格违法行为处罚法》。

（负责人 尕让塔 撰稿人 刘婷）

统 计

【领导名录】

局 长 李成琼

副局长 齐麦恩波

副局长 陆捍红（6月3日起，12月20日止）

【统计报表】 搞好统计常规报表和年报工作。加强对各专业基层统计报表数据质量控制，对基层统计报表数据进行审核和汇总，对主要经济指标数据进行分析和评估，完成2010年国民经济综合核算、农业、工业、固定资产投资、批发零售贸易餐饮业、成品油、能源、建筑业、服务业、劳动工资等专业常规统计月（季）报表工作，全面完成国民经济核算等17套专业及2009年年报工作。

【统计分析】 围绕县委、政府中心工作，开展统计调查和统计分析，组织业务人员对全县“十一五”规划实施情况进行总结，对取得成绩和存在问题进行分析，撰写完成《壤塘县“十一五”规划实施情况评估报告》，为《壤塘县国民经济和社会发展第十二个五年规划》和《壤塘县推进跨越式发展和长治久安总体方案》编制提供数据预测服务。对全县2010年季度、半年和全年经济运行情况进行预测分析。全年共报《政务信息》11期25条、编印《壤塘县经济信息快报》4期、编制《壤塘县国民经济季度手册》3期。

【信息服务】 按照省局“统计服务提高年”要求，把搞好统计服务工作摆在首要位置，充分发挥统计信息、咨询和监督职能任用，加大对牧民定居、“三百”示范工程等民生项目的跟踪、监测，对项目单位统计基础工作进行指导检查，做到应统尽统，统计数据真实可靠，为县委、政府决策提供依据和参考。

【统计“一套表”改革及信息化联网建设】

根据阿坝州人民政府《关于做好统计“一套表”改革及信息化联网建设工作的通知》文件要求，成立壤塘县统计“一套表”改革及信息化联网建设领导小组，先后向县政府呈报《关于做好统计“一套表”改革及信息化联网建设工作的方案》和《解决统计“一套表”改革及信息化联网建设资金的请示》，安装“一套表”硬件设施，与电信壤塘县分公司衔接签订光纤租用协议，安装专用光纤。

根据州统计局安排和部署，8月，向各乡镇下发联网IE证书上、登陆ID及密码，派业务人员对各乡镇联网工作进行指导安装，全县有4个乡因未开通互联网不能运行，其余各乡镇联网系统运行正常。

【法制建设】 成立统计法制机构，配备专人，专门负责统计法律法规宣传贯彻和统计执法检查工作。以“统计执法大检查”为契机，按照州统计局《关于开展统计从业资格专项执法检查的通知》，对全县72个起报单位发出《壤塘县统计局关于开展统计从业资格专项自查的通知》，对72个单位进行资格检查，对20个未取得从业资格单位进行宣传教育。加强统计法律法规宣传，重点宣传《统计违法行政处分条例》和新《统计法》。

【普查工作】　按照国家、省、州统一要求和部署，开展第六次全国人口普查工作。下发《关于做好第六次全国人口普查工作的通知》，成立壤塘县第六次全国人口普查领导小组，组建县、乡（镇）两级人口普查机构，落实普查责任和普查经费，把人口普查工作纳入年度目标考核。落实普查指导员和普查员420余名，落实县乡人口普查办公场地。

多渠道开展人口普查宣传工作，在全县中小学生中开展“一堂课”教育；在县广播电台和电子大屏幕定期或不定期滚动播放人口普查条例和标语；向农牧民群众共发放藏汉两文的《致全国人口普查住户的一封信》10000余封、宣传画5000余张、悬挂横幅40余幅。

加大人口普查培训和指导力度，积极派业务骨干参加3次省州人口普查业务培训，在全县范围内组织召开两次人口普查综合业务培训及综合试点工作，培训人员500余人次。开展全县户口资料整顿、普查小区划分、普查小区电子地图绘制、清查摸底等基础性工作。

开展人口普查正式登记及复查工作，11月1—10日，全县190个普查小区普查员按照《普查条例》和《普查方案》等有关要求开展入户登记工作，按时完成人口普查登记工作。完成登记工作后，组织业务人员对人口普查进行查漏补缺和复查，按照《第六次全国人口普查登记、复查工作细则》要求和普查登记阶段的质量验收标准，对普查登记质量和普查表质量进行全面复查，完成全县人口普查数据快速汇总及编码工作。

【队伍建设】　以“创建学习型机关”为契机，要求每位职工要“三懂”（懂统计、经济、法律），坚持每周二、五政治理论学习和业务学习，出台奖励措施，鼓励职工自学，重点学习统计业务、现代信息、经济知识、法律知识和公文写作。提高统计人员素质，动员、组织基层统计人员参加统计从业资格培训、统计知识继续教育培训、统计专业技术职称考试，派没有统计执法证的工作人员参加全州统计执法培训，要求全县20个起报单位从业人员参加全国2010年统计从业资格培训考试。

【扶贫帮村工作】　根据壤塘县委《关于开展“领导挂点、部门包村、干部包户”活动的实施意见》要求，对帮村扶贫工作作出具体安排，开展对吾依乡章腊村扶贫帮村工作，开展“访贫问苦”等帮扶活动。

（负责人　李成琼　　撰稿人　母俊）

审　计

【领导名录】

局　长　　杜万兵

副局长　　王永莲

　　　　　廖　勇

【审计成果】　全年完成审计项目52个，对扩大内需和灾后恢复重建项目资金进行跟踪审计。其中本级财政预算执行审计项目6个，专项资金审计项目9个，领导干部任期经济责任审计项目4个，专项审计调查项目3个，建设项目竣工结算审计项目30个。累计查出管理不规范金额1821万元，应上缴财政9万元，应减少财政拨款或补贴18万元，应归还原渠道资金3万元，应调账处理3万元，已上缴财政

7万元，政策性税收流失7万元，超预算列支7万元，资产核算不实205万元，未落实收支两条线和专户管理100万元，审减竣工结算款452万元。

【财政审计】 组织力量对财政局、地税局财政预算执行进行审计，同时对文体局、科技局、县红十字会等部门预算执行情况进行审计，针对存在的问题提出整改意见和建议。向县人民政府和州审计局提交审计结果报告，受县人民政府委托向县人大常委会作审计工作报告。

【经济责任审计】 受县委组织部委托实施经济责任审计项目4个，审计经济责任人4人，其中部门领导干部1人，乡镇党委书记3人。查出管理不规范金额54万元，提出审计建议8条，采纳审计建议8条。

【专项资金审计（调查）】 根据上级审计机关和县委、县政府要求，完成以下专项审计（调查）：疾病预防控制中心全球基金结核病第一轮、第四轮控制项目资金财务收支审计；红十字会玉树地震救灾物资款物收支情况审计；县林业局、壤塘林业局2008年度森林重点火险区二期建设项目资金的使用和管理情况审计；“特殊党费”专项审计调查；教育局2007年、2008年、2009年民族地区教育发展十年行动计划审计；2008年国家天然草原退牧还草工程资金审计；2009年牧民定居行动计划审计；2009年扶贫开发和综合防治大骨节病财政专项资金审计，审计（调查）专项资金总额5818万元。对审计查出的问题，责令相关部门及时纠正，并根据相关法律法规进行处理。

【固定资产投资审计】 截止11月底，独立开展和委托社会中介机构实施建设项目竣工结算审计项目30个，审减结算金额452万元。开展扩大内需和灾后恢复重建跟踪审计，采取审计与审计调查相结合，对全县扩大内需和灾后恢复重建项目资金筹集、分配、管理、使用和效果进行全程跟踪审计，重点审计（调查）资金到位、拨付、专户设置、项目管理等情况。对审计（调查）发现的一般性问题，及时出具审计建议书，督促被审计单位整改；对普遍性问题，以审计情况通报形式向县人民政府报告，并提出建议，其中《壤塘县审计局关于建设项目结决算审计有关问题的情况报告》引起县人民政府高度重视，以壤府办发〔2010〕18号文件批转全县各部门严格执行。

【内部审计】 强化内部管理，提高工作效率，建立健全内部管理制度，完善各种激励机制和考核制度，做到有章可循。工作中，严格按照制度办事，用制度规范内审人员行为，提高工作积极性和创造性。

【授权项目审计】 根据州审计局授权，对县地税局机关经费进行审计。

【审计信息】 加快审计信息化建设，实现审计技术创新，完成与省、市审计机关信息化对接，加大审计管理系统培训力度。全年向被审计单位提出审计建议36条，审计建议36条全部得到采纳和落实，编发审计信息55篇，被采用32篇。

（负责人　艾志勇　　撰稿人　余香花）

壤塘县电力公司

【领导名录】

经　理　　雍尚荣

副经理　　何　频
　　　　　康　林

【概况】 公司班子带领全体员工克服困难，把维稳保电工作作为重点工作。全年，公司累计向明达电站购电1546万度，向用户售电1108万度，实现销售收入406万元（电费和安装费收入），上缴税金26万元。

【输电网络】 四川电力公司阿坝公司在全县进行农网完善和无电地区电力建设，其中农网完善项目，累计投资360万元，更换变电台区30台，容量1500千伏安，新建变电台区10台，容量500千伏安，10千伏线路17千米；无电地区电力建设项目，累计投资3300万元，完成新建10千伏输电线路208.18千米，0.4千伏输电线路158.57千米，建变电台区117台。

【供电】 上网购电量1546万度，向用户售电1108万度，其中城镇居民用电632万度，普通工业用电12万度，非居民用电268万度，商业用电196万度。

【发电】 公司拥有章光电厂一座电厂，总装机容量1140千瓦，现已停产。

（负责人　何频　　撰稿人　秦凤）

扶贫两资以工代赈

【领导名录】

主　任　　　　　　唐国强
党组书记、副主任　钟　中
副主任　　　　　　朱泽明

【概况】 2010年，通过全办职工共同努力，全面完成年初制定各项工作目标任务，申报农村基础设施建设项目23个，落实项目17个，基本与去年持平，全面实现预期目标。

【帮扶工作】 抓好帮村工作，以“争先创优”活动为切入点，积极与帮村部门沟通了解帮扶村情况和发展规划，为帮村部门“跑好腿、服好务”，努力争取帮村部门对帮扶村支持和援助，协助完成帮扶村魅力村寨打造。

【扶贫工程】 全年解决2421名农村低收入人口温饱问题。协助人事劳动和社会保障局完成53人“劳务扶贫工程”培训。协助信用联社及财政局完成120万元贴息贷款工作。启动“十二五”扶贫规划编制、上报工作。下达扶贫项目两个，资金总额75万元，其中村组道路建设项目55万元，牧道建设20万元，两个项目计划在2011年全面完成。

【项目组织申报】 与省、州衔接全县各乡镇、行业部门申报项目，全年申报农村基础设施建设项目23个，总投资9500万元，落实17个项目，落实资金8200万元。

【项目计划编制】 县扶贫两资以工代赈办各股室，分别编制完成当年各项目，拟定4大项目计划并上报，待上报项目报批后予以组织实施。

【以工代赈】 下达项目资金300万元，主要用于牧民定居配套建设，现已基本实施结束，待审计后予以报账。按照省、州要求，结合全县实际完成“十二五”规划编制上报工作。

【综合防治大骨节病】 易地育人项目完成

5428名易地育人学生生活补助发放。完成19682人大骨节病换粮工作。全面完成Ⅰ、Ⅱ、Ⅲ度大骨节病人社会保障资金。完成120户农牧民棚圈建设并购牛1200头，完成牧道勘测、设计、选址工作。建设8个大骨节病病情监测点，对10682名大骨节病人进行药物治疗，兑现10元/人新合补助。全面完成吾依、茸木达、尕多3乡8村易地搬迁工程。

【项目资金监管和使用】 坚持“重在项目、重在基层、重在效益、重在监管”原则，按照《四川省三州开发资金管理办法》、《支持不发达地区发展资金管理办法》、《四川省易地搬迁指南》、《牧民定居专项资金管理办法》及实施细则要求，进行管理，严格使用用途和扶持对象，严格执行项目资金计划。规划项目时与其他扶贫资金相互配合、捆绑使用，实行目标责任制、项目法人责任制，做到资金到项目，管理到项目，核算到项目，按项目进度核拨资金。项目实施中严格实行招投标制、公告公示制、报账制。项目建设中与各施工方签订规范施工合同，实行全程督促检查，工程完工后，按规定程序实行严格检查验收，全年验收各项工程质量均达规范要求。

【信息与宣传】 全年共完成简报60期，被县委、政府采纳32期、州办采纳13期、州报社采纳5期。开展宣传4次，宣传面涉及全县，发放宣传资料1万余份。

（负责人　唐国强　　撰稿人　杨晓英）

农林牧

NONG LIN MU

农业水务

【领导名录】

局　长　　泽　果

党组书记　　雍尚荣

副局长　　王茂军

卢豫祥

王建军（挂职，5月起）

【粮食生产】　2010年，全县青稞基地播种总面积1000.9公顷，其中优质青稞播种面积700.6公顷，单产2625公斤/公顷，总产1839吨；青稞高产创建示范区66.67公顷；青稞高产创建核心攻关区6.67公顷；“阿青6号”新品种繁育基地1.33公顷。

【结构调整】　2010年，种植马铃薯333.47公顷，其中以“陇薯6号”为主推品种的高原特色马铃薯基地222.13公顷；马铃薯高产创建示范区66.67公顷，平均产量2.34万公斤/公顷；马铃薯高产创建核心攻关区6.67公顷，平均产量3.08万公斤/公顷；“陇薯6号”州级核心示范中心13.33公顷，单产2.48万公斤/公顷，总产330吨。

无公害蔬菜种植145.23公顷，其中从小金县引进青豌豆种16.55吨，种植117.87公顷；莲花白、大白菜、莴笋等蔬菜26.17公顷。

小金县引进油菜新品种“川油16号”300公斤，在石里乡种植40公顷，平均单产1500公斤/公顷，总产60吨，每公斤6元，每公顷产值9000元，比青稞每公顷增收4500元。

【农村经济】　2010年全县完成农作物总播面积1743.93公顷，较上年增加7.47公顷，增长0.4%，粮食作物播种面积1629.17公顷，较上年增加19.17公顷，增1.19%。全县粮食总产量3317吨，较上年增加52吨，增1.6%。其中小麦19.33公顷，较上年增加2.67公顷；青稞1000.9公顷，较上年增加48.1公顷；玉米1.6公顷，较上年减少3.67公顷；马铃薯333.47公顷，较上年减少9.07公顷；绿豌豆184.8公顷，较上年减少14.93公顷；胡豆89.07公顷，较上年减少3.93公顷。经济作物播种面积45.87公顷，较上年减少14.53公顷，减少31.68%。其他农作物播种面积实际68.9公顷，较上年增加2.83公顷，增长4.3%。人均纯收入2829元，比上年增加430元，增长17.92%。协助县财政局3月28日前将粮食直补款13.44万元和综补款99.11万元以存折的形式全部发放到全县各农户手中。

【中低产田土改造】　按照2010年扶贫开发和大骨节病综合防治项目计划，尕多乡、南木达乡实施农田整治80公顷。在春播前完成全县11个乡镇60个行政村99个村民小组的100个基本土样和2个骨干的土样采集、筛选以及表格填写和上报工作。

【农村能源建设】　2010年，蒲西乡蒲西村、尕多乡热布卡村、岗木达乡明达村、吾依乡吾依村和茸木达乡洞窝村实施藏区炊事用能节约示范项目。为5个村发放火炉500台、太阳能灶300台，受益农户521户。

【农作物病虫害防治】　2010年，加强全县西藏飞蝗发生和危害的监测预警，对重发区域进行监控，制订应急预案。

【农机化管理】　签订《2010年壤塘县农机安

全监理目标责任书》，细化责任书内容，会同安监局、交通局、交警队、运管所到乡、村开展联合宣传、检查。发放藏、汉文宣传资料780份；农牧民接受宣传教育率达87%，农机手接受宣传教育率达95%，全年县域内无农机事故发生。农机购置补贴资金30万元，补贴拖拉机40台（套），受益农户40户。

【科教兴农】 全年完成“陇薯六号”青豌豆、油菜、青稞高产栽培技术培训6000人次，培训新型骨干农民100人，大培训11场次，发放相关技术资料3100份。11月底，完成2010年阳光工程培训130人的培训任务。

【农业行政执法】 履行农业法律法规赋予的职能职责，严格执法，在全县宣传《农业法》、《农业技术推广法》、《农产品质量安全法》和《种子法》等部门法律法规。开展农资执法打假工作，出动执法人员40人（次），车辆22台（次），现场发放宣传材料1500份，抽查化肥60吨、农药9000瓶（袋），抽查的农资全部符合国家标准。

【水政水资源】 利用水法宣传周，宣传《中华人民共和国水法》、《水土保持法》、《防洪法》、《取水许可和水资源管理条例》，3月上旬在全县颁布藏汉两文的禁渔公告，禁渔期（3月10至6月30日）间，开展定期和不定期的渔政执法检查，杜绝禁渔期间乱捕乱捞严重破坏生态的违法行为，完成水资源费征缴工作。

【水土保持治理】 2010年，利用国家投资50万元对阿诗玛流域进行治理，水土流失治理面积5平方公里。

【防洪（汛）工作】 汛期来临前，县防汛办组织人员在全县开展防汛安全大检查，做好汛前防汛物资储备，储备铁丝10吨，砂石1万立方米，发电机1台，组建抢险队伍12支，优化壤塘县防汛应急预案，在防汛期间实行24小时值班制度，确保安全度汛工作。

委托设计单位，编制《壤塘县山洪灾害非工程措施实施方案》，项目总投资600万元。

【农村饮水解困工程】 10月20日，总投资306.8万元的农村饮水解困工程竣工，修建14处，维修11处，解决6000人的安全饮水问题，11月2日，县安全饮水项目领导小组验收并全部合格。按照“谁受益，谁管理”的属地管理原则，与受益乡政府签订工程移交协议书，将工程移交受益乡政府管理。

【重点水利工程建设】 城关、南木达、中壤塘3处开展城镇集中供水工程前期工作，完成3个集镇供水前期勘测、环评、用地预审工作，可研报告已上报，其中壤柯镇城市供水改扩建工程通过州发改委组织的专家评审。

蒲西乡斯跃武村实施集雨节水灌溉工程，工程总投资120.86万元，其中省级补助50万元，农民自行投工投劳7184个折资70.86万元，灌溉面积18.67公顷。

（负责人　杜万兵　　撰稿人　陈君）

畜牧兽医

【领导名录】

党组书记	索朗单（1月止）
	索朗彭措（1月起）
局　长	余贵生
副局长	彭春玲（12月止）

【畜牧业生产】 全县牲畜存栏 28.90 万头（匹、只），其中牛存栏 20.91 万头；羊存栏 6.70 只；马存栏 1.28 万匹。牲畜出栏 5.86 万头（匹、只），其中牛出栏 4.3 万头，比去年同期增加 10.4%；羊出栏 1.56 万只，比去年同期增加 15.2%；肉类总产量 5771 吨，比去年同期增加 7.2%；奶产量 8474 吨，比去年同期增长 0.1%。全年实现畜牧业投资 1257.5 万元。

【产业结构调整】 5 月，完成《2009 年扶贫开发和综合防治大骨节病项目产业结构调整养殖业工程》棚圈建设、购畜、新建改良点工作的资金兑现、资料归档工作。10 月，全面完成《壤塘县 2009 年牲畜越冬育肥项目》5 乡 200 户棚圈建设。2010 年，建设棚圈 3.15 万平方米，人工种草 1400 公顷，购良种畜 1200 头。

【草原生态屏障建设】 实施春季草原灭鼠 6666.67 公顷。上壤塘乡康垄村、雪木达村、中壤塘乡壤塘村、查拖村天然草原巩固扫残治理危害草原 7333.33 公顷。开展牧草返青调查工作，设置 9 个样方，踏查草原面积 1000 公顷。

【畜禽繁育改良】 全面推广畜禽品种改良。推广人工授精牦牛改良技术，牦牛杂交改良面在上年基础上提高 2 个百分点；黄牛杂交改良面在上年基础上提高 1 个百分点；羊改良面在上年基础上提高 5 个百分点。

实施万名科技人员助农增收工程，组织县、乡、村技术人员进行改良技术培训。

面源污染得到控制，《畜牧法》禁止区域内未出现新建规模养殖场。

【动物防疫监督】 3—10 月，组织调运 80 万毫升口蹄疫疫苗、1 万头份猪瘟苗、1.5 万毫升猪蓝耳病苗、1.6 万毫升高致病性禽流感疫苗、50 万毫升牛出败疫苗、0.5 万头份禽新三联疫苗、10 万毫升犊牛副伤寒按照 11 个乡牲畜存栏数将疫苗分配到各乡，全县重大动物疫病免疫密度达 100%。

【动物保护工程】 2010 年，完成各项监测任务，其中牛口蹄疫血清学监测 160 头份、病原学监测 25 头份，布病牛血清监测 200 头份、羊血清监测 200 头份；胞虫病采犬粪 1000 头份，炭疽疫区监测 600 头份；小反刍兽疫羊监测 25 头份、口鼻试纸监测 125 头份。

【放心肉（奶）工程】 2010 年，全县全年检疫猪肉 346 吨；牛肉 65 吨；畜产品 1.5 吨；禽肉类 2.5 吨。检出病死肉 0.24 吨，其中高温处理 0.25 吨，销毁 0.1 吨。运输检疫猪 350 头，牛 2700 头，羊 356 只，畜皮 785 张，出动消毒车辆 147 次。入场生猪持证率达 100%，检疫过程中未发现瘦肉精等违禁添加剂。消毒屠宰场 1 个、253 次，累计消毒面积 7.59 万平方米，消毒畜产品流通市场 2 个、125 次，累计消毒面积 3.01 万平方米。

【科教兴牧】 2010 年，培训农牧民 5051 人次。使参训人员掌握 1～2 门实用技术，全县农牧民畜牧业收入人均增加 120 元。

【畜牧行政执法】 加强草原法律、法规宣传和培训，坚持草原行政执法、草原所有权维护、草地资源保护。加强草原监理工作。开展草原使用权证核法、草原承包合同签订，草原承包费收缴。严格草原防火行政执法、草原火情统计、草原火灾处理。

开展动物防疫、检疫、动物产品安全监管及畜产品加工企业驻厂检疫工作。开展兽医医政、兽药药政管理及乡镇畜牧兽医站管理和指导工作。定期对屠宰场、畜产品销售市场进行消毒，屠宰检疫率100%，市场检疫率100%。

【草原资源】 全县天然草地面积41.89万公顷，占全县幅员总面积（6863平方公里）的62.8%。可利用草地面积35.6万公顷，占草地总面积的85.03%。天然草地平均鲜草产量4603.2公斤/公顷，可食鲜草3222.15公斤/公顷，理论载畜量59.93万个羊单位。

【草原生态现状】 壤塘县天然草原主要由高寒草甸草地类、高寒灌丛草地类、高寒沼泽草地类、山地疏林草地类等4个草地类、6个草地组和21个草地型构成。常见主要建群种以四川嵩草、多种凤毛菊、羊茅、多种委陵菜、珠芽蓼等莎草科、禾本科、菊科、蔷薇科、蓼科草为多，豆科牧草缺乏。由于过度放牧、开发和乱挖滥采，天然草原退化严重，造成水土流失。全县退化草原面积27万公顷，占全县可利用天然草原的75.84%，草原植被矮化、盖度下降。草原动态监测表明一般的退化草原产量下降20%—30%，严重地段的产草量下降50%以上，植被盖度在50%以下。

【兽药检查】 2010年，与兽药经营摊点和个人签订《兽药经营质量承诺书》26份，不定期对全县13个兽药销售点进行检查，未发现不合格药品和违禁药品。

（负责人 余贵生 撰稿人 张世钊）

壤塘林业局

【领导名录】

党委副书记、局长 张永发

党委委员、副局长 李 丽

党委委员、纪委书记、工会主席 林青春

【概况】 施业区辖长130千米，北接青海省，东邻马尔康县，西与色达县接壤，南与金川县和色达县连界，主要由卡龙、两河、（一林场）、吾伊、明达、哈寨（四林场）、纳壤、达日、俄拉（三林场）、乌西、日柯、约柯、壤雅、西穷（二林场）组成，森林分布在海拔2800~3800米之间。以“严管林、质为先、慎用钱”为工作目标，把握改革、发展和稳定这一主题，抓好企业三个文明的建设，推进天保工程主业，加强企业内部管理，完成各项工作任务。

【森林资源】 有经营施业区总面积24.46万公顷，其中林业用地面积14.04万公顷。活立木蓄积8530482万立方米。境内野生动植物资源丰富，有脊椎动物200余种，其中列为国家级重点保护的各类珍稀动物有白唇鹿、黑颈鹤、白尾海雕、玉带海雕、胡兀鹫、金雕、斑尾榛鸡、水獭、藏原羚等26种；全县共有木本植物35科、109属、207种，中草药122科、218属、245种，植被覆盖率较高，野生植物种类繁多，境内还分布有红豆杉、紫果云杉等珍稀树种，以及冰川茶藨子等古生物，紫茎小芹、细穗玄参和掌叶大黄是中国特有濒危植物。

【天保工程森林管护】 齐抓共管，保护森林资源。采取局机关各科室挂靠基层各单位进行督促并参与巡山管护，把管护面积落实到林场、段（队）和人头，明确管护责任，对管护区域实行建卡立档，实行责任区域工作好坏直接与工资挂钩，形成全局上下齐抓共管、职工与聘请村民协调配合的工作格局。机关各挂靠科室在造林季节深入基层各单位协助做好管护工作，并做到发现问题及时报告和处理，弥补基层管护力度不足，确保对全局152728万公顷森林实施有效保护。

【野生动植物保护】 全年播放野生动植物保护法律、法规录音带60余次，出动野生动植物保护宣传车60台次。

【天保工程公益林建设】 2010年补2009年人工造林计划266.8公顷，为计划的100%，合格率100%，当年更新成活率为88%。完成人工造林3年保存率403.08公顷，完成育苗5.1公顷。新封山育林面积2000公顷，为计划的100%；交验到期封山育林1400.5公顷，合格率100%，落实森林资源常年管护152728万公顷。义务植树8000株。

【森林病虫害防治和检疫】 开展森林病虫害防治和检疫工作，全年完成云杉落针病防治4933.33公顷，防治率100%。

【种苗生产】 全年完成育苗5.1公顷。

【森林防火】 贯彻“预防为主、积极消灭”森防方针，坚持行政首长负责制，落实各项制度，加强队伍建设和基础设施建设，加强火源管理，强化督促检查。防火季节开展护林防火宣传，重点宣传《森林法》、《四川省天然林保护条例》和新修订的《森林防火条例》，全年出动宣传车80台次，走村串户宣传686人次、书写宣传标语90幅。实行管护区域划片包干制，相关部门全面巡护，挂靠部门分片巡护、督促检查。加大护林防火资金、人力投入，改善防火装备，修订完善扑火预案。开展扑火队伍建设，成立局专业扑火队，开展扑火基本知识与安全常识教育和防火演练，做到组织指挥、机具装备、后勤保障全面落实，提高扑火救灾应急处置能力。防火重点时段聘请有经验的管理人员进行季节性管护，做到巡山护林全覆盖，全年施业区内发生火情1起。加强火源管理，强化火灾隐患整改治理工作，对管护区内徒步朝圣者实行“一看、二守、三灭、四送”的办法，保证信教群众野外用火安全；在高火险天气时段，及时发布森林防火戒严令；县、乡（镇）村、村民小组进行定期检查，加强巡逻，落实防火预案并签订责任书，对自然保护区、重点林区严加防范。取得连续28年无森林火灾的成绩。

【林政管理】 以“依法治林，强化管理”为目标，确保森林资源安全。宣传林业法律法规，增强村民的保护意识，知法、守法意识；开展联防群防，减少破坏森林资源的行为。

【建设用材专项采伐和虫灾材销售】 全年运往病区综合防治大骨节专项木材977.655立方米。

【企业内部管理】 以“搞好企业民主管理，确保职工队伍稳定”为企业管理的核心，发扬“老森工”精神，增强职工主人翁精神和敬业精神；实行民主管理，科学决策，调动职工工作积极性；严格控制工程资金的管理、使用，坚持大额资金使用的集体研究，费用支出实行“一支笔”签字，严格审报各种费用，把有限资金用在刀刃上，做到公开透明；修改完善管理办法并严格执行，对业务接待、用电、用车、公务电话费等加强管理，逐步完善各项费用报销制度，减少损失、杜绝浪费、节省开支，理顺企业内部事务管理，同时加强物资管理，避免资产流失，做到物资合理和有效利用。加强管理，杜绝不合理支出，提高资金使用效率，确保职工工资的发放。

【安全生产】 重视安全生产工作，同生产任务同安排、同布置、同检查。加强安全生产法律法规宣传教育，落实安全目标管理责任制，层层签订《安全生产责任书》，强化安全责任。加强安全生产宣传教育，提高职工安全意识和自我保护意识，深入查找安全隐患，及时整改。全年未发生安全事故。

（负责人 张永发 撰稿人 周书明）

林 业

【领导名录】

局 长 蔡永国

党组书记 刘 勇

副局长 陈明德（正科级）

张大勇

【天然林资源保护管理】 完成黑桥至县城公路加宽建设拟使用林地建设的审查，进行现场查验，形成材料上报州林业局；对即将实施的阿坝吾依35千伏输变电工程拟占用壤塘境内林地情况进行前期调查；办理绰斯甲河蒲西水电站前期地质勘探临时占用0.21公顷用地手续；对岗木达乡境内私建农家乐非法占用林地采取措施予以制止，并要求按相关规定撤除，确保森林资源安全。

【天保工程】 完成上壤塘作业区内人工造林400公顷。南木达和茸木达作业区内实施封山育林2000公顷；完成2007年度封山育林成效验收1000公顷。明确管护责任，完善和落实天保工程管护责任制，落实森林资源常年管护11.25公顷，落实180万公顷新增重点公益林管护，签订管护合同80份。

启动实施中幼龄林抚育和沙化治理两个省级试点项目，实施完成中幼龄林抚育666.67公顷。

【退耕还林（草）工程】 巩固退耕还林建设成果，调运云杉种苗242万株，全县组织采集穗条16万株，投入资金123万元，完成全县2035.27公顷退耕还林补植工作。

2002年度退耕还林阶段性验收工作通过国家林业局验收，退耕还林面积保存率达100%，成效保存达到国家成效标准。补充兑现2009年退耕还林政策补助793.75万元。

【野生动植物保护】 开展野生动植物、湿地保护和爱鸟护鸟宣传。上半年，出动野保宣传车辆15台次，播放野生动物保护法律法规录音108盘（次），深入乡、村、林场普及野生动植物保护、湿地资源保护和自然保护区建设管理等知识。对全县范围内的野生动物进行疫源疫病监测，坚持疫源疫病情况日报制度。

【森林病虫害综合防治和检疫】 完成种苗产地检疫，其中云杉58.97万株、高山柳10万株。调运检疫药材101.5吨。防治云杉落针病1333.33公顷，防治率85%。森林监测3.18万公顷，发布林业有害生物测报信息1次、无林业有害生物成灾面积发生。

【种苗生产与管理】 城关骨干苗圃育苗0.81公顷，其中扦插高山柳0.7公顷、白杨0.07公顷、云杉新播0.03公顷、新播鲜卑0.02公顷。日隆苗圃育苗云杉风景树0.33公顷。可为次年提供高山柳上山苗20万株，白杨2万株。

【森林防火】　贯彻“预防为主、积极消灭”森防方针，加强队伍建设和基础设施建设，组织64人的专业扑火队，配备打火服、打火工具、抽水机、电台、对讲机、运输车辆等装备；加强防扑火安全知识教育，做到组织指挥、机具装备、后勤保障全面落实，提高扑火救灾应急处置能力和业务技能。加强火源管理，强化督促检查。创造全县连续14年、地方连续35年无重大森林火灾的佳绩。

【林地管理】　执行《国家林业局关于占用征用林地审核审批管理办法》和省、州有关规定，严格把握各类建设项目征占用林地审批工作。完善征占林地审批程序及管理工作，加强林地征占管理，对乡村公路建设、黑桥至县城公路加宽改造及四川省电力公司阿坝分公司《阿坝吾依35千伏输变电工程》等建设项目占用林地情况进行彻底清查。全年，办理绰斯甲河蒲西水电站前期地质勘探工程临时占用林地0.21公顷用地手续。

根据《森林法实施条例》第四十三条第一款的规定，严厉查处乱征乱用、破坏林地资源等违法行为，对岗木达乡辖区内私建农家乐非法占用林地0.33公顷的行为，给予罚款3.31万元并限期恢复原状的行政处罚。

【质量监督和林权证发放】　完成全县11个乡59个村129个村民小组263宗集体林地外业调查工作，完成率100%。开展内业整理和林权纠纷调处工作。完成林地纠纷调处67起，调处率100%。完成全县集体林权制度主体改革任务，对全县11个乡59个村1.37万公顷集体林实施确权颁证，通过省州检查验收。

【安全生产】　建立安全生产领导组，明确1名副局长主管安全生产工作；修订安全生产有关规定和制度，做到更加符合本局实际。学习《安全生产法》等法律法规，增强干部职工安全生产意识。加大安全生产工作检查督查力度。坚持每月召开一次安全生产会议，每月检查一次安全工作措施落实情况。及时整改事故隐患。对安全生产检查中发现的各种安全问题认真进行整改，及时清除事故隐患。

【稳定工作】　明确责任，扎实工作，动员全体职工，强化治安巡逻，加强治安防范监控，壮大综合治理力量。根据单位实际情况，定期进行巡逻，确保单位平安和社会稳定。

落实领导包案制度，综合协调各方面力量，树立大局意识、政治意识、责任意识，严格执行24小时值班制度，坚守工作岗位，克服松懈情绪，认真履行职责，做到综治工作不出漏洞，切实维护全县社会政治稳定。加强和完善社会治安防控体系建设，深入排查化解各种矛盾纠纷，推进基层基础建设，健全和完善社会治安综合治理工作机制，不断推动各项措施全面落实，单位社会治安综合治理工作成效显著。

【打击破坏森林和野生动物资源案】　开展定期和不定期上山上路检查，配合森林公安坚持24小时昼夜值班，严厉打击破坏森林资源的不法分子，加强案件多发区检查巡护，及时发现和处理违法案件，遏制盗伐，滥伐林木，滥捕乱猎野生动物，私拉盗运木材现象发生。全年资源林政股配合森林公安查处林业行政案件10起，其中违法运输木材6起，违法收购林木4起。没收木材18.80立方米，罚款2.11万元，行政处罚10人，案件查处率100%。

【湿地保护】　四川南莫且湿地自然保护区位于四川省西北部、阿坝藏族羌族自治州壤塘县东部，东与马尔康县相邻，南与壤塘县蒲西乡、石里乡接壤，西与壤塘县上壤塘乡、中壤塘乡、尕多乡和吾依乡毗邻，北与阿坝县相连，行政区划涉及壤塘县上壤塘乡和中壤塘乡，总面积8.28万公顷。

保护区始建于2002年9月，以高原湿地生态系统和黑颈鹤、白唇鹿等为主要保护对象，2005年3月，四川省人民政府批准为省级自然保护区。保护区没有多种经营项目，没有自养能力，每年所需保护、建设资金依赖于天然林保护工程森林管护资金和省级保护区建设项目专项资金解决，影响保护工作的开展。

（负责人 蔡永国 撰稿人 勒燕飞）

森林公安

【领导名录】

局 长 海 涛

教导员 何晓锋（12月任）

副局长 赵全高

【打击涉林违法犯罪】 开展打击破坏森林资源违法犯罪的专项整治行动“冬季严打行动”、“国有林区整治行动”、“春季行动”、“2010严打专项整治行动”及去冬今春林区维稳工作，响应县林业局“林权制度改革”以及国家林业局对全县退耕还林的验收工作，把各项整治行动相结合，截止11月底，全局出动警力2402人次；出动警车884台次。受理案件79起；查处79起，查处率为100%（其中：伐2起；滥伐2起；非法收购木材64起；非法运输木材11起）；受理林业刑事案件1起，查处1起，查处率100%；移送起诉2人。清理非法木材加工点6处，没收带锯2台。收缴木材162.15立方米，林业行政处罚19.59万元，挽回国家经济损失9.73万元。

开展集中整治行动。制订各类专项行动实施方案，组织开展集中整治行动，突出开展“国有林区整治行动”，广泛宣传，发动群众对案件高发区域、沟点（水磨沟、章腊沟、俄拉沟）进行全面清理整顿。清理出原木3车，柴火4车，完成重点区域、沟点清理任务。4月1日至6月30日，全县组织开展严厉打击破坏野生动物资源违法犯罪活动的“春季行动”，查处案件24起（其中查处刑事案件1起，查处林业行政案件22起，治安案件1起）；处理违法犯罪人员27人（其中批准逮捕1人，林业行政处罚22人，警告3人，治安罚款1人）；林业行政罚款4.72万元；出动警力350人次，车辆70台次。

坚持源头管理的严打策略，实行打击重心由路上向山上转移，各基层派出所全警出动，深入源头调查摸底，搜集违法犯罪线索，通过派出所、林业工作站开展源头伐区清理检查工作，发挥信息员和耳目的作用，对群众检举揭发的盗伐、滥伐林木案件梳理排查，发现违法犯罪线索，查破盗伐、滥伐林木案件。

开展火灾案件查破工作。春季天气转暖，持续放晴，森林火灾险情等级升高。1月19—20日，上寨派出所全体干警，到片区各村寨林区对防火隐患和林政工作进行排查，在观音桥林业局施业区内，发现成都勘查设计院青龙公司人员在林区内违章烧火取暖；在壤塘林业局一林场施业区内发现北京地质勘查设计院有违章用火现象。民警们进行制止，并宣讲冬季林区用火知识，督促他们与观音桥林业局五〇一林场、壤塘林业局一林场签订护林防火责任书。查处森林火警案件1起，责成当事人补种树种500株。

【组织建设】 成立党支部，选举产生支部委员会，为支部发放党建规范薄，选举产生支部书记、组织委员、宣传委员，落实“三会一课”制度，按时收缴党费。

【党风廉政建设】 年初，将党风廉政工作列入重要议事日程，纳入年度考核中。强调局领导班子成员一岗双责，抓好分管业务工作同时抓好分管部门党风廉政工作。与各科、所负责人签订《党风廉政建设目标责任书》。加强党支部建设和党员教育管理，落实党员、职工帮扶贫困户浦西乡大伊里村19户。

【安全生产】 4月26日，执行省森林公安局要求，举办为期1天的警用车辆安全、文明驾驶培训，参训率100%，驾驶员安全驾驶意识得到增强。

【精神文明】 11月17日，与县林业局、县城市规划建设局联合组队参加由壤塘县县委宣传部组织开展的“感恩歌曲大家唱”歌咏比赛。10名民警加比赛，代表队演唱以感恩为主题的歌曲“没有共产党就没有新中国”。

【宣传工作】 保护森林资源，严惩失火毁林违法犯罪，开展《护林防火条例》宣传。全年编写《森林公安简报》47期，其中省森林公安局采用12期，壤塘县政府网站信息采用全县排名第17名，提交金盾栏目素材1期，悬挂横幅、张贴标语30份，印发宣传资料650份，召开群众大会6次，受教育群众820人次。在“国有林区整治行动”、“春季行动”期间，深入重点林区展开宣传工作。4月25日、5月25日，深入岗木达乡俄拉村、宗科乡卧龙村召开整治行动宣传动员大会，民警向当地村民讲解《森林法》、《野生动物保护法》、林权制度改革以及林地征占等相关法律法规，村民主动咨询申请“三材”指标相关程序，参会群众574人次，发放宣传资料400张。利用壤塘县电视台及其他新闻媒体进行宣传报道，宣传教育覆盖面达100%。

【三基建设】 抓基层打基础，加大力度搞建设，基础设施建设与规范内务管理取得明显成效。州林业局划拨资金150万元修建森林公安综合办公楼，开展前期准备工作。

继续加大基层投入。县人民政府解决购车资金10万元，向县卫生局借调2台长安面包车使用，缓解派出所出警无车可用局面。

增强基层派出所硬件设施建设。在经费紧张的情况下，筹措资金，为基层派出所购置3台电脑，4台打印机。

加强基层派出所基础信息建设及办公环境改善工作。按照公安部“人要精神、物要整洁”要求，对基层派出所办公房屋进行粉刷、维修，改善基层派出所办公环境。加大涉林案件查处，整理规范档案，确保两手都过硬。上寨、茸木达两个派出所克服不足，抓好内务管理、制度建设和环境卫生。在“社情、林情、山情”建设上，各科、所规范档案簿册等基础台账工作，“三情”建设工作，完善辖区山情、林情图，对辖区内树种分布、林墙分布做到心中有数，制作林区警务图；社情细化到每户。

【学习交流】 组织全体民警学习党的十七届三中、四中全会精神、科学发展观，全体民警增强立警为公、执法为民理念，集中学习《中华人民共和国森林法》、《中华人民共和国森林法实施条例》、《野生动物保护法》、《森林防火条例》《中华人民共和国人民警察法》及森林公安业务知识。提高队伍整体素质，推进基层基础业务正规化建设，组织各派出所所长先后到青海省马柯河森林公安局实地学习，参观各派出所的基础业务台账、各类报表、薄、图、册以及案件卷宗，与他们进行座谈交流，听取队伍正规化建设和执法规范化方面的成功经验。

【制度建设】 建立健全各项规章制度，做到制度上墙，责任明确，将州、县下达的各项工作进行细化，量化考核，制定工作目标，与各所签定目标考核责任书，将工作层层化解，落实到人，确保工作有序推进。严明上下班及请销假制度。做到以制度管人。

【规范执法行为】 成立执法规范化建设领导小组，局法制科、刑侦治安科加强对各所执法大检查。参照《四川省林业行政处罚自由裁量权适用规则》制定首问负责制、限时办结制、执法过错追究制，提高办案民警业务水平，把好案件质量关；全年对各执法单位案卷质量进行两次全面考评检查，对存在的问题和好的方面进行通报，及时纠正执法中存在的问题。

【警用车辆及枪支弹药管理工作】 按照州局部署，对警用车辆进行清理整顿，将带病车辆予以收回，制定《壤塘县森林公安局警用车辆管理使用制度》，加强警务车辆使用管理，严格执行警车管理使用有关规定，各科、所层层签订警用车辆安全驾驶责任书；加强枪支管理使用工作，审核民警配枪资格，严格配枪范围，对领用枪支严格执行逐级上报审批制度。全年无违规使用枪支、车辆现象发生。

【贯彻“五条禁令”】 严格执行“五条禁令”，与各科（室）、所负责人签订《五条禁令责任书》，将责任层层落实。制定长期目标，建立长效机制，成立督导组，定期或不定期对各科（室）、所进行抽查，对检查中发现的问题，及时给予指正，与相关人员交换意见并限期整改。从检查情况看，各科（室）、所认真履行执法职责，能按照公安部“五条禁令”要求、约束自己，做到文明执法、依法办案。全年无违反“五条禁令”现象发生。

（负责人　王晓萍　　撰稿人　尚斯达）

财税金融

CAI SHUI JIN RONG

财　政

【领导名录】

局　长	谢　青
党组书记	张东升（12 月起）
副局长	吴庆林
	曾庆刚
	陆捍红（12 月起）

【概况】　全县财政工作围绕县委、政府工作部署，以构建公共财政体系为方向，实施增收节支，提高资金运用综合实力，调整和优化支出结构，解决人民群众最关心、最直接、最现实利益问题，缓解县乡财政困难，推进和谐社会建设。深化部门预算、国库支付、农村综合改革，加强监督，提高财政管理水平，促进经济社会协调发展。财政运行总体平稳、质量不断改善。

【财政收入】　县十二届人大五次会议批准全县一般预算收入预算为 702 万元，全年完成一般预算收入 885 万元，完成预算的 126.07%，同比增收 384 万元，增长 76.6%。其中税收收入完成 601 万元，完成预算的 134.75%，同比增收 195 万元，增长 48.03%；非税收入完成 284 万元，完成预算 110.94%，同比增收 189 万元，增长 198.95%。

【财政支出】　县十二届人大五次会议批准全县一般预算支出预算为 20110 万元，加上上级财政下达专项补助 36327 万元，上年结转下年的支出 116 万元，超收安排 183 万元，债券转贷收入 1000 万元，其他补助收入增加 568 万元。一般预算支出预算自然调整为 58304 万元。实现一般预算支出 57513 万元，完成调整预算的 98.64%，同比增支 2493 万元，增长 4.53%。

【重点支出】　加大对“三百示范工程”、“牧民定居工程”、“综合防治大骨节病”、“幸福美丽新家园”、“社会保障”、“新型农村养老保险”投入，做好“亲民”、“爱民”、“惠民”工程。资金管理严格按照各项工程实施细则要求，严把资金拨付和使用关，提高资金使用效益，确保工程质量和资金及时到位。

【财政支农】　贯彻落实中央、省、州关于支持“三农”各项政策，全县社会主义新农村建设投资规模和力度超过以往年度。着力推进扶贫开发和大骨节病综合防治，加强资金使用监督，全年共拨付牧民定居资金 6107.52 万元，“三百”示范工程资金 1900 万元，综合防治大骨节病扶贫资金 1201.65 万元。

【税政工作】　大力开展税政工作，采取各种措施，落实财政收入目标任务，加大重点项目税源监管，重点抓好固定资产投资、城镇建设等事关全年财政增收的工作。依法加强税收征管，规范税收减免，严格退税管理，重点加强全县退税情况和社会福利企业税收优惠情况调查研究，研究解决征收管理中“跑、冒、滴、漏”问题，严把退税关，避免财政收入流失。按照省州要求，加强行政事业性收费、政府性基金、国有资产和资源有偿使用收入、国有资本经营收益、罚没收入、捐赠收入等项目非税收入管理，做到应收尽收。

【国债资金管理】　清理全县行政事业单位固定资产和国有企业国有资产，加强国有商业铺面监管，做好国有企业闲置资产后续管理。严格管理国有资产，使国有资产最优化使用，加强国有资产经营管理，防止国有资产流失。

【财政机构改革】 根据中共阿坝州委、阿坝州人民政府批准的《壤塘县人民政府机构改革方案》，设立壤塘县财政局，为县政府工作部门。县财政局设8个内设机构：办公室、预算国库股、农业股、企业股、行财社保股、财政监督检查室。机关行政编制16名（领导职数局长1名，副局长3名），机关行政工勤人员编制2名。县财政下设事业编制股室4个：国库集中支付中心、财政投资评审中心、政府采购管理办公室、国有资产经营公司，事业编制共25名。

【国库集中收付制度改革】 按照《财政国库管理制度改革方案》，结合壤塘县财政管理特点和财政管理体制改革要求，推进国库集中支付制度改革，完善资金支付程序，提高资金支付效率。推行国库集中支付制度，规范财政支出行为，使财政资金计划、使用、监督三环节相互制约，做到“用钱的不管钱、管钱的不批钱、批钱的不用钱”。

【政府采购制度】 规范政府采购行为，制定政府采购制度制度，由行财股负责具体实施。

【财政监管和评审】 加强灾后重建资金和扩大内需资金监督，按照上级对“两项”资金管理要求，加强领导责任和透明资金管理，及时发现和纠正“两项”资金管理、分配、使用等方面的问题。加强“小金库”治理，组织人员对重点单位和重点行业“小金库”进行专项检查，巩固治理成果，做好行政事业单位“小金库”回头看工作，重点开展社会团体和国有及国有控股企业“小金库”治理，规范管理被检查单位资金和国有资产。

加大财政投资评审。发挥财政投资评审和财政投资管理作用，使财政监管和财政投资评审与财政投资管理相结合，变事后监督为事前和事中监督。全县财政性资金投资建设评审送审总预算价19277.8万元，审定价14677.8万元，节省政府投资4600万元，审减率达23.86%。

【粮食直补和家电下乡】 推进农村综合改革，加大粮食直补、综合直补和家电下乡补贴，完善补贴方法，整合财政资金，足额、全面保障实施民生工程资金需求。全年兑付退耕还林资金807.51万元、退牧还草（饲料粮）资金527.66万元、粮食直补资金13.44万元、粮食综合补贴资金99.11万元、家电下乡补贴资金4.63万元、汽车和摩托车下乡补贴资金20万元。

【社保和卫保】 贯彻省《关于下岗失业人员小额担保贷款管理办法的通知》要求，落实再就业优惠政策，由财政担保发放小额贷款30万元，扶持下岗失业人员再就业。及时拨付各项社会保障资金，确保农村低保人员、城镇低保人员、农牧民困难群众医疗救助等支出需要，全年累计拨付城市低保金293万元，农村低保金1363万元，城镇医疗救助金20万元，农村医疗救助金499万元，新型农村合作医疗资金400万元，再就业资金141万元，机关事业养老金9万元，基本医疗保险金748万元，离休二等乙级医疗支出8万元，新型农村养老保险资金151.9万元。

【维护社会稳定】 根据中共壤塘县委关于印发《2010年全县维护社会稳定工作要点》通知，落实维稳措施，坚持主动维稳，严格执行维稳工作责任制，为全县经济和各项社会事业发展提供良好社会环境。

（负责人　哈果　　撰稿人　邹海军）

国家税务

【领导名录】

党组书记、局长　　黄　毅

党组成员、副局长　杨　力

王　智

【概况】　县国税局共职工18名，其中男12人，女6人，平均年龄34岁。大专以上学历20人，占职工总数的100%。党支部有中共党员13人，占职工总数的73%。设有行政办公室、税源管理科、人事教育科、政策法规科、纳税服务科五个内设机构，稽查局（直属机构）和信息中心（事业单位）负责全县辖区内增值税、消费税、所得税的征收管理工作。

【国税收入】　根据《壤塘县人民政府关于下达2010年税收收入目标管理责任制的通知》，确定全年国税税收收入（县本级）目标任务为15万元。以组织收入为中心，坚持聚财为国、执法为民宗旨，推进依法治税，深化税收改革，强化科学管理，共组织入库税收161.38万元，县本级收入20.25万元，超额完成县委县政府下达工作目标任务。

【依法治税】　加强对税源管理和收入分析，提高税收计划准确性，强化全局税源动态监控，掌握税收收入主动权，实行收入进度与征管质量双向考核，确保税收收入均衡入库。

【税收征管】　全县纳税户数160户，其中企业19户（一般纳税人6户、小规模纳税人10户、金融机构3户），个体工商业户141户（达起征点107户、未达到起征点34户）。新办税务登记40户，注销62户，信息变更225户次。

【信息化建设】　在现有国税专网与县局局域网正常使用基础上，强化网络使用。各股室加强CTAIS以及ODPS办公软件使用。保证视频会议室正常使用，能够随时与阿坝州国税局进行视频会议。

【纳税评估】　按照《纳税评估管理办法》，对辖区内增值税企业和所得税企业各筛选出一户进行分析评估。评估全县农村信用社2009年所得税纳税情况，共调减亏损157.2万元，对加强企业所得税管理起到一定作用。

【税收宣传】　开展“税收发展民生”为主题、“税收促进发展，发展改善民生”为主要内容，“提高国税纳税服务水平、征管质量效率及执法水平”为目的的宣传，向纳税人发放税收优惠政策、法律责任等宣传资料，围绕涉农税收优惠、下岗失业人员经商办企业等热点问题，向纳税人宣传税收政策法律法规，解答纳税人各类涉税问题，听取收集纳税人意见。

【税收服务】　完善“一窗式”管理，简化办税程序，提供“一站式”优质服务。在办税大厅设置办税指南和电子显示屏，陈设各种表格填写式样，设置必要服务设施和办公用品，方便纳税人。

【队伍建设】　集中学习和督查自学，实行一季一次考试制度，对重点学习科目或内容，做到逢学必考，以考促学。通过“以人为本”活动内涵和方式、人性化教学方法，改变税务干部被动接受知识状况。开展税款征收、税务登记、公文处理、案例解析等在岗培训活动，提高干部职工学习能力、公共能力、岗位技能，形成“学习工作化、工作学习化、学习工作一体化”格局。

【党风廉政建设】 以价值观念、税务职业道德、法制纪律为主要内容开展廉政教育，构筑干部职工拒腐防变思想防线。落实党风廉政建设责任制，签订党风廉政建设目标责任书，把反腐倡廉与税收业务工作紧密结合，做到一同部署、一同落实和一同考核。实行内部监督与外部举报相结合，杜绝“吃、拿、卡、要、报”等侵害纳税人利益现象。

【基础建设】 从监察、后勤、财务等部门抽调人员组成基建领导小组办公室，加强综合业务办公用房、职工周转房建设管理和质量监督，打造廉洁工程、优质工程和放心工程。8月中旬，两个基本建设项目验收合格并投入使用。

（负责人　王智　　撰稿人　邓娜）

地方税务

【领导名录】

党组书记、局长　　魏　尚
党组成员、副局长　　付　勇（11月止）
　　舒廷辉
党组成员、纪检组长　　杨　林（11月止）

【概况】 结合全县税收工作实际，按照“‘五讲’、‘五个坚持，五个提高’、‘五心、五办’”工作思路，开展各项工作。共有干部职工23人（10月份退休1人），其中干部17人，工勤人员6人；派出机构2个：上寨税务所和南木达税务所；直属机构1个：壤塘县直属税务所；内设机构5个：行政办公室、法规股、监察室、计财股、综合税收管理股、稽查组。

【税收收入】 各项地方税收1390.08万元，其中营业税745.13万元，个人所得税99.15万元，企业所得税342.79万元，契税1.44万元，房产税70.38万元。

【税收征管】 按照“巩固回升、夯实基础”工作思路，围绕“一个中心”，突出“两个重点”，着力“四个加强”，实施税收征管工作。征管基础工作上堵塞税收漏洞，拓宽征管手法，征管工作由粗放型逐步向精细化管理发展，提高征管质量和征管效率。坚持实行“双票运行”管理机制，全县安装税控收款机4台，方便纳税人。年初与以工代赈办、县交通局签订委托代征协议，保障委托代征工作运行，防止税款流失。

【发票管理】 严格管理各种税收票证领发、保管、填用、结报缴销、作废、停用、盘点、损失处理、核算及检查等各个环节。定期检查税收票证及发票使用部门，发现问题及时纠正、处理，杜绝税收票证及发票领购、保管、使用漏洞。发票管理推行“双票运行”制，坚持先税后票，确保税收安全入库。

【整顿和规范税收秩序】 深化税制改革，严格依法治税，依法保障各项税收政策执行到位。基本实现城镇税收区域平衡，为纳税人营造公平竞争环境，维护广大纳税人利益，取信于民。贯彻落实建筑安装企业欠税招标“一票否决制”，加强建筑安装企业欠税清缴工作，维护税法权威，杜绝以税谋私、以权谋私。

【税务稽查】 组织州局指定纳税户自查工作，对列入检查选案范围部分纳税人组织自查。鼓励纳税人通过自查、自纠，规范纳税行为，降低纳税风险。做好自查企业自查辅导工作，向纳税人讲明政策、讲清利害、讲透自查有利面，让纳税人自主自查。全年共查补入库77.36万元。

【落实税收优惠政策】 贯彻《行政许可法》，落实政府新规范地税行政审批项目，严格执行重大案件审理制度，按照国家再就业税收优惠政策要求，办理税收减免手续。全年审批减免税5户，减免地方税收3.28万元。

【地方税收信息化建设】 提升信息化水平，推动行政效能建设，购置一批新电脑，进行办公硬件升级，行政办、3个局长办专门开通电子政务外网，职工宿舍开通因特网。

【地方税收法制建设】 结合“五五”普法验收，开展“五五”普法知识培训和税收法律培训，提高干部职工法制意识。选派有税收业务基础职工参加法制和税收业务知识省、州培训。举办纳税辅导1期，提高纳税人自觉纳税意识。

【税收宣传】 开展多种形式税法宣传，进行常规宣传同时，通过县有线电视台向全县纳税人宣传“主动索要发票，维护自身权益”、“依法诚信纳税光荣，偷、逃、骗税违法”、“聚财为国，执法为民”、“规范税收执法，保持纳税人合法权益”等内容，宣传期间悬挂横幅2幅，设置咨询台3次；编写并发放宣传资料、发票使用与管理宣传资料、有奖发票宣传资料、个人所得税纳税指南资料、纳税提示单等800余份，播放录音带6盘。

【党风廉政建设】 落实《建立健全教育、制度、监督并重的惩治和预防腐败体系实施纲要》，组织干部职工学习全州地税系统党风廉政建设工作会议精神，落实“一岗两责”。强化反腐倡廉教育，推进税务廉政文化建设；加大制约监督力度，促进权力正确行使；坚决纠正损害群众利益不正之风，深化政风行风建设；加强效能监察，促进地税机关效能建设；强化纪检监察审计队伍建设，提升履行职责能力。强化教育、严格制度、加强监督并重，落实党风廉政建设责任制，层层落实领导责任，建立“一把手”负总责、分管领导各负其责领导责任体系，强化“两权”监督制约，把党风廉政建设具体到各股室所，形成齐抓共管党风廉政建设格局，推动全局党风廉政建设工作和队伍建设。通过县审计局综合审计，无违纪违规行为。

【精神文明建设】 3月荣获全州地税系统2009年度目标考核二等奖，同月，荣获2009年度党风廉政建设三等奖和综治目标考核先进单位称号；7月，党支部被创先争优办授予“创先争优先进基层党支部”称号。保持省级最佳文明单位荣誉。

（负责人　魏尚　　撰稿人　冯民强）

中国农业银行股份有限公司壤塘县支行

【领导名录】

党委书记、行长　　罗雨贵

党委委员、纪委委员、副行长 邱 山
党委委员、行长助理 郭晓峰

【存款工作】 抓好牧民定居工程、综合防治大骨节病工程、“三百示范工程”等区域性民生项目连续实施机遇，做大存款总量、做优存款结构，做强负债业务。各项存款余额45815万元，比年初净增17862万元，同比增长63.9%，完成计划数的262.14%，其中对公存款余额33219万元，比年初净增14961万元，完成计划数的445.27%；城镇储蓄存款余额12596万元，比年初净增2901万元，完成计划数的83.99%。

【贷款工作】 按照县审查对象财政提供担保，农行发放贷款的职责划分，严格下岗失业人员小额贷款条件，加强贷款调查，发放失业贷款30万元；抓住县域开发水能资源潜在机遇，积极营销水电贷款，努力实现法人客户零突破。全年各项贷款余额779万元，较年初净增410万元，增幅111.11%，完成计划数的102.38%，贷款正常率100%，其中累计发放个人消费贷款628万元。

【银行卡业务】 全年累计营销惠农卡1636张，较年初新增1500张；贷记卡456张，较年初新增125张；准贷记卡70张，较年初新增6张；累计安装POS机3台，较年初新增1户；累计营销基金额93万元；营销公务卡125张，加强售后服务指导，提高公务卡使用率。

【中间业务】 中间业务收入84万元，同比增长31.25%，完成计划数的100%。营销个人短信通215户、个人网上银行226户、个人手机银行1户、转账电话15部。

【电子化和内控建设】 电子设备及业务系统正常运转率100%；年初，制定并印发《二〇一〇年资产负债自律监管方案》，强调各季度监管重点，按季度开展资产相关工作自律监管；内控管理和案件防范工作取得成效，全年无经济案件和责任性事故；精神文明建设工作健康有序，保持和巩固“省级文明单位”荣誉称号。

【财务管理】 开展账户清理工作，专项检查会计监控、指纹认证等系统的管理及运行情况。加大对账管理工作，落实专职对账员，建立清理台账，确保账户开立合法合规；开展反假货币宣传活动，重点宣传第五套人民币防伪常识以及涉及反假货币的部分法律法规和规章制度；加强财务审查，提高财务资金使用率，组织财务人员学习财务新制度，开展小金库自查工作，规范财务报销、审查工作。

【安全保卫工作】 实行领导分工负责制，坚持“一把手”亲自抓，分管副行长具体抓，将安全保卫工作纳入重要议事日程，做到安全工作与业务经营同步安排、同步落实、同步检查。建立健全重要岗位、重点人员思想动态跟踪分析排查制度，实施岗位轮换和强制休假，重点防范案件及责任性治安事故。实行枪弹分离分存制度、枪柜钥匙双人分管分用登记制度、押运专用枪弹出入库柜行长审批、分管领导带队武装押运及交接登记制度。规范金库、守库室和营业场所防弹玻璃、金库组合密码锁、电视监控系统、110入侵联网报警系统，确保金库、守库室、自助设备、营业场所等设施安全，加强检查与维护安全设施设备。

【党群工作】 开展集中学习教育，重点学习《廉政准则》，加强党性修养和作风建设，提高廉洁自律和自觉接受监督意识，广泛征求意见、建议。建立“创先争优”专题简报，搭建成才平台、竞赛平台、监督平台，开展提高党性修养有效推动活动，推进党风廉政建设。部署年度党风廉政建设工作，签订落实党风廉政建设目标责任书，建立健全党风廉政建设分工责任制，并召开专题会议，研究制定《党风廉政建设和反腐败工作任务分工表》，建立群众举报电话和意见投递箱，行务工作阳光化。

【工会工作】 根据《中国农业银行四川省分行关爱基金管理办法（试行）》文件精神，坚持以人为本，严格监督管理，建立关爱基金资料专夹，并按照员工申报、部门审查、党委研究、公示监督等程序贯彻落实文件要求。弘扬“一方有难八方支援”精神，为海地地震、西南大旱、玉树地震、四川省特大山洪泥石流灾害、省分行工会“关爱基金”捐款，为县牧民定居工程、“三百示范工程”出把力；深化“职工之家”建设，专人负责食堂、俱乐部装修改造工作，设备采购严格执行《中国农业银行四川省分行集中采购实施细则》；开展各项工会活动，配合上级行“青年歌手大赛”、“阿坝州金融系统运动会”等工会活动。

（负责人　邱山　　撰稿人　刘学松）

壤塘县农村信用合作联社

【领导名录】

理事长　　泽永东

主　任　　黄文斌

监事长　　旦　洛

【概况】 全县农村信用社累计投放各类贷款5857万元，其中小额信用贷款2740万元，牧民定居贷款2944万元。共计收回各类贷款2273万元，贷款余额8726万元，比年初增加3585万元，存贷款比例为97.9%。其中农业贷款余额8724万元，占贷款总额的99.98%，不良贷款800万元。全县农村信用社各项存款余额8913万元，比年初增加3168万元，其中低成本资金余额4464元，占存款总额的50.08%，比年初增加2215万元，增强信贷支农资金实力，优化负债结构。

【存款业务】 各项存款余额8913万元，比年初增加3168万元。其中单位存款4464万元，比年初增加2215万元，个人储蓄存款4449万元，比年初增长953万元。

【信贷支农】 立足“三农”，开展信贷支农工作。共计投放各类贷款达到5857万元，收回贷款2273万元，各项贷款余额达到8726万元，存贷比例97.9%，比年初增加3585万元。其中发放小额信用贷款2740万元，发放牧民定居贷款1936户，金额2944万元。

【贷款管理】 贯彻银监分局信贷管理精神，从源头杜绝“条子贷款”和“指令贷款”，提高信贷资产质量。基层社主任贷款授权范围内仍然实行“放、管、收”责任制，对每笔贷款实行信贷人员终身负责制，对造成逾期不论金额大小一律实行工资挂钩考核，不良贷款回收工作做到落实责任。

【扭亏为盈】 全年各项收入405万元，各项支出392万元，年末实现利润13万元。

【稽核监察】 农村信用社稽核工作围绕四川省农村信用社联合社阿坝办事处《关于二〇一〇年全州农村信用社稽核工作意见》要求，对全辖信用社各项存款、各项贷款、财务、内监保等工作进行稽核和重点稽核。经过稽核，对存在问题进行及时查处，提高会计核算质量，预防和防止各类案件和问题发生，保障全县信用社业务经营发展。开展县联社安全保卫工作，拓展全县安全防范工作领域，建立全方位、多层次、高效能安全防范体系，提高预防和处置各类案件和治安灾害事故能力。

【内部管理】 按照省联社党委《关于党风廉政建设2009年至2011年工作意见》工作安排，坚持党要管党，从严治党方针，着力坚决党风、行风方面突出问题，推进党风廉政建设和反腐败工作。按照上级主管部门党风廉政建设工作总体要求，与时俱进、开拓创新、扎实工作，开展党风廉政建设和行风建设，开展信用社党风廉政建设和反腐倡廉工作，为各项工作任务圆满完成营造良好政治环境。

（负责人 泽永东 撰稿人 丁晓艳）

贸易

MAO YI

粮　食

【领导名录】

局　长　　杨学忠（12月止）

　　　　　申福全（12月起）

副局长　　刘建奇

　　　　　于　福（11月起）

【粮油销售】　全年发放政策性和零售销售大米627吨；清油销售16吨；面粉346吨。

【粮食流通体制改革】　为适应社会主义市场经济要求，改革粮食经营体制，发挥价值规律的调节作用，促进全县粮食生产、搞活流通、方便群众生活，减轻财政负担，强化节约用粮。将单价、议价、加工、运输、多种经营等企业纳入统一核算，实现利润全部留归企业，财政不参与分成。牧民补贴统一由县财政拨给粮食部门，粮食部门采取给粮方式将补贴兑现给牧民。取消原平价供应制度，改为按市场价格供应，粮油销售价格随行就市，粮食关系管理仍按原有关规定办理。妥善解决粮食财务，完善资金管理办法。

【粮食调入数量及仓储】　全年调入大米1536吨，面粉374吨，清油8吨。年底库存大米1060吨，面粉118吨，清油2吨。

【粮食供应】　抓好大骨节病人、牧民粮供应工作，全年发放大骨节病人口粮2925吨，牧民粮148吨，易地育人粮177吨。

【食品安全】　落实“一岗双责”，查找安全生产工作中存在的突出问题和薄弱环节，采取针对性措施，落实责任，发动群众，狠抓预防，严查隐患，强化安全生产规范化管理，确保粮油食品安全。全年无任何粮油食品安全问题。

（负责人　申福全　　撰稿人　伍雪梅）

民族贸易医药

【领导名录】

董事（兼总经理）　　杨丽萍

副经理　　邓琼英

监　事　　钟文萍

【商场经营】　2009年底因家和超市提前终止合同，为适应壤塘市场需求和公司业务发展，对商场进行改扩建，扩建后商场面积达500平方米，2010年4月搬入营运，营运中商场效益较好，随着经营环境改变，新税收政策对公司现行采购和财务核算体制提出挑战，税务的全面稽查也给公司承担的税费带来诸多不确定因素，公司决定统一在德惠公司采购货物，采用德惠公司软件系统，解决增值税抵扣问题，仍不能解决货物齐全的问题。公司又采取自采和德惠采购两种方式进行配货，保证货源充足。全年民贸商场共采购货物10批次，购进总额173万元，总销售额为164万元。商场还存在营业人员缺乏，人员业务素质低，进货索票困难等问题。

【药品采购工作】　全年公司采购药品18批次，购进金额30万元，销售额36万元。

【盐业工作】　盐业公司采取送货上门，全年食盐销售收入12万元，上交税金0.4万元实现利润1.2万元，宣传《四川省盐业管理条例》

同时，贯彻执行和落实《条例》。根据壤塘地广人稀，农牧民居住分散特点，设立20个零售网点，为方便群从，采取直接送货到各销售点。

【经济指标】　2010年，完成销售收入332万元，完成利税总额54.2万元，实现利润总额-6.7万元。

【自身建设】　根据当前经济市场现状，结合企业自身特点，打造具有自身特色的企业文化，通过企业文化来影响员工，增强企业员工凝聚力，对员工思想和行动起到导向作用和激励作用，提高员工整体素质，提高公司市场竞争能力。

（负责人　杨丽萍　　撰稿人　邓琼英）

供销合作

【领导名录】

主　任　　梁万德

【概述】　在原有职能基础上，履行指导、协调、监督、服务、教育培训职能，积极吸纳高校毕业生，不断优化干部职工知识和年龄结构。

2010年，供销合作社有在编人员7人，其中干部2人；所属农资公司有政府协调免租金使用门市1个（40平方米）、正在协调平价购买门市1个（30平方米），有周转资金15万元。

【服务“三农”】　县供销社处于改革发展转型期，肩负全县农资储备、供应和为支农、助农服务的工作任务。抓好机关工作，发挥农资公司在农村的服务作用，采取宣传、指导等方式，促进产业结构调整，提高生产质量。以服务“三农”为宗旨，利用下属企业加强与郫县安德镇供销社业务往来，实行互利互惠、资源共享，提升服务质量，利用县内自然资源优势，进一步提高农民副业收入。

【安全工作】　开展“百日安全生产活动”，成立工作领导小组、制定完善应急预案，坚持“一岗双责”，做到有备无患、防患于未然，加大检查力度，建立和完善长效机制，责任到人、层层落实，做到勤检查、常落实，贯彻各项安全责任制，加强安全意识，树立安全重于泰山的工作原则。烟花爆竹经销严格执行国家认证的定点生产厂家进货等相关法规定，做到专柜储存、专人管理。

年初，与管理人员和售货人员签订安全生产责任书，在日常销售工作中向消费者讲解、宣传《燃放须知》相关知识，做好定点燃放工作，确保民用危暴品安全经销和供应，年事故发生率控制在零位。

【扭亏增盈】县供销社所属农资公司分析市场，加快旅游特色产品开发，将野山十菌加工业务推向更成熟阶段；2010年，壤巴拉菌类获工商部门认证的产品开发专利权。壤巴拉人参果、壤巴拉菌类等壤巴拉系列产品走进蓉城举办的西博会和汶川县水磨镇举办的旅游交流会，派专人蹲点。为提升壤塘县知名度和县内旅游产品开发，奠定基础；为农牧民实现副业收入15万元，带动农户开发野山菌18家。

【归口项目经营管理】　烟花爆竹：壤塘县供销社属烟花爆竹批发归口经营管理单位，负责壤塘县烟花爆竹的组织、调运和批发。烟花爆竹从业人员3人，包括供销社职工及原企业经营烟花爆竹的下岗职工。壤塘县人口少、辖区窄，及其他原因，年销售额为5万元。

壤塘县烟花爆竹的供货采取货物配送制，由阿坝州供销社都江堰采购站或定点厂家用有危险物品营运资格的车辆和人员进行配送供货，由于没有烟花爆竹专用仓库，为保证广大群众对烟花爆竹的需求，壤塘县供销社采取“少量载货，多次运货”的方式，保证群众的需求，为烟花爆竹的安全经营提供保障。

（负责人　梁万德　　撰稿人　王旭东）

烟　草

【领导名录】

副局长　　杨海清（主持全面工作）

朱滨海（9—12月）

【主要利税指标】　2010年完成利税279.5万元。

【经营管理体制改革】　采取卷烟定点取货和送货上门。

【整顿市场秩序】　3月至6月，开展四川省“金叶维权”烟草市场为期100天的专项整治行动，查获假冒卷烟案件七起。

【卷烟经营】　全年销售卷烟2843.14万支箱。

【专卖管理】　加强市场监管、加强证件管理、加强内部监管。

【销售网点建设】　2010年3月开通网上订货业务。

【行业改革】　全员竞聘上岗。

【慈善工作】　4月向青海玉树、云南旱区各捐款5000元。11月向县武警中队捐款9000元，12月31日，向壤塘县吾伊中学捐款11万元、大骨节病疫区捐款10万元，向3名困难大学生分别捐款5000元，通过工会向下岗困难职工捐款10万元。

（负责人　杨海清　　撰稿人　付桂英）

石油公司

【领导名录】

经　理　　曾庆康

【石油入库情况】　2010年石油入库总量305.27万升，其中：90号86.43万升；93号88.54万升；97号27.64万升；0号88.11万升；－10号14.55升。

【石油销售情况】　2010年石油销售总量2944万升，其中：90号83.23万升；93号89.33万升；97号20.69万升；0号90.39万升；－10号10.76万升。

（负责人　曾庆康　　撰稿人　曾庆康）

城乡规划建设与环保

CHENG XIANG GUI HUA JIAN SHE YU HUAN BAO

城乡规划建设和住房保障

【领导名录】

局　长　　周全和

副局长　　郑大华

　　　　　尕玛罗吾

【概况】　城镇规划编制修编与城乡规划，城乡建设管理，灾后重建和重点项目建设实施，旧城和棚户区改造，经营和管理城市，规范建筑市场及行业管理，搞好勘察与设计工作，积极为全县经济建设和社会发展服务。

【城镇规划编制】　修编《壤塘县总体规划》上报四川省住房建设保障厅待审定。

【城乡规划】　全年核发县城选址意见书31套、建设工程用地规划许可证8套、建设工程规划许可证4套、乡村规划许可证30套。规划执法检查20余次，制止违章建设1起。完成全县乡镇驻地详细性规划4个，覆盖率80%。完成村庄规划27个，覆盖率44%。

【城市建设】　4月，动工修建迎宾大道1千米市政道路建设，10月完工。5月，投资3139万元新修壤塘县廉租住房二期312套和民政救灾仓库建设，建筑面积共计1.56万平方米。6月，动工修建罗吾塘中街150米排污下水道，7月完工。投资1390万元对壤柯镇进行特色风貌改造，组织各单位粉刷建筑物立面共计18.58万平方米，修补街道50余平方米、青石板人行道100平方米，青石板栏杆35余米，校正路灯灯杆20柱，检修线路180余米，更换节能路灯186处。完成2008年开工修建的188套廉租房一期工程建设，9月验收交付使用。

【乡镇建设】　全县新开工工程14个，续建工程10个，建筑面积7.08万平方米。5月，投入资金4162.8万元建设蒲西、上寨、壤柯镇、中壤塘、南木达魅力乡镇，重点提升和完善基础设施，改造、提升农牧民住房及生产生活条件。

【城市管理】　发放城市管理和城乡环境整治宣传资料6000余份，悬挂横幅18条，制作宣传标语331幅，在公共场所设置宣传栏6个，组织开展群众性宣传活动7次。打扫和清理卫生死角57处，清运卫生死角垃圾170余吨。严格落实店铺“门前六包”责任制，清理和规范流动商贩和占道经营23处，处罚教育35次。拆除、清理违章设置户外广告和店招店牌36个。清除“牛皮癣”542处。拆除违章搭建建（构）筑物321平方米。全年清理城市生活垃圾8000余吨。

【旧城改造与新区建设】　专项检查和整治壤柯镇近30年的砖木结构存在重大消防安全隐患住房和环境卫生死角，拆除存在消防安全隐患的棚户区8户27人560平方米，猪圈270平方米，按标准进行补偿和迁建。

【规范建筑市场秩序】　全县建设工程报监项目24个，面积7.08万平方米，报监率100%，质量监督检查221次，查处各种质量隐患41起，下达整改意见书8份。

【灾后重建】　落实农村危房改造资金51.6万元，改造86户农村危房。

【机构改革】　加强城乡规划建设的统一和协

调性，增加住房保障和房地产市场管理工作职能，促进全县城乡建设协调发展，将原“壤塘县规划建设局”更名为“壤塘县城乡规划建设和住房保障局”

（负责人　周全和　　撰稿人　李华波）

环境保护

【领导名录】

局　长　　三朗头

副局长　　罗建国

【概述】　坚持“以人为本，依法保护环境”原则，围绕县委政府中心工作，认真履行环境保护工作职责，努力实现经济快速发展、环境清洁优美、生态良好循环的绿色环保新壤塘。

【年度环境质量状况】　县城及乡镇空气质量达到国家Ⅰ级标准。全县水环境水质均达到Ⅰ类水域标准；所有河流出境水质达到Ⅰ类水域标准；城镇饮用水源地水质好于Ⅰ类水域标准。全县各城镇声学环境质量均达到2类标准。

【建设项目环境管理】　贯彻《环境影响评价法》规定，杜绝新污染源产生，落实环保“第一审批权”，把好建设项目环境入口关，做到建设项目环评“三同时”执行率100%，对所涉及新建、扩建、改建项目的建设单位、审批建设项目环境影响评价文件的时间、建设单位提供的申请材料以及法律责任四方面要求做好环评审批工作。执行环境影响评价和“三同时”制度，从源头防止环境污染，控制新污染产生，保护生态平衡。全年办理环评59件，补办15件，开展办理7件。

【污染源普查】　按照《全国污染源普查动态更新调查工作》要求，摸清壤塘县近两年来的污染源状况，为制定“十二五”规划提供依据，成立更新调查工作领导小组和工作机构，启动全县污染源普查动态更新调查工作。开展污染源更新调查，调查两家工业源、11个乡农业源、1个镇生活源3个领域污染情况，查清全县环境污染详细情况，将数据及时核算与录入，完成污染动态更新调查前期工作。

【城乡环境综合整治】　严格控制县城扬尘污染和噪声污染，“高考”期间，向县城区各个体门店、舞厅、音乐茶座和建筑施工单位印发《关于加强高考期间环境噪声管理的通知》30多份，派两名监察队员在考场周围值班巡逻，为考生创造安静舒适考试环境。贯彻《排污费征收管理条例》，建立健全排污费征收制度，完成征收任务，促进人与资源、环境和谐。开展农村环境卫生综合整治活动，建立和完善农村环境整治工作长效机制，重点治理公路沿线环境。全年完成投资24.15万元修建33座农村简易垃圾焚烧点和2所公厕，改善农村环境卫生。

【环境执法监督】　以保护好长江上游生态屏障为环境执法工作核心，坚持依法行政，规范管理。加强现场执法力度，严肃查处各种环境违法行为，对建设单位业主和施工方开展环评培训，监察各种项目的建设，重点是阿两路和牧民定居点建设项目，督促其严格按照环评要求恢复生态。及时处罚南木达牧民定居点不执行环评要求行为和处理金木达金矿信访事件。全年出动人员154人次、车辆91次进行环境执法监督工作，有效遏止修建项目对环境的破坏，保护壤塘生态环境。

【环境教育】　在“法制月”、“六·五”世界环保日开展环境保护宣传工作，增强干部群众环保意识，让更多人自觉参与保护环境。全年发放环保宣传资料与环保小报1500余份，接受环保咨询340余人。

【生态环境保护与建设】　贯彻国务院《全国生态环境保护纲要》，以创建生态示范区环境优美乡镇的生态细胞工程为切入点，继续开展生态县、环境优美乡镇、绿色学校、生态文明村创建活动，向州环保局申报1个省级环境优美乡镇（中壤塘乡）、3个创省级生态村（茸木达乡巴生村、南木达乡南木达村、中壤塘乡壤塘村）。加强南莫且高原湿地自然保护区和杜苟拉山自然区的监管工作，禁止各种破坏自然资源和生态环境的非法建设活动，构建自然保护区、生态示范区和生态功能保护区的和谐发展，促进全县生态系统良性循环。

邀请四川省环境保护科学研究院编写《壤塘生态县建设规划（2009—2020）》（送审稿），并通过专家的评审。

【环境监测】　以环境质量不断改善为环境监测的重心，加强放射源、危险化学品、危险废物环境监测管理，开展生产、运输、储存、使用或产生危险化学品、危险废物、放射源的特殊行业与重点企业环境安全专项检查。完善辐射从业人员健康档案，加强各辐射单位从业人员个人剂量监测、送检、登记和数据报送的组织管理，落实辐射工作场所辐射安全与防护措施，预防辐射工作人员受超剂量照射的辐射事故发生，确保辐射工作人员健康与安全。年审县医院到期《辐射安全许可证》。拉网式排查境内工矿企业重金属污染情况，预防重金属对人体伤害和环境污染，保障人民群众身体健康，消除环境隐患，确保环境安全。开展“整治违法排污企业、保障群众健康的环保专项行动”活动，实现环境质量不断好转。

【水环境保护】　以“切实保护好饮用水源，让群众喝上放心水”为目标，科学合理规划饮用水源地保护区，加强饮用水源地保护区监督，保障全县饮用水安全。定期监察全县饮用水源，重点监控三大饮水源，全年出动18人次、车辆36次。

（负责人　谭昌林　　撰稿人　何晓辉）

壤塘年鉴 2011

交通邮政通信

JIAO TONG YOU ZHENG TONG XIN

交　通

【领导名录】

局　长　　郑科志
副局长　　梁生平
　　　　　张宏伟（10月止）
　　　　　胡　伟（1月起）
　　　　　吴传兵（5月起，广安挂职）
局长助理　李　明（10月止）

【交通基础设施建设】　阿两路壤塘县城至黑桥段续建工程，全长40.523千米，全面完成路基工程，路面工程完成全程水泥稳定层和13公里油路面铺设，完成5公里危险路段波形护栏安装，累计完成投资11650万元。

岗木达乡昂柯沟昂柯桥续建工程，计划投资185万元，桥址位于明达电站大坝下端近100米处，因随时排水泄洪，对施工安全和进度造成影响，工程进展缓慢，完成梁板吊装等主体工程，完成投资160万元。

小伊里等4座桥建设项目，计划投资1000万元，分两个标段组织实施。因一标段中标单位四川鼎合建设公司无故放弃中标，对牙格车、小伊里桥梁重新组织招标。二标段完成日柯桥，阳培桥部分桥基浇筑工程，完成投资130万元。

入城通道路基修复工程，该项目属应急抢险工程，完成C20片石混凝土基础173.90立方米，M10浆砌块石968.46立方米，C25混凝土灌注459.15立方米，完成投资为63.20万元。8月，通过县财政、纪委监察局、城建、审计等部验收。

岗上路K23+100～K23+300段修复工程，该项目属应急抢险工程，完成挖土方213.49立方米，填方1287.79立方米，基础C20砼135立方米，M7.5浆砌片石758.89立方米，完成投资29万元。

【交通运输管理】　全年完成社会客运量10.07万人，旅客周转量959万人公里，货运量12.5万吨，货物周转量5650万吨公里；有营业性客运车辆110辆，其中出租车28辆，班车13辆，农村客运车辆69辆。拥有货运车辆35辆，开行跨县客运线路3条，跨市（州）客运线路1条。

【道路养护和绿化】　深化和完善“养护年公里成本包干、领导包片、干部驻班”责任制，落实养护工作重点，改善路容路貌，提高路况质量。3月以来，购冷补料8吨，乳化沥青119.4吨，热拌料152吨，按照操作规范对管养公路路面坑凼进行5次全面修补，出动机械台班116个，修补路面沉陷13180平方米，恢复34处外挡土墙1286立方米，清理坍方680立方米，整治水沟50余米，维修波形护栏980余米。投入资金252余万元，对全县农村公路水毁路基路面进行整治维修。对区域内国道317线65公里、阿两路县城至团结桥段63公里公路进行画线。完成公路养护绿化5公里500株树苗目标任务。

【交通安全】　落实一把手负总责任责任制，细化分解安全工作责任，落实安全生产责任追究责任制，与下属各部门签订年度安全责任书。以宣传栏、讲座、新闻等形式在全县范围内开展交通安全宣传活动，全年发放宣传资料548份，张贴标语93张、悬挂横幅23条。

督促指导运管所、运输企业加强源头管理，落实“三不进站、五不出站”安全管理规定，严禁“三品”进站上车。指导运输企业建立完善安检责任制度，增添安检器材，配备安检人员，对进站旅客实行严格安全检查，全年道路客运车辆未发生安全事故。

组织专业技术人员开展交通事故多发路段调查摸排，了解分析、掌握发生事故段基本状况。对辖区内公路、桥梁、涵洞及易塌方地段等进行排查治理，建立公路、桥梁养护管理巡查制度。

会同县交警队、运管所、县安监局、县农机监理、路政大队开展联合执法，打击非法营运，重点查处无证经营、超范围经营行为，消除安全隐患。全年上路执法200车次，出动执法人员480人次，检查车辆1725辆次，处理违章车辆90辆次。

【路政管理】 推行“公开式、亲和式、服务式”3个路政执法模式。全年，路政队上路巡查220天666人次，出动巡查车辆278台次，行程5.8万余公里，印发宣传资料200余份，横幅8幅，办理路政案件87起，结案率98%。检查超限运输150辆车次，对路政案件行为人和超限运输车辆收取路产赔（补）偿费及超限运输费，设置明显临时警示标牌215块。

完善细化交通环境综合治理方案，制定交通环境整治保持工作制度，落实环境整治工作职责，推进环境治理工作制度化、常态化。全年，清理交通场站卫生死角2处，清理120余公里公路沿线白色垃圾。

（负责人　郑科志　　撰稿人　杨国）

公路运输管理

【领导名录】

所　长　　童元君

【概况】 按照全州道路运输工作会议提出的任务和要求，树立“安全发展”理念，坚持“安全第一，预防为主，综合治理”方针，健全道路运输安全管理长效机制，构建和完善道路运输监控体系，落实“安全生产主体责任”和“深化隐患治理”两个关键环节，以不断开拓创新、强化管理，提供一流服务为己任。全县道路运输形势总体稳定，没有发生因安全源头管理的道路运输安全责任事故，完成各项工作目标任务。

【客运站点建设】 配合县交通局编制“十二五”客运站规划，把没有建设客运站的乡镇列入“十二五”建设计划内。

【运输市场】 全县共完成社会客运量10.07万人，旅客周转量959万人公里，货运量12.5万吨，货物周转量5650万吨公里；有营业性客运车辆110辆，其中出租车28辆，班车13辆，农村客运车辆69辆。拥有货运车辆35辆，开行跨县客运线路3条，跨市（州）客运线路1条。

【客运管理】 对纳入农村客运公司车辆，统一道路运输证、从业资格证、车辆行驶证名称，共兑现燃油补贴21.02万元。全县符合开行条件乡镇通车率为100%。

【货运管理】 全县有货运经营业户35户。

【机动车维修管理】 截至年底，全县有汽车维修业户23户，其中三类维修业户12户，摩托车维修业户11户。

【驾驶培训管理】 清理整顿机动车驾驶培训市场，许可森安驾校，取缔九寨驾校。截至年底，全县有三级驾校1家。

【市场整治】 开展“打非”、“打黑”等专项行动，重点对非法营运牵头者和组织者，欺行霸市、垄断市场、强迫交易、黑社会性质的非法营运和扰乱市场经营秩序团伙进行打击，对违规经营行为进行纠正。共出动执法检查人员480人次，出动执法车辆200余辆次，检查客货运输车辆1725辆次，处理违章车辆90辆。

【精神文明建设】 建成文明客运班车2辆，文明出租汽车1辆，评选文明执法示范标兵1名。

（负责人　童元君　　撰稿人　赵文龙）

四川九寨运业壤塘分公司

【领导名录】

经　理　　吴　军

副经理　　余世勇

　　　　　冯　超

【概况】 壤塘分公司在县交通局、总公司、县运管所等主管部门领导和协作下，贯彻实施《安全生产法》，狠抓工作责任落实，坚持“安全第一、预防为主、综合治理”方针，遵循“安全责任重于泰山”原则，提高员工队伍服务能力和水平。根据车站规范及三级站要求，建立健全各项规章制度，制作公示牌，对上墙制度进行梳理和统一规划。加强站场基础设施投入，对原有设施进行重新规划，添置各类办公设施。

【经营】 4—10月，因汶马路开工修建，317线主干线道路禁止通行，根据州运输管理局文件精神，公司长线车辆从雅安方向绕道运行，因绕道运行路况差，距离长、隐患多，给分公司造成极大安全隐患和经济损失。

分公司现有客运车辆13班辆，其中壤塘至成都7班、壤塘至马尔康3班、壤塘至金川2班、壤塘至阿坝1班。全年分公司经营有新突破，客运站运送旅客2万余人次，与去年同期相比增加20%，周转量564.8万人公里，与去年同期相比增加26%，始发班车1151班，安全运送旅客3万余人次，周转量750万人公里。

【效益】 全年，分公司计提完成总公司上缴管理费用及净额5万余元，完成超任务0.2万余元，上缴地方税利1万余元。

【安全生产】 加强全年安全生产工作管理，按照分级管理、各负其责原则，形成“领导集体负责、部门具体负责、全员人人有责安全管理格局，完善安全生产责任体系，明确安全管理责任。年初，成立安全生产领导小组，召开全年安全工作会议，制定和部署全年安全生产工作计划、目标，做到早安排、早计划、早部署。与总公司签订2010年全年安全目标责任书，与县交通局、县运管所、县交警大队、县安监局签订安全责任书，明确安全责任，强化安全措施。

制定安全管理措施、方案，严格控制交通安全事故，制定春运、百日安全活动、安全生产月安全工作计划，根据不同季节制定汛期、今冬明春安全工作安排，落实和执行各项安全管理措施，把安全工作从每个人做起、从每个环节做起，安全无小事，始终把安全放在首位，将安全工作落实到日常工作中。组织“安五”学习，每月学习次数4次，学时8小时，累计参加学习人员848余人次。利用GPS监控平台，加大对车辆监控，随时了解车辆运行动态，根据总公司监控平台统计，分公司GPS监控车辆全部符合规定要求，达到监控平台要求，监控上线率为95%，全年未发生较大安全责任事故，安全行驶累计84万公里。

在“春运、五一、十一、汛期、今冬明春”期间签订安全责任书，提高安全责任意识，层层落实安全责任。与安全管理人员、安全行车宣传员、驾驶员及车主分别签订责任书共计146份，签订率为100%；与参营车辆签订春运、百日安全活动、汛期安全生产责任书。节假日在醒目位置悬挂安全横幅、安全标语，营造安全氛围，全年悬挂安全横幅10条，张贴宣传标语50张，出安全栏17期，安全简报16期。

全年对应班车辆进行安检1151台次，车辆安检合格1139台次，不合格12台次，下达限期整改12台次，车辆安检合格率为99%，对出站运行车辆例检1151台次。排查安全隐患16次，驾驶员违规4次，对违规驾驶员下达整改4次，作出停班处理4次。

（负责人　吴军　　撰稿人　余世勇）

邮　　政

【领导名录】

局　长　　苏　川

副局长　　王学斌（8月起）

【概况】　壤塘邮政局现有职工21人（包括劳务工3人，内退1人，其中女职工人数9人），县局下设3个班组（收投组、储汇营业组、物流公司）和3个邮政所（南木达邮政所，上寨邮政所，蒲西邮政所）。全县有农村邮路投递路线共9条，邮路单程公里数298公里。

2010年，壤塘邮政全年完成收入84.53万元，完成年计划91.03的%。邮政业务总量92.84万元，完成年计划的110.68%。

【邮类业务】　壤塘县集邮公司立足实际情况，开发集邮爱好者需要产品，先后进行“富春山居图”、“上海世博开幕纪念”、“第十届世界旅游大会”、“第十六届亚运会幕式”、“节能减排，保护环境”等新邮促销活动，新邮预订继续扩大经营规模。全年集邮票品累计完成1.29万枚（册），比去年同期增长665.92%。

【邮政储蓄】　壤塘邮政储蓄主要代理个人存款业务，年末储蓄余额2253万元，比去年同期增长209万元，增长9.27%。

【速递物流业务】　壤塘邮政局办理国内特快专递代收货款业务地区为包括全国31个省（自治区、直辖市）1875个县市。2010年邮政速递物流流转额完成23万元，完成州局下达计划的80%，实现收入1.6万元。

【机要通信】　按照《机要通信业务处理规则》进行业务处理，为全县各级党政机关服务，全年机要累计完成300件，比去年同期增长0.1%。

【报刊发行】　部署2010年度报刊收订，巩固和挖潜公费订阅市场，加强自费订阅市场开发，做好重点报刊、重点市场收订工作，拓展驻地部队、校园、农村等报刊市场。全年报刊累计完成56.86万份，比去年同期增长14.67%。

【营业状况】　壤塘邮政局从事含邮政业务、邮政物流业务等各种国内邮政业务处理工作，并承担全县境内各乡（镇）、自然村邮政普遍服务工作。营业大厅主要是储汇营业，营业人员6名，为用户办理中国邮政集团公司开办各项业务，包括储蓄、汇兑、包裹、报刊收订、函件、业务查询、中间业务等服务。收投组位于邮政局宿舍一栋一层，分为邮件封发、报刊分发、市内投递、乡邮投递，收投组营业人员共6名，办理速递物流和代收货款业务。全年函件累计完成1.03万件，比去年同期增长39.82%；包件累计完成1244件，比去年同期增长7.5%；汇票累计完成5384张，比去年同期增长0.1%；特快累计完成1321件，比去年同期增长13.19%。

（负责人　王学斌　　撰稿人　陶伟林）

中国电信股份有限公司壤塘分公司

【领导名录】

总经理　　曾　义

【概况】　2010年，以州公司三年发展战略规划为指引，按照州公司年初制定的经营目标、任务，坚持有效益规模发展，贯彻落实中高端市场切入和融合业务发展思路，稳步推进融合发展，切实提升全业务经营能力的工作思路，以收入完成为重点，坚守基本面保存量，以增值业务、新兴业务促增量，通过强化执行力、实施精确化管理，提升资源效率，确保各项工作顺利开展。

【电话业务】　电话用户总数达到4000余户，固定电话用户总数达到2000余户，1—10月全县净增固定电话200余户，天翼用户累计到达2000余户。完成两个乡C网基站建，宗柯乡C网通信6月开通，岗木达乡C网通信10月开通。

【宽带数据业务】　新增ADSL拨号400余户，累计达到1500余户。完成网络（专网等）建设开通工程，覆盖全县所有乡镇及重点地区，提升网络服务能力和品牌效益，为行业信息化应用发展奠定良好基础。

2010年，全县光缆干线发生全阻障碍11次，障碍历时3340分钟（主要因为修筑壤塘—黑桥公路致使干线被多次破坏）。光纤可用率100%；本地网光缆全年共发生全阻障碍13次、障碍历时4500分钟。

【网络建设维护】　交换方面：完成S1240交换机、10个区乡AG和接入网机房缩容工作。完成中壤塘乡政府和南木达乡政府机房搬迁。改造吾依乡传输路由。将蒲西乡传输路由改至金川二嘎里乡，改善宗科、石里、上寨、蒲西4个点位基站通信状况。数据方面：完成EP-NO调测工作，割接268户用户，ONU端口占用率达到55.04%。完成乡镇ATM改为IP上行工作。电缆方面：投资420万，完成县城至黑桥干线光缆迁移、改造工作（因道路加宽）。迁改县中学过街管道，整治中学230对电缆。整治公安局、武装部光缆70余芯。整治县城4个交接箱。完成风貌改造用户线整治工作，搬迁南木达和中壤塘乡两个点位全球眼。完成县医院综合布线。

【维稳工作】　免费为125道班维稳部队安装联系电话1部。提供汽油发电机1台供驻警部队应急使用。海事卫星电话安排专人为县委服务。

【天网维护】　投资22万购买“天网”专用维

护设备，切实发挥“天网”工程效益。全年用于“天网”工程维护费用、人员工资、车辆使用费等达41万。

【业务管理与服务】 以TOP项目考核指标为工作方向和标准，以企业全业务经营为抓手，以提高用户满意度为最终目标。强化用户回访制度。提高装机、移机、咨询、投诉处理及时率、线路自动配线配号成功率、基站修复率、全球眼障碍修复率。

【人力资源配置】 壤塘电信分公司有职工18人（劳务工4人，合同制员工14人。其中女职工人数1人）；县公司下设1室2部（综合办公室、市场部、维护部）；综合办下设3个岗位（综合办主任、会计、驾驶员）；市场部下设4个班组（政企客户组、家庭客户组、VIP客户组、营业室）；维护部下设两个班组（综合设备维护组、装移维护组）。

（负责人 冯建 撰稿人 王建明）

中国移动壤塘县分公司

【领导名录】

经 理 马世骏

【业务范围】 市场业务主要经营语音、数据和增值三大类83种业务，其中语音业务有24种，数据业务有38种，增值业务有21种。

【客户服务】 主要推广全球通、动感地带和神州行三大品牌。全年，发展渠道建设分布到各个乡镇网点，基本满足客户办理业务需求，用户达到10500余户，全县移动电话普及率88%，年收入650万元。

【网络建设】 全面完成移动基站升级工作，实现VIP客户、大客户及重要领导手机优先接入网络。开始打造3G网络升级，迈开移动信息化建设步伐。2010年，新建3个补点基站：章腊村02基站、康垄村基站和哈寨基站。

【企业管理】 实行领导负责制，建立全面质量管理体系和卓越目标管理体系，做到认识到位、工作到位和责任到位，层层负责，凡事有人管，事事有人做，提高公司管理质量、提升公司管理效率，促进移动通信企业两个文明建设协调发展。

（负责人 马世骏 撰稿人 雷安军）

中国联通壤塘县代办点

【领导名录】

经 理 魏 星

【业务范围】 市场业务主要经营语音、数据和增值三大类业务。

【客户服务】 主要推广2G、3G、乡音3大品牌。全年，发展渠道建设分布到各个乡镇网点，基本满足客户办理业务需求，全年用户600余户，新增用户80余户，年收入10万余元，全县移动电话普及率88%。

【网络建设】 2010年，有1个基站。

（负责人 张永静 撰稿人 张永静）

教育

JIAO YU

教育工作

【领导名录】

局　长　　二健夺杰

副局长　　何　燕

　　　　　任智兴（挂职5月起）

【概况】　全县有中小学14所，其中高完中1所，九年一贯制学校2所，城镇小学1所，寄宿制中心完小10所。在校学生5747人，其中小学生4080人（含学前班学生），初中生1474人，高中生69人。幼儿园1所，在园幼儿124人。全县有教职工510人，专任教师461人，其中取得高级教师职称39人，中级教师职称109人，初级教师职称314人。幼儿教师37人，小学教师299人，学历达标率99.6%。中学教师100人，其中初中教师学历达标率89.5%，高中教师学历合格率56%。全县12个乡镇建立农牧民文化技术学校，配备专兼教师，全县非文盲率98.85%。全年组织召开2次教育行政工作会，教师节表彰21名优秀教师、4名优秀教育工作者。

【两基工作】　开展“普九”巩固工作，制定各乡镇教育目标考核细则和目标责任书。“普九”人口覆盖率100%。全县7～12周岁适龄儿童3175人，入学率99.81%、巩固率99.75%、毕业率100%、普及率97.64%。实施牧区藏汉双语初中班，组织小学应届毕业生到茂县接受义务教育，全年输送84名学生到茂县七一中学、八一中学就读。成人教育坚持“普九”与扫盲并举、并重的原则，将扫盲成果纳入各乡镇“两基”综合考核，签订目标考核责任书。全县青年率人口总数19456人，其中农业人口19273人，农村非文盲率96.92%，全年开展农技培训5078人次，巩固提高3487人次。全县13个农牧民文化技术学校，有兼职教师63人，兼职干部128人，各乡镇分管教育的副乡长主抓，各村委会一把手牵头，将成人教育工作作为各级政府政绩考核内容之一，实行一票否决制。11月30日，全县“两基”巩固提高工作通过自查验收合格。

【寄宿制教育】　做好寄宿制学生生活补助管理和使用工作，寄宿制学生生活补助纳入县财政集中支付中心统一管理，实行分账核算、集中支付、封闭运行，杜绝挪用、挤占、浪费专项资金行为。全县按每生每月130元（其中县财政每人每月补助10元）的标准按月及时足额下拨到各校。各寄宿制学校学生生活费进行专户储存、专人专管、专款专用，校长把好经费使用关，财务人员做好账目、管理好经费。加强学校财务管理，要求学校购买寄宿制学生生活用品必须由两人或两人以上经办，必须使用正式发票，发票由经办人签字注明用途，并经校长签字后方可入账。寄宿制学生生活费实行建卡管理，建立明细账，做到账目天天清，同时每月向社会各界如实公布学生生活费开支账目，做到公正、公开、公平。

【两免一补】　加大贫困学生资助力度，对“两免一补”实行动态管理，落实“两免一补”工作要点。免除农村义务教育阶段所有学生学杂费和教科书费，做到“应免尽免”；确保享受城市居民最低生活保障政策家庭的义务教育阶段学生与当地农村义务教育阶段学生同步享受“两免一补”政策；对城市义务教育阶段学生，实行免收学杂费政策；扩大寄宿学生生活补助范围，适当提高补助标准，做到“应补尽补”。

【职业教育】 全县"9+3"学生295人，就读于全省41所中职校。

【十年行动计划】 完成十年行动计划建设工程项目6个，其中吾依乡中心校教学楼及附属工程投资313万元，建筑面积1250平方米；蒲西乡中心校教学楼投资210万元，建筑面积1000平方米；石里乡中心校厕所投资11万元，建筑面积50平方米；宗科乡中心校厕所投资11万元，建筑面积50平方米；岗木达乡中心校教师周转房投资198万元，建筑面积990平方米；尕多乡中心校教师周转房投资204万元，建筑面积1020平方米。安置12名支教教师参与学校管理和指导，充实教育教学工作。

【现代远程教育】 开展现代教育技术经验交流，推广先进教育教学经验，保证远程设备使用率。完成35名教师教育技术培训，完成154名初中生实验操作考试，完成17名高二学生信息技术机考。

【规范教育收费】 全县各中小学、幼儿园严格执行收费标准，无乱收费现象。

【"双语"教育】 全县中小学教学按三种模式（普通模式、一类模式、二类模式）进行教学，城关小学和上寨片区所授课班级教学以普通模式和二类模式为主；南木达片区和杜科片区所授课班级教学以一类模式为主；县中和南中、伊中以一类和二类模式进行教学。培养热爱民族教育事业、热爱家乡教育事业，具有强烈的民族使命感和自尊心的下得去、留得住、用得上的"双语型"教师；加大双语教师培训力度，提高业务素养；广开师资门路，打破地区界限，引进初高中部分紧缺学科具有本科以上学历的教师，引进双语初高中紧缺学科具有本科以上学历的双语教师，鼓励非师范院校双语大学毕业生取得教师资格后到双语中小学任教。

【德育工作】 坚持贯彻国家、省、州、县关于中小学德育工作的方针、政策；制定全县中小学德育工作计划并组织实施；加强学校爱国主义教育和青少年思想道德建设工作，强化师生"反对民族分裂、维护祖国统一"意识，落实校园维稳工作责任，培养有理想、有道德、有文化、有纪律的社会主义新一代。

【师资队伍建设】 完成省级培训：选派省级骨干教师第二批第三次培训1人；选派四川省农村中小学教师远程培训辅导团队短期集中培训项目7人；选派四川省农村中小学紧缺薄弱学科教师集中培训面目4人；选派四川省农村中小学教师远程培训全国继教网小学英语培训5人；选派四川省农村中小学骨干教师短期集中培训项目3人。完成州级培训：选派1名中小学校长参加"阿坝州中小学校长论坛"；选派10名小学班主任参加州级标准化管理培训；选派教研室、进修校两名教师参加培训者培训。完成县级培训：组织实施中学高中一年级教师参加高中一年级课程改革培训，培训教师13人；2009年和2010年参加工作的新教师、特岗教师参加县级"教育技术能力"培训，共计35人；对2009年参加工作27名中小学教师进行县级岗前培训。完成校本培训：县中学、城关小学、伊里中小学以校本培训为主，开展课改培训、教育技术能力培训，主讲教师为参加省、州培训的教师，参加培训教师171人。完成学历培训：专科函授培训51人，本科函授培训21人。

【大学、中专招生、高等教育自修考试】 完成普通高校、阿坝州高中阶段招生和四川省

091 次、092 次高等教育自学考试报名、体检、政审等各项工作。全年全县参加普通高校招生考试 51 人，其中文科 44 人，理科 7 人，录取 14 人，其中本科 4 人，专科 10 人。县中学应届高中毕业生 48 人，考入大专院校 12 人，其中本科 1 人，专科 11 人。参加阿坝州高中阶段招生考试报名人数 72 人，其中藏文一类模式报名 35 人，五年制高职（专科）录取 15 人，三年制中专录取 10 人。参加各类成人高校招生考试报名考生 112 人，其中专升本 66 人，高中起点专科 46 人（文科 36 人，理科 10 人），实际参加全国各类成人高校招生考试考生 107 人，其中专升本 64 人，高中起点专科 43 人（文科 35 人，理科 8 人），被大专院校录取 85 人（专升本 64 人，高中起点专科文科 16 人，理科 5 人）。上半年第 091 次高等教育自学考试报名，本专科共 15 人计 35 科，下半年第 092 次自考报名，本专科 12 人计 31 科，全年共 2 人获得本科毕业证书。

【教育科研】 茸木达小学教研课题《多媒体教育在藏区乡村教育中的重要性》被列为州级重点课题。县中学教研课题《民族地区初中化学复习课的课型与教学实践研究》被列为省级一般课题。

【学校安全】 签订《安全目标责任书》和《社会治安综合治理及平安创建责任书》，实行学校安全工作责任化管理。加强学校安全检查保卫工作，对保卫人员不定期进行思想教育和工作要求，制订轮班值勤制度。加强校舍安全管理，定期、不定期对学校校舍进行排查，发现隐患及时排除，设立安全检查台账。加强饮食卫生检查，做好防疫工作。加强用电用火管理，配备、更换消防器材和应急照明灯。加强校园周边环境综合治理，设立“警校共育”办公室，加强校警联系，清理整顿校园周边环境。

【教育督导】 以科学发展观为指导，贯彻教育督导工作会议精神，坚持“督政为重，督学为本”原则，履行教育督导“监督、检查、评估、指导”职能，对全县各中小学和幼儿园进行督导检查。每月督查各校实到学生情况，形成对全县“控辍保学”长期督查机制，开展全县“两基”自查验收工作。

（负责人　侯治刚　　撰稿人　魏召军）

壤塘县中学

【领导名录】

校　长　　华永军

副校长　　李远忠

【概况】 学校围绕“内抓质量、外树形象，保二争一创一流”的办学目标，全面贯彻教育方针，以办人民满意教育为宗旨，坚持以人为本，因材施教，发挥教师特点，发展学生特长。春季，学校开设 25 个教学班（本部 15 个），在校学生 903 人（本部 505 人），高中 66 人。秋季，学校开设 24 个教学班（本部 14 个），在校学生 832 人（本部 449 人），高中 69 人。

【教育教学工作】 按照《壤塘县关于加强教育管理提高教学质量的实施办法（试行）》文件精神，以提高教学质量为主要任务，抓好教学常规管理工作，保证教育教学工作正常进行。严格执行教学计划，从备课、课堂教学、考核、辅导、评价多方入手，全面提高教学质量。加强教学常规管理与考核，把教师教学工作“六认真”作为对教师年终考核评优工作重要依据之一，实施《壤塘县中学教师绩效工资分配方案》，调动教师积极性；加强对学生爱国主义教育和文明行为习惯养成教育，开展廉政文化进校园活动；强化德育教育，改进德育工作。组织教职工篮球活动，组织全校师生开展感恩歌曲大家唱活动。全校129名初中学生、26名高中学生顺利完成学习任务毕业，其中11人考上大学。

【教研工作】　规范教研活动开展，强化和规范备课，实行月考制，加强各学科单元检测，规范学生作业批改，注重实效。各教研组每学期至少主持参加一次教研活动，进行公开课并及时进行评课，同科教师课后认真研讨，交流教学体会。专任教师1年至少听课25节，搞好业务学习和继续教育学习，组织教师参加省、州、县举办的各种培训；做好专题教研，按计划进行研究，撰写教学论文；开展读书学习活动，加强业务理论学习，提高科研理论水平，每位教师每学年学习1本教育理论专著，并写出读书笔记。

【教改工作】　开展使用多媒体上课活动，引导教师运用现代教育理论指导教学实践。高中继续实行新课程改革。

【办学体制】　学校实行藏汉双语一类、二类模式教学，开设藏语文、藏数学、藏物理、藏化学、藏政治、藏历史、藏地理、藏生物和英语、语文、数学、政治、历史、地理、物理、化学、生物、微机、音乐、体育、活动、劳动技术等学科。

【师资与基础设施】　春季，学校在册教职工66人（专任教师55人、工勤人员11人），其中中学高级职称教师6人，中级职称教师23人，研究生学历1人，本科学历33人，专科学历21人。秋季，学校在册教职工68人（专任教师59人、工勤人员9人），其中中学高级职称教师6人，中级职称教师23人，研究生学历1人，本科学历33人，专科学历25人。6月在原教师宿舍旧楼位置开工建设壤塘县藏文中学高中部教学楼。

【普通高校录取】　壤塘县中学本科三批次录取1人，专科二批次录取9人，藏区“1+2”录取1人。

【安全、后勤工作】　落实安全工作，与教师签订《壤塘县中学社会治安综合治理责任书》、《壤塘县中学安全维稳工作责任书》，与各班主任签订《学生安全工作责任书》，与县安办、壤柯镇政府、县教育局等也签订相应的责任书。聘请学校法制副校长开展法制讲座。安排全校教职工进行24小时轮流值班，加强外来人员登记和门卫制度，实行安全日报和报平安制度。结合全国“城乡环境综合整治”工作，开展校园周边环境整治活动，安排人员不定期对学校及周边环境进行安全隐患排查，发现问题及时上报。落实消防安全、食品卫生安全。接受“世界援助基金会”、“中央彩票公益助学金”、“利乐爱心助学”、县总工会教育“金秋助学”援助，后勤部门合理使用各种助学金，尤其是易地育人资金。

（负责人　华永军　　撰稿人　田德胜）

壤塘县城关小学

【领导名录】

校　长　　色　准

副校长　　陈　勇

　　　　　杨汉森

【概况】　学校创办于1960年，位于壤塘县城东罗吾塘中街160号，占地面积5500平方米，校舍面积11113平方米。学校有18个教学班，在校生758名，教职员工65人，寄宿制管理人员5人（其中学生炊事员3人，寄宿制学生生活管理员2人）。学校有36套学生宿舍，容纳学生300余人。为实施双语教学的需要，配备500余册民族文字图书和资料。学生参加各类竞赛，获国家、省、州、县级奖励300余人次。学校先后获得“阿坝州寄宿制学校标准（规范）化管理示范校”、州“德育工作先进集体”、州“三类小学教育教学质量一等奖”等荣誉。

【教育教学工作】　按照国家课程计划，开齐课程，开足课时。按照课改课程安排，保证体育、艺术、实验等课程正常开展。加强常规教学管理，重点加强计划、实施、检查、总结方面的管理，要求教师严格执行教学“六认真”，执行教研室有关教学管理的规范，强化毕业班教学工作，采取定目标、签责任书、制定专项奖惩制度等办法，使毕业班工作扎实有效推进。要求班主任有班主任工作笔记、家访记录、辅导员要有队会记录，家访记录，每位老师必须具备辅差记录。

【教研教改工作】　开展教研活动，组织教师进行新课程实验，校本课题研究。通过示范课、观摩课、公开课、课改课，促进教师整体教学水平不断提高。采取“一对一”或“一对二”结对等形式，抓好学校教师内部老、中、青“传、帮、带”工作。与教师签订《教学目标责任书》，对教师进行“六认真”检查，并记录在册。每周五下午开展教研活动，组织教师进行课题申报工作。

【师资队伍】　学校有专职教师59人，高级职称2人，中级职称31人，初级职称26人。本科学历12人，大专学历45人，中专学历2人。

【德育工作】　以思想品德课为中心，发挥学生主体性，培养小学生道德标准，提高学生道德水平。坚持实行以“播种行为，收获习惯；播种习惯，收获性格；播种性格，收获命运”为主旨的行为养成教育理念，开展升旗仪式和国旗下的讲演，培养学生良好行为习惯。加强爱国主义教育，组织学习《小学生守则》、《小学生日常行为规范》，以及一些简单的法律法规、交通知识、卫生知识。开展“一日常规”、“礼仪常规”、“双同、感恩报国”、课堂主渠道学法及课外活动。

【小升初录取】　壤塘县中学录取32人，内地中学录取12人，州内中学录取37人。

【安全、后勤工作】　以安全工作为重点，完善管理机制和规章制度。实行班主任负责制度，落实责任到人、到岗，完善安全管理责任。坚持预防为主、突出重点、综合治理工作方法，把学校安全工作做深、做实、做细。加强校生管理工作，教育学生养成良好卫生习惯。对学生食堂实行分管领导负责制，不定期进行检查，建立食品购买台账和凭证。做好食品安全卫生工作，坚持食品留样制度，对存在问题及时处理和限期整改。加强门卫管理并实行24小时值班制度，加强校园及周边环境安全巡查。加强卫生防疫工作，建立领导小组，落实检查制度。做好常见病、传染病防治工作，保障全体师生人身安全。

（负责人　色准　　撰写人　仁真陈勤）

机关幼儿园

【领导名录】

园　长　　汪晓燕（1 月起）

副园长　　王　艳（1 月起）

【教育教学工作】　加强科学管理，促办园水平提高；加强安全管理，把安全工作列入议事日程；加强半托工作管理，做好幼儿住宿、饮食、安全、卫生等方面管理，特别是加强幼儿午睡值班管理，制定午睡教师值班工作轮流制度；创设与幼儿教育相适应的良好环境，创设走廊文化，根据季节及节日要求及时更换；加强幼儿园与家庭联系，共同为幼儿发展创造良好条件，做到资源共享，家园共育。

【教研工作】　以专题研讨为切入点，转变教师教育观念，开展园内观摩活动，针对教师听、评课能力进行专项研讨并利用学前教育网创建与“评课”相关的专题论坛内容。以教研组主题活动为契机，创造自主空间，以年龄段年级组为教研小组，开展形式主题性教研活动：小班组结合“六一”开展亲子游戏活动；中班组开展我爱我家活动；大班组开展感恩歌曲大家唱活动；学前组利用国庆主题活动开展手工、绘画作品活动。拓展家长工作思路，开展家长培训及互动活动，尝试家园共育有效途径，不断提高办园质量。

【教改工作】　以“打造一批由经验型、传统型教师转变成学习型、发展型教师”为重点，培养一批学科带头人和骨干教师，提高全园教师整体素质。牢固树立“以促进儿童发展为本”教育理念，建立有利于幼儿发展的教学过程性评价机制，优化幼儿一日保教活动流程，提高每一环节教学活动价值。开展以游戏为幼儿基本活动的教改工作，以课程论、儿童心理发展理论、游戏理论为基石，围绕以幼儿游戏为主线来研究幼儿园管理、培养目标、教育形式、内容方法及评价，促进幼儿身心和谐、全面发展。

【文艺活动】　组织各种比赛活动，让幼儿在活动中提高各种能力，举办庆“六一”文艺演出；结合节日组织各班开展庆祝“六一”主题教育活动；举行“爱祖国、爱家乡”主题活动，每周一升国旗唱《国歌》，学唱歌曲《国旗真美丽》等；组织幼儿参加“第三届中小学艺术节”，参赛舞蹈《大中华》荣获第三届中小学艺术节幼儿组一等奖，组织的大型开幕式舞蹈《红红的中国结》荣获组织奖，参展的幼儿美术作品《美丽的公园》荣获第三届中小学艺术节学生组三等奖。

【师资队伍建设】　加强教师思想政治教育和职业道德教育，确定每周五召开全体教师会，开展“假如我是妈妈”教育活动，提高教师对幼儿教育工作认识。加强教师教育理论学习，树立正确教育观，每周五为业务学习时间，老师们互相探讨，提高教育水平。加强教师技能技巧训练，提高教师业务能力，进行技能技巧分项过关考核及计算机能力考核。坚持以德为首，制定园德育目标及日常工作教师行为规范，提高教师职业道德行为，由他律转为自律。师资队伍建设形成以园长为总体责任人，业务园长为第一责任人，各班班主任为具体责任人的分层负责制。开展骨干教师与新教师结对带教活动，将新教师成长与指导老师的考核成绩相挂钩，形成新教师培养捆绑考核制。幼儿园现有在编教师 34 人，其中高级专业技术职称2人，中级12人，初级15人。学历结构为本科5人，大专26人，中专3人。年龄结构为35岁以下17人，36岁以上17人。教龄结构为21～30年13人，11～20年9人，6～10年10人，5年以内2人。教师专业构成为小教专业21人，幼教专业8人。

【基础设施】 现有教学楼一幢，宿舍楼一幢（2008年地震后鉴定为D级危房）。

（负责人 汪晓燕　　撰稿人 袁凤莲）

科学技术

KE XUE JI SHU

科　　技

【领导名录】

局　长　　钟世贵

副局长　　王守华

　　　　　机　琼

【知识产权】　2月21—27日，开展“保护知识产权，整顿市场经济秩序”主题知识产权保护宣传活动。活动发放宣传资料650份，咨询165人次，悬挂横幅1条。

【药材基地建设】　南木达、尕多、蒲西等8个重点乡（镇）推广中药材种植示范工作。科技局利用县内现有野生药材优势，采取规划种植、野生抚育方式，加强汉藏药材建设，完成人工种植示范基地192.67公顷，野生抚育97.33公顷（其中秦艽283.4公顷，大黄种苗示范基地6.67公顷）。超量完成年初县委、县政府下达的286.73公顷中药材种植任务；在上寨大伊里村种植大黄16.67公顷。5月16日，县科技局负责人到蒲西乡检查指导中药材育苗和种植推广工作。8月9日，县科技局负责人带领相关部门工作人员到南木达乡、尕多乡，实地调研秦艽、大黄、羌活中药材长势情况。8月23日，县委常委、副县长古熙在县长助理周军海及县科技局、县文体局负责人的陪同下，到南木达乡、尕多乡，实地调研中药材基地长势情况。9月16日，在蒲西乡大伊里村开展中药材示范户集中培训，现场对农户进行中药材栽植技术指导，收到良好效果。

【科普工作】　2010年，农民工实用技术培训2020人，培育新型农民骨干50人；发放资料7000份、播放录音20盘、播放实用技术光盘7个种类，悬挂横幅3幅，科普画册300套、宣传挂图200幅，现场咨询2000人。

（负责人　钟世贵　　撰稿人　茸波）

防震减灾

【领导名录】

局　长　　陈　刚（副科级）

【数字地震记录】　数字地震观测仪器工作正常，记录精确度高，连续运转率达99.9%以上，少数时间数据传送滞后是因为光纤损坏所一致。

【地震分析预报】　全年开展震情会商48次，月会商12次，填写地震预报登记表共48份，其中周报48份，月报12份；编写《地震动态》12期、跟踪监测报告11次、短临跟踪简报8期。完成半年年度和年度地震趋势会商报告及震情强化短临跟踪工作总结编写。

【设施设备】　壤塘县防震减灾局现有综合办公楼一座，数字化传输数据仪器一套，办公电脑6台。

【监测预报】　对县境内动物、植物形展宏观震情强化跟踪；1月1日至10月31日，未发现宏观异常情况；11月1日至12月31日也未发现宏观异常情况。

【短临跟踪】　形展全年防震减灾短临跟踪工作，对县境内动物、植物宏观震情强化跟踪，未发现宏观异常情况。

【有感地震】 全年测量到有感地震1次，发生时间为：北京时间12月1日20时42分19.7秒，在四川壤塘、青海斑马（北纬32.6，东经100.9）发生2.3级地震。

【地震灾害】 全年壤塘县境内未发生地震灾害。

【地震宣传】 5月12日，开展《中华人民共和国防震减灾法》、唐山大地震、“5·12”汶川特大地震纪念日、第二个国家防震减灾日宣传及其相关法律法规宣传工作，制作横幅1幅、展板3张、悬挂农村民房抗震知识挂图22张；发放《农村居民抗震常识》（读本）530册、《救灾科普知识》（读本）370册、《地震灾后实用科普知识》（手册）180册、地震应急避险要诀（连环画）270张、防震减灾知识（报刊）180张、《中华人民共和国防震减灾法》50册；防震减灾咨询达200人次。

5月25日至6月17日，根据县委、县政府相关文件精神，结合单位实际情况开展“五五”普法活动，宣传期间，发放宣传资料300份，悬挂横幅1副，播放影视资料27小时。

7月28日上午，纪念“7·28”唐山大地震34周年，全体职工在县城开展深切缅怀“7·28”唐山大地震遇难同胞，关注建筑安全、远离地震灾害主题防震减灾科普知识宣传。

8月16日上午，纪念“8·16”松平地震，全体职工在县城开展以深切缅怀“8·16”松平地震遇难同胞、关注建筑安全、远离地震灾害为主题的防震减灾科普知识宣传。

12月5日，开展《防震减灾法》和相关法律法规及科普知识宣传，宣传过程中，发放宣传资料270份，悬挂横幅1副，播放影视资料6小时。

【农村房屋抗震设防工程】 配合其他相关部门到11个乡、22个村、27个牧民定居点，开展工程抗震设防建设指导工作。

技术人员在施工现场对工程设计图纸、抗震设防和钢筋的位置的设置进行现场指导，要求在建设过程中注意屋顶的重量和房屋框架结构钢筋数量；同时要求水泥标号一定要达标。

开展抗震设防指导宣传工作，把业务骨干（技术人员）指派到各个牧民定居点开展宣传，用双语对广大农牧民进行讲解，悬挂宣传标语1幅，展出农村居民抗震常识展板4张，悬挂农村居民抗震常识挂图1套，印制发放各种宣传资料1200份，咨询人数达1000人次。

【基础设施建设】 2010年5月8日，壤塘县防震减灾局地震观测环境改造工程正式动工。

（负责人 陈刚 撰稿人 张雪翀）

气 象

【领导名录】

局 长 曾德科（8月止）

副局长 王 勇（8月起主持工作）

【天气气候综述】 全年气温与常年比较偏高0.9℃，年总降水量少2%，年总日照时数少5%，灾害性天气不明显，属正常年份。

气温年平均气温为5.7℃，与常年气温值比较高0.9℃；年极端最高气温为29.4℃，年极端最低气温为-20.3℃。

降水量年总降水量为740.3毫米；年最长连续降水日数为17天，出现在6月18日至7月4日，降水量为113.4毫米，占全年降水量的15%；全年一日最大降水量为40.8毫米，出现在7月7日；年最长连续无降水日期为25

天，出现在1月6日至1月30日。

蒸发量年蒸发总量为1290.0毫米。

日照年总日照时数为1832.6小时，与常年日照数值比较偏少5%。

空气湿度年平均空气相对湿度为58%，年最小空气相对湿度为4%。

【气候事件】　年内虽有大雪、寒潮、冰雹、大风等灾害性天气出现，但影响不大，无明显灾情；全年未出现暴雨天气过程，无洪涝灾害及干旱发生，同时未出现重大灾害性气候事件。

【气象测报工作】　开展自动站与人工站观测接轨工作。在上级业务主管部门指导下，各项业务运行正常，全年地面气象探测业务质量保持在99%以上，杜绝各类重大责任性事故发生。

【气象预报与服务】　年内主要完成短期天气预报、中长期天气预报（春播预报、汛期（5—9月）预报等）、重要天气预报以及决策气象服务等内容，以MICAPS（气象信息综合分析处理系统）为技术支持，结合上级部门指导，进行实时天气气候状况分析、研究。建立健全气象短信服务平台，完善乡镇气象信息员组建工作。

按照省局、州局下达的有关汛期气象服务工作要求，认真开展基础业务学习讨论会，加强职工业务操作水平，逐步提高气象预报能力和准确率，进一步完善汛期业务值守班制度，加强应急值守能力，为汛期气象服务工作奠定稳固基础。同时，继续开展公众气象服务、决策气象服务以及专业与专项气象服务等工作，取得良好成绩。

【气象科普宣传】　在“3·23”世界气象日、科普宣传月、安全生产宣传月，开展气象灾害、防灾减灾等专业知识科普宣传。

【人影及防雷工作】　结合天气气候实际状况，正常开展人工增雨、人工防雹等人工影响天气作业。

防雷工作始终按照上级业务主管部门及相关文件要求，开展进程保持有序化、科学化。

【网络建设】　采用SDH光缆专线方式传输气象资料，升级改造局域网，实现县、州、省SDH光缆传输气象信息。

（负责人　王勇　　撰稿人　张煜斌）

壤塘年鉴

2011

文化体育新闻旅游

WEN HUA TI YU XIN WEN LU YOU

文化体育

【领导名录】

局　长　　泽仁郎加（12 月止）
　　　　　陈昌福（12 月起）
副局长　　雍尚莲
　　　　　甘学志（挂职，5 月起）

【文化市场】　加强文化法制宣传，维护社会稳定。3 月，开展法律、法规及部门法律宣传活动，发放宣传资料 60 余份，播放录音带 2 盘。联合公安、工商、安监、教育等单位对城关地区网吧、打字复印、影碟出租店、茶楼、学校和宾馆等公共人员密集场所进行安全大检查，通过每月 4 次检查，规范文化经营秩序。开展扫黄打非工作，严密封堵查缴政治性非法出版物，维护国家政治安全和社会稳定。9 月，联合宣传、公安、工商等部门到南木达、杜柯、上寨片区各商铺进行联合检查。

【社会文化】　配合县委、县政府开展“文化三下乡”活动，制作成果展展板 24 张，图片 300 余张。建立 29 个村农家书屋，完成 7 个乡文化站建设，为壤古等 7 个精品旅游村配置发放价值 21 万元的音箱设施设备。10 月，根据阿州新闻出版局关于转发《2008—2010 年全国娱乐场所阳光工程实施方案的通知》精神，对《娱乐场所管理条例》、《著作权集中管理条例》等法律法规知识进行宣传。协助教育局举办壤塘县第三届中小学生艺术节。成功举办感恩歌曲大家唱比赛。做好“十二五”期间文化产业园区等十四项重点项目申报。参加十一届中国西部国际博览会，展出觉囊文化产业园区、石刻、藏戏等 10 余种类型相关资料、图片 3000 余份。

【文物保护】　完成国家级文物保护单位棒托寺、错尔基寺维修规划设计工作，争取维修资金 400 余万元。为州级文物保护单位西穷寺争取维修资金 20 万元。

【社会体育】　5 月，组队参加阿坝州三人篮球赛获得第四名。围绕“全民健身与奥运同行”主题，开展群众性体育活动，6 月 6 日，举行全民健身日棋牌比赛活动，开展全民健身活动。派员参加省举办的社会指导员培训，取得一级社会体育指导员证书，培养县级三级社会指导员 37 名。协助桥牌、象棋等协会开展工作。开展业余体育训练工作，为备战省民运会向阿坝州摔跤队输送人才两名。选派人员参加四川省第十三届民族运动会观摩和裁判工作，文体局 1 名职工获得体育道德裁判员称号。完成全县室内全民健身活动中心前期勘测、科研工作。开展“十二五”期间全县体育馆等 8 项重点项目申报工作。

（负责人　陈昌福　　撰稿人　瓦西里）

档　　案

【领导名录】

局　长　　龙　勇
副局长　　祁文忠
　　　　　高兴红

【依法治档】　对全县各全宗单位进行检查，制发《关于加强各类建设项目档案管理工作的通知》。

【规范化管理】 加强机关、事业单位档案工作规范化建设，实现规范化管理，通过考评认定县教育局达到省二级标准，县林改办达到省二级标准，县文体局达到省三级标准；经州档案局验收县法院达到省一级标准。

【档案接收利用】 全年接收县教育局1983—1999年文书档案138卷；县文体局1971—2004年文书档案97卷；县稽征所2009年文书档案84卷、140件，交通归费档案501袋、包缴合同29盒、会计年报表15盒、会计凭证270盒、会计账本87本、征收台账59本、执法档案12盒。全年提供档案利用1080人次，1820卷次。

【业务指导】 对县法院、县林改办、县科协、县科委、县农业水利局、县地税局进行业务指导。

（负责人 龙勇 撰稿人 余杰彪）

地方志

【领导名录】

办公室主任 程春林（1月止）
魏 忠（1月起）
办公室副主任 罗 黎
袁熙虔（11月起）

【修志工作】 全年，县志办紧紧围绕新一轮县志续修这项重点业务工作，依照《〈壤塘县志〉（1991—2005）编纂方案》要求，按阶段全力推进县志续修。认真开展第二轮县志续修督促指导工作。加强对各承编单位编修业务的工作指导，对来人来电咨询业务的部门细心解答，全力为县志续修工作搞好服务。对各部门上交的各部门志初稿认真审阅，对每个部门所提交材料提出书面反馈意见。

认真开展《壤塘县志》（1991—2005）初稿的分纂工作。在县委、县政府领导高度重视下，各乡镇、部门积极配合县志续修工作，并及时提供、补充相关资料。《壤塘县志》（1991—2005）编辑室在任务分工的基础上，相互配合、努力做好续修县志的分纂工作。本着依法修志的原则，根据县志内容需要，县志办将47个单位和部门需补充相关资料的补充函于8月23日发到各单位，并及时归总、充实相关篇章内容。9月底，编辑室基本完成分纂任务。10月21日，壤塘县县志、档案工作会召开，会上县委、县政府领导对于修志工作的重要性做了更进一步的强调，并指示各部门要加强领导，明确职责，按照县志办的工作安排，密切配合，全面完成第二轮修志工作。此次会议有力地促进了壤塘县志续修工作的顺利推进、开展。

11月6日，《壤塘县志》（1991—2005）编辑室赴成都对续修县志初次排版，在初排过程中认真校对和调整相关结构；继25日再赴成都正式排版，并制作出志书复审稿25本，在对复审稿最后校对和修改后报县编纂委员会复审。于27日将送审稿报送到州志办审稿领导小组审查。

完成《阿坝州志》中涉及壤塘县基本情况的资料审核，准时按要求上报州志办。

【年鉴编纂】 完成《阿坝州年鉴》（2010卷）壤塘县概况资料收集与撰稿，资料编写近2万字。开展《壤塘县年鉴》（2010卷）的编修工作。

【县域经济编修】 为提升四川省县域经济的整体形象和对外影响，根据县委、县政府工作安排，完成《四川当代县域经济·壤塘篇》5

万余字的编修工作。

（负责人　魏忠　　撰稿人　唐琼）

广播电视

【领导名录】

局　长　　建　设
副局长　　肖忠兴
　　　　　何　其

【概况】　人员编制21人，在职人员17人，退休人员7人。县电视台1座，有线电视光纤干线7.2千米，转播有线电视节目40套。调频广播台1座，发射功率共计700w，转播调频广播节目3套。中央农村无线覆盖工程发射台1座，电视发射机4台（300瓦2台，100瓦2台），转播开路发射节目4套。电视覆盖率90%，广播覆盖率80%，有线电视入网1224户。

【集中宣传】　以邓小平理论和“三个代表”重要思想为指导，围绕“抓机遇，强基础，调结构，立支柱，促发展；抓扶贫，重民生，兴教育，保稳定，树新风”发展思路，宣传党的路线、方针、政策和国家法律法规；宣传建设“生态壤塘、魅力壤塘、开放壤塘、平安壤塘、和谐壤塘”各项工作中的新举措、新办法。

【内宣工作】　在《壤塘新闻》中开办《温暖过冬快乐过年》、《维护社会稳定创建平安壤塘》、《环境整治在行动》、《牧民定居再掀热潮》、《三百示范工程》等专栏，重点反映壤塘县社会和经济发展所取得的成绩。制作专题片8组，其中《党恩润泽民心历史见证巨变》、《高原灵秀之城魅力壤巴拉塘》、《打造精品旅游村寨谱写富民惠民新歌》、《走幸福和谐华章展藏家村寨新颜》4组为全面反映全县实施牧民定居和“三百”示范工程以来，农牧民群众安居乐业幸福生活，专题片被全部刻录成光碟。

【外宣工作】　州台采用115条新闻，四川卫视采用6条，四川康巴卫视采用1条。

【节目创优】　参加全州优秀广播电视节目评选，参选作品《雪域骄子——青春榜样》和《雪域骄子——敢做善诚的好书记德灯》分别荣获广播社教专题类优秀奖和提名奖；《壤古村的看变》荣获电视新闻类（长消息）优秀奖，《阳光下的热土》荣获电视新闻类（长消息）提名奖。《雪域骄子——青春榜样》被州局选送到省局参加全省优秀广播电视节目评选。

【事业建设】　投资40万元，新增1套非线性编辑系统，1套媒资管理系统，3部摄像机和1台电脑。完成可尔因至团结桥全州有线电视干线网络建设可行性论证。完成4500套广播电视“村村通”卫星直播设备发放、安装、调试工作。

【行业管理】　与县公安局、县国安局、县工商局等相关部门联合执法，对破坏广播电视线路设施、偷接有线电视信号、私自安装境外卫星天线等不法行为进行查处打击，确保网络安全运行和广播电视设施的安全。按照境外卫视节目传输秩序管理，未转播境外节目。全年进行两次对互联网等信息网络传播视听节目检查，上报处理结果，通过检查确认全县没有制作传送网络视听节目企业。

【电影放映】 全县11个乡镇60个行政村，6名放映员，全年共计放映1000场电影。放映员巴尔登被评为全州农村电影“2131工程”先进个人。

（负责人 建设 撰稿人 都灵君）

五四八台

【领导名录】

台 长 赵凯峰

【安全播出工作】 以“三个代表”重要思想和党的“十七大”精神为指导，落实科学发展观，保证“元旦”、“春节”、“两会”、“五一”、“十一”、“亚运会”、“甘孜州60年大庆”等重要播出时段的播出任务。中央一套安全播出8438.5小时，四川一套安全播出7104小时，停播率“0”秒，杜绝一切政治事故和责任事故发生。甘孜州60年大庆期间，加强维护稳定工作，台内根据壤塘县委、县政府文件精神，要求全台职工坚定政治立场，统一思想，认清形势，坚决反对一切分裂破坏活动及境内外一切敌对势力，坚决维护祖国统一，维护民族团结，维护社会稳定。

（负责人 赵凯峰 撰稿人 杨勇超）

旅 游

【领导名录】

局 长 甘崇山

副局长 王 成

刘艳敏（1月起）

【概况】 全县累计接待游客15.4万人次，实现旅游收入9844.7万元。期间：元旦接待游客109人次，实现旅游收入6.58万元；春节接待游客194人次，实现旅游收入11.71万元；清明接待游客120人次，实现旅游收入7.92万元；“五一”接待游客1013人次，实现旅游收入65.85万元；国庆“黄金周”接待游客4858人次，实现旅游收入310.91万元。游客主要以自驾、朝佛、过境游、外来务工为主。

【总体规划工作】 聘请四川旅游规划设计研究院和四川城镇规划设计研究院有限公司分别编制中壤塘乡、南木达乡旅游集镇《总体规划》、《修建性详细规划》，壤塘村、伊根门多村、南木达村、大伊里村、壤古村（克久）精品旅游村寨《修建性详细规划》，《壤塘县精品旅游村寨单体风貌图集》以及《壤塘县精品旅游村寨整体风貌改造图集》等11本规划。制定《壤塘县精品旅游村寨示范工程建设实施方案》、《壤塘县精品旅游村寨示范工程建设项目表》和《壤塘村、依根门多村精品旅游村寨示范工程建设实施方案》。编制《壤塘县旅游产业“十二五”发展规划纲要》。

【旅游精品村寨】 全县5个旅游精品村寨示范工程建设，共投资3792.50万元，完成791户民居外墙粉糊、门窗彩绘、图案装扮和改厨、改厕、改圈、改水；对478户民房实施地砖铺装、室内吊顶和卫生间新建；安装太阳能热水器324台；修建（改造）厕所12座；在村寨内路边房前安装太阳能路灯329盏；新建旅游专用停车场6个。

【宣传促销】 开展壤塘县旅游相关资料收集，报送“阿坝州开放合作网”子网站及新建阿坝旅游网站建设资料和2010年旅游六要素相关资料等，加强对全县旅游资源宣传推介力度。

完成中壤塘觉囊文化中心大型广告牌、中壤塘乡中心广场广告牌、蒲西乡广告牌设计、制作及安装工作。参加“2010中国四川国际文化旅游节”，制定《壤塘县关于参加“2010年中国四川国际文化旅游节”总体方案》，做好展厅装修布置、旅游展品制作及摆放等工作并通过州局检查验收。参加“第十一届中国西部国际旅游博览会”和“首届中国国际自驾游交易博览会”，散发《壤塘旅游》画册、四折页等宣传资料8000余份（册），《财神居住的地方—壤塘》宣传光碟3000多张，展示具有壤塘特色的旅游石刻纪念产品，推介旅游招商引资项目。

【自身建设工作】 坚持政治理论、公民道德和业务知识学习，建立健全各项规章制度，转变工作作风，完善工作方法提高工作实效。开展党风廉政、维稳、安全、消防、综治、普法等工作，提高职工责任和使命感。购买越野型公务用车1辆，提高办事效率。做好单位财务、统计、文秘、档案等基础工作，坚持账目清楚，完成全年工作任务。

【维稳工作】 坚持“稳定压倒一切”方针，深化“稳定是第一责任”政治意识，配合搞好维稳工作，坚持24小时值班制度和领导干部驻村工作。

【帮村工作】 做好帮村工作，制定岗木达村帮村方案，协助乡党委、政府帮助解决农牧民生产、生活中存在的困难，在适龄儿童入学、移民搬迁、牧民新居建设作出积极努力。

【日常事务】 在局机关日常事务工作中，按照规章制度，规范全局招投标、物件采购等行为。强力推行岗位责任制、服务承诺制、限时办结制、首问责任制、失职追究制等制度。简化办事程序，提高办事效率，杜绝推诿扯皮、请客送礼、敷衍塞责等现象。完成壤塘县委深入开展创先争优活动领导小组办公室安排的相关任务及文字上报等工作。

【景区（点）建设】 建设中壤塘觉囊文化中心。确尔基寺、棒托寺石刻大藏经和桑珠罗布林寺等国家级文物保护单位，海子山以及南莫且湿地自然保护区2处风景名胜区，被纳入全州“十一五”藏羌文化风情走廊开发重点项目。建设丁克纳昂（坛城）、财神像、游人中心、艺术表演馆项目，项目总投资2200万元，投资回收期6~7年。在茸木达乡建设厂房、设备生产壤塘石刻旅游产品，项目总投资300万元。

【旅游培训工作】 8月，组织5个精品旅游村寨从业人员20名，在中壤塘举行精品旅游村寨从业培训。

【旅游市场整治】 坚持“安全第一，综合治理，预防为主”的方针，增强旅游安全意识，做好旅游安全工作。制定《“2010全国旅游服务质量提升年”壤塘活动方案》、《“品质旅游，伴你远行”旅游公益宣传活动实施方案》。开展3月“百日安全生产”、5月旅游行业安全生产大检查、6月“全国安全生产月”宣传教育活动，确保全县旅游工作全面顺利进行，期间无任何旅游投诉和旅游安全事故发生。开展“2010旅游服务质量提升年”第一次旅游市场检查周活动和“五一”、“国庆”节期间涉旅企业食品安全检查等活动，联合公安、工商、卫生、质监等部门组成旅游市场专项组对全县旅游宾馆、饭店、购物点和中壤塘觉囊文化中心等重要景区（点）开展联合大检查活动。

【旅游黄金周】 全县实现旅游收入 9844.7 万元人民币，同比增长 100%。其中“元旦”期间实现旅游收入 6.58 万元人民币；“春节”期间实现旅游收入 11.71 万元人民币；“五一”黄金周期间实现旅游收入 65.85 万元人民币；“十一”国庆黄金周期间实现旅游收入 310.91 万元人民币。

【旅游文化节】 8 月 8 日，壤塘县人们到林边河畔或草地，搭帐篷，欢度“壤巴拉”节祈祷幸福昌盛，六畜兴旺。

（负责人 甘崇山 撰稿人 刘艳敏）

卫生

WEI SHENG

卫　　生

【领导名录】

局　长	王仕权
党组书记、副局长	廖信勇
副局长	贺文洪

【概况】　全县有县级医疗卫生单位6个（县人民医院、县妇幼保健站、县疾病预防控制中心、县卫生执法监督所、县新合办、县藏医院），乡（中心）卫生院12个，拥有村卫生室的行政村60个，拥有村医的行政村60个，具有村医资格证书的60人。全县医疗（卫生）单位职工总数216人，其中卫技人员198人，（副高10人、中级49人、初级74人、未聘65人），工人11人，财会6人。全县每一卫技人员服务半径20平方公里。全县编制病床数114张，其中县医院64张，2个中心卫生院各15张，10个乡卫生院各2张，每千人口拥有病床数3.27张。

【体制改革】　深化医药卫生体制改革工作，成立领导小组，制定《壤塘县关于深化医药卫生体制改革的实施意见》和《壤塘县深化医药体制改革2010年工作重点》。完善新农合医疗制度，参合农牧民30173人，6607户，参合率96.95%，对4267名群众实施补偿，补偿金额329.10万元。

完成县人民医院业务用房和上寨中心卫生院污物处理系统建设任务；重新核定乡镇卫生院事业编制131名，增加47个编制，并建立绩效考核机制；招收1名定向免费医学生；完成4名基层医疗卫生机构在岗人员进行全科医生转岗培训任务；完善三级医院与县级医院长期对口协作关系，派出6人赴三级医院进修学习；招聘2名具有执业资质医师到乡镇卫生院工作；完成乡镇卫生人员在岗培训和村卫生人员培训任务。

【集中采购】　全县所有医疗单位严格执行全省基本药物集中采购配送政策，与省网上公布的药品采购企业签订合同，采购药物。

【公共卫生服务】　完善9类基本公共卫生服务，为城镇职工和农牧民群众建立健康档案，城镇职工建立健康档案的约21%，乡镇约15%。实施重大公共卫生服务项目，对全县8～15岁适龄儿童人数进行乙肝疫苗查漏补种数3742人次，11200针次，发放疫苗13000支、宣传画1350张；完成农村孕产妇住院分娩补助174人；完成对农村育龄妇女免费增补叶酸265人次；实施贫困白内障患者免费复明手术67例；完成100户无害化厕所建设任务。

【地方病防治】　包虫病B超检查9515人，新发现包虫病患者12人，手术治疗1人，全县包虫病患者累计145人，均给予药物治疗。开展广大农牧民的健康教育工作，发放宣传资料3000余份，张贴宣传画100余张。完成全县8个监测点大骨节病病情监测及药物治疗：采集发样50份，采集硒碘盐50份，采集主粮样48份，对大骨节病儿童监测X线摄手片400张，全部报送省疾病预防控制中心，大骨节病人药物治疗10682人。

【妇幼保健工作】　采取“新农合”与“农村孕产妇住院分娩补助”项目资金相结合方式，对全县116名农村住院分娩孕产妇进行补助，补助资金4.62万元，补助率74.8%。免费为121名待孕妇女发放叶酸771瓶。新生儿疾病筛查0人。

【卫生执法监督】　实施现场办公、限时服务、延伸服务，办理餐饮服务许可证和公共场所卫生许可证46个；实行分片管理与交叉监督模式，全县有餐饮业户121家，餐饮业卫生信誉度管理覆盖率、卫生监督公示率达到100%。

【县人民医院和乡镇卫生院】　全年县人民医院收治病人21594人次，其中住院1606人次，手术175台次。乡镇卫生院共收治病人8541人次，住院258人次。

【医政科教】　制定三年人才培养规划。采取村医到中心卫生院跟班学习15天、乡镇医生到县医院跟班学习3个月的方式，对全县60名村医、43名乡镇卫生院医生进行轮训。分别选派已取得医师资格的骨干人才到省州有关医疗机构学习，全年6名检验、影像、妇科专业人员、5名藏医分赴成都和州中藏医院进行专业培训。上半年有57名卫技人员报考初级，6人报考中级，6人报考副高。

【无偿献血】　超额完成阿坝州人民政府下达的70个公民无偿献血任务，全县献血人数130人，其中9人献血达到400毫升，共采血29900毫升。

【环境整治】　配合县城乡环境整治办，加大对全县城乡环境卫生的宣传和督查，全年整治和督查环境卫生20余次。

【行业建设】　加强行业建设工作，推进创先争优活动，卫生系统1个党组，4个支部，40余名党员参加创建先进基层党组织、争当优秀共产党员活动。积极开展推进惩防体系建设和党风廉政建设，医德医风考评和民主评议行风活动。组织开展“医疗安全百日活动、优质护理服务示范工程”活动。

（负责人　王仕权　　撰稿人　杨晓庆）

卫生执法监督

【领导名录】

所　长　　钟荣明

【证件办理】　新办卫生许可证93户，审换证123户，其中食品74户，审换证108户；公共场所19户，审换证15户。

【监督检查】　对全县食品生产经营单位实施监督885户次，监督覆盖率300%以上。对全县公共场所实施监督164户次，合格164户次，监督合格率100%。实施量化分级管理的餐饮业共60户，评定量化分级C级单位共55户。会同质量技术监督局、食品药品监督局、工商等职能部门，12次组织人员（其中执法人员36人次），开展全县餐饮店、学校食堂、建筑工地食堂等单位食品安全专项监督检查行动。

（负责人　钟荣明　　撰稿人　欧贤春）

人事劳动 民政老龄

REN SHI LAO DONG MIN ZHENG LAO LING

人事劳动和社会保障

【领导名录】

局　长	曾庆强
党组书记、副局长	凌莉萍
编办主任、人力资源和社会保障局副局长	李成平
就业局局长	吴庆林
编办副主任	曾　伟
社会保险事业管理局局长	肖　英
医疗保险管理局局长	苏大强
军转办主任	钟　敏

【概述】　为党政机构改革和县乡机构改革作准备，推行国家公务员管理制度，实行适合机关和事业单位各自特点的工资制度，建立正常增资晋级制度。人事劳动和社会保障工作主要包括机构编制管理、人事干部（含公务员、专业技术人员、事业人员和工勤人员）录用与管理、工资福利，退休退职、职称改革管理、社会保险事业管理（包括医疗保险、养老保险、失业保险、工伤保险和生育保险），劳动力就业与再就业管理。

【机构编制】　成立“乡镇就业和社会保障服务中心”，配备编制2名；为公安局增核公安专项编制9名；为检察院增核政法专项编制1名；为计生协会核定事业编制1名；从县内行政编制中调剂6名行政编制给纪检监察机关，同时增加1名行政工勤编制。

【专业技术人才管理】　办理技术工人技术等级考试证书及聘任手续，其中初级职务15人，中级职务32人。经省人力资源和社会保障厅审查，吴刚取得技师职务任职资格。全县副高以上专业技术人才49人，技师以上高技能人才15人。

【工资福利与退休工作】　为2名机关事业单位退休人员办理退休手续，处理7人善后事宜。为631名机关公务员（含参公管理人员）、115名机关工人晋升级别（岗位）工资档次，月增加工资额2.39万元；为55名公务员晋升级别，月增加工资额1396元；为1115名事业单位工作人员正常增加薪级工资，月增加工资额2.65万元。

【劳动检查和劳动争议仲裁工作】　做好企业守法诚信评价工作，10余家企业通过劳动用工年检。7月，到全县各建筑企业开展劳动保障宣传工作。在街道设立宣传咨询台，发放宣传册500余册，张贴标语100条，对咨询者的问题进行详细回答。处理多起农民工上访案件，为农民工讨回工资100余万元。

【人事考试及调配安置】　为全县机关事业单位调配72人次。招聘16名敬老院工作人员。

【公务员管理及人事培训】　安排5名新录用公务员参加州行政学院组织的初任培训。组织参公单位50名工作人员考试。

【招财引智工作】　为全县事业单位招考113名工作人员。

【军转工作】　接受25名自主择业军人。安置3名城镇退伍士兵。

【就业和再就业】　完成创业培训24人、品牌培训50人和农村劳动技能培训65人。完成就业型企业新开发就业岗位吸纳安置50人、城镇新增就业181人和下岗失业人员再就业37人。为164名各类下岗失业人员提供免费职业介绍，免费职业介绍成功86人。为15户下岗失业人员发放个人小额担保贷款30万元。

【医疗保险】 制定《壤塘县医疗保险基金内控制度》、《壤塘县医疗保险稽核制度》。严格按照《社会保险费征缴暂行条例》、《社会保险费申报缴纳管理暂行办法》、《社会保险费征缴监督检查办法》进行医保基金征收和支付管理。接受县人事和劳动保障局基金监督管理科的管理监督，接受县审计局审计监督。10月，进行"城镇居民基本医疗保险专题宣传活动周"，对城镇居民有关政策进行宣传。开展城镇职工基本医疗保险扩面工作，参保职工4856人，其中在职职工2398人、退休职工2458人。征收基本医疗保险统筹基金733.93万元，支出488.37万元。征收个人账户基金203.54万元，支出102.93万元。征收大病补充医疗保险基金22.67万元，支出25.47万元。征收离休干部和二乙伤残军人基金10万元，支出医疗费8.60万元。公务员医疗补助基金征收51.07万元，支付医疗费用补助18.62万元。

【社会保险】 全县城镇基本养老保险参保1990人，其中企业参保905人、机保517人、退休568人。生育保险参保504人。工伤保险参保2360人。为568名离退休人员发放养老金809.34万元，其中"双超人员"335.24万元，代发省管森工养老金43.07万元，支付机关养老金6.59万元。社会保险基金支出827.57万元。落实支持灾后重建缓缴社保政策企业1户，缓缴社保费2.99万元。实现网上办理业务，录入率100%，准确率95%。

【失业保险】 失业保险参保人数1650人，失业保险新增扩面86人，完成54万元失业保险金征缴。发放234人社保补贴77.54万元，发放43人岗位补贴2.58万元。发放21名困难人员社保补贴8.4万元，发放11名解除劳动关系人员失业保险金5.70万元，落实91人税费减免。

【金保工程】 发放新制作的社保卡，实现全州联网刷卡购药及门诊医疗服务。

（负责人　曾庆强　　撰稿人　罗刚）

民　　政

【领导名录】

局　长　　更　单（12月止）
　　　　　周志斌（12月起）
副局长　　吴　俊
　　　　　李总操

【医疗保障】 全年救助城镇医疗955人，发放救助金24.5万元，月人均医疗救助163元；救助农村医疗19945人（其中资助参合11315人），发放救助金440.2万元（其中资助参合资金22.6万元，五保对象183.9万元，低保对象233.7万元），月人均医疗救助225.9元。

【低保工作】 全县享受城乡低保1294户、1499人，发放城市低保金272.3万元，月人均补差153元；全县享受农村低保为6431户、19474人（包括Ⅰ度、Ⅱ度大骨节病人），发放农村居民最低生活保障资金1300.4万元，人均补差68.6元。

【救灾救济】 第一时间深入现场开展查灾核

灾工作，按要求及时上报各类灾情；及时将救灾款物发放到灾民手中，加强救灾款物监督管理，发放各类救灾救济资金160万元。发放流浪乞讨人员生活救助金1200元。

【优抚安置和双拥工作】 发放义务兵家庭优待金1.19万元（其中义务兵家属11户0.9万元，残疾军人优待金0.06万元，其他优抚对象优待金0.15万元，奖励1户立功军人家庭奖金0.08万元）。清明期间，组织全县机关干部、教师、学生、退伍军人和群众共1000余人到烈士碑前献花圈，进行入党宣誓，加强对干部、群众，特别是青少年进行爱国主义教育，激发他们的爱国报国热情；在元月和节假日期间，组织慰问武警中队、武装部、消防大队、驻壤部队，共送去慰问金和慰问品合计1.2万元。

【社会福利】 推进城乡社会福利事业发展，鼓励实行五保集中供养，把符合条件的“五保”供养对象全部纳入供养范围，做到五保供养应保尽保，发放五保供养金481.47万元；完成中壤塘敬老院扩建工程，新增床位50张；社会救助福利服务中心和4个农村敬老院入住五保供养人数663人，供养率27.72%。开展“重生行动”工作，提供2名需做唇腭裂手术的贫困家庭儿童资料上报州局。开展“晚晴行动”工作，46名患白内障老人接受免费手术。

【民政信访工作】 接待群众来访10批次，结案率100%。

【爱心超市】 成立爱心慈善超市，在慈善资金中暂借1万元作为慈善超市流动资金，增添日常生活用品，向城乡低保户、高于低保标准的边缘困难户和因突发事件造成生活困难的其他居民提供低于市场零售价所需的物品。

【婚姻登记】 规范婚姻登记工作，全年办理结婚登记手续148对（结婚85对、补办结婚证52对、协议离婚11对），全县婚姻登记率99%以上，登记合格率100%。

【民间组织登记】 严格审批手续，积极做好民间组织登记工作，登记社会团体15个，无注销登记。

【信息宣传】 刊登阿坝日报信息3期，报送县广播电视剧信息48期。

（负责人 周志斌 撰稿人 刘学）

老 龄

【领导名录】

老龄办主任 更 单

副主任 琼 娜

【贯彻实施《老年法》】 全年办理老年优待证46对。

【老龄宣传】 在法制宣传月和重阳节期间，开展两次老年法律法规宣传。

【慰问】 10月16日，广安市援壤党支部33名援藏干部到县社会救助福利服务中心开展慰问敬老院活动，赠送价值8300元的慰问品。

（负责人 周志斌 撰稿人 刘学）

人口与计划生育

【领导名录】

局 长 秀 娜

副局长　刘小平
　　　　伍成明

【人口和民族】　全县总人口41433人，育龄妇女11058人，已婚育龄妇女6588人。总人口构成中，少数民族占88.2%，藏族人口占87.5%。辖区内面积6863平方公里，辖1个镇、11个乡、60个行政村。

【宣传教育】　开展人口和计划生育公益性宣传，重点对计生政策、法律法规、优生优育、避孕节育、关爱女孩、婚育新风、打击“两非”等进行宣传。对壤柯镇街道、南木达牧民新村街道的人口计生固定宣传画进行维护，利用节假日和重要宣传日开展专项宣传咨询服务活动6次，下乡村宣传54次，发放宣传资料3500余份，群众咨询12000人次。发放人口计生宣传展板12个，挂历500幅，电视宣传6次。到各乡镇召开人口计生座谈会17次，刷写藏汉两文人口计生标语80余幅，悬挂横幅30幅，发放宣传小册子500余本、宣传画360张，中国人口报等宣传报纸杂志1000余份。组织收听计生阳光热线节目，关注国家和省人口计生网站内容。加强网络政务信息建设，在壤塘县政府信息公开网和中国·壤塘网上上传人口计生信息50余期。编发人口计生相关法律法规和小常识，让专干和群众及时了解人口政策和相关知识，宣传面98%以上。

【目标管理】　实行党政一把手亲自抓、负总责的考核制度、工作追究制度和离任评估追踪审计制度，完善党政人口计生目标考核责任制，逐级签订人口和计划生育目标责任书。把人口和计划生育工作目标任务纳入党委、政府综合目标考核，按考核实行奖惩，严格执行计划生育工作“一票否决制”。全年人口自然增长率6.47%，符合政策生育率96.47%，州县人均财政投入9.5元，奖励扶助对象确认误差率0，独生子女父母奖励金兑现率100%。

【工作规范化】　组织县服务站技术人员深入各乡镇开展“三查三送”活动。壤塘县服务站的生殖健康等医疗服务项目，已被批准纳入农村新型合作医疗范围。按照“六个统一”要求，加强药具标准化建设，开展优生促进工程试点工作。

【工程建设】　全县完善1个人口文化中心、6个人口文化大院，各乡镇完善2～3个村计生室。实行“民生普惠计生家庭优先”计划生育利益导向，新农村建设中的各项优惠政策，向计划生育户倾斜。参加歌颂建党89周年文艺汇演活动和建国61周年文艺活动。开展技能培训、学习、竞赛以及岗位示范活动，开展爱岗敬业、职业奉献、投身民生和发展、人口竞赛“巩固省优、争创国优”以及建设和谐发展新壤塘等系列活动。

【财政投入】　建立稳定的财政投入机制，坚持把人口和计划生育工作经费，计生专干、技术服务人员工资，免费技术服务经费等全额纳入财政预算。县财政投入人口和计划生育事业费40万元，人均9.65元。投入资金10万元改造机关办公条件，投入50余万元配备交通工具。全县落实免费技术服务经费，乡村计划生育干部报酬落实率100%。对省州财政拨付的计划生育事业经费，设立专户，做到专款专用。加强社会抚养费清理工作。

【干部培训】　抽派县乡计生干部分别到国家、省、州参加人口计生理论、业务知识和技能培训17人次，举办由乡镇领导和计生专干参加的“全员人口信息建设”和计生统计、流动人口管理、协会工作、优生促进、避孕药具标准化建设、村民自治万村示范活动、基础基础工作等业务基础知识培训 10 次。县人口计生委到乡村开展发药员巡回培训两次，各乡镇相继召开人口和计划生育工作专题会议和村干部、村发药员培训会。抽调计生专干每月轮流到县计生委，开展个人指导和培训，保持电话 24 小时畅通，保证工作持续稳定开展。举办人口计生知识竞赛活动、药具“三基”岗位练兵知识竞赛选拔活动和统计业务技能大练兵活动。在“三基”岗位练兵知识竞赛选拔活动中，职工王君被州人口计生委推选代表全州参加省选拔赛并荣获第二名；在统计业务技能选拔赛活动中，壤塘县获得全州县级比赛第二名和乡镇级比赛第三名。马尔康、若尔盖、金川、阿坝 4 县人口计生委领导分别带委、站职工和专干，相继到壤塘考察学习和交流人口计生优质服务工作。

【标准化建设】 把计划生育药具管理工作纳入全县人口和计划生育工作重要议事日程，做到“五个同步”、“五个纳入”。完善药具管理机构标准化建设领导小组，形成一把手负总责、亲自抓，分管领导具体抓，相关人员经常抓工作格局。投入资金 30 万元，改造县服务站药具办公室和药具库房；配备办公桌椅和文件柜，药具柜、药具展示柜、药具库房药具架、消防等设施设备；为乡镇配备统一的药具柜、药具包等。从计划生育事业经费中解决村、居委会发药员工资报酬，发药员报酬均达 2000 元以上。避孕药具管理，严格按照管理制度，做到有章可循。药具库房按照标准要求，实行“三色”、“五区”色标管理。药具管理领导小组多次到各乡（镇）检查有无过期变质药具，对检查中药具管理工作存在的问题进行及时指导和纠正。对流动人口育龄人员实行同宣传、同管理、同服务，在宾馆、社区、人口文化大院、中心等增设药具服务免费发放网点，并进行公布。无一人发生药具严重不良反应。

【信息化建设】 委派工作人员 6 人参加省州有关人口信息化建设培训学习，举办县人口信息化建设培训，全县计生专干掌握建设人口信息化在线网络数据库各项技能。各乡镇在县计生业务人员指导下，进行系统平台数据补充和完善，6 月初，在全州率先完成 SCPIP 人口信息平台初步建设，同时完成国家 PADIS 平台数据上报、国家区划代码变更等工作，人口计生统计正式全面实行网络化运用和管理。全县完成 41433 个人口基础资料在线网络信息录入和完善，录入非本地统计临时人口 2000 余人。

【人口出生率、死亡率、自然增长率】 全年出生婴儿 425 人，同比增加 107 人。符合政策出生人口 410 人，符合政策生育率 96.47%，比去年同期增加 2.9%。一孩率、二孩率、多孩率分别为：37.40%、33.66%、28.94%。人口出生率为 10.96‰，同比增加 2.06‰，出生婴儿男女性别比为 96：100，婴儿性别比正常。人口自然增长率 6.47‰，同比增加 2.06‰。

【节育措施】 免费开展计划生育手术 638 例，上门咨询 2011 人次，门诊咨询 350 人次，优生检查 103 人次，“三查” 3850 人次，随访 3542 人次，免费发放避孕药具 2036 人次，已婚育龄群众术后随访率 96%，群众对计划生育工作的满意度保持在 91% 以上。全县综合节育率 91%，同比增加 1.78%，其中长效节育率 68.95%，比去年同期减少 0.93%，避孕及时率 99.1%。

【计划生育三结合】 深化计划生育“三结合”，全县帮扶244户，其中新增户44户，联系户70户，帮带户130户，帮扶基地22个。将计划生育家庭中的困难户、独生子女户、符合政策生育的两女户家庭作为帮扶重点，并在村内公示。2010年“三结合”投入资金120万元，主要实施牧民定居行动、“三百示范工程”，大骨节异地搬迁、牧道建设、“9+3”职业教育等惠民工程。

【基层基础工作】 根据州人口计生委《关于加强和规范基层基础工作的通知》文件要求，各乡镇按要求规范完善档案2000余卷。

【流动人口服务与管理】 建立属地管理，实现“同服务、同管理、同宣传”。坚持流入地为主、流出地为辅管理机制，及时为流动人口办证、验证，提供咨询服务。利用人口信息交换平台优势，进行调查、清理、核实，完成《流动人口基本情况统计表》和《计划生育管理服务情况统计表》录入，12个乡（镇）均建立流动人口登记台账，全年流动人口1151名（其中已婚育龄妇女84人），跨省流入人口6人，省内流入人口1145人，其中男性1067人，育龄妇女84人，办证率80%，验证率95%。完成流动人口信息反馈100余条，集中组织外来已婚育龄妇女“三查”服务两次15人，“三查”服务率85%，免费发放避孕药具200余盒。

【三项制度】 落实“三项制度”（农村计划生育家庭奖励扶助制度、“少生快富”和特别扶助）政策，按程序对符合计划生育扶助对象进行PADIS平台录入。成立督查小组，对全年396户（新增14户）计划生育家庭奖励扶助、23户（新增2户）特别扶助对象、13户“少生快富”家庭进行走村入户调查、核实。“奖励扶助”对象396人，兑现奖励扶助资金60元/月/人，共计28.51万元，“少生快富”对象14人，一次性兑现3000元/人，共计4.2万元，特别扶助对象23人，100元/月/人，共计2.76万元，三项制度奖励资金合计为35.47万元。落实独生子女父母奖励制度，兑现独生子女父母奖励41户，奖励资金5544元。

【协会】 落实计划生育协会编制和人员1名。抓好基层协会评估工作，目前全县有50%村协会达到基层协会评估标准，按《章程》开展活动，设置“会员之家”标志牌。在队伍建设上，注意优化会员结构，重点吸收年纪轻、文化程度高、有技术专长、有社会影响、乐于为社会奉献的志愿者加入协会。开展会员活动日，为纪念计划生育协会成立30周年，5月29日开展创先争优活动，在街头开展计划生育法律法规宣传，设立咨询台，开展协会宣传活动。全面启动并开展人口和计划生育基层群众自治万村（居）示范活动。

【村民自治】 调整计划生育村民自治领导小组，由领导小组具体负责，通过召开专题会议、入户发放宣传资料等方式向广大农牧民进行群众宣传，多种形式开展计划生育村民自治活动。依托村（居）民自治组织平台，健全村级计划生育组织体系和工作网络。开展计划生育民主管理和民主监督，实现自我教育、自我服务、自我管理、自我约束。解决村发药员待遇，村级计划生育自治工作经费。坚持和完善协议管理，兑现协议约定的承诺。开展新型生育文化建设，开展上门服务，为群众办理计划生育事务提供方便。

（负责人 秀娜　　撰稿人 刘小平）

附录

FU LU

先进名录

先进集体

获奖单位	获奖名称	颁发单位	表彰时间
壤塘县科技局	“科普宣传先进集体”	州科技局	2010.08
壤塘县科技局	“阿坝州科技、知识产权管理工作二等奖”	州科技局	2010.10
壤塘县科技局	目标考核二等奖	壤塘县委、县政府	2010.12
壤塘县科技局	感恩歌咏大赛中第三名	壤塘县委、县政府	2010.09
壤塘县司法局	2010年全省安置帮教工作先进集体	川综治委安帮办	2010.06
壤塘县司法局	2010年度目标考核二等奖	阿坝州司法局	2011.01
壤塘县司法局公证律师、安置帮教工作	2010年各项业务工作先进单位	阿坝州司法局党组	2011.01
壤塘县司法局	2010年度目标考核二等奖	壤塘县委、县政府	2010.12
壤塘县司法局	综治工作先进单位	壤塘县委、县政府	2010.12
壤塘县司法局	2010年度执行党风廉政建设责任制先进单位三等奖	壤塘县委、县政府	2010.12
壤塘县城关小学	阿坝州寄宿制学校标准（规范）化管理示范校	阿坝州教育局	2010.10
壤塘县城关小学	阿坝州2008—2009学年度三类小学教育教学质量一等奖	阿坝州教育局、州教育督导室、州教育基金会	2010.10
壤塘县城关小学	阿坝州教育系统德育工作先进集体	阿坝州教育局	2010.10
壤塘县城关小学	《抓校本研训 促教育发展》在四川省民族地区校本研修组织与管理经验研究成果评奖中获得三等奖	四川省教育科学研究所	2010.10
壤塘县城关小学	壤塘县2010年度“感恩歌曲”大家唱歌唱比赛一等奖	壤塘县委、县政府	2010.09
壤塘县城关小学	城关小学妇代小组荣获“三八红旗集体”	壤塘县妇女联合会	2010.03
壤塘县城关小学	艺术节：优秀组织奖；舞蹈一、二等奖；课本剧二等奖；唱歌三等奖	壤塘县教育局	2010.06
壤塘县妇联	妇联系统维权工作先进单位	四川省妇联	2010.04
壤塘县妇联	2010年度目标考核一等奖	州妇联	2010.12
壤塘县妇联	2010年目标考核二等奖	壤塘县委、县政府	2010.12
壤塘县中学	“阿坝州2008—2009学年度四类高级中学教育教学质量优胜奖”	阿坝州教育局、阿坝州人民政府教育督导室、阿坝州教育基金会	2010.10

续 表

获奖单位	获奖名称	颁发单位	表彰时间
壤塘县中学	阿坝州中小学教研工作先进单位	阿坝州教育局	2010.10
壤塘县中学	阿坝州教育系统德育工作先进集体	阿坝州教育局	2010.10
壤塘县中学	四川省防震减灾科普示范学校	四川省地震局、四川省教育厅、四川省科学技术协会	2010.12
壤塘县中学	"壤塘县2010年度"感恩歌曲"大家唱歌咏比赛二等奖"	中共壤塘县委壤塘县人民政府	2010.09
壤塘县中学	壤塘县创先争优活动示范党组织	中共壤塘县委	2010.12
壤塘县财政局	企业会计决算三等奖	州财政局	2010.03
壤塘县财政局	财政总决算二等奖	州财政局	2010.03
壤塘县财政局	2010年度目标考核一等奖	壤塘县委、县政府	2010.12
壤塘县财政局	2010年度全县维护社会稳定先进单位	壤塘县委、县政府	2010.12
壤塘县财政局	2010年度执行党风廉政建设现任制先进单位二等奖	壤塘县委、县政府	2010.12
壤塘县财政局	扶贫开发和综合防治大骨节病试点工作先进单位	壤塘县委、县政府	2010.12
壤塘县委政法委	执行2010年度社会治安综合治理工作目标 优秀单位	州委、州政府	2010.12
壤塘县委政法委	2010年先进综治办	州综治委	
壤塘县委政法委	2010年度目标考核一等奖	壤塘县委、县政府	2010.12
壤塘县委政法委	2010年党风廉政建设责任制先进单位二等奖	壤塘县委、县政府	2010.12
壤塘县委政法委	全县维护社会稳定工作 先进单位	壤塘县委、县政府	2010.12
壤塘县委政法委	全县社会治安综合治理工作 先进单位	壤塘县委、县政府	2010.12
壤塘县人武部	演习先进单位	阿坝军分区	2010.05
壤塘县人武部	安全稳定先进单位	阿坝军分区	2010.09
壤塘县教育局	档案工作规范化管理先进单位	四川省档案局	2010.12
壤塘县教育局	2010年度感恩歌曲大家唱比赛三等奖	壤塘县委、县政府	2010.09
壤塘县教育局	2010年度目标考核一等奖	壤塘县委、县政府	2010.12
壤塘县教育局	2008—2010年各类招生考试安全保密、考风考纪目标责任一等奖	阿坝州招生办公室	2010.12
壤塘县妇幼保健站	2009年度妇幼卫生监测质量综合评比三等奖	四川省卫生厅、妇幼保健与社区卫生处、四川省妇幼卫生中心	2010.10
壤塘县城乡规划建设和住房保障局	壤塘2010年度目标考核二等奖	壤塘县委、县政府	2010.12
壤塘县民政局	壤塘2010年度日标考核一等奖	壤塘县委、县政府	2010.12
壤塘县科协	壤塘2010年度目标考核二等奖	壤塘县委、县政府	2010.12
壤塘县科协	2010年度阿坝州科普工作先进集体	阿坝州科学技术协会	2010.12
壤塘县公安局	维稳先进集体	阿坝州公安局	2010.09

续 表

获奖单位	获奖名称	颁发单位	表彰时间
壤塘团县委	阿坝州五四红旗团委	共青团阿坝州委	2010.10
壤塘县中学团委	阿坝州五四红旗团委	共青团阿坝州委	2010.10
壤塘县旅游局团支部	阿坝州五四红旗团支部	共青团阿坝州委	2010.10
壤塘县城关小学团支部	阿坝州五四红旗团支部	共青团阿坝州委	2010.10
中共壤塘县纪委、县监察局	2010 年度党风廉政建设责任制先进单位	中共壤塘县委、壤塘县人民政府	2010.12
中共壤塘县纪委、县监察局	2010 年度目标考核二等奖	壤塘县委、县政府	2010.12
中共壤塘县纪委、县监察局	2010 年度全县维护社会稳定先进单位	壤塘县委、县政府	2010.12
壤塘县旅游局	2010 年度目标考核二等奖	壤塘县委、县政府	2010.12
壤塘县旅游局	2010 年党风廉政建设责任制先进单位三等奖	壤塘县委、县政府	2010.12
壤塘县县检察院	2010 年度全县维护社会稳定工作先进单位	壤塘县委、县政府	2010.12
壤塘县县委办	2010 年目标考核三等奖	壤塘县委、县政府	2010.12
壤塘县县委办	信息报送三等奖	阿坝州州委	2010.03
壤塘县县委办	社会治安综合治理先进单位	州委、州政府	2010.12
壤塘县县委办	城乡环境综合治理先进单位	州委、州政府	2010.12
壤塘县县委办	“三百”示范工程幸福美丽家园三等奖、精品旅游村寨一等奖	州委、州政府	2010.12
壤塘县县委办	扶贫开发和综合防治大骨节病二等奖	州委、州政府	2010.12
壤塘县县委办	综治先进单位	壤塘县委、县政府	2010.12
壤塘县县委办	党风廉政一等奖	壤塘县委、县政府	2010.12
壤塘县县委办	安全生产先进单位	壤塘县委、县政府	2010.12
县委机关一支部	先进党支部	壤塘县委	2010.12
壤塘县粮食局	2010 年度目标考核三等奖	壤塘县委、县政府	2010.12
壤塘县国土资源局	2010 年度目标管理二等奖	壤塘县委、县政府	2010.12
壤塘县国土资源局	2010 年牧民定居行动先进集体	壤塘县委、县政府	2010.12
壤塘县国土资源局	2010 年党风廉政责任制先进单位三等奖	壤塘县委、县政府	2010.12
壤塘县县交通局	2010 年度目标管理一等奖	壤塘县委、县政府	2010.12
壤塘县县交通局	平安单位	壤塘县委、县政府	2010.07
壤塘县佛协	全县维护社会稳定工作先进单位称号	壤塘县委、县政府	2010.12
壤塘县委党校	2010 年度目标管理二等奖	壤塘县委、县政府	2010.12
壤塘县委宣传部	党风廉政二等奖	壤塘县委、县政府	2010.12
壤塘县委宣传部	2010 年度目标管理二等奖	壤塘县委、县政府	2010.12
壤塘县委宣传部	“三百示范”工程先进单位	壤塘县委、县政府	2010.12
壤塘县档案局	2010 目标考核二等奖	壤塘县委、县政府	2010.12

续 表

获奖单位	获奖名称	颁发单位	表彰时间
壤塘县地方税务局	目标考核二等奖	阿坝州地方税务局	2010. 12
壤塘县地方税务局	综合目标考核三等奖	壤塘县委、县政府	2010. 12
壤塘县地方税务局	党风廉政建设三等奖	壤塘县委	2010. 12
壤塘县地方税务局	创先争优先进基层党支部	壤塘创先争优办	2010. 12
壤塘县地方税务局	综治目标考核先进单位	壤塘县委、县政府	2010. 12
壤塘县安监局	2010 年目标考核二等奖	壤塘县委、县政府	2010. 12
壤塘县安监局	2010 年度安全生产先进单位	壤塘县委、县政府	2010. 12
壤塘县安监局	执行县委、县政府 2010 年度社会治安综合治理工作目标	壤塘县委、县政府	2010. 12
壤塘县供销社	2010 年度指导发展农业专业合作经济组织先进单位	四川省供销社	2010. 12
壤塘县供销社	2010 年度目标考核二等奖	壤塘县委、县政府	2010. 12
中共壤塘县委统战部	2010 年执行党风廉政建设责任先进单位三等奖	壤塘县委、县政府	2010. 12
中共壤塘县委统战部	2010 年目标考核二等奖	壤塘县委、县政府	2010. 12
中共壤塘县委统战部	2010 年度全县维护社会稳定工作先进单位	壤塘县委、县政府	2010. 12
壤塘县民族宗教局	2010 年目标考核三等奖	壤塘县委、县政府	2010. 12
壤塘县民族宗教局	2010 年维护社会稳定先进集体	壤塘县委、县政府	2010. 12
壤塘县民族宗教局	2010 年平安单位	壤塘县委、县政府	2010. 07
壤塘县物价局	2010 年目标考核二等奖	壤塘县委、县政府	2010. 12
壤塘县工商行政管理局	全县维护社会稳定工作先进单位	壤塘县委、县政府	2010. 12
壤塘县总工会	2010 年目标考核三等奖	壤塘县委、县政府	2010. 12
壤塘县环境保护局	2010 年目标考核二等奖	壤塘县委、县政府	2010. 12
壤塘县环境保护局	2010 年荣获全县维护社会稳定工作先进单位	壤塘县委、县政府	2010. 12
壤塘县环境保护局	2010 年荣获牧民定居行动计划先进集体	壤塘县委、县政府	2010. 12
壤塘县环境保护局	2010 年荣获党风廉政三等奖	壤塘县委、县政府	2010. 12
壤塘县人事劳动和社会保障局	2010 年目标考核二等奖	壤塘县委、县政府	2010. 12
壤塘县人事劳动和社会保障局	党风廉政建设责任制先进单位二等奖	壤塘县委、县政府	2010. 12
壤塘县人事劳动和社会保障局	社会治安综合治理工作目标先进单位	壤塘县委、县政府	2010. 12
壤塘县人事劳动和社会保障局	安全生产工作目标考核先进集体	壤塘县委、县政府	2010. 12
壤塘县人事劳动和社会保障局	平安单位称号	壤塘县委、县政府	2010. 07
壤塘县人事劳动和社会保障局	社会保险先进单位	壤塘县委、县政府	2010. 12

续 表

获奖单位	获奖名称	颁发单位	表彰时间
壤塘县人事劳动和社会保障局	劳动保障工作目标任务成绩突出单位	阿坝州劳动和社会保障局	2010.12
壤塘县畜牧兽医局	党风廉政建设责任制先进单位三等奖	壤塘县委、县政府	2010.12
壤塘县畜牧兽医局	2010年目标考核二等奖	壤塘县委、县政府	2010.12
壤塘县畜牧兽医局	先进党支部	壤塘县委、县政府	2010.12
壤塘县畜牧兽医局	“感恩歌曲”大家唱歌唱比赛组织奖	壤塘县委、县政府	2010.09
壤塘县广播电影电视局	2010年目标考核二等奖	壤塘县委、县政府	2010.12
壤塘县广播电影电视局	党风廉政建设责任制先进单位三等奖	壤塘县委、县政府	2010.12
壤塘县广播电影电视局	综治先进单位	壤塘县委、县政府	2010.12
壤塘县县林业局	2010年牧民定居行动计划	壤塘县委、县政府	2010.12
壤塘县县林业局	2010年度目标考核二等奖	壤塘县委、县政府	2010.12
壤塘县县林业局	执行县委、县政府2010年度社会治安综合治理工作目标先进单位	壤塘县委、县政府	2010.12
壤塘县卫生局	2010年度目标考核二等奖	壤塘县委、县政府	2010.12
壤塘县卫生局	执行县委、县政府2010年度社会治安综合治理工作目标先进单位	壤塘县委、县政府	2010.12
壤塘县卫生局	扶贫开发和综合防治大骨节病试点工作先进集体	壤塘县委、县政府	2010.12
壤塘县卫生局	“感恩歌曲”大家唱歌唱比赛组织奖	壤塘县委、县政府	2010.09
壤塘县卫生局	妇幼卫生监测质量综合评比三等奖	四川省卫生厅、妇幼保健与社区卫生处、四川省妇幼卫生中心	2010.11
壤塘县农业水务局	2010年度综治先进单位	壤塘县委、县政府	2010.12
壤塘县农业水务局	2010年度安全生产目标管理先进单位	壤塘县委、县政府	2010.12
壤塘县农业水务局	2010年度党风廉政建设责任制先进单位	壤塘县委、县政府	2010.12
壤塘县农业水务局	2010年度先进党支部	壤塘县委组织部	2010.12
壤塘县农业水务局	2010年度目标管理一等奖	壤塘县委、县政府	2010.12
壤塘县农业水务局	全州农机安全监理先进单位	阿坝州农机局	2010.11
壤塘县农业水务局	2010年度农业目标绩效管理工作一等奖	阿坝州农业局	2010.12
武警壤塘县中队	安全工作先进单位	壤塘县委、县政府	2010.12
武警壤塘县中队	安全工作先进单位	武警阿坝支队	2010.12
武警壤塘县中队	基层建设先进中队	武警阿坝支队	2010.12
壤塘县防震减灾局	2010年度目标考核二等奖	壤塘县委、县政府	2010.12
壤塘县防震减灾局	全州防震减灾工作综合评比中荣获地震分析工作奖	阿坝州防震减灾局	2010.12
壤塘县统计局	2010年度目标考核二等奖	壤塘县委、县政府	2010.12

续　表

获奖单位	获奖名称	颁发单位	表彰时间
壤塘县统计局	执行党风廉政建设责任制先进单位考核三等奖	壤塘县委、县政府	2010.12
壤塘县统计局	2010年度全州统计工作考核评比三等奖	阿坝州统计局	2010.12
壤塘县统计局	荣获2010年度省级农村贫困监测调查工作二等奖	四川省统计局办公室	2010.11
壤塘县民族贸易医药有限责任公司	平安单位和平安市场	壤塘县委、县政府	2010.12
壤塘县信访局	维护稳定工作先进单位	壤塘县委、县政府	2010.12
壤塘县发展改革委员会	经济商务先进单位	州委、州政府	2010.09
壤塘县发展改革委员会	县级最佳文明单位	壤塘县委、县政府	2010.10
壤塘县发展改革委员会	“平安单位”称号	壤塘县委、县政府	2010.07
壤塘县发展改革委员会	“党风廉政建设责任制”先进单位	壤塘县委、县政府	2010.12
壤塘县发展改革委员会	“综合治理”先进单位	壤塘县委、县政府	2010.12
壤塘县国税局	优秀基层工会组织	壤塘县总工会	2010.12
壤塘县国税局	2010年度先进党支部	中共壤塘县委	2010.12
农行壤塘县支行	阿坝州集中清理执行积案先进单位	阿坝州集中清理执行积案领导小组	2010.08
农行壤塘县支行	维护社会稳定工作先进单位	壤塘县委、县政府	2010.12
农行壤塘县支行	第一届全国农行文明单位	中国农业银行	2010.07
农行壤塘县支行	“感恩歌曲大家唱”歌唱比赛组织奖	壤塘县委、县政府	2010.09
壤塘县扶贫两资以工代赈办公室	大骨节病先进集体	壤塘县委、县政府	2010.12
壤塘县扶贫两资以工代赈办公室	2010年度目标考核二等奖	壤塘县委、县政府	2010.12
壤塘县史志办	2010年度目标考核三等奖	壤塘县委、县政府	2010.12
壤塘县史志办	“平安单位”称号	壤塘县委、县政府	2010.07
壤塘县史志办	“感恩歌曲大家唱”歌唱比赛组织奖	壤塘县委、县政府	2010.09
壤塘县审计局	审计工作目标考核一等奖	阿坝州审计局	2010.12
壤塘县审计局	审计统计工作一等奖	阿坝州审计局	2010.12
壤塘县审计局	2010年度目标考核一等奖	壤塘县委、县政府	2010.12
壤塘县审计局	牧民定居行动计划工作先进集体	壤塘县委、县政府	2010.12
壤塘县检察院	2010年度全县维护社会稳定工作先进单	壤塘县委、县政府	2010.12
壤塘县森林公安局	2010年目标考核二等奖	壤塘县委、县政府	2010.12
壤塘县森林公安局	2010年度社会治安综合治理工作目标先进单位	壤塘县委、县政府	2010.12
壤塘县森林公安局	集体嘉奖一次	四川省森林公安局	2010.08

续　表

获奖单位	获奖名称	颁发单位	表彰时间
中共壤塘县委政法委	执行2010年度社会治安综合治理工作目标 优秀单位	阿坝州委、州政府	2010.12
中共壤塘县委政法委	2010年先进综治办	阿坝州综治委	2010.12
中共壤塘县委政法委	2010年度目标考核一等奖	壤塘县委、县政府	2010.12
中共壤塘县委政法委	2010年党风廉政建设责任制先进单位二等奖	壤塘县委、县政府	2010.12
中共壤塘县委政法委	全县维护社会稳定工作 先进单位	壤塘县委、县政府	2010.12
中共壤塘县委政法委	全县社会治安综合治理工作 先进单位	壤塘县委、县政府	2010.12
中共壤塘县纪委、县监察局	2010年度党风廉政建设责任制先进单位	壤塘县委、县政府	2010.12
中共壤塘县纪委、县监察局	县2010年度目标考核二等奖	壤塘县委、县政府	2010.12
中共壤塘县纪委、县监察局	2010年度全县维护社会稳定先进单位	壤塘县委、县政府	2010.12

先进个人

获奖人单位	获奖人	获奖名称	颁发单位	表彰时间
壤塘县城乡规划建设和住房保障局	唐华英	获2010年度四川省城乡环境综合治理工作优秀环卫工人	四川省城乡环境	2010.12
壤塘县司法局	李红军	全省大调解工作先进个人	四川省委、省政府表彰	2010.12
壤塘县司法局	索朗东磋	壤塘县优秀公务员	壤塘县人事劳动和社会保障局	2010.12
壤塘县司法局	克让措	壤塘县优秀公务员	壤塘县人事劳动和社会保障局	2010.12
壤塘县司法局	求尼卓玛	壤塘县优秀公务员	壤塘县人事劳动和社会保障局	2010.12
壤塘县司法局	尕壤卓玛	全州2010年度优秀司法助理员	州司法局	2011.01
县人口计生委	刘小平	全州计生系统县级统计业务技能比赛二等奖	州计生委	2011.01
壤塘县法院	尕　波	优秀调解法官	省高级人民法院	2010.12
壤塘县法院	阿文英	优秀调解法官	省高级人民法院	2010.12
壤塘县城关小学	杨汉生	全州优秀教师	州人事局、州教育局	2010.12
壤塘县城关小学	王　娜	中华颂四川赛区选拔赛教师组优秀奖	四川语言文字工作委员会、省教育厅、省精神文明办	2010.09
壤塘县城关小学	李　英	论文《浅谈怎样做好少数民族地区小学班主任工作》获阿坝州“中小学班主任能力建设”评选活动二等奖	阿坝州教科所	2010.12

续 表

获奖人单位	获奖人	获奖名称	颁发单位	表彰时间
壤塘县城关小学	金　娜	论文《我和孩子们一起成长》获阿坝州“中小学班主任能力建设”评选活动二等奖	阿坝州教科所	2010.12
壤塘县城关小学	陈　勇	优秀教师	壤塘县人民政府	2010.12
壤塘县城关小学	底　玛	优秀教师	壤塘县人民政府	2010.12
壤塘县城关小学	曹俊兰	优秀教师	壤塘县人民政府	2010.12
壤塘县科协	冯雪红	2010 年度阿坝州科普工作先进个人	阿坝州科协	2010.11
政协壤塘县委员会	龙　凌	牧民定居工作先进个人	壤塘县委、县政府	2010.12
政协壤塘县委员会	扎　泽	“三百”示范工程建设先进个人	壤塘县委、县政府	2010.12
政协壤塘县委员会	穹　洛	牧民定居工作先进个人	壤塘县委、县政府	2010.12
壤塘县气象局	张煜斌	安全生产先进个人	壤塘县委、县政府	2010.12
壤塘县人民法院	尕　波	优秀调解法官	省高级人民法院	2010.12
壤塘县人民法院	阿文英	优秀调解法官	省高级人民法院	2010.11
壤塘县人民法院	周冬丽	优秀共产党员	壤塘县委、县政府	2010.12
壤塘县人民法院	杨甫兵	政法战线先进干警	壤塘县委政法委	2010.12
壤塘县人民法院	刘　波	政法战线先进干警	壤塘县委政法委	2010.12
壤塘县人民法院	陈　露	政法战线先进干警	壤塘县委政法委	2010.12
壤塘县中学	晓　红	阿坝州中小学教研工作先进个人	阿坝州教育局	2010.09
壤塘县中学	依　娜	优秀教师	壤塘县委、县政府	2010.12
壤塘县中学	杨　艳	优秀教师	壤塘县委、县政府	2010.12
壤塘县中学	齐　特	优秀教师	壤塘县委、县政府	2010.12
壤塘县财政局	谢　青	扶贫开发和综合防治大骨节病试点工作先进个人	壤塘县委	2010.12
壤塘县人民检察院	周　莲	三百示范工程建设	壤塘县委、县政府	2010.12
壤塘县人民检察院	任国茂	巾帼建功标兵	壤塘县妇联	2010.12
壤塘县人民检察院	侯治刚	优秀共产党员	壤塘县委	2010.12
壤塘县人民检察院	冯晓琴	优秀共产党员	壤塘县委	2010.12
壤塘县人民检察院	邓治斌	2010 年度综治先进个人	壤塘县委、县政府	2010.12
壤塘县委办	黄　强	综治先进个人	壤塘县委、县政府	2010.12
壤塘县委办	余　川	优秀党务工作者	壤塘县委	2010.12
壤塘县委办	罗翠华	信息报送先进个人	阿坝州州委	2010.09
壤塘县人武部	张　楫	人武部“一对好主官”	四川省军区	2010.11
壤塘县人武部	李怀金	人武部“一对好主官”	四川省军区	2010.11
壤塘县人武部	泽拉木	演习先进个人	阿坝军分区	2010.11
壤塘县人武部	廖　军	三等功	阿坝军分区	2010.11

续　表

获奖人单位	获奖人	获奖名称	颁发单位	表彰时间
壤塘县交通局	郑科志	优秀共产党员	壤塘县委	2010. 12
壤塘县交通局	张　翔	安全生产先进个人	壤塘县委、县政府	2010. 12
壤塘县委宣传部	朱　钰	三百示范工作先进个人	壤塘县委、县政府	2010. 12
壤塘县委宣传部	黄　雷	综合治理工作先进个人	壤塘县委、县政府	2010. 12
壤塘县人力资源和社会保障局	胡兴贵	优秀党务工作者	壤塘县委	2010. 12
壤塘县机关幼儿园	宋地斯基	优秀教师	壤塘县委、县政府	2010. 12
壤塘质监局	杨志艳	安全生产工作目标考核先进个人	壤塘县委、县政府	2010. 12
壤塘县安监局	刘　波	2010 年度安全生产先进个人	壤塘县委、县政府	2010. 12
壤塘县统战部	黄　涛	2010 年综治先进个人	壤塘县委、县政府	2010. 12
壤塘县物价局	尕让塔	牧民定居工作先进个人	壤塘县委、县政府	2010. 12
壤塘县教育局	魏召军	全县防邪工作先进个人	壤塘县委、县政府	2010. 12
壤塘县教育局	罗孝林	优秀教育工作者	壤塘县人民政府	2010. 12
壤塘县教育局	穆远洪	优秀教育工作者	壤塘县人民政府	2010. 12
壤塘县教育局	董月琴	优秀教育工作者	壤塘县人民政府	2010. 12
壤塘县教育局	德尔洛	优秀教育工作者	壤塘县人民政府	2010. 12
伊里中小学	文　娜	优秀教育工作者	壤塘县人民政府	2010. 12
伊里中小学	李　海	优秀教育工作者	壤塘县人民政府	2010. 12
蒲西中心校	陈海青	优秀教育工作者	壤塘县人民政府	2010. 12
宗科中心校	杨世海	优秀教育工作者	壤塘县人民政府	2010. 12
石里中心校	匡小敏	优秀教育工作者	壤塘县人民政府	2010. 12
岗木达中心校	邓　戈	优秀教育工作者	壤塘县人民政府	2010. 12
上杜柯中心校	甲　加	优秀教育工作者	壤塘县人民政府	2010. 12
南木达中小学	刘晓敏	优秀教育工作者	壤塘县人民政府	2010. 12
南木达中小学	邱帮静	优秀教育工作者	壤塘县人民政府	2010. 12
尕多中心校	格让磋	优秀教育工作者	壤塘县人民政府	2010. 12
茸木达中心校	桑　甲	优秀教育工作者	壤塘县人民政府	2010. 12
中壤塘中心校	班　炯	优秀教育工作者	壤塘县人民政府	2010. 12
上壤塘中心校	任　娜	优秀教育工作者	壤塘县人民政府	2010. 12
壤塘县文化体育局	周　林	体育道德裁判员	四川省第十三届少数民族体育运动组委会	2010. 09
壤塘县总工会	王维新	“三百示范”工程先进个人	壤塘县委、县政府	2010. 12
壤塘县林业局	蔡永国	2010 年牧民定居行动计划先进个人	壤塘县委、县政府	2010. 12
壤塘县林业局	蔡永国	2010 年度综治先进个人	壤塘县委、县政府	2010. 12

续 表

获奖人单位	获奖人	获奖名称	颁发单位	表彰时间
壤塘县卫生局	王仕权	扶贫开发和综合防治大骨节病试点工作先进个人	壤塘县委、县政府	2010.12
壤塘县卫生局	张福斌	四川省疾病预防控制达标先进个人	四川省人力资源和社会保障厅、四川省卫生厅	2010.08
壤塘县卫生局	杨天奎	四川省医药卫生系统先进个人称号	四川省人力资源和社会保障厅、四川省卫生厅	2010.09
壤塘县卫生局	李　敏	“五一”劳动奖章	四川省工会	2010.11
壤塘县农业水务局	泽　果	四川省人民满意公务员	四川省委、省政府	2010.11
壤塘县农业水务局	泽　果	四川省维稳先进个人	四川省委、省政府	2010.11
壤塘县农业水务局	泽　果	壤塘县维稳先进个人	四川省委、省政府	2010.11
壤塘县农业水务局	王茂军	扶贫开发和综合防治大骨节病试点工作先进个人	壤塘县委、县政府	2010.12
武警壤塘县中队	龚　林	优秀共产党员	武警阿坝支队	2010.11
中国电信股份有限公司壤塘分公司	任德智	2010年度“创优争先”优秀客户经理称号	中国电信股份有限公司壤塘分公司	2010.11
中国电信股份有限公司壤塘分公司	张　强	“2010年度”创优争先“十佳维护能手”称号	中国电信股份有限公司阿坝公司	2010.11
中国电信股份有限公司壤塘分公司	朱小兵	“2010年度”创优争先“优秀服务明星”称号	中国电信股份有限公司四川省公司	2010.11
壤塘县民政局	陈远超	大骨节综合防治先进个人	壤塘县人民政府	2010.12
壤塘县发展改革委员会	彭　林	阿坝州“重大项目推进先进人”	阿坝州人民政府	2010.11
中国农业银行股份有限公司壤塘县支行	余新治	“五好文明家庭”	农行阿坝州分行工会委员会	2010.11
中国农业银行股份有限公司壤塘县支行	郭晓峰	2010年度“大行德广、伴您成长金钥匙春天行动”保险代理业务先进个人	农行阿坝州分行	2010.11
中国农业银行股份有限公司壤塘县支行	若尔满初	中国农业银行阿坝州分行2010年青年歌手赛一等奖	农行阿坝州分行工会委员会、共青团州分行委员会	2010.11
四川九寨运业壤塘分公司	伍仁斌	荣获2010年度县级安全生产先进个人	壤塘县委、县政府	2010.12
壤塘县审计局	杜万兵	五好家庭	壤塘县委、县政府	2010.12
壤塘县审计局	杜万兵	优秀共产党员	壤塘县委、县政府	2010.12
壤塘县国税局	曹　丽	稽查能手	阿坝州国税局	2010.09
壤塘县国税局	杨淑兰	优秀学员	四川省电子科技大学	2010.09
壤塘县国税局	邓　娜	优秀团干部	共青团壤塘县委	2010.11
壤塘县国税局	邓　娜	巾帼建功标兵	壤塘县妇联	2010.12

续　表

获奖人单位	获奖人	获奖名称	颁发单位	表彰时间
岗木达乡	胡启桃	阿坝州优秀共青团干部	共青团阿坝州委	2010. 12
上壤塘乡	杨章强	阿坝州优秀共青团干部	共青团阿坝州委	2010. 12
南木达乡	周　强	阿坝州优秀共青团干部	共青团阿坝州委	2010. 12
武警壤塘县中队	耿小杰	三等功	武警阿坝支队	2010. 11
武警壤塘县中队	刘雨鑫	三等功	武警阿坝支队	2010. 11
武警壤塘县中队	赵高飞	三等功	武警阿坝支队	2010. 11
武警壤塘县中队	龚　林	优秀共产党员	武警阿坝支队	2010. 11
壤塘县县妇联	周文花	省“五好文明家庭”	四川省妇联	2010. 09

重要文存

中共壤塘县委关于印发《中共壤塘县委二〇一〇年工作要点》的通知

壤委发〔2010〕1号

各乡镇党委，县委各部门，县级机关各党组（党委）、支部，壤塘公路分局党支部：

《中共壤塘县委二〇一〇年工作要点》已经十一届中共壤塘县委第九次全体扩大会议通过，现印发给你们，请认真贯彻执行。

中共壤塘县委

2010年1月15日

中共壤塘县委二〇一〇年工作要点

2010年是全面完成“十一五”计划，为“十二五”发展奠定坚实基础的攻坚之年，也是全面贯彻落实党的十七大、十七届四中全会精神、抓住历史机遇加快壤塘发展的关键之年。县委将以邓小平理论和“三个代表”重要思想为指导，牢固树立和落实科学发展观，继续坚持“抓机遇、强基础、调结构、立支柱、促发展；抓扶贫、重民生、兴教育、保稳定、树新风”总体工作思路，着力落实“综合防治、资源开发、招商引资、文教旅游、稳定和谐、壤塘精神”六项举措，抓投入、增后劲，抓重建、促发展，抓产业、促富强，抓增收、促民生，抓稳定、促和谐，抓民主法制、促政治文明，抓党建、强保证，全面推进“民生、产业、素质、平安、环境、生态、健康、廉政、党建”九大工程，奋力实现经济社会协调发展，确保全县政治社会稳定，人民安居乐业，城乡居民生活水平不断提高。

全县经济社会发展的主要目标任务是：生产总值确保达到38000万元，增长7.3%；地方财政一般预算收入702万元，增长40.1%；全社会固定资产投资达到3.5亿元，保持较高投资规模；预计实现社会消费品零售总额8880万元，增长15.1%；农牧民人均纯收入达到2828元，增长18%；力争实现招商引资500万元目标；人口自然增长率控制在7‰以内，城镇登记失业率控制在4%以内，精神文明建设、民主法制建设、党的建设再上新台阶。

为实现上述奋斗目标，县委将树立发展至上、速效并重的理念，积极抢抓机遇、与时俱进、真抓实干、在推动工作落实上有新举措，在改革开放上实现新突破，在改进工作作风上有新实招，在各项事业上开创新局面。重点抓好以下工作：

一、突出发展主题，着力改善民生，努力壮大县域经济实力

深刻领会和把握中央关于推进农村改革发展的战略思想，进一步加强和改善对农业、农村工作的领导，不断深化农村改革。立足新的县情，立足区位、品牌、产业基础和民族地区政策等比较优势，超前思维、科学谋划，精心编制“十二五”规划，争创支持壤塘持续快速发展的新动力，拓展发展新空间，增添发展新活力。

（一）*加快经济结构调整，全面推进产业工程*。以调整产业结构为主线，以农牧业增效、农牧民增收为核心，加大扶持力度，进一步提高农牧业综合效益，努力培养特色优势农牧产业。一是继续深化“669”惠民工程，突出打造生态特色牦牛肉奶、藏绵羊肉、优质生猪、反季节蔬菜、野生菌、中药材六大产业，形成农牧业区域化布局；二是重点培育扶持种养大户，大力发展联户经营牧场、农村新型合作经济组织，推进农牧业规模化、产业化经营。积极争取国家对农牧业的投入，捆绑使用各项资金，充分发挥资金的整体效益。三是紧紧围绕资源富县目标，立足我县森林、水利、矿产等优势资源，加快开发步伐，夯实优势资源项目发展基础，实现资源开发新突破，资源转换新跨越。四是实施项目带动战略。围绕产业结构调整、优势资源开发、重大民生需求、统筹城乡发展，努力争取一批，储备一批，引进一批，开工建设一批建设项目，形成项目建设梯次开发、有序跟进的良性循环。年内，重点实施县城至黑桥段县道改建项目，力争县城至马尔康110千伏输电线路、城关至上杜柯、吾依等乡35千伏输电线路及变电站建设，尽快开工建设宗科河、枣科河流域水电站，加大农网改造力度，不断完善县、乡、村三级供电网络。五是紧紧围绕“觉囊文化中心”品牌优势，实施文化旅游发展战略，大打觉囊文化品牌，以加快中壤塘觉囊文化旅游集镇为中心，辐射带动上壤塘海子山、棒托石刻、曾克寺、日斯满巴碉楼等旅游景点，形成以旅游业带动第三产业发展的格局。进一步完善旅游设施和配套设施，提高接待能力，深度挖掘觉囊文化丰富内涵，加大觉囊“梵音古乐”等优秀文化和古文物、古遗迹的保护开发与推荐力度，推进文化与旅游相互融动。进一步抓好旅游品牌的策划、宣传和促销工作，不断提高壤塘对外形象和旅游知名度。

（二）落实富民惠民举措，深入实施民生工程。始终把改善民生、解除民困作为各项工作的出发点和落脚点，力争各项政策、资金向完善社会保障体系、改善困难群众生活倾斜，不断提高农牧民群众的生活水平和质量。一是扎实推进牧民定居行动计划、帐篷新生活行动，围绕“家家有固定房，户户有新帐篷、村村有活动中心”的目标，加强组织领导，狠抓工作落实，严格规划布局、严格资金管理、严格工程质量、严格竣工验收，进一步优化定居房建筑外观、内部功能和安全性能，实施地圈梁、构造柱，着力提高建设质量和抗震设防能力。全面完成11乡22村27个定居点的建设任务；二是加快“三百”工程建设步伐，立足自身优势、特色产业、旅游资源、文化内涵、群众需求等，按照发动群众、政策引导、政府帮扶、社会参与、突出特色、务求实效的思路，进一步完善工作方案，细化责任措施，全力打造5个魅力乡镇，6个幸福家园和5个旅游精品村寨，让群众充分享受现代文明的物质生活和精神文化生活；三是深入推进扶贫开发和综合防治大骨节病试点工作，加大对大骨节病患者的医疗救助和民政救助力度，加快病区产业结构调整步伐，切实解决贫病群众在住房、就医、行路、增收等方面的实际困难，努力增强病区群众的自我发展能力；四是健全以养老、医疗、失业、工伤、生育五大保险为框架的社会保障体系，切实做好农村低保扩面工作，使全县人民共享改革发展成果。健全城镇和农村居民最低生活保障、社会救助、社会福利制度，加快老龄事业基础设施建设，扩大社区养老服务，满足老年人对生活照料的需求。扩大敬老院建设规模，加强对社会救助福利中心和已建成的敬老院的管理，进一步完善对五保户和大骨节病重症患者集中供养措施。深入推进城镇职工住房制度改革，加快经济适用房、廉租房、周转房建设，着力解决无房户、城镇低收入家庭的住房困难；五是认真落实就业政策，畅通就业渠道，拓宽就业领域，开发就业岗位，深化就业援助，提升就业能力，完善公共就业服务体系建设，重点做好“零就业”家庭和就业困难群体工作。进一步加大技能、技术培训力度，切实加强劳务输出，努力提供更多的就业机会，促进劳有所得。

二、突出和谐稳定，坚持改革创新，促进社会事业健康发展

以满足全县人民的基本需求，推进城乡均衡发展，基本公共服务均等化为目标，始终保持争创一流、追求卓越的进取精神，推进各项社会建设事业持续发展

（三）坚持人才强县战略，大力实施素质工程。大力实施以“提升文化层次、提升创业技能、提升服务本领”为主要内容的干部“素质提升”工程，努力建设一支精神振奋、工作扎实、锐意进取、开拓创新、适应新形势新要求的高素质干部队伍；继续实施“9+3”免费职业教育、努力培养“有文化、懂技术、会致富”的新型农牧民；狠抓基础教育，进一步巩固和扩大“两基”成果，把解决“入学难、巩固难”和提高教育教学质量作为教育工作的头等任务，下大力气抓出成效，为壤塘经济建设和社会发展培养更多有用人才；采取强化管理、狠抓培育、广泛引进、合理使用的措施，努力营造培养、吸引和用好人才的良好环境；牢牢把握人才工作的重点，突出抓好党政人才队伍、企业经营管理队伍和专业技术人才队伍的建设；加快机制创新，全面构建人才高地；注重思想政治教育，促进各类人才全面发展。

（四）树立科学发展理念，不断深化环境工程。始终把投资环境作为生命线工程来抓，积极借引外力推动地方经济发展，营造良好的发展环境和投资开发环境。一是加强软环境建设。加快政

府机构改革步伐，深化行政审批制度改革，减少行政审批事项，提高服务意识和效能，不断完善县政务服务、便民和惠民帮扶三大中心职能，做到“一个窗口对外，一站式审批，一条龙服务”，切实畅通政务“绿色高速路”，努力加强机关效能建设，提高机关行政效能，为企业和经济发展服好务。进一步完善招商引资政策，落实招商引资措施，做到亲商、富商、安商，以更大的胸怀、更高的热情、更优的服务和更好的投资环境吸引商家和企业，使商家和企业积极参与壤塘的资源开发与发展。二是加强硬环境建设。按照“规划为先导、建设为基础、管理为手段”的思路，以整治环境“脏、乱、差”为核心，以“洁、齐、美”为目标，加强城乡环境展示体系建设，通过对南木达、中壤塘、上寨等重点乡镇、村寨的打造，进一步明确城镇的风貌定位，突出地域特色和民族文化，处理好功能与品位、现代与传统、人文与自然的关系，建设宜居、生态和现代城镇。深度挖掘民族文化内涵，充分展现民族建筑风格，精心打造好各地的村庄和民居，将浓郁的民俗风情融入到城乡建设之中，展示壤塘的独特魅力。

（五）增强持续发展能力，深入推动生态工程。遵循自然规律，人类发展规律，强化生态发展、文明发展理念。以建设生态大县为目标，发展生态经济，倡导生态文明，建设生态家园。认真实施天然林资源保护、退耕还林还草、退牧还草、草原沙化治理、湿地保护等工程；大力开展植树造林，加强农田水利基本建设，有效治理山体滑坡、泥石流、河道河堤，有效防治森林病虫害、草原鼠害，使壤塘山更青，水更秀，草地更宽，林地更大，湿地更多。同时，始终把节约资源、保护环境放在重要战略位置，促进资源有序、合理开采，坚决杜绝私挖滥采和破坏资源的行为，做到节约发展、清洁发展、安全发展，实现经济发展与人口、资源、环境相协调。

（六）树立以人为本思想，全面实施健康工程。切实加强公民思想道德建设，建立和完善学校、家庭、社会相结合的未成年人思想道德建设教育体系。深入开展群众性精神文明创建活动，以创建文明行业、文明单位、文明村镇为载体，全面提升全民素质和社会文明程度，打造“诚信壤塘”。优先发展科教事业，加大科技开发和试验示范力度，加强科技成果推广和应用，提高科技对经济增长的贡献率。更加注重对传统文化的挖掘和保护，对非物质文化遗产的申报和再现，丰富壤塘的文化内涵和历史积淀；进一步加大城乡公共卫生和疾病防控体系建设力度，加快医疗服务体系建设，医疗保障体系和药品供应体系建设步伐，提高公共卫生突发事件防控能力。继续强化健康教育，不断规范和完善新型农村合作医疗制度、城乡困难群众医疗救助制度、以大病统筹为主的城乡居民基本医疗保险制度。切实抓好妇幼保健、重大疫病防治、爱国卫生、卫生执法监督工作，为全县人民提供安全可靠的卫生保障。

（七）坚持依法治县方略，扎实推动平安工程。一是加强民主政治建设。坚持正确的政治方向，扩大社会主义民主，发展社会主义政治文明。坚持和完善人民代表大会制度，充分发挥人大的法律监督和工作监督作用，支持人大依法履行监督职能；支持政府履行法定职能，不断提高依法行政能力；支持政协围绕团结和民主两大主题履行职能，充分发挥政协的政治协商、民主监督和参政议政作用；充分发挥工会、共青团、妇联、工商联等人民团体联系群众的桥梁纽带作用；进一步抓好国防教育和人民武装工作。全面贯彻党的民族宗教政策，切实做好统战工作；深化政务公开、村务公开、财务公开、党务公开，健全民主制度，丰富民主形式，拓宽民主渠道，不断扩大基层民主，保证人民群众依法行使民主权力。坚持社会主义法治理念，全面加强法制教育，深化“五五”普法工作，增强全民法律意识和法治观念，提高党员干部和执法人员依法行政水平。二是牢固树立“发展是第一要务，稳定是第一责任”的观念，进一步巩固和发展全县反分裂维稳取得的成绩。认真落实“一条主线，三个加强”的要求，按照“打防结合、预防为主、专群结合、依靠群众”的工作方针，坚持以开展反分裂维稳斗争为主线，以化解矛盾纠纷为重点，以维护人民利益为根本，以维护社会公平正义为核心，大力开展治安问题突出地区和农村治安综合整治，深入推进平安创建和群防群治工作；深入开展“爱国爱教、持戒守法、助民为乐”主题教育活动，大力实施“祖国在我心中，感恩报国”教育活动，不断增强广大僧侣爱国、爱党、爱教、爱自己、爱他人的“五爱”意识。以深化教育整顿为抓手，以依法管理寺庙为重点，深入研究探索做好宗教工作的新方式、新方法、新载体，进一步理清思路、突出重点。增添措施、加大力度，努力实现宣传教育常态化、服务群众奉献化、寺庙管理法制化、宗教活动规范化、宗教关系和谐化目标；加强公共安全保障，建立健全社会预警体系和应急救援、社会动员机制，切实提高保障公共安全和处置突发事件的能力；进一步加强群众和信访工作，继续推行“大接访”活动，充分发挥群众工作中心、惠民帮扶中心、政务服务中心的作用；进一步完善“大调解”工作体系，集中开展矛盾纠纷排查化解，真正实现“小事不出村、中事不出乡，大事不出县”；加强政法部门、隐蔽战线基础建设，畅通信息渠道。加强政法队伍建设，切实提高政法干警素质；高度重视安全生产，强化监督检查，促进安全生产管理规范化、制度化，提高全县人民的幸福感和安全感。

三、突出党的领导，提高党建水平，为经济社会发展提供保证

紧紧围绕坚持科学发展、建设和谐壤塘的新实践，着力解决党建工作中存在的突出问题，全面增强党组织的凝聚力、战斗力，充分发挥领导核心作用和政治核心作用，为我县加快发展提供坚强的政治保障。

（八）增强执政为民能力，全面推进党建工程。按照十七届四中全会精神要求，加强党的思想政治建设，提高凝聚力，继续深入开展学习实践科学发展观活动，真正把科学发展观转化为全县各级领导班子和党员领导干部的思想方法、工作指南和行为规范；加强领导班子和干部队伍建设，提高执政力，着眼各项事业的长远发展和人才的总体需求，切实加强年轻干部队伍建设；加强党的基层组织建设，提高战斗力，重点以“三级联创”、“双同、感恩报国”和“三比一创”活动为载体，努力把基层组织建设成为密切联系群众、带领农牧民致富奔小康、促进社会和谐稳定的坚强领导核心；加强基层班子建设，选好配强乡镇党委和村党支部领导班子，特别是配优配强乡镇党委书记和村党支部书记；加强党员干部队伍建设，深化“千万行动”、“百名干部下基层”活动，深入开展以“学党章、学法律、学技能”和“带头反分裂、带头抓发展、带头促和谐”为主要内容的“三学三带”主题教育活动，把推动发展、服务群众、凝聚人心、促进和谐贯穿教育活动始终；加强基层组织阵地建设，积极推进村级组织规范化管理建设，努力达到“有健全的村级组织，有村办公场所和党员活动室阵地，有民主、公开的决策和工作程序，有严格的村务财务管理和公开制度，有完善的党员培养、发展和管理制度，有切实可行的村庄发展规划和为群众服务、办实事的计划，有保障村级组织正常运转的经费来源，有和谐的党群干群关系”的八有要求；进一步建立健全党内激励、关怀、帮扶机制和制度建设，积极开展党内关爱活动，切实增强党员的归属感、荣誉感；继续坚持党建带工建、团建、妇建，充分发挥群团组织在经济建设和维护稳定的生力军作用，有效提升我县党建工作整体水平。

（九）着力惩防并举方针，切实抓好廉政工程。把反腐倡廉建设摆在更加突出的位置，坚持标本兼治、综合治理、惩防并举、注重预防的方针，深入贯彻《2008—2012 年建立健全惩治和预防腐败体系实施纲要》，更加有力地推进惩治和预防腐败体系建设；严格落实党风廉政建设责任制，加强廉洁从政教育和领导干部廉洁自律、深入开展党性党风党纪教育，加强理想信念、形势任务和社会主义荣辱观教育；切实纠正损害群众利益的不正之风、加大对违法违纪案件的查处，保证党风廉政建设责任的各项任务落到实处；全面加强思想作风、学风、工作作风、领导作风、干部生活作风建设，弘扬新风正气，大兴“四个特别”，大力倡导敢想、敢争、敢拼、会抓“三敢一会“的工作作风，使机关党员干部真正成为实践社会主义核心价值体系的模范；大力加强机关廉政文化建设，加强对重点部门重点人员的教育监督，筑牢党员干部特别是领导干部拒腐防变的思想防线。

中共壤塘县委壤塘县人民政府
关于建设生态县的决定

壤委发〔2010〕7 号

各乡（镇）党委、政府，县级各部门，壤塘公路分局：

根据《四川省人民政府办公厅关于开展省级生态县创建工作的通知》（川办函〔2008〕86 号）、四川生态省建设领导小组办公室《关于印发汶川地震灾区生态县建设指导意见的通知》（川生态办发〔2008〕5 号）和阿坝州环境保护局《关于印发 2009 年全州环保要点的通知》（阿州环发〔2009〕17 号）等文件精神，为正确处理经济社会发展与生态建设和环境保护的关系，遵循自然规律和经济社会发展规律，坚持节约发展，清洁发展，安全发展，努力把我县经济社会发展转入科学发展的轨道，把生态壤塘建设工作落到实处，现结合本县实际，作如下决定。

一、指导思想

按照党的十七大提出的“建设生态文明，基本形成节约能源资源和保护生态环境的产业结构、增长方式、消费模式”的精神，根据省委、省政府创建“生态四川”和《四川生态省建设规划纲要》提出的目标、任务和要求，运用生态学原理和循环经济理论，以经济建设为核心，以人与自然和谐为主线，以不断改善人民群众生活质量为根本出发点，以创建国家级生态县为纲领，紧紧抓住国家西部大开发战略机遇，围绕全面实现小康社会和建设藏区第一州、构建和谐壤塘的宏伟目标，立足科学发展观，转变经济增长方式和社会消费方式，构建生态、富裕、魅力、平安，和谐新壤塘，实现经济社会发展与生态环境保护新跨越。

二、基本原则

（一）坚持全面、协调、可持续发展的原则。遵循经济规律和自然规律，加强科技创新和体制创新，坚持资源合理开发与保护并重，转变资源利用方式，增强资源、环境对经济社会可持续发展的保障作用。

（二）坚持发展为主、环境优先的原则。加快发展和保护环境是有机的统一体。发展是第一要务，是解决一切问题的关键，也是解决环境问题的重要基础。保护环境是发展的重要前提，在发展过程中必须坚持环境优先，充分考虑环境的承载能力，合理布置产业格局，控制污染物排放，平衡环境容量。

（三）坚持清洁生产、节约发展的原则。认真落实节约资源的基本国策，统筹考虑当前发展和长远发展，大力发展循环经济，努力建设资源节约型社会。坚持开发与节约并重、节约优先，抓好节能、节水、节材、节地和资源综合利用，促进资源的合理开发、节约使用。积极开发和推广新技术、新工艺、新设备，调整结构、加强管理、促进企业减少资源消耗，降低废物排放，做到清洁生产、安全生产。

（四）坚持突出区域特色的原则。从壤塘县实际出发，立足资源、环境、区位优势，突出旅游、水电、矿产三大特色支柱产业。因地制宜确定区域生态功能，合理确定主导产业，优化产业结构，重点发展生态产业，把资源环境优势转化为现实生产力。

（五）坚持改革创新的原则。创新工作思路，寓生态建设于经济建设、社会发展之中，把生态建设与调整产业结构、推进城市化、加快农村劳动力转移、提高全社会教育科技文化水平等相结合，促进经济社会与人口、资源、环境的协调发展。

（六）坚持便于操作、保持时效性的原则。生态县建设要与全县中长期国民经济社会发展规划相衔接，规划目标与措施尽可能做到工程化、项目化、时限化。

三、目标任务

（一）总体目标

充分发挥区域特色经济和生态环境优势，以优化经济结构和转变增长方式为主线，以循环经济和生态环保建设为重点，使壤塘县生态经济取得明显进展，形成具有壤塘特色的生态经济体系；环境污染得到全面控制，生态破坏明显减少，基本形成节约资源和保护生态环境的产业结构、增长方式、消费模式；大力发展社会主义新农村建设，人民富裕程度普遍提高，城乡人居环境显著改善；区域水源涵养、水土保持和生物多样性主导功能得到较好恢复，以森林、草原为主的自然生态系统得到初步修复，生态环境趋于良好；传统文化得到继承和发展，优秀思想道德风尚进一步弘扬。通过10年时间的努力，使全县综合实力明显增强，城乡发展更加协调，文化支撑更加强劲，人民生活更加殷实，生态环境显著改善，社会事业快速发展，实现经济社会发展新跨越。到2020年，把壤塘建设成为生态经济发达、生态环境优美、生态人居宜人、生态文化繁荣、人与自然和谐相处的资源节约型和环境友好型生态县。

（二）阶段目标

1. 省级生态县建设期：2009—2015年

全面启动生态县建设，抓好试点示范作用，使全县经济持续快速发展；通过农牧业、水电业、旅游业、矿产资源开采等产业建设，调整县域经济结构，提高经济实力，使城乡居民生活水平得到提高；加快全县城镇环境基础设施建设步伐，减轻人口聚集带来的环境压力，形成以壤柯镇、南木达为经济主中心，杜柯河、则曲河流域经济走廊带为主的城镇发展体系；管护好现有林草资源，加强森林、草原、农田、湿地等生态修复整治工作，绿色 GDP 在县域经济中所占的比例稳步提高，防灾减灾能力增强，达到省级生态县建设要求，通过省级生态县验收。

2. 国家级生态县建设期：2016—2020 年

全县 80% 的乡镇达到环境优美乡镇考核标准，并通过验收和命名。国家有关环境保护法律、法规、制度及地方颁布的各项环保规定、制度得到有效的贯彻执行，工业污染防治与农村环境综合整治、生态保护与经济建设卓有成效，继续加大自然保护区与天然林、草原的保护力度，产业布局与环境、资源承载力一致，环境友好型社会基本建成。社会主义新农村建设取得实质性成效，人与自然和谐、城乡统筹发展的格局基本形成，全县社会、经济和环境得以协调发展。全县经济、社会、生态环境等各项指标达到国家级生态县建设要求，通过国家级生态县验收。

四、主要工作

（一）生态产业体系建设

按照“坚持农牧业基础不动摇、搞好旅游开发、加强基础设施建设、大力发展教育和科技”的社会经济总体发展战略，大力发展畜牧业和以旅游为支柱的第三产业，建成长江上游重要生态屏障，完善县域基础设施建设，提高人民生活水平。

牢牢抓住《青藏高原东南缘——川西地区生态环境保护与建设总体规划》的发展机遇，通过生态县建设，把壤塘建设成为四川省西北地区畜牧产品集散地及深加工基地；以自然生态、宗教文化和藏族风情为特色的旅游胜地。从而构建具有地域和民族特色的生态产业体系，实现全县生态、经济的跨越式发展。

（二）自然资源与生态环境体系建设

积极保护和合理利用壤塘现有自然资源，将时空差异性和可持续发展观融入水利、水电的开发利用中；合理开采、利用矿产资源，摸索绿色矿产产业模式；科学经营牧草种植基地，发展特色畜牧业；珍惜和合理利用耕地，积极发展生态农业；推广中药材、野生菌、山野菜等特色农产品；实施林业资源重点工程，进一步提高森林覆盖率；加强调查和采取措施，保护复杂地形和立体气候综合影响下造就的壤塘县独具特色和多样化的生物资源。

通过生态环境体系的建设，保护区域自然生态的安全，防治环境污染，提高水源涵养、水土保持和维持生物多样性等生态功能，建立高异质性、高生态功能、高生物多样性的自然生态系统；保护区域森林植被，继续治理现有水土流失，通过人工育林和封山育林等措施，提高山区森林覆盖率；建成物种丰富、格局合理、生态安全的自然生态体系；完善区域生态自然体系，有效保护和合理利用区域内的植被、河流等生态系统功能，为区域可持续发展打下良好的生态基础。

（三）生态人居体系建设

坚持产业互动、城乡相融的原则，高起点修编城镇总体规划、土地利用总体规划、环保规划。注重保持地方特色，强化产业支撑，完善基础设施，增强城镇功能，改善人居环境。坚持城镇建设与生态旅游开发配套推进，注重对城镇自然景观、历史文化遗迹的保护，建好标志性建筑和景观，突出藏民族文化特色。加强村容整治，改善农村居住环境，建成以优势产业为依托的社会主义新农村。对大骨节病发病区实施搬迁安置、建设牧民定居点、对高半山农牧民和散居农牧民实施搬迁集中安置，从而改善当地人民的生活条件、提高卫生水平、享受便利的教育医疗服务。

（四）生态文化体系建设

生态文化是一种以崇尚自然、和谐发展为基础的价值观念、行为方式以及相应的规章制度和社会机制，是可持续发展与和谐社会的文化根基。生态文化与传统文化差别，就在于其综合性、整体性、适宜性、俭朴性和历史延续性，它是生态县建设的灵魂，目的在于处理好局部与整体、眼前与长远、竞争与共生、开发与补偿间的生态关系。

在生态县建设中，应以生态学原理为指导思想，保护和合理利用自然、历史文化资源，传承壤塘传统文化和民族特色，将壤塘本土生态文化和现代化建设相结合，发展生态农牧业、生态工业、生态旅游，创建川西北民族特色的高原秀城。

（五）能力保障体系建设

以科技和基础能力建设为重点，建立和完善高效、稳定、配套的能力保障体系。加强科教兴县能力和科技支撑能力建设，在经济、社会、资源环境等各个层面，努力提高绿色科技的含量，开展生态环境质量评价及安全预警、预报系统建设，不断提高生态县建设的科技支撑能力。

五、保障措施

创建壤塘生态县是一项开创性的系统工程，是事关全局和长远的战略任务，必须运用行政、法律、经济、科技、教育等手段，从加强组织领导、完善政策法规、创新管理体制、拓宽融资渠道、推广先进技术、扩大交流合作等方面，采取切实有效的措施，全面落实壤塘生态县建设的各项目标和任务。

（一）法制保障

1. 确定规划的法律地位

《壤塘生态县建设总体规划》作为壤塘生态县建设纲要性文件，对壤塘经济社会可持续发展具有重要指导意义，应将规划中的具体建设内容、指标目标纳入县经济和社会发展远景规划之中，在专家论证的基础上，经县人民政府颁布实施，成为壤塘生态县建设的指导性文件。

2. 制定相关政策措施

在实施现行法律、法规、规章和政策的基础上，根据壤塘县实际需要，制定有利于生态县建设的规章和措施，强化政府对资源开发和环境保护的宏观调控，充分发挥税收、信贷、价格等经济杠杆在防治污染、改善环境中的调节功能。进一步强化资源、环境、卫生、食品、生物、质监等方面的行政执法，建立健全部门执法责任制，全面推进依法行政；建立生态县建设审计制度，确保重大工程的投资效益，强化对建设项目立项、资源开发利用和生态环境保护的法律、法规、政策执行情况的监督，实行经常性执法活动和专项整治行动相结合的方式，进行政策和执法检查。加强对各级执法机构执法活动的执法监督，严格执法程序和责任追究制度，建立健全监督机制。

3. 加强领导，明确职责，建立目标责任制

县委、县政府将成立生态县建设工作领导小组，具体负责创建工作所涉及的规划编制、项目实施、资金筹措、检查指导、考核迎检等工作。同时，各相关部门、单位要根据生态县建设规划的工作重点，成立相应的工作机构，将规划总目标按年度计划、按区域和行业分解到承担单位，并以签订责任书的形式将规划阶段目标落实到主要领导身上，实行目标管理。

（二）组织保障

1. 完善合理的考核体系

生态壤塘建设是长期的战略性任务和庞大的系统工程。各乡（镇）人民政府要按照《纲要》的总体要求，结合当地实际，开展生态县、环境优美乡镇的创建工作。各级政府是辖区内生态壤塘建设的领导主体，组织生态壤塘建设的协调和指导工作。

建立健全考核评估指标体系，建立健全目标责任制，把生态壤塘建设的目标和任务分解到各级政府和各部门。建立年度报告制度，生态县建设领导机构分年度检查目标和任务落实情况，编制年度报告白皮书，每年底责任单位要向生态县建设领导机构报告工作，生态县建设领导机构向政府和人大作出工作报告。

2. 建立健全评价监督体系

所有重大决策、工程项目都必须执行环评制度、项目预审制度、决策咨询制度、部门会审制度、公众参与制度、责任追究制度。对项目实施的情况进行动态监测，并及时汇总、上报，对实施情况进行动态分析评估，根据社会经济发展趋势和生态环境的变化情况对规划的内容进行调整或补充。

3. 探索建立新的经济核算体系

在现行的经济核算体系基础上，研究并试行把自然资源和生态环境成本纳入经济核算体系，使有关统计指标能够充分体现生态环境和自然资源的价值，引导人们改变传统观念，从而达到经济、社会和环境协调发展。

（三）资金保障

1. 加大政府财政投入

建立生态县建设专项资金，政府对生态环境保护与建设的投入占财政总支出比例将逐年有所增加，尤其对环境基础设施建设、环境质量监控、农业面污染源治理、河道水环境治理等重大生态建设项目，要重点投入，确保实施。

2. 建立和完善投融资机制

建立和完善投融资机制，制定有利于筹集生态建设资金的各项政策，鼓励不同经济成分和各类投资主体以独资、合资、承包、股份制、股份合作制等不同形式积极参与生态建设，充分调动全社会各界和群众投入的积极性，多渠道筹措资金，积极引进外资，不断加大生态建设重点项目的资金投入力度。

3. 建立和健全自然资源与环境补偿机制

以市场方式配置资源，提高资源利用效率，完善资源的开发利用、节约和保护机制。按照“污染者付费”的原则，逐步实行按排污总量进行收费，并逐步向城镇居民收取排污费。所征收的资源和环境保护税费，集中用于生态建设。

在生态环境建设期间，应加大力度多渠道争取国家专项建设资金，积极筹集建设经费。如水土保持、天然草场建设、天然林保护、城镇基础设施建设、水利基础设施建设、农田防护建设、农田保护区建设、农产品生产基地建设及新能源开发利用等建设项目。

补偿途径：随着社会经济的发展，社会对环境容量的需求越来越高，资源环境压力加大，由于上下游之间功能划分不同，上游地区的经济发展受到了一定的制约，上下游之间的经济发展很不平衡。要逐步扭转上下游之间的经济发展差距扩大的趋势，提高资源利用效率，保护良好的生态环境，促进社会和谐发展，需要上下游共同努力，建立生态补偿机制。但是若生态环境投资者在不能得到相应回报的情况下，长期从事这种“公益事业”投资的意愿、积极性会降低。为切实保护好岷江上游生态资源，提出以下几点补偿途径和方式：

强化生态补偿机制：

一是上下游之间的补偿途径。流域上游的生态保护直接影响到下游地区的生态质量，对上游地区的生态保护成本给予相应的补偿。生态资源由社会共享，然而通常是贫困山区却担负着保护江河上游生态的重任，在目前生态补偿制度尚未完善的情况下，与享受生态收益的下游地区相比，显然有失公平。需要通过生态保护补偿机制，由经济比较发达的下游地区“反哺”上游地区，如对下游地区利用水、森林、矿产等资源的，在相关产业的税费中提取比例作为上游地区生态补偿资金的来源。上下游之间的补偿可以是跨省的，也可以是省内跨市、县的补偿。

二是财政补偿途径。通过财政转移支付或公共支付对保护流域生态环境而使自身的利益受到损害的受损者进行补偿。现阶段，政府财政是生态补偿最主要的资金来源，要在财政转移支付的专项项目中增加生态补偿项目，用于国家级流域生态功能的建设补偿等。

按照“谁受益谁补偿，谁破坏谁治理，谁共建谁共享”的受益补偿原则，开发者、受益者或损害者付费方式，开发者有责任和义务对造成的生态破坏、环境污染损失进行赔偿，受益者有责任和义务向提供优良生态环境质量的地区和人们提供适当补偿。

根据实际情况和受益方的经济承受能力分别进行封山育林补偿、矿产和水资源补偿、清洁能源改造补偿、退耕还林还草补偿等。

4. 扩展融资方式

引入市场机制，采取更加积极的融资政策，运用更加灵活的融资手段，鼓励和支持社会资金参与，吸引各类投资主体，以独资、合资、承包、租赁、股份制、BOT 等不同形式参与生态县项目建设，逐步建立政府主导、市场推进、社会参与、多元投入的投融资机制。

（四）技术保障

1. 加大科技投入力度

大力推进人口、资源、环境领域的科技创新。建立结合壤塘实际创新的“3R”技术及资源循环利用技术；制订工业园区入园标准及绿色社区、生态小区、绿色医院、绿色学校等各领域的标准；开展对经济高速发展产生的新型环境污染问题的研究，并提出相应的对策；开展土壤污染、电子污染、持久性有机污染及绿色 GDP 国民经济指标、生态补偿机制等敏感性问题的研究。建立自动监测、监测监控、动态监测和应急突发事故的应对手段和方法。

积极引进各种有利于生态建设的新技术、新工艺、新材料、新产品，以促进壤塘县生态产业的发展和技术水平提高，加速科技成果向现实生产力的转化。同时，对引进的技术，在消化吸收的基础上，进行二次开发，并对外输出和进行交流，形成良性循环。

2. 提高环境监管能力

完善环保机构、提高环保部门的管理职能、加强环保管理与技术队伍建设，建立完善的环境管理体系。全面提高环境监测能力，认真贯彻生态保护与污染防治并重的原则，开展全方位的环境监理工作，全面提高环境监管能力。

3. 加大人才引进和培养

切实加强人才资源建设。依托高校和科研院所，培养专业技术人才。同时，积极发挥州内各大、中专院校和职业技术学校的力量，培养生态农业、生态工业、环境信息技术等方面的技术人员。

（五）社会保障

1. 加强舆论宣传，鼓励公众参与

加强对基本国情、国策的宣传教育，不断增强各级干部和广大群众的生态理念和环境意识。教育机构、劳动部门要重视生态知识、生态经济技能教育和培训，面向社会、面向基层，面向青少年，抓好生态基础教育、专业教育、社会教育和岗位培训，让可持续发展战略深入人心，把发展生态经济、保护自然生态环境变成全体公民的自觉行动。

鼓励公众参与和加强社会监督。积极发动、组织引导群众参与生态县建设工作，形成广泛群众基础，建立和完善公众参与制度，涉及群众利益的规划、决策和项目，应充分听取群众的意见，及时公布生态县建设重点内容，扩大公民知情权、参与权和监督权。大力开展生态县群众性创建活动，充分发挥工会、共青团、妇联等社会团体作用，积极组织和引导公民从不同角度、以多种方式，积极参与生态县建设。

2. 扩大对外交流与合作

在生态县建设的过程中，要扩大对外开放程度，全面加强资金、技术、人才、管理和项目建设等方面与国内先进地区的交流合作，充分利用国内外的资源和市场，围绕发展循环经济、生态环境建设与保护、清洁生产技术与工艺、资源综合利用等关键领域，结合壤塘实际，积极引进、消化、吸收适用的先进技术和经验，提高壤塘生态县建设水平，加快生态县建设步伐。

中共壤塘县委
壤塘县人民政府
2010年6月8日

中共壤塘县委办公室壤塘县人民政府办公室关于印发《壤塘县牧民定居行动计划2010年实施方案》的通知

壤委办〔2010〕10号

各乡（镇）党委、政府，县级各部门：

《壤塘县牧民定居行动计划2010年实施方案》已经县委、县政府研究同意，现印发给你们，请按照有关要求认真组织实施。

中共壤塘县委办公室
壤塘县人民政府办公室
2010年2月4日

壤塘县牧民定居行动计划2010年实施方案

根据省、州牧民定居办统一安排，2010年我县拟在11乡、22村、27个定居点实施牧民定居行动计划，将惠及1961户、9805人，为进一步搞好该项工作，结合我县实际，特编制本实施方案。

第一章　编制依据、原则和任务

一、编制依据

（一）《中华人民共和国环境保护法》

（二）《中华人民共和国水土保持法》

（三）《建设项目环境保护管理办法》（国环字第003号文）

（四）《四川省水土保持条例》

（五）党的十七大报告

（六）中共中央、国务院《关于促进农民增加收入若干政策的意见》

（七）《国务院关于进一步推进西部大开发的若干意见》（国发〔2004〕6号文件）

（八）四川省人民政府办公厅《关于推进富民安康工程实施牧民安康工程实施牧民定居计划的通知》（川办发〔2008〕42号）

（九）《壤塘县牧民定居行动计划和帐篷新生活行动2009—2012年总体规划》

二、编制原则

实施“牧民定居行动计划”要坚持“政府组织、群众自愿、就地从优、生活便捷、突出特色”的原则。

（一）*政府组织的原则*。实施“牧民定居行动计划”由县、乡政府负责。县政府为工作主体、实施主体和责任主体。要充分发挥政府在政策制定、规划设计、项目实施、资金安排、宣传引导和社会动员等方面的主导作用，科学规划、认真组织，全面推进牧民定居行动计划顺利实施。

（二）*群众自愿的原则*。充分尊重广大人民群众的意愿、民族习惯和风俗，杜绝强迫命令，避免“一刀切”；充分发挥牧民群众的主体作用，调动牧民群众参与实施“牧民定居行动计划”的积极性、主动性和创造性，积极帮助牧民群众搞好定居点的基础设施建设和社会事业发展，广泛引导牧民群众自力更生、艰苦奋斗，建设富裕、文明、和谐、美好新家园。

（三）*就地从优的原则*。在科学规划、完善配套、强化服务和加大投入的基础上，坚持以村为单位，组织牧民群众在乡、村所在地和交通干线，集中统一新建牧民定居点，定居点的选择原则按照“一村一点”或“一村多点”的形式建设，并避开地质灾害易发区域，切实做好防灾减灾工作，确保选址安全。

（四）生活便捷的原则。加强定居点的交通、电力、供水、通讯等基础设施建设，抓好与牧民定居生活相适应的教育、卫生、科技、文化体育、广播电视以及商业网点等公共服务设施建设，方便牧民群众生产生活，确保定居牧民“住得下、留得住、可发展、能致富”。

（五）突出特色的原则。牧民定居点在规划布局、单体建筑设计、建筑风貌上既要符合藏区民族生活习惯，又要充分体现地域和民族特色，特别要注重民族文化的展现和传承。依托特色优势资源，大力发展特色畜牧业和旅游业，增强定居点牧民群众加快发展、增收致富的能力。

三、计划建设任务

2010年，通过实施牧民定居行动计划，解决全县11乡、22村，1961户、9085人的定居问题，基本实现所实施的乡、村“家家有固定房、户户有新帐篷、村村有活动中心”，牧民居住条件和基础设施、生态环境有明显改善、生活水平有明显提高、公共服务水平有较大提升、畜牧业经济有新发展的目标。到2010年底，建成定居点27个、定居房1961套、村民活动中心22个、6160平方米、文体广场22处、牧业技术服务站22个、牧家书屋22个、商业网点22个、卫生室22个、高位水池27处、供水管网16.5公里、排污管网28公里、村内干道18公里、村内次道67.5公里、入户道路62公里、10KV线路26公里、变压器26台，垃圾收集点27处，桥涵15座、河堤挡墙6.8公里、公共厕所29个、广播电视村村通27套、路灯100盏、地基平整及软土换填215400平方米等公共设施。

第二章　项目区概况

一、县情概述

（一）地理位置及自然条件

壤塘县位于青藏高原东南部，地处四川省阿坝藏族羌族自治州西部。界于北纬31°28′~32°41′与东经100°28′~101°34′之间。与青海省班玛县、阿坝州金川县、马尔康县、阿坝县和甘孜州色达县、炉霍县、道孚县接壤。全县幅员面积6863平方公里。境内最低点海拔2650米，最高点海拔5178米，相对高差2528米。

县境地貌可分为中山、高山、高平原和丘状高原和冰川地貌。境内气候春秋相连，四季无明显之分，无霜期短，冬季阳光充足，夏季雨量集中，年平均气温2.2℃~7.5℃。冬季严寒而漫长，每年地面积雪长达8~9个月，由于河水、雨水和融雪的不断侵蚀，滑坡、崩塌、泥石流等自然灾害发生频繁。

（二）行政区划及人口

全县辖11个乡、1个镇、60个行政村、131个村民小组，农村总户数7976户、36927人。其中：纯牧业6019户、27544人，半农半牧户1957户、9428人。

（三）经济和社会发展现状

在州委、州政府的坚强领导下，我县各族干部群众发扬“地处偏僻思想不保守，条件艰苦工作创一流”的壤塘精神，在困境中求生存，在开拓中谋发展，为构建和谐壤塘努力奋斗。2009年，实现生产总值3亿元，较上年增长3%。其中：第一产业增加值1385万元，增长4.5%；第二产业增加值1600万元，下降27%（因建筑业统计口径变化）；第三产业增加值1.46亿元，增长11.7%。本级财政收入501万元，同比增长7.05%。全社会固定资产投资完成3亿元，较上年同期增长33.8%；全社会消费品零售总额实现7716万元，较上年同期增长25.6%；农牧民人均纯收入达到2398元，同比增长15.2%；城镇居民人均可支配收入达到14809元，较上年同期增长16.2%。

二、牧民定居现状

我县畜牧业基地是由造山运动隆起，喜马拉雅运动大幅抬升而形成的高山草甸，各类草地总面积为598.96万亩，占全县总面积的60.4%。长冬无夏，昼夜温差大，年均气温4.8℃，平均海拔3285米。因海拔高，气候寒冷，生活于雪线上的农牧民受历史原因的影响，长期以来一直以游牧为主，居无定所，生活极度贫困。同时，壤塘县也是全国罕见的地方病高发区，仅大骨节病患者就高达12484人，贫困人口高达19168人，每年3—4月因雪灾造成人畜便道阻塞和寒潮袭击，气温急剧下降，冻死、饿死大量牲畜。1994年列为国家级贫困县，新世纪又被列入国家新阶段扶贫工作重点县。

2000年至今，根据省、州的安排，我县启动实施了牧民新村建设和综合防治大骨节病易地搬迁工程。目前，还有3751户18328人仍处于逐水草而居的游牧状态，急待解决。对此，我县严格按照省、州要求（牧民定居行动计划四年任务三年完成任务），决定用两年时间解决剩余未定居牧民的定居问题。其中：2010年需完成11乡22村27个定居点，1961户9805人定居房屋建设及配套公共基础设施建设。

三、定居点选择

布局。定居点规划布局严格按照省、州要求，以靠近公路、靠近集镇、靠近县城为原则，配套建设交通等基础设施和医疗设施等公共服务设施。

选址。一是考虑气候高寒因素，避开风口、阳光充足地；二是符合防灾要求，避开地震活动带和易发生山体滑坡、泥石流、洪涝灾害等区域；三是有满足定居点建设规模的用地条件；四是有水质较好、水量可靠的饮用水源（自流引水水源或地下水）；五是定居点周围有充足的草场或建设饲草基地的条件。

根据以上条件，我县对2010年实施的11乡22村27个定居点选址如下：蒲西乡尤日村中尤日定居点、蒲西村卡龙定居点；尕多乡热布卡村热布卡定居点、昔郎村红土寺定居点、型木达村型木达定居点；岗木达乡达日村日寺灯、秋吉塘定居点、昂科村龙溪沟定居点、岗木达村尕尔玛定居点、章光村章光定居点、明达村明达定居点；吾依乡吾依村多德定居点、卡龙村达德定居点；上壤塘乡仁棚村勒仓多定居点；宗科乡加斯满村加斯满、泽吾都定居点、卧龙村卧龙定居点；茸木达乡洞窝村洞窝定居点、牙格车村牙格车定居点；石里乡中达石沟村波巴、曾拉定居点、上达石沟村两河定居点；南木达乡阿斯玛村鸽飞定居点；中壤塘乡查托村贡塘坝定居点；上杜柯乡西穷村雪花（六畜、甲拉塘）定居点。

第三章　项目建设

一、定居房建设（责任单位：乡党委、政府，定居点项目实施领导小组）

结合我县实际，定居点民房建设采取统规自建或以乡、村为单位统规统建的方式进行建设。民房新建户建设方案由县规划建设局制定。改建户房屋，必须严格按照“五改、两配、一风貌”建设要求予以建设。

（一）新建定居房

新建定居房宅基地面积：户均不超过300平方米；

定居房面积标准：以户为单位，人口3人（含3人）以下的建筑面积不小于80平方米，人口在4~5人的建筑面积不小于100平方米，人口在6人（含6人）以上的建筑面积不小于120平方米。同时最大建筑面积应控制在160平方米以内。

定居房补助标准：

1. 人口在3人及以下的牧户每户建房补助1.3万元，产业发展补助0.7万元；
2. 人口在4—5人的牧户每户建房补助1.7万元，产业发展补助0.8万元；
3. 人口在6人及以上的牧户每户建房补助2.1万元，产业发展补助0.9万元；
4. 对相同人口的特困牧户每户增加建房补助0.2万元。

（二）改建定居房

以“五改、两配、一风貌”为主要内容的提升改造。主要包括：改厨、改圈、改厕、改门、改窗，配床、配凳和具有当地民族特色的室内外风貌建设。

改建民居补助标准为：

1. 人口在4人及以下的牧户提升改造住房每户补助0.7万元，产业发展补助0.6万元；
2. 人口在5人及5人以上的牧户提升改造住房每户补助0.8万元，产业发展补助0.7万元；
3. 对相同人口的特困牧户每户增加提升改造住房补助0.2万元。

二、公共基础设施建设（责任单位：县扶贫两资以工代赈办公室，代建单位，乡党委、政府，定居点项目实施领导小组）

定居点公共设施以政府为建设主体，由县扶贫两资以工代赈办公室行使项目业主，原则上实行“代建制”。

（一）村民活动中心建设　按照“保证规模、增强功能、综合利用”的原则，在牧民定居行动计划中配套建设村民活动中心。重点新建实施牧民定居村的村民活动中心，已建有村民活动中心的村，其面积机构只要符合要求，尽量提升功能规范管理。村民活动中心首先解决村“两委会”的办公和群众集会场所，建立完善牧区党员远程教育站点，在教育培训党员、开展党组织活动、宣传先进文化等方面充分发挥作用。同时，配套建设科技文化书屋、医疗室、广播电视、幼儿园等配套附属设施，在美化、绿化、硬化上做文章，把村民活动中心建设成当地的标志性建筑。2010年，全县新（改）建村民活动中心22个，建筑面积原则控制在280平方米/个，造价控制在1500元/平方米以内。

（二）卫生设施建设　村卫生室统一纳入村活动中心建设，面积一般在50平方米左右，设置

相对独立的诊疗室、药械室和医疗器械（消毒锅、血压计、急救箱、药品柜、观察床、诊断桌椅、小型急救器械及通信工具等基本诊疗设备）。同时，对每个村卫生室配备医务人员1～2名、药品周转金0.5万元和运行维护费0.5万元。

（三）牧家书屋建设　在村民活动中心内统一建立村级科技服务站及牧家书屋，建筑面积不低于40平方米，功能上包括书刊阅览、影视播放、农技培训等，基本做到布局合理、分区明确。同时，对每个牧家书屋分别配备相关费用0.5万元~1万元。

（四）广播电视设施建设　结合我县实际，在各个定居点分别解决3万元用于安装卫星电视接收设备1套，解决定居户广播电视接收难问题。

（五）文体广场建设　在村活动中心附近，因地制宜地建立群众体育娱乐活动场地，添置必要的体育健身设备。

（六）商贸网点建设　利用村民活动中心，建立商业网点，计划每村设置1个。

（七）村内道路　拟建设定居点村内干道18公里（定居点内道路硬化），次道67.5公里，入户道路62公里。村内干道原则按宽3～4.5米、厚20厘米、长1公里的C30砼路面设计；次道原则按宽2～3米、长2.5公里泥结碎石路面设计，入户道路原则按宽1.2米、厚8厘米、长2.2公里的C20砼路面设计。

（八）安全饮水　拟建高位水池27处，配套管网16.5公里。

（九）电力供应　拟建设10KV线路26公里，安装变压器26台。

（十）排污管网拟建设排污管网28公里。

（十一）垃圾收集点　拟建设垃圾收集点27处。

（十二）广播电视村村通建设　拟建卫星电视节目接收设备27套。

（十三）公共厕所　拟新建公共厕所29座。

（十四）其他设施建设　拟新建桥、涵15座，河堤、挡墙6.8公里，路灯100盏，地基平整及软土换填215400平方米。

三、配套产业建设（责任单位：县畜牧兽医局，县农业水务局，县旅游局，县科技局）

为进一步搞好牧民定居行动计划工程建设，为定居后农牧民创造良好的生产、生活条件，保证其具有稳定的收入来源和生产、生活保障，县畜牧兽医局、县农业水务局、县旅游局、县科技局等部门要充分发挥行业优势，加大对定居点后续产业的投入，不断增加定居农牧民收入。各乡党委、政府和定居点项目实施领导小组，要结合各定居点实际，与有关部门搞好对接，动员定居农牧民积极投入到发展生产、提高收入的各项项目建设中。

四、消防设施（责任单位：县消防大队、乡党委、政府，定居点项目实施领导小组）

针对我县各定居点实际，对定居点安置户数、人数作相应要求，平均每个牧民定居点定居户控制在30～50户左右，总体以大分散、小集中定居。由于我县地处高原，房屋和牲畜棚圈建设大多为石木质结构，牧民群众的生活用品无特殊的化学防火要求，易燃点极低。因此，在加强防火管理和消防设施上，要求每户建储水池1个，冬季储水池封冻后，配合压水井和管道取水，用于消防灭火，同时对户与户之间的间隔距离要求为4～8米。

五、节能环保措施（责任单位：县环保局，县国土资源局，县农业水务局，县林业局）

节约资源和保护环境是我国基本国策，建设资源节约型和环境友好型社会是落实科学发展观，构建社会主义和谐社会的战略决策。定居点工程建设将严格按照2001年1月1日起施行的《四川省〈中华人民共和国节约能源法〉实施办法》执行，结合我县实际，提出以下节能措施。

——建筑材料要求：按照循环经济的理念，积极引导农牧民选择适宜环保、节约的新型建材，使定居建设的基本建筑材料符合节能、降耗、环保的要求。

——住房节能要求：根据定居牧民经济条件，引导选用冬暖夏凉隔热保暖设计，采用大面积开窗和合理的房屋间距等方式，尽可能的获取自然采光及通风，以减少照明等能源的消耗。

——生产设施节能：牲畜棚圈以阳光房建设为主，适宜白天采集太阳光，墙体为保暖的土墙为主，便于确保牲畜在恶劣气候条件下过冬。

——照明要求：房屋间距合理，减少照明能耗，尽可能采用高效节能型灯具，节约能源。

——水源要求：各定居点尽可能建设安全饮水工程，高寒牧区以打井取水为主，同时加强设施、设备的管理，广泛宣传节约用水的良好生活习惯。

——取暖要求：引导农牧民选择适合高原牧区的保温取暖设施，多采用太阳和风能装置，充分利用当地的可再生能源。

——环保要求：严格执行设计规范中有关环保要求。

六、建材供应（责任单位：县农业水务局，县国土资源局，县林业局，县财政局，县政务服务中心，乡党委、政府，定居点项目实施领导小组）

——木材供应：在满足牧民生产生活需要和体现民族特色的前提下，本着节约、够用、实用的原则，由县林业局具体制定木材供应的指标、调配方式、采伐方式、调运方式和供应价格。

——沙石、水泥砖供应：由县农业水务局结合我县实际，与县财政局（国资）一道，采取比选竞价或招投标等方式在南木达、杜柯两个片区各选择一个施工队伍成立砂石经营公司生产、经营砂石、水泥砖，保障各定居点民建、公建所需砂石、水泥砖，禁止层层转包，增加国家和群众负担。

——其他建筑材料：民居建设所需水泥、钢材、砖瓦等建筑材料由乡党委、政府、定居点项目实施领导小组提出需求清单，经县牧民定居领导小组核定后，交物资供应小组采取集中采购的方式供给。

——建立健全材料供应机制：县人民政府统一制定材料供应机制；质监部门加强特供建材质量监督，严把建材质量关；物价部门制定本地建筑材料供应价格，保证牧民定居工程建筑材料价格最低、质量最优。

第四章 环境影响及水土保持

一、环境影响（责任单位：县环保局，县国土资源局、县卫生局）

——环境影响评价、地质灾害评估、土地审批意见和卫生学评价：壤塘县牧民定居工程2010年建设地为11乡22村27个定居点，项目区无工厂、无污染，定居点选择在离公路、水源较近的地方，海拔平均高度3300米以上。根据项目建设要求，由县环保局、县国土资源局、县卫生局协助定居办办理环境影响评价报告、地质灾害评估、土地审批意见、卫生学评价报告等相关手续。

——环境质量标准：环境空气执行《环境空气质量标准》（GB3095－1996）中二级标准；地表水执行《地表水环境标准》（GB3838－2002）Ⅱ类标准；声环境执行《城市区域环境噪音声标准》（GB3096－93）Ⅱ类标准；地下水执行《地下水质量标准》（GB/T14848－93）Ⅱ类标准。

——污染物排放标准：废气排放执行《大气污染物综合排放标准》（GB16297－1996）中二级；污水排放执行《污水综合排放标准》（GB8978－1996）二级标准；施工期噪音执行《建筑施工场界噪音限制》（GB12523－96）各阶段限制。

二、水土保持（责任单位：县畜牧兽医局，县国土资源局，县农业水务局，县林业局）

各部门要加大草原、草地、林区植被地恢复的投入力度，最大限度地恢复工程区域内的生态环境。各定居点工程建设应严格按照有关部门的要求和标准进行规划设计和建设。

第五章　投资概算及资金筹措

一、概算依据

投资概算主要依据：民房建设依据当地建筑材料市场价格、设施设备市场价格，并结合已实施的定居工程房屋建设投资水平予以测算。公共基础设施建设依据2009或2010年相关定额予以测算。

二、主要工程量

到2010年底，建成定居点27个、定居房1961套。拟建村民活动中心22个、6160平方米、文体广场22处、牧业技术服务站22个、牧家书屋22个、商业网点22个、卫生室22个、高位水池27处、供水管网16.5公里、排污管网28公里、村内干道18公里、村内次道67.5公里、入户道路62公里、10千伏线路26公里、变压器27台，广播电视村村通27套、垃圾收集点27处，桥涵15座、河堤挡墙6.8公里、公共厕所29个、路灯100盏、地基平整及软土换填215400平方米。

三、资金筹措方案

2010年我县牧民定居行动计划规划总投资为24894万元，其中，申请省、州定居行动安排资金12746.5万元，占总投资的51.12%；群众自筹资金7544.5万元，占总投资的30.3%；贷款资金4603万元，占总投资的18.49%。

第六章　工程建设期管理及措施

一、项目管理原则及依据

严格按照阿坝州牧民定居领导小组《关于印发〈阿坝州投资牧民定居行动计划项目代建制管理办法（试行）〉、〈阿坝州牧民定居行动计划财政专项资金管理暂行办法〉、〈阿坝州牧民定居行动计划行政问责制度（试行）〉、〈阿坝州牧民定居新村基础设施和公共建筑工程招标投标规程〉、〈阿坝州牧民定居行动计划建材特供方案（试行）〉》的通知（阿州定居领〔2009〕11号）文件要求，严格计划管理，保证计划的严肃性。牧民定居工程涉及面广，要求严格，必须按照国家、省、州有关要求和基本建设程序及政府投资项目管理的有关规定组织实施，确保项目严格按照国家、省批准的计划，按期建成并交付使用。

二、组织保障及职能职责

(一) 组织保障

为切实加强对2010年牧民定居行动计划工作的领导，推动牧民定居行动计划的实施，成立牧民定居行动计划领导小组，其组成人员如下：

组　　长：王　生　　中共壤塘县委书记
第一副组长：克　克　　县委副书记、县人民政府县长
常务副组长：陈继东　　县委副书记
副 组 长：何志富　　县委常委、县人民政府常务副县长
　　龙　凌　　县政协主席
　　陈宇生　　县委常委、县纪委书记
　　孙建成　　县人大常委会常务副主任
　　邹德跃　　县人民政府副县长
成　　员：杨成斌　　县公安局局长
　　闵　胜　　县委办主任
　　周志斌　　县委办副主任、县群众和信访工作局局长
　　赵春平　　县纪委副书记、县监察局局长
　　曾玉军　　县委组织部副部长、县老干局局长
　　王　东　　县委宣传部副部长、县精神文明办主任
　　李祥凯　　县委农工办主任
　　马继明　　县政府办主任
　　张东升　　县发改委主任
　　二健夺杰　　县教育局局长
　　更　单　　县民政局局长
　　谢　青　　县财政局局长
　　华永东　　县国土资源局局长
　　周全和　　县规划建设局局长
　　泽　果　　县农业水务局局长
　　郑科志　　县交通局局长
　　蔡永国　　县林业局局长
　　王仕权　　县卫生局局长
　　孙福体　　县民族宗教局局长
　　杜万兵　　县审计局局长
　　李成琼　　县统计局局长
　　余贵生　　县畜牧兽医局局长
　　唐国强　　县扶贫两资以工代赈和综合防治大骨节病办公室主任
　　建　设　　县广播电影电视局局长
　　泽仁郎加　　县文化体育局局长

杨学忠	县粮食局局长
甘崇山	县旅游局局长
李炳权	县安监局局长
三郎头	县环境保护局局长
钟世贵	县科技局局长
尕让塔	县物价局局长
陈　刚	县防震减灾局局长
崔祖全	县质量技术监督局稽查大队大队长
雍尚荣	县电力公司经理
曾　义	壤塘电信分公司经理
马世俊	壤塘移动分公司经理
罗雨贵	县农行行长
泽永东	县信用联社理事长
陈昌福	蒲西乡党委书记、人大主席
李　刚	蒲西乡乡长
优　仁	上壤塘乡党委书记、人大主席
彭　杰	上壤塘乡乡长
曹俊洪	尕多乡党委书记、人大主席
袁玉俊	尕多乡乡长
泽　郎	南木达乡乡长
张万贵	茸木达乡党委书记、人大主席
朱学爵	茸木达乡乡长
索郎旦	岗木达乡党委书记、人大主席
朵　强	岗木达乡乡长
艾志勇	吾依乡党委书记、人大主席
何　洛	吾依乡乡长
罗　壤	宗科乡党委书记、人大主席
杨发义	宗科乡乡长
查欲晓	石里乡党委书记、人大主席
刘　辉	石里乡乡长
韩明德	上杜柯乡党委书记、人大主席
约谭罗尔吾	上杜柯乡乡长
德　灯	中壤塘乡党委书记、人大主席
陈　钢	中壤塘乡乡长

领导小组下设牧民定居行动计划督查小组、物资供应小组、资金管理小组、各乡、村定居点项目实施领导小组，各小组要根据具体工作分工制定出相应的管理办法。领导小组办公室单独设

立，由县委常委或副县级领导兼办公室主任，县扶贫两资以工代赈办主任、县委农工办主任、县发改委党组书记兼办公室副主任，办公室工作人员分别从县规划建设局、县畜牧兽医局、县农业水务局、县扶贫两资以工代赈办等部门抽调，负责处理日常事务。

牧民定居行动计划是一项重大民生工程，县委、县政府将作为各乡镇、部门和领导干部目标考核的重要内容，列入各乡镇和部门重要督查事项，强化督促检查。同时，要不断深入开展调查研究，加强指导和服务，帮助基层解决牧民定居新村建设中出现的困难和问题，确保牧民定居行动计划各项工作落到实处。

1. 牧民定居领导小组办公室

主　任：邹德跃　县人民政府副县长

副主任：唐国强　县扶贫两资以工代赈办主任

李祥凯　县委农工办主任

樊兴建　县发改委党组书记、副主任

成　员：田　辉　杜　兵　刘志勇　邹建光　杨富全　阿　刚

2. 督查小组

组　长：陈继东　县委副书记

副组长：陈宇生　县委常委、县纪委书记

张定发　县人大常委会副主任

俄旺旦真　县政协副主席

成　员：周志斌　县委办公室副主任、群众和信访工作局局长

佘　斌　县委督查室主任、县委农工办副主任

赵春平　县纪委副书记、监察局局长

周全和　县规划建设局局长

谢　青　县财政局局长

杜万兵　县审计局局长

周玉贵　县政府办公室副主任

3. 宣传小组

组　长：魏志敏　县委常委、县委宣传部部长

副组长：建　设　县委宣传部副部长、县广播电影电视局局长

成　员：黄　雷　县委宣传部副部长

杨富全　牧民定居办公室工作人员

4. 物资供应小组

组　长：何志富　县委常委、县人民政府常务副县长

副组长：朱　钰　县人民政府副县长

杨成斌　县公安局局长

泽　果　县农业水务局局长

华永东　县国土资源局局长

谢　青　县财政局局长
蔡永国　县林业局局长
王鸣涛　县政务服务中心主任
杨丽萍　县民族贸易医药有限责任公司总经理
成　员：赵春平　县纪委副书记、县监察局局长
张东升　县发展和改革委员会主任
尕让塔　县物价局局长
崔祖全　县技术监督局副局长

5. 资金管理小组

组　长：何志富　县委常委、县人民政府常务副县长
副组长：邹德跃　县人民政府副县长
成　员：赵春平　县纪委副书记、监察局局长
谢　青　县财政局局长
唐国强　县扶贫两资以工代赈办主任
杜万兵　县审计局局长

6. 各乡、村项目实施领导小组

上杜柯乡西穷村雪花、六畜、甲拉塘定居点组
组　长：张力生
副组长：韩明德
成　员：约谭罗尔吾　电力公司　村支部书记　村委会主任

石里乡中达石沟村波巴寨定居点组
组　长：阿　达
副组长：查欲晓
成　员：刘　辉　科技局　村支部书记　村委会主任

石里乡上达石沟村斜科、两河、四蒙古定居点组
组　长：龙　凌
副组长：查欲晓
成　员：刘　辉　环保局　县委党校　村支部书记　村委会主任

上壤塘乡仁棚村勒仓多定居点组
组　长：杨　军
副组长：优　仁
成　员：彭　杰　审计局　村支部书记　村委会主任

上壤塘乡雪木达村休多定居点组
组　长：陈宇生
副组长：优　仁
成　员：彭　杰　县纪委（监察局）　村支部书记　村委会主任

宗柯乡加斯满村泽吾都定居点组

组　长：王维新

副组长：罗　壤

成　员：杨发义　壤塘公路分局　村支部书记　村委会主任

宗柯乡卧龙村二根多寨定居点组

组　长：张志贵

副组长：罗　壤

成　员：杨发义　林业局　村支部书记　村委会主任

中壤塘乡查托村贡塘坝定居点组

组　长：何晓刚

副组长：德　灯

成　员：陈　钢　教育局　村支部书记　村委会主任

尕多乡热布卡村热布卡定居点组

组　长：文成才

副组长：曹俊洪

成　员：袁玉俊　民政局　村支部书记　村委会主任

尕多乡昔郎村红土寺定居点组

组　长：陈　尧

副组长：曹俊洪

成　员：袁玉俊　组织部　村支部书记　村委会主任

尕多乡型木达村型木达定居点组

组　长：王久洪

副组长：曹俊洪

成　员：袁玉俊　县医院　村支部书记　村委会主任

吾依乡卡龙村达德、白尔岗定居点组

组　长：穹　洛

副组长：艾志勇

成　员：杜子军　县妇联　村支部书记　村委会主任

吾依乡吾依村多德定居点组

组　长：孙建成

副组长：艾志勇

成　员：杜子军　广播电影电视局　村支部书记　村委会主任

南木达乡阿斯玛村鸽飞定居点组

组　长：周　莲

副组长：泽　郎

成　员：罗　涛　检察院　村支部书记　村委会主任

茸木达乡牙格车村牙格车定居点组
组　长：马秀珍
副组长：张万贵
成　员：朱学爵　国税局　信用联社　村支部书记　村委会主任
茸木达乡洞窝村洞窝定居点组
组　长：贾　格
副组长：张万贵
成　员：朱学爵　国税局　信用联社　村支部书记　村委会主任
岗木达乡达日村日寺灯、秋吉塘定居点组
组　长：张　楫
副组长：索郎旦
成　员：朵　强　县国土资源局　村支部书记 村委会主任
岗木达乡昂科村龙溪沟定居点组
组　长：赵拥军
副组长：索郎旦
成　员：朵　强　计生委　村支部书记　村委会主任
岗木达乡岗木达村尕尔玛定居点组
组　长：魏志敏
副组长：索郎旦
成　员：朵　强　壤柯镇　物价局　村支部书记　村委会主任
岗木达乡章光村章光定居点组
组　长：朱　钰
副组长：索郎旦
成　员：朵　强　邮政局　村支部书记　村委会主任
岗木达乡明达村明达定居点组
组　长：史志刚
副组长：索郎旦
成　员：朵　强　交管站　村支部书记　村委会主任
蒲西乡尤日村中尤日定居点组
组　长：扎　泽
副组长：陈昌福
成　员：李　刚　财政局　村支部书记　村委会主任
蒲西乡蒲西村卡龙寨、波荷寨定居点
组　长：江兴学
副组长：陈昌福
成　员：李　刚　统计局　村支部书记　村委会主任

（二）职能职责

领导小组：领导小组负责对全县牧民定居行动计划工作的统筹规划、安排部署、组织协调、督促指导，并不断深入开展调查研究，加强指导和服务，帮助解决牧民定居建设中出现的困难和问题，确保牧民定居行动计划各项工作落到实处。

组长、副组长：负责牧民定居行动计划各项工作的统一指挥，协调安排部署牧民定居行动计划工作。

牧民定居领导小组办公室：负责编制上报项目可行性研究报告、年度实施方案的报批工作，处理我县牧民定居行动计划日常工作，及时准确上报工程进度、信息、简报等，收集整理牧民定居行动计划档案并归卷。

县委组织部：负责牧民定居行动计划地区干部的配备，交流、教育和培训，加强基层组织建设，按照牧民定居行动计划要求，配置或完善村民活动中心建设。

县委宣传部：负责牧民定居行动计划工作的宣传和正确的舆论引导，调动社会力量支持牧民定居行动计划工作；收集有价值的新闻图片、文稿、影像等宣传资料，营造良好的舆论氛围，确保“民心工程”深入民心。

县发改委：负责牧民定居行动计划项目立项申报和资金争取，会同有关部门统筹建设资金和项目整合，做好实施项目的审核和监督工作；负责争取中央把我县4300户牧民全部纳入国家游牧民定居工程实施范围，并争取中央补助资金；负责牧民定居行动计划各项目招标投标的审批和监督，备案资料归档，相关数据收集上报工作。配合县牧民定居办编制上报项目可行性研究报告、年度实施方案的报批工作。

县统计局：负责收集相关数据，及时上报牧民定居行动计划各类数据。

县规划建设局：负责各定居点的规划设计，提出新建民居建设方案，监督管理各定居点公共基础设施建设项目和民居建筑质量，办理项目所需相关手续等工作。会同相关部门做好定居点的选址定点、土地使用、地质灾害评估、环境影响评价、卫生学评估、消防意见等工作。

县扶贫两资以工代赈办公室：负责各定居点公共基础设施建设项目的组织与实施。按照已批准的规划设计做好项目施工设计和招投标工作，及时上报与工程有关的各类数据和信息，指导监督各定居点项目实施领导小组抓好项目的具体建设，按工程建设和招投标的要求，督促代建单位或施工队伍保质保量完成工程建设内容。协助定居办和相关部门全力推进牧民定居行动计划。同时，抓好大骨节病易地搬迁与牧民定居民房建设补助资金的对接。

县委、县政府督查室：负责对牧民定居行动计划项目建设进度、工程质量、资金管理等工作进行督促检查。

县科技局：负责对定居点建好科技服务站，配备科技服务教材，搞好科普宣传，开展科技扶贫，努力提高牧民定居行动计划项目点牧民科技素质，为牧民定居行动计划农牧产业结构调整、后续产业发展提供科技服务。

县监察局：负责对项目建设和项目资金的监督管理。

县财政局（国资）：负责牧民定居行动计划项目资金的争取、安排、管理、监督等工作。协助县农业水务局抓好砂石等材料的供应，会同项目实施部门抓好招投标前的财政评审工作。

县公安局：负责维持牧民定居行动计划工程施工现场及建成后的牧民定居区的社会治安秩序，确保牧民定居区稳定。

县民族宗教局：搞好定居点牧民意愿调查，负责全面反映牧民定居行动计划的需求，全面落实党的民族宗教政策，协调做好定居点群众思想动员工作。

县交通局：在执行已有道路建设规划的基础上，适当调整原有规划，优先安排牧民定居行动计划定居点通村公路规划和建设，负责通村公路建设的技术指导和质量监督。

县农业水务局：负责成立片区沙石经营公司，组织牧民定居行动计划工程所需沙石等材料的供应，根据行业职能职责抓好定居点配套产业建设其他各项工作。

县电力公司：负责按照农村农网改造工程技术规程，对定居点供电线路和设施进行建设和改造维修，解决牧民定居点群众用电问题。

县畜牧兽医局：负责各定居点定居户牲畜棚圈、暖棚、贮草棚等生产设施的建设。会同农业、旅游、科技、文体等部门做好农牧业、特色旅游等产业发展规划，同时，抓好项目、资金争取，以经济发展成果支撑牧民定居行动计划建设和农村社会事业全面发展。

县广播电影电视局：负责与电信等相关部门，围绕定居新村建设，积极争取项目投入，切实搞好牧民定居新村的广播电视服务，进一步推进“西新工程”、“村村通工程”建设，提高定居点群众广播电视覆盖率。

县国土资源局：负责牧民定居点建设土地审批、地质灾害评估等工作。

县环保局：负责牧民定居点环境影响评价等工作。

县卫生局：负责牧民定居点卫生学评估，确保“一村一室”医务人员、医疗器械、疾病预防、妇幼保健、健康教育等工作，结合农牧民卫生习惯养成教育活动，督促村两委会加强定居点卫生和环境管理等工作。

县审计局：负责定期对牧民定居行动计划建设资金进行严格审计，杜绝挤占、挪用、贪污等行为。同时，会同项目实施部门做好建设项目的竣工决算和审计工作。

县教育局：负责强化“控辍保学”措施，提高学龄儿童入学率，优化调整学校布局，强化师资队伍建设，提高教育教学质量，大力推进职业教育。

县林业局：负责向上级争取木材指标，解决定居点建设所需木材，提出木材供应方案，抓好林业后续产业规划编制及组织实施。

县粮食局：负责牧民定居行动计划中大骨节病人的口粮供应。

县质监局：负责定居点工程各类材料及定居点项目建设质量监督检查。

县安监局：负责牧民定居点安全工作，会同项目实施部门办理相关施工手续及证件。

县物价局：负责制定定居点工程本地建筑材料的价格，指导、调控其他材料价格。

县电信分公司、县移动分公司：负责定居点通讯设施建设。

县文化体育局、县旅游局：负责牧民定居点文化体育设施建设，做好特色旅游等产业的发展规划。

县农行、县信用联社：负责牧民定居项目建设政策范围内的资金支持等。

督查小组：负责定期或不定期对定居点项目建设进行全面督促检查。

物资供应小组：负责项目实施所需物资的生产、采购、运输和发放工作。

资金管理小组：严格按照国家、省、州牧民定居行动计划资金管理使用办法，核准定居房建设和公共基础设施建设所需资金量，确保资金的使用效应。

各乡、村定居点项目实施领导小组：结合定居点项目建设实际，派驻专人进驻施工现场，与项目实施部门、乡党委、政府一道，组织实施民居房和公共基础设施建设项目。负责处理民建、公建所需占地和其他协调工作。

牧民定居点乡党委、政府：与乡、村定居点项目实施领导小组一道负责解决公建、民建占用地，组织实施牧民定居房建设。同时负责定居点群众宣传动员、维持建设项目内外环境工作，协助项目实施部门对定居点公共设施建设质量进行监督检查等工作。

代建单位的主要职责：

1. 依据批准的项目建议书组织开展项目可行性研究报告编制及报批工作；

2. 组织开展工程勘察、设计等招标工作，并将招标投标情况和中标通知书报州、县代建项目管理部门和州、县发改委备案；

3. 组织开展项目初步设计及概算的编制及报批工作；

4. 组织施工图设计文件的编制及报批工作；

5. 组织工程施工、监理和设备、公建材料采购招标，并将招标投标情况和中标通知书报州、县代建项目管理部门和州、县级有关部门备案；

6. 办理计划、规划、土地、拆迁、施工、环保、消防、水电、园林、绿化和市政等有关报批手续；

7. 负责工程合同的洽谈与签订；

8. 编制项目年度投资计划和年度基建支出预算，报送州、县代建项目管理部门和使用单位；

9. 按州定居办和州发改委下达的投资计划和州财政局批准的年度基建支出预算，提出项目拨款申请送州、县代建项目管理部门审查后予以拨付；代编项目财务报表，按月向州、县财政局及代建管理部门、县级相关部门报送工程进度和资金使用情况；

10. 向州、县建设行政主管等有关部门报告工程质量安全情况；

11. 组织工程中间验收和竣工验收，并将验收结果报告州、县代建项目主管部门；

12. 编制项目竣工财务决算报告，经州、县代建项目管理部门审查后报州、县财政局审批。负责将项目竣工及有关项目建设的技术资料完整地整理汇总移交，并按批准的资产价值向使用单位办理资产交付手续。

三、工程项目管理

在定居点各项工程实施过程中，工程项目实施部门或代建单位以及定居点项目实施领导小组要派驻专人深入定居点施工现场进行监督指导，严把工程建设安全关、质量关、进度关，确保定居点各项工程建设按时、保质、保量完成。

工程项目建成交付使用后，乡党委、政府、村两委会要层层签订《项目管理使用责任书》，责任落实到村、到户，确保项目使用的效益性、长久性、安全性和适用性。

四、资金管理

按照国家、省、州资金管理办法和相关规定，项目资金实行专账管理、专账核算、确保专款专用；按照公开、公平、公正的原则，利用报刊、电视、网络等媒体，对专项资金的分配和使用进行公告、公示，在项目实施地对具体项目实行张榜公布，提高资金使用透明度；实行资金报账制，按项目资金使用计划和工程建设进度，分批次、分别在项目启动、中期、竣工、验收合格后按3:3:1:3比例予以拨付；建立资金管理审计制。工程完工后对资金使用情况进行审计，对转移、挪用、拖欠、挤占、贪污等违纪违法行为，要严肃查处，并追究相关责任人的责任。

五、进度安排

2009 年 7—8 月：宣传动员，完成入户调查，确定定居对象，确定牧民定居点选址定点。

2009 年 9—11 月：完成各定点的地质勘查、地形测绘、规划设计等前期工作；完成牧民住宅建筑设计，包括 80 平方米、100 平方米、120 平方米以上 3 种户型等多个设计方案；完成《壤塘县 2010 年牧民定居行动计划实施方案》编制工作。

2009 年 12 月至 2010 年 1 月：完成定居点公共基础设施项目的施工设计和招投标工作，做好项目实施前准备工作。

2010 年 2—10 月：组织项目实施，完成 1961 户、9805 人定居房屋土建工程、配套设施等建设。

2010 年 11—12 月：组织工程自查、验收，总结推广牧民定居行动计划建设工作经验，开展下一阶段的牧民定居点建设实施方案编制工作。

六、督导检查

县委、县政府强化督办工作，对牧民定居工程进展情况实行季度通报制度，逗硬奖惩。

七、验收标准

（一）*定居房建设*　定居房必须严格按照省、州规定时限建设完成。各牧民定居点建房户必须在 2010 年 1 月 30 日前完成水泥、钢材的储备，3 月 30 日前完成沙石、木材等材料的储备，4 月 1 日至 9 月 15 日前完成定居房全面建设。各乡、村项目实施领导小组要严格按照规划设计要求，抓好民房建设质量、安全工作，分时间段做好自查验收准备工作，确保定居房建设验收合格。（项目初验时间为 8 月 15 日、9 月 1 日、9 月 15 日）

（二）*公共基础设施建设*　公共基础设施建设按照招投标有关规定，项目实施单位务必抓紧建设工期，保质保量按时完成建设任务，并做好项目资料的收集、整理、归档，把好项目建设质量关和资金使用关。

（三）*帮村部门及联系乡领导*　帮村部门、联系乡领导是顺利完成牧民定居行动计划工作的重要保障，对各个定居点建设起着领导、指导、监督和协调作用，帮村部门及联系乡领导要充分发挥协调纽带作用，共同努力完成该项任务。

（四）*考核主体单位*　中共壤塘县委、县政府目标办、县牧民定居领导小组办公室。

中共壤塘县委
关于印发《壤塘县2010年人才队伍建设实施意见》的通知

壤委〔2010〕16号

各乡镇党委、政府，县级各部门，壤塘公路分局：

为贯彻落实中央、省、州关于人才队伍建设中长期规划纲要的通知，进一步深化我县人才队伍建设，建设善于推动“两个加快”，促进社会和谐的高素质干部人才队伍，经县委、县政府研究同意，现将《壤塘县2010年人才队伍建设实施意见》印发给你们，请结合实际认真贯彻执行。

制定实施《壤塘县2010年人才队伍建设实施意见》是贯彻落实科学发展观，更好地实施人才强国战略的重大举措，是在激烈的国际竞争中赢得主动的战略选择，对于加快经济发展方式转变，全面建设小康社会奋斗目标，实现藏区跨越式发展和社会长治久安具有重大意义。

各乡镇党委政府和县级各部门要把人才作为经济发展的第一资源摆在突出位置，加强对《壤塘县2010年人才队伍建设实施意见》的组织领导。要组织广大干部群众特别是各级领导干部认真学习《壤塘县2010年人才队伍建设实施意见》，深刻理解《壤塘县2010年人才队伍建设实施意见》提出的新思想新理念，深刻理解人才发展的重点任务和重要举措，进一步增强做好人才工作的紧迫感和自觉性。要开展广泛深入的宣传活动，在全县形成有利于人才队伍建设实施的良好舆论氛围。要结合各乡镇、各部门实际，采取有力措施，把《壤塘县2010年人才队伍建设实施意见》提出的各项任务落到实处。

中共壤塘县委
壤塘县人民政府
2010年3月11日

壤塘县2010年人才队伍建设实施意见

一、指导思想

高举中国特色社会主义伟大旗帜，以邓小平理论和“三个代表”重要思想为指导，深入贯彻落实科学发展观，尊重劳动，尊重知识，尊重人才，尊重创造，更好实施人才强国战略，坚持党管人才原则，遵循社会主义市场经济规律和人才成长规律，加快人才发展体制机制改革和政策创新，扩大对外开放，开发利用国内国际两种人才资源，以高层次人才、高技能人才为重点统筹推进各类人才队伍建设，为实现藏区跨越式发展和社会长治久安提供坚强的人才保证和广泛的智力支持。

二、人才队伍建设主要任务

（一）大力开发经济社会发展急需紧缺专门人才

发展目标：适应发展现代产业体系和构建社会主义和谐社会的各类急需紧缺人才。重点在信息、生态环境保护、能源资源、交通运输、农业科技等经济重点领域以及教育、医药卫生、防灾减灾等社会发展重点领域的急需紧缺专门人才。

主要措施：加强产业、行业人才发展统筹规划和分类指导，围绕重点领域发展，开展人才需求预测，定期发布急需紧缺人才目录。根据人才规划，制定人才特别是急需人才的倾斜政策，加强急需人才的培养，完善科研骨干人才分配激励办法，建立相关部门人才开发协调机制。

（二）统筹推进各类人才队伍建设

1. 党政人才队伍

发展目标：按照加强党的执政能力建设和先进性建设的要求，以科级领导干部为重点，建设一支政治坚定、勇于创新、勤政廉洁、求真务实、奋发有为的较高素质党政人才队伍。

主要举措：适应科学发展要求和干部成长规律，开展干部教育培训，加强干部自学。构建理论教育、知识教育、党性教育和实践锻炼“四位一体“的干部培养教育体系。坚持德才兼备、以德为先用人标准，坚持民主、公开、竞争、择优改革方针，树立坚定信念、注重品行、崇尚实干、重视基层、群众公认的用人导向。加强妇女干部、少数民族干部和非中共党员干部培养选拔和教育培训工作。实施促进科学发展的干部综合考核评价办法。完善党政人才分类管理制度。加大领导干部跨地区跨部门交流力度，推进党政机关重要岗位干部定期交流、轮岗。健全权力约束制衡机制，加强干部管理监督。

2. 专业技术人才

发展目标：适应社会主义现代化建设的需要，以提高专业水平和创新能力为核心，以高层次人才和紧缺人才为重点，打造一支较高素质专业技术人才队伍。

主要举措：进一步扩大专业技术人才队伍培养规模，提高专业技术人才创新能力。构建分层分类的专业技术人才继续教育体系，加快实施专业技术人才知识更新工程。发挥各类社会组织培养专业技术人才的作用，制定双向挂职、短期工作、项目合作等灵活多样的人才柔性流动政策，促进专业技术人才合理分布。改进专业技术革新人才收入分配等激励办法，改善基层专业技术人才工作、生活条件，注重发挥离退休专业技术人才的作用。

3. 农村实用人才队伍

发展目标：围绕社会主义新农村建设，以提高科技素质、职业技能和经营能力为核心，以农村实用人才带头人和农村生产经营型人才为重点，着力打造服务农村经济社会发展，数量充足的农村实用人才队伍。每个行政村特色产业至少有1－2名示范带动能力强的带头人。

主要举措：大规模开展农村实用人才培训，充分发挥农村现代远程教育网络、各类农民教育培训项目、农业技术推广体系、各类职业学校和培训机构的主渠道作用。鼓励和支持农村实用人才带头人牵头建立专业合作组织和专业技术协会，积极扶持农村实用人才创业兴业，加大对农村实用技术人才的表彰激励和宣传力度，继续开发城乡人才对口扶持以及科技人才下乡支农工作。

三、组织实施

（一）加强对《人才队伍建设实施意见》的组织领导

壤塘县人才工作协调小组负责《人才队伍建设实施意见》的统筹协调和宏观指导。制定各项目标任务的分解落实方案和重大工程实施办法。建立《人才队伍建设实施意见》的监测、评估、考核机制，加强督促检查。

（二）建立健全人才队伍建设体系

各乡镇、县级各部门要以全县《人才队伍建设实施意见》为指导，根据实际，结合本乡镇、本部门制定出自身的人才队伍建设实施意见。

中共壤塘县委办公室　壤塘县人民政府办公室关于印发《深化千里文明走廊壤塘段创建活动的实施方案》的通知

壤委办〔2010〕58号

各乡（镇）党委、政府，县级各部门，壤塘公路分局：

现将《深化千里文明走廊壤塘段创建活动的实施方案》印发给你们，请按照文件要求认真贯彻落实。

中共壤塘县委办公室
壤塘县人民政府办公室
2010年5月19日

深化千里文明走廊壤塘段创建活动的实施方案

根据中共阿坝州委办公室、阿坝州人民政府办公室《关于转发〈关于深化千里文明走廊创建活动方案〉的通知》，为切实开展好我县深化千里文明创建活动，拓宽创建面，拓展创建内容和创建方式，巩固和提高创建成果，为建设生态环境优良、经济加快发展、社会和谐稳定、民族团结进步的社会主义新壤塘提供强大精神动力、营造文明社会环境。结合我县实际，特制定本方案。

一、指导思想

以邓小平理论、“三个代表”重要思想、党的十七大精神为指导，深入贯彻落实科学发展观，以精神文明、生态文明连片创建为载体，大力培育和弘扬民族精神、时代精神和创新精神，全面提高干部群众的思想道德素质和科学文化素质，结合旅游二次创业，推进文化与旅游相融互动，以国道317线为主轴，将深化千里文明走廊创建活动延伸连接到杜柯河线（上杜柯、岗木达、吾依、石里、蒲西、宗科）、则曲河线（上壤塘、中壤塘、尕多、南木达、茸木达），辐射到全县城乡、农村，把我县创建成环境优美、自然洁净、民风淳朴、管理有序的千里文明走廊，为建设国际旅游精品区营造良好的外部环境。

二、活动内容及形式

以“三个代表”重要思想和党的十七大精神为指导，以“讲文明树新风、展示壤塘新形象”为主题，以积极开展群众性精神文明创建活动和公民道德实践活动为载体，大力培育和弘扬民族精神，在全县范围内有针对性地开展思想道德教育、普法教育、治安整治、环境美化、基础设施建设、志愿者活动、对外联谊活动、主题节庆活动和知识竞赛等活动，全面提升壤塘旅游的知名度和美誉度。

三、活动主题及时间安排

2010年至2013年，分为四个阶段，每年确定一个主题。

2010年以“迎世博·促和谐”为主题，结合上海举办世博会，开展一系列创建活动，为世博会的成功举办营造安定和谐的政治环境，吸引更多海内外游客来我县观光旅游。

2011年以“建心路·伸援手·比贡献”为主题，结合国道317线在我县开工建设之机，通过“我为心路建设做贡献”等活动，广泛组织文明单位、青年志愿者，在全县范围内掀起参与公路建设的高潮。

2012年以“高原生态·文明建设”为主题，开展一系列生态建设与文化互动的创建活动，全面加快我县生态文明建设步伐。

2013年以“生态家园·园林故乡”为主题，畅通和美化旅游大通道，举办学术交流及观摩考察等创建活动，吸引国内外游客参与。以建立“中国觉囊文化中心”为载体，深化文化体制改革，促进文化产业的大发展、大繁荣，做到旅游与文化有机结合，为建立国际旅游精品区作贡献。

四、活动要求

县委宣传部牵头实施，各乡（镇）和有关部门按相关职责抓好落实。以精神文明、生态文明建设为主，涵盖政治文明、物质文明建设；立足县内，面向县外，互动开放，广泛参与；以活动创建，以活动督查，以活动连片，以活动提升，形成浓厚的创建氛围和鲜明的创建特色。

千里文明走廊创建活动是一项群众参与性强的活动，各级文明单位一定要充分认识创建工作的重要性，要以身作则，率先垂范，要充分调动和发挥广大干部职工的积极性和创造性，提倡从我做起，从点滴事情做起、把创建的任务落实到基层，落实到每个干部职工。做到有计划、有措施、有落实，形成良好创建氛围，不断完善和充实创建内容，常抓不懈，不断提高创建水平。

五、组织机构

成立壤塘县深化千里文明走廊创建活动指挥部。

顾　　问：陈　钢　州委常委、州委宣传部部长
总 指 挥：王　生　县委书记
　　　　　克　克　县委副书记、县人民政府县长
常务副总指挥：魏志敏　县委常委、县委宣传部部长
副 总 指 挥：李　洪　县委常委、县人民政府副县长
　　　　　张永发　壤塘林业局局长
　　　　　史志刚　县人民政府副县长

李怀金　县人武部部长
成　　员：杨成斌　县公安局局长
闵　胜　县委办公室主任
佘　斌　县委督查室主任
马继明　县人民政府办公室主任
王　东　县委宣传部副部长、县文明办主任
黄　雷　县委宣传部副部长
郑科志　县交通局局长
尕玛格拉　共青团壤塘县委书记
二健夺杰　县教育局局长
华永东　县国土资源局局长
周全和　县规划建设局局长
三郎头　县环保局局长
马德发　县工商局局长
蔡永国　县林业局局长
崔祖权　县质监局局长
霍德胜　县药监局局长
李炳权　县安监局局长
黄　毅　县国税局局长
魏　尚　县地税局局长
甘崇山　县旅游局局长
建　设　县广播电视局局长
泽仁郎加　县文化体育局局长
王仕权　县卫生局局长
何先渝　壤塘公路分局局长
杨晓浒　壤柯镇党委书记
申福全　壤柯镇镇长
优　仁　上壤塘乡党委书记
彭　杰　上壤塘乡乡长
德　灯　中壤塘乡党委书记
陈晓红　中壤塘乡副乡长
曹俊红　尕多乡党委书记
袁玉俊　尕多乡乡长
泽　郎　南木达乡党委书记
罗　涛　南木达乡乡长
张万贵　茸木达乡党委书记

朱学爵　　茸木达乡乡长
韩明德　　上杜柯乡党委书记
约谭罗尔吾　上杜柯乡乡长
索朗单　　岗木达乡党委书记
朵　强　　岗木达乡乡长
艾志勇　　吾依乡党委书记
何　洛　　吾依乡乡长
查欲晓　　石里乡党委书记
刘　辉　　石里乡乡长
陈昌福　　蒲西乡党委书记
李　刚　　蒲西乡乡长
罗　壤　　宗科乡党委书记
杨发义　　宗科乡乡长

指挥部办公室设在县委宣传部，魏志敏同志兼任办公室主任，负责与各责任部门签订《创建目标责任书》，按《活动评比细则》对创建活动进行阶段（年度）检查，并纳入年度目标考核。对创建成绩显著的单位给予表彰奖励。县政府将创建活动所需经费纳入财政预算，在每个创建年度上予以经费保障。